权威·前沿·原创

皮书系列为
"十二五""十三五""十四五"时期国家重点出版物出版专项规划项目

BLUE BOOK

智 库 成 果 出 版 与 传 播 平 台

跨境电商蓝皮书

BLUE BOOK OF CROSS-BORDER E-COMMERCE

中国跨境电商发展报告
（2024）

ANNUAL REPORT ON THE DEVELOPMENT OF CROSS-BORDER E-COMMERCE IN CHINA (2024)

跨境电商全球供应链重构重塑

The Global Supply Chain Reconstruction and Reshaping of Cross-Border E-Commerce

组织编写／河南国际数字贸易研究院
　　　　　全球（郑州）跨境电商研究院
主　　编／张大卫　吕　村　喻新安
副 主 编／潘维成　王小艳

社会科学文献出版社
SOCIAL SCIENCES ACADEMIC PRESS (CHINA)

图书在版编目（CIP）数据

中国跨境电商发展报告. 2024：跨境电商全球供应链重构重塑 / 张大卫，吕村，喻新安主编；潘维成，王小艳副主编. --北京：社会科学文献出版社，2024.5

（跨境电商蓝皮书）

ISBN 978-7-5228-3514-3

Ⅰ.①中… Ⅱ.①张… ②吕… ③喻… ④潘… ⑤王… Ⅲ.①电子商务-产业发展-研究报告-中国-2024 Ⅳ.①F724.6

中国国家版本馆 CIP 数据核字（2024）第 080146 号

跨境电商蓝皮书

中国跨境电商发展报告（2024）

——跨境电商全球供应链重构重塑

组织编写 / 河南国际数字贸易研究院
　　　　　全球（郑州）跨境电商研究院
主　　编 / 张大卫　吕　村　喻新安
副 主 编 / 潘维成　王小艳

出 版 人 / 冀祥德
组稿编辑 / 宋　静
责任编辑 / 张　超
责任印制 / 王京美

出　　版 / 社会科学文献出版社·皮书分社（010）59367127
　　　　　地址：北京市北三环中路甲 29 号院华龙大厦　邮编：100029
　　　　　网址：www.ssap.com.cn
发　　行 / 社会科学文献出版社（010）59367028
印　　装 / 三河市东方印刷有限公司

规　　格 / 开　本：787mm×1092mm　1/16
　　　　　印　张：25.25　字　数：378 千字
版　　次 / 2024 年 5 月第 1 版　2024 年 5 月第 1 次印刷
书　　号 / ISBN 978-7-5228-3514-3
定　　价 / 168.00 元

读者服务电话：4008918866

主要编撰者简介

张大卫　经济学博士，博士生导师，中国国际经济交流中心副理事长兼秘书长，河南省政府原副省长，河南国际数字贸易研究院学术委员会主任。长期从事区域经济和产业经济的研究工作。参与指导编制河南省"十二五"规划，主持编制河南省"十五""十一五"规划、中原城市群规划、郑州航空港经济综合实验区发展规划等。对跨境电商理论与实务有深入研究，著有《打造中国经济升级版》《航空经济概论》《国际著名智库机制比较研究》《E国际贸易——下一代贸易方式的理论内涵与基础框架》，主编《中国跨境电商发展报告》等。

吕　村　三级教授，郑州职业技术学院党委书记。教育部职业教育教学基础专家库专家、科技部科技评估专家库专家、教育部人事司评审专家库专家；河南省党的教育政策研究专家库专家、河南省教育厅学术技术带头人、河南省网络教育名师；郑州市专业技术拔尖人才、郑州市第一层次文化名家、四个一批人才、郑州市知名社科专家、郑州市十大科技女杰。曾任郑州工程技术学院党委委员、党委宣传部部长，文化遗产与艺术设计学院院长。公开发表学术论文70余篇，主持完成省级以上科研项目17项，出版专著12部。

喻新安　经济学博士，教授，研究员，河南省第十一届政协常委，河南省社会科学院原院长，享受国务院政府特殊津贴专家，河南省优秀专家，河南省杰出专业技术人才，河南经济年度人物（2011 年），中国区域经济学会副会长，国家统计局"中国百名经济学家信心调查"特邀经济学家，河南省高校智库联盟理事长，河南国际数字贸易研究院首席专家。河南省"十五"至"十四五"规划专家委员会成员。主持国家级、省部级课题 40 余项，发表论文 400 余篇，出版著作 50 多部（个人专著 8 部）。获省部级特等奖、一等奖 10 项。

序

2023 年是全面贯彻党的二十大精神的开局之年，是三年新冠疫情防控转段后经济恢复发展的一年，也是我国外贸实现规模稳中有增、发展质量优中有升的一年。继 2022 年首破 40 万亿元大关后，我国外贸 2023 年再创新高，以 41.76 万亿元的货物贸易总额，连续 7 年保持全球第一，为维护全球产业链供应链稳定、推动世界经济疫后复苏，做出了重要贡献。

2023 年，全球产业链供应链逐步摆脱新冠疫情影响，但缘于地缘政治、大国博弈、贸易保护主义、产业变革等多重因素，全球产业链供应链加速重构，各国产业链供应链布局从以成本、效率、经济为侧重转向以安全、稳定和政治为侧重，呈现区域化、近岸化、本土化等演进特征。在全球产业链供应链体系"拔河博弈"背景下，中国部分供应链开始向外转移，其中有跨国公司的"中国+1"供应链策略变化，但更多的是中国企业主动展开全球布局，于是"出海"成为 2023 年很多中国企业的共识。

当然，"出海"并不是什么新鲜事，从 2001 年中国加入世界贸易组织后，中国企业"走出去"的步伐从未停止过。但此轮的"出海"和全球布局呈现一些新的特点。一是主动布局。企业主动进行更立体的全球化布局，既直面欧美等成熟市场，也深入中东、巴西、非洲等尚未开垦的新兴市场。二是深度本土化。不同于以往企业只是在海外装配制造和销售产品，越来越多的中国企业把研发、生产、运营等价值链的更多环节放到海外市场。三是产业能力输出。中国企业在以往产品出海的基础上，更多地开展资本出海、

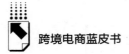

技术出海、服务出海、平台出海，迈入了全方位输出产业能力的新阶段。更令人欣喜的是，在浩浩荡荡的出海大潮中，越来越多的企业登上了跨境电商这艘船。跨境电商依托便捷灵活的通道和高效韧性的供应链，为外贸企业走向更加广阔的全球市场按下了快捷键。

2024年，是习近平总书记视察河南提出"买全球，卖全球"殷殷嘱托的十周年。十年时间里，我国跨境电商已从星星之火发展成燎原之势，跨境电商综试区发展到165家，销售网络覆盖全球220多个国家和地区，海外仓数量超过2400个，跨境电商独立站建设超20万个，物流、支付、快递等第三方服务商服务全球数十万客户，成为全球跨境电商生态链最为完善的国家之一。同时，我国跨境电商综试区发展模式越发成熟，拉平了监管政策差异、政策红利和先发优势，产业发展开始回归产业基础、服务资源、营商环境等软硬实力方面的较量，部分综试区已经构建起具有显著区域和专业化特征的跨境电商产业生态。更重要的是，我国跨境电商平台风靡全球，"出海四小龙"抓住消费降级和下沉市场机遇，以中国性价比供应链为主要依托，以全托管为商业模式，以低价重塑海外消费者的价格锚点，改变了"中国制造、亚马逊销售"的主流模式，彻底搅动了全球跨境电商发展格局。

30多年前，英国物流专家、克兰菲尔德大学教授马丁·克里斯托弗就预言："21世纪的竞争不再是企业和企业之间的竞争，而是供应链和供应链之间的竞争。"如今，供应链已经超越企业层面，国家力量也深度介入，供应链的企业竞争属性开始叠加国家属性，导致全球供应链正在经历前所未有的变革。因此，本年度蓝皮书以"跨境电商全球供应链重构重塑"为主题，从跨境电商这一具体领域和角度，用开放性思维重新思考本土与全球的链接关系，从全球化和本土化两个维度探讨跨境电商加速重构重塑全球供应链的路径与策略。本书由河南国际数字贸易研究院、全球（郑州）跨境电商研究院联合研创，是第五部对我国跨境电商发展情况进行跟踪研究的年度报告。这本专注跨境电商领域研究的学术作品能连续出版五年，实属不易。这其中有蓝皮书研创单位的努力和坚持，更离不开各位专家学者对本书的大力支持。跨境电商正处于构建完备的产业体系的关键时期，习近平总书记关于发展新质生产力的一系列重要论述，给了业界同人以极大的鼓舞，我们衷心希望这一新业态能为我国外贸的高质量发展发挥更大的作用，做出更大的贡献。

中国国际经济交流中心副理事长兼秘书长

张大卫

2024 年 4 月

摘　要

2023 年，世界经济复苏步伐持续放缓，国际经济政治环境更加复杂多变，外需减弱导致中国外贸面临多重外部压力。跨境电商以高成长的确定性应对外部市场的不确定性，展现出较强的市场活力和增长韧性，成为中国拓展国际市场和发展外向型经济的强大"助推器"。2023 年末召开的中央经济工作会议提出，"要加快培育外贸新动能，巩固外贸外资基本盘，拓展中间品贸易、服务贸易、数字贸易、跨境电商出口"。我国跨境电商出口从产品出海到品牌出海，从企业出海到互联网平台出海，正在加速重构重塑全球供应链体系，从全球供应链管理、海外网络基础设施搭建、海外本土化运营等方面寻求突破口，以确保中国跨境电商企业在全球经济低迷、海外市场需求乏力的背景下获得竞争优势。本书以"跨境电商全球供应链重构重塑"为主题，全面总结了 2023 年我国跨境电商发展的新环境、新特点和新挑战，深入分析我国跨境电商的发展趋势，从全球化和本土化两个角度探索我国跨境电商行业"走出去"的发展路径，以期推动中国特色产业通过跨境电商深度嵌入全球供应链和价值链。

2023 年，跨境电商行业中最火的概念和现象莫过于"全托管"。电商平台为持续获取业务增量、实现平台自身利益最大化，开始将业务触角向上下游延伸，抢占了过去本属于卖家和服务商的价值空间，将"平台—卖家"关系变成实质上的"卖家—货源"关系，重构了跨境电商价值链上的分配格局。从市场角度来看，"全托管"模式的最大特征就是直达产业带、直达工厂，给具有供应链优势但无运营经验的产业带工厂提供了出海新通道。全

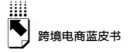

托管的本质是对优质供应链的争夺，是一场跨境电商平台间的供应链之争。因此可以说，跨境出海"上半场"是拼运营、拼流量，下半场则是拼供应链、拼品牌。从政府角度来看，国家积极发展"跨境电商+产业带"模式，大力支持传统外贸企业通过跨境电商拓展销售渠道、培育自主品牌、壮大贸易规模。"跨境电商+产业带"是新业态和优质供应链的结合，有助于我国打造更具国际竞争力和创新形态的现代化产业体系，切实提升"中国制造"在全球市场的竞争力。

在全球经济下行压力及产业链供应链重构压力的影响下，我国跨境电商进入高质量发展的转型期，并呈现"五化"新特征。一是本土化。"本土化"含义进一步拓宽，从产品本土化、品牌本土化到企业组织本土化，形成了贯穿前端运营、后端供应链、企业管理等全链路的本土化，本土化的重点也转向了本土化经营及本土化生态建设，切实履行全球化企业"赋能和反哺本地产业生态"责任。二是数字化。随着互联网、物联网、大数据、数字孪生、边缘计算等新一代信息技术的发展，特别是人工智能技术的大爆发，具备以数据与算法驱动的运营自动化、管理数字化和决策智能化能力，以及基于消费者需求的行业洞察与提供解决方案能力，成为跨境电商企业真正的竞争力所在。三是绿色化。在全球气候变化加剧、资源短缺和环境污染等问题日益严重的背景下，跨境电商行业积极践行"绿色""低碳"等可持续发展理念，推出更多新能源、绿色环保等"含绿量"更高的产品，逐步构建涵盖采购、生产、制造、贸易、物流、售后等全链条的绿色化供应链。四是服务能力全球化。跨境电商出海不仅是产品和品牌"走出去"，更是一个国家的平台、物流、支付、技术等服务"走出去"。特别是随着中国跨境电商平台在海外市场的强势崛起，中国电商从产品输出发展到数字技术、商业模式和管理经验输出，全球化的出海营销和服务能力显著提升。五是内外贸一体化。跨境电商是中小微企业加快内外贸一体化的重要途径，"生而全球"的外贸企业积极开拓国内市场，更多的内贸企业借助跨境电商寻找海外增量，于是我国跨境电商领域诞生了众多"内外贸两手抓、两条腿同时走"的企业。

　　2023 年，"出海"已经成为许多中国企业的主题词。面对行业内卷和增长困境，更为广阔的全球市场给大家描绘了一个新的可能，于是"出海"，对于一些企业而言，从可选项变成了必选项。而跨境电商作为企业踏入全球市场链路更短、更便捷的一条重要途径，吸引了越来越多的参与者，从贸易型企业到产业带工厂，从外贸企业到内贸企业，从普通卖家到知名品牌，跨境电商出海赛道愈发热闹，大量中国企业借助跨境电商走上全球化、本土化发展道路。从产品出海、品牌出海、企业组织出海到平台出海、服务出海、技术出海，中国电商更深程度参与了全球供应链、数据、技术等重要环节，逐渐成为塑造全球电子商务市场、技术和规则的重要力量。

关键词： 跨境电商　全球供应链　平台出海　全球化　本土化

目 录

I 总报告

II 专题篇

Ⅲ　案例篇

Ⅳ　探索篇

皮书数据库阅读**使用指南**

总 报 告

B.1

跨境电商全球供应链重构重塑

——2023~2024年跨境电商发展分析与展望

河南国际数字贸易研究院、全球（郑州）跨境电商研究院课题组 *

摘 要： 2023年，世界经济复苏乏力、地缘政治影响外溢、贸易保护限制增多等不利影响，导致中国外贸面临多重压力。跨境电商以高成长的确定

---

* 课题组组长：喻新安、吕村；副组长：王小艳、潘维成；课题组成员：张慧珠、周文超、张文勇、王岳丹、张煜坤、李豪强、侯东伟、贺蓓蓓、李佳威、张楠楠、侯若旭、徐唯。执笔：王小艳，河南国际数字贸易研究院副院长、研究员，主要研究方向为跨境电商、数字贸易、品牌出海；王岳丹，河南国际数字贸易研究院综合研究部部长、办公室主任、副研究员，主要研究方向为跨境电商、数字贸易、数字经济；张煜坤，河南国际数字贸易研究院政策研究部部长、副研究员，主要研究方向为跨境电商、国际金融、跨境支付结算、国际及国内税制；周文超，郑州职业技术学院电子商务学院院长，主要研究方向为跨境电商产教融合与人才培养；李豪强，河南国际数字贸易研究院助理研究员，主要研究方向为跨境物流、数字贸易；侯东伟，河南国际数字贸易研究院助理研究员，主要研究方向为跨境电商、数字贸易、跨境电商运营；贺蓓蓓，郑州职业技术学院教师，全球（郑州）跨境电商研究院研究人员，主要研究方向为跨境电商、电子商务；李佳威，郑州职业技术学院教师，全球（郑州）跨境电商研究院研究人员，主要研究方向为物流与运营管理、跨境电商；张楠楠，郑州职业技术学院教师，全球（郑州）跨境电商研究院研究人员，主要研究方向为跨境电商、国际商务、国际金融。

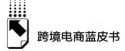

性应对外部市场的不确定性，展现出较强的市场活力和增长韧性，成为中国拓展国际市场和发展外向型经济的重要支撑。在全球供应链格局加速重构背景下，跨境电商作为我国企业踏入全球市场链路更短、更便捷的重要通道，助力更多企业、平台、服务商加速出海步伐，在深度参与全球产业链供应链方面发挥了重要作用。结合国内外新的经济环境形势，本文系统分析了2023~2024年中国跨境电商发展面临的新环境、新格局和新挑战，总结出跨境电商本土化、数字化、绿色化、全球化、内外贸一体化等发展趋势。进入新的发展阶段，跨境电商的竞争已经转向全球供应链之争，我国要构建安全高效的跨境电商供应链体系、打造全球化品牌，要从数字化供应链升级、本土化供应链布局、国际化物流体系建设、绿色化供应链生态打造、全球化供应链服务能力锻造五个方面，探索跨境电商全球供应链重构重塑的实施路径，加速中国跨境电商出海步伐，稳步提升中国品牌的世界影响力和话语权。

关键词： 跨境电商　跨境供应链　平台出海　跨境服务　数字技术

　　2023年是全球经济重启的关键一年，然而全球经济复苏并不顺利，由于地缘政治冲突、通货膨胀和去"全球化"逆流，世界经济发展充满不确定性，国际货币基金组织（IMF）预估2023年全球经济增长速度约为3.1%，远低于3.8%的历史（2000~2019年）平均水平。[①] 在世界经济复苏势头不稳、外需持续疲弱的大背景和大环境下，2023年我国出口的国际市场份额保持在14%左右的较高水平，[②] 商品贸易展现出较强的国际竞争力，充分体现了我国经济的发展韧性。

　　2023年也是全球产业链供应链加速重构的一年。很多地缘政治因素外

---

① 国际货币基金组织（IMF）：《世界经济展望》，2024年1月。
② 国务院新闻办：《国务院新闻办就2023年全年进出口情况举行发布会》，中国政府网，2024年1月12日。

溢至经济贸易领域，主要经济体纷纷加强对产业链供应链的"国家干预"，供应链安全代替成本和效率，成为关系国家长远发展的战略考虑。在全球产业链供应链体系"拔河博弈"背景下，中国供应链开始向外转移，这其中既有自然溢出也有主动迁移，一方面是欧美跨国公司向东南亚、印度、墨西哥和南美的供应链转移，另一方面是中国制造的主动性"出海"，在广阔的国际市场建立供应链阵地。伴随中国制造业供应链能力向全球延伸，中国跨境电商也正从产品出海、品牌出海，走向企业出海、互联网平台出海，从全球化和本土化两个维度加速重构重塑全球供应链体系。

一　中国跨境电商发展的新环境

（一）世界经济复苏步伐放缓

2023年，受地缘政治、单边主义、军事冲突、通胀形势、国际债务以及产业链重组等多重风险叠加的影响，全球经济复苏缓慢且不均衡，不确定性进一步增加。国际货币基金组织预测，全球经济增速将从2022年的3.5%放缓至2023年的3.1%和2024年的3.1%。[①] 经济合作与发展组织（OECD）预计2023年世界经济增长3.1%，2024年放缓至2.9%。[②] 全球经济增长放缓带来需求减弱，同时地缘政治导致"友岸外包"趋势明显，全球贸易额甚至出现萎缩，根据联合国贸易和发展会议（UNCTAD）预测，2023年全球贸易额缩减约1.5万亿美元至31万亿美元以下，与2022年创纪录的水平相比下降5%。[③] 受经济下行和通货膨胀影响，世界各地消费者的可自由支配收入减少，他们不得不选择更具性价比的产品，下沉市场迸发出更多活力。

---

① 国际货币基金组织（IMF）：《世界经济展望》，2024年1月。
② 经济合作与发展组织（OECD）：《经济展望报告》，2024年2月。
③ 联合国贸发会议（UNCTAD）：《全球贸易更新》，2023年12月。

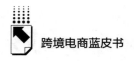

（二）全球产供链深度重构

2023 年，全球产供链活动逐步走出新冠疫情影响，但缘于地缘政治冲突和贸易保护主义等因素，全球产供链正在深度重构，自主可控、近岸化、盟友化和区域化等特征日益突出。从美国的贸易结构变化来看，中国占美国进口的比例在 2018 年之后出现明显下降，在 2023 年更被墨西哥取代，失去第一位置，而美国的"盟友"，包括墨西哥、加拿大、东南亚等国家和地区的进口份额在提升；中国的对外贸易情况也出现了变化，中美之间的贸易比重在下降，但中国对东盟、非洲等地区的贸易额占比在上升。当全球产供链发展的主要驱动力不再仅是成本与效率，而是掺杂着安全、价值观、大国博弈、地缘战略等因素时，这对中国是一个全新而艰难的考验。中国一直以实际行动深化产业链供应链的国际合作，2023 年 11 月 28 日首届中国国际供应链促进博览会在北京举行，这是全球第一个以供应链为主题的国家级展会，为国际工商界加强产业链供应链交流合作搭建了全新开放平台。在一些国家"脱钩断链""去风险化"政策的刺激下，供应链外迁东南亚，发达国家工业回流，使全球供应链重构进程充满诸多变量，但我国出口规模稳、结构持续优的特征没有改变，我国在全球产业链供应链中的链主地位不可替代，"中国是全球经济增长的动力之源与稳定之锚"这一事实不会发生变化。①

（三）我国外贸韧性持续彰显

在世界经济复苏乏力、全球贸易增长持续低迷的情况下，我国外贸经受住了国内外多重超预期因素的压力，在稳规模优结构方面取得新成效，展现出了超大规模市场应有的强大韧性和活力。2023 年，我国货物贸易进出口总值 41.76 万亿元，同比增长 0.2%。其中，出口 23.77 万亿元，增长 0.6%；进

---

① 《我国外贸三大支撑力凸显 六方面实现促稳提质》，人民网，2023 年 12 月 28 日。

口 17.99 万亿元，下降 0.3%。①"外贸新产品"在我国外贸出口中呈现强劲增长势头，2023 年我国以电动载人汽车、锂电池、太阳能电池为代表的"新三样"产品首次突破万亿元大关，合计出口 1.06 万亿元，增长 29.9%，占我国出口比重达 4.45%。②"外贸新业态"为我国外贸提质扩容创造有利条件，跨境电商、海外仓、保税维修等新业态新模式蓬勃发展，2023 年我国跨境电商进出口 2.38 万亿元，增长 15.6%，占同期货物贸易进出口的比重为 5.7%。③ 2023 年底召开的中央经济工作会议提出，"要加快培育外贸新动能，巩固外贸外资基本盘，拓展中间品贸易、服务贸易、数字贸易、跨境电商出口"。跨境电商兼具货物贸易和服务贸易属性，本身又是数字贸易的重要组成部分，将在我国巩固外贸外资基本盘、扩大高水平对外开放中发挥更加积极的作用。

（四）"丝路电商"成效显著

"丝路电商"是在"一带一路"倡议框架下，充分发挥中国电子商务技术应用、模式创新和市场规模等优势，积极推进电子商务国际合作的重要举措，已成为推动共建"一带一路"高质量发展的重要途径。2022 年，我国与"丝路电商"伙伴国跨境电商的进出口额，占我国跨境电商全球进出口总额的 31.5%。④ 截至 2023 年末，我国已同 30 个国家签署电子商务合作备忘录并建立双边电子商务合作机制。"丝路电商"成为各方共享中国超大规模市场红利的全新机遇和路径，我国每年举办"双品网购节""网上年货节""非洲好物网购节""买在金砖""数商兴农""聚合中亚云品""网罗东盟好物"等专题活动，将"丝路电商"伙伴国家的特色和优势商品推介给国内消费者，让各国共享中国市场机遇。2023 年 10 月"丝路电商"合作

---

① 《国新办举行 2023 年全年进出口情况新闻发布会》，国新网，2024 年 1 月 12 日。
② 《国新办举行 2023 年全年进出口情况新闻发布会》，国新网，2024 年 1 月 12 日。
③ 《国新办举行 2023 年全年进出口情况新闻发布会》，国新网，2024 年 1 月 12 日。
④ 《我国"丝路电商"朋友圈扩大至 30 国 多边及区域电商合作机制取得显著成效》，央视网，2023 年 11 月 24 日。

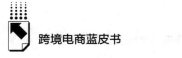

先行区在上海落地，聚焦电子商务制度开放、主体培育、机制合作等重点领域，加快对接国际高标准经贸规则，探索体制机制创新，扩大电子商务领域对外开放，打造数字经济国际合作新高地，为发展"丝路电商"提供成果支撑和实践经验。

（五）国际合作迎来更多机遇

在高质量共建"一带一路"、实施自由贸易试验区提升战略、扩大面向全球的高标准自由贸易区网络等叠加发力下，我国外贸"朋友圈"也在不断扩大。我国与共建"一带一路"国家进出口规模十年间实现翻番，共建"一带一路"成为全球影响力最大的国际经济合作新平台。2023年，我国高质量实施《区域全面经济伙伴关系协定》（RCEP），推进中国—东盟自贸区3.0版建设，与东盟国家开展更大范围、更宽领域、更深层次的经贸合作。我国已与29个国家和地区签署了22个自贸协定，并积极推进加入《全面与进步跨太平洋伙伴关系协定》（CPTPP）和《数字经济伙伴关系协定》（DEPA），不断扩大面向全球的高标准自贸区网络。同时，我国作为谈判的重要参加方和主要提案方，积极推动WTO电子商务联合声明倡议（JSI）取得重大进展，2023年12月20日包括中美欧在内的90个世贸组织成员就若干全球数字贸易规则达成实质结论。我国在推动电子商务国际合作方面的努力和成果，将扩大我国在电子商务领域的规则、规制、管理、标准等的制度型开放，提升我国在全球数字贸易领域的话语权。

二 中国跨境电商发展的新格局

（一）跨境电商行业蓬勃生长

1. 跨境电商生态链愈发完善

跨境电商积极融入国内国际"双循环"新发展格局，有效助力我国外贸稳规模优结构。海关数据显示，2023年我国跨境电商进出口2.38万亿元，同比（下同）增长 15.6%（见图 1），其中，出口 1.83 万亿元，增长 19.6%，进口 5483 亿元，增长 3.9%。① 我国跨境电商在赋能实体经济、促进产业结构升级的同时，也实现了行业规模的高速增长和渗透率的快速提升。行业预测数据显示，2023 年我国跨境电商市场规模将达 17.48 万亿元，较 2022 年的 15.7 万亿元增长 11.34%，增速提升 0.78 个百分点。② 我国跨境电商销售网络覆盖全球 220 多个国家和地区，海外仓数量超过 2400 个，跨境电商独立站建设超 20 万个，物流、支付、快递等第三方服务商服务全球数十万客户③，成为全球跨境电商生态链最为完善的国家之一。

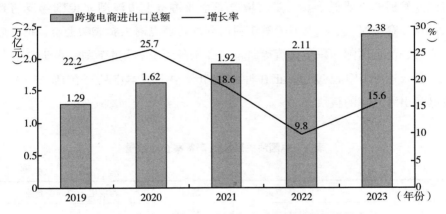

图 1　2019~2023 年中国跨境电商进出口总额及增长率

资料来源：根据海关总署数据综合整理。

2. 跨境电商市场主体持续活跃

2023 年，叠加政策红利、行业红利以及平台模式创新机遇，跨境电商市场主体多起来、活起来、大起来、强起来，推动整个行业呈现活跃和繁荣发展态势。一是跨境电商企业主体数量稳步提升。商务部数据显示，目前我

---

① 《国新办举行 2023 年全年进出口情况新闻发布会》，国新网，2024 年 1 月 12 日。
② 网经社：《2023 年（上）中国跨境电商市场数据报告》，2023 年 8 月 7 日。
③ 《跨境电商生态体系加速构建 企业"出海"拓展新航道站到国际"C 位"》，央视网，2024 年 1 月 21 日。

国跨境电商主体已超 10 万家[①]；另据海关数据，截至 2023 年底，中国海关跨境电商备案企业数量为 65236 家，同比增长 41.13%，其中广东（13634家）、浙江（11118 家）、山东（11049 家）三省的跨境电商相关企业备案数量位列前三，占备案跨境电商企业总数的 54.88%[②]，跨境电商企业主体数量呈高速增长态势（见表 1）。二是跨境电商产业园遍地开花。商务部数据显示，我国综试区内跨境电商产业园约有 690 个[③]，作为跨境电商发展要素集聚区，跨境电商产业园为跨境电商企业提供物流、支付、金融、报关、孵化、信息等综合配套服务，具有较强的产业聚集效应和生态体系效应，是区域产业发展的重要抓手。三是跨境电商企业再掀上市浪潮。2023 年既有致欧科技、赛维时代、三态股份等深耕海外的跨境电商大卖成功上市，也有力盟科技、泛远国际、乐舱物流等跨境电商服务商敲响开市宝钟，同时绿联科技、易云达等 IPO 已过会，正在冲刺上市，中国资本市场正在迎来一个跨境电商出海品牌的板块。

表 1 中国海关跨境电商备案企业数量

单位：家

地区	跨境电子商务类企业	地区	跨境电子商务类企业
广东	13634	辽宁	1369
浙江	11118	安徽	1317
山东	11049	湖南	1315
江苏	4605	北京	1294
福建	3387	河南	1189
上海	2297	海南	1075
江西	2177	天津	892
四川	1960	湖北	824
河北	1524	重庆	677

---

① 《全国跨境电商综试区现场会在杭州召开》，商务部网站，2023 年 5 月 31 日。
② 数据来源于中国海关企业进出口信用信息公示平台，http：//credit. customs. gov. cn/，数据统计时间截至 2023 年 12 月 31 日。
③ 《全国跨境电商综试区现场会在杭州召开》，商务部网站，2023 年 5 月 31 日。

续表

地区	跨境电子商务类企业	地区	跨境电子商务类企业
陕西	650	贵州	258
山西	498	甘肃	187
云南	398	吉林	180
新疆	349	宁夏	143
内蒙古	287	青海	29
广西	285	西藏	4
黑龙江	265		

资料来源：中国海关企业进出口信用信息公示平台，数据统计时间截至 2023 年 12 月 31 日。

3. "蓝海市场"迎来爆发式增长

近年来，随着 RCEP 的落地实施、"一带一路"的走深走实、双多边合作领域的扩展，我国与新兴市场经济体的合作潜力和合作空间处于高速发展阶段，众多"蓝海市场"迎来爆发式增长，这为我国跨境电商持续高速发展提供了源源不断的动力。一是中俄跨境电商成为新风口。2023 年是中俄经贸关系走深走强的一年，双边贸易额达 2401 亿美元，同比增长 26.3%[①]。中俄跨境电商贸易具有巨大的发展潜力和市场空间，数据显示，中俄跨境电商贸易总值增速将近 30%[②]；2023 年第三季度 Ozon 买家订购中国商品的数量是上年同期的 4 倍，且 Ozon 中国活跃卖家已达 6 万名。[③] 二是中国—东盟跨境电商合作纽带更加牢固，跨境配套设施日益完善。在交流合作机制方面，2023 年双方达成《中国—东盟关于加强电子商务合作的倡议》，通过建立行业合作机制来提升合作水平。在跨境配套方面，Lazada 已在东南亚六国的 17 座城市建立起至少 30 个仓库和"最后一公里"配送中心，赋能更多企业转型提效零门槛跨境出海。[④] 三是中东和拉美市场发展潜力巨大。数据

[①] 数据来源于海关总署《2023 年 12 月进出口商品国别（地区）总值表》。

[②] 《中俄提前实现 2000 亿美元贸易目标，双边贸易的内涵不断发展》，第一财经，2023 年 12 月 22 日。

[③] 《Ozon 大中华区首席执行官黄效表示：2027 年俄罗斯三分之一的购物将在线上进行》，中国日报中文网，2024 年 1 月 11 日，http：//cn. chinadaily. com. cn/a/202401/11/WS659fb5c 2a310af3247ffba44. html？ivk_sa=1023197a。

[④] 国信证券：《聚焦东南亚跨境电商市场，把握新兴市场出海机遇》，2023 年 12 月。

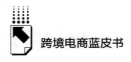
显示，截至 2023 年 6 月，亚马逊上线美国站以外其他站点的中国卖家数量在过去 12 个月里增长了 45%，其中中东和拉美尤其受到中国卖家青睐，是增量最高的两个站点。①

（二）利好政策信号不断释放

1. 国家支持政策为行业发展指路护航

2023 年，国务院及各部门多次发布支持跨境电商新业态发展的政策文件，围绕培育壮大跨境电商产业、优化跨境电商服务生态、提升跨境贸易便利化水平等方面，助力跨境电商高质量发展（见表 2）。一是发展"跨境电商+产业带"模式，推动产业带与跨境电商双向赋能，带动更多传统产业组团出海，促进跨境电商 B2B 出口。二是"丝路电商"国际合作持续深化，支持建设上海"丝路电商"合作先行区，鼓励对接国际高标准经贸规则，推动产业互促、平台合作、资源共享，在智库、研修、数字技术应用等领域率先搭建国际合作平台，扩大电子商务领域对外开放。三是提升跨境电商进出口便利化水平，完善跨境电商出口退运税收政策，降低跨境电商出海企业的海外经营成本。四是发挥平台交流对接作用，培育一批内外贸融合展会，促进国内国际市场供采对接。2023 年成功举办消博会、服贸会、进博会、广交会、数贸会等国家级展会，并开设跨境电商展览展示区，海外参展企业和品牌创历史新高，更多好物借助跨境电商平台进入中国市场。

表 2　2023 年跨境电商相关重点国家政策文件

发布时间	政策	发布机构	发文字号	主要内容
2023 年 1 月 30 日	《关于跨境电子商务出口退运商品税收政策的公告》	财政部、海关总署、国家税务总局	财政部 海关总署 税务总局公告 2023 年第 4 号	对因滞销、退货原因，自出口之日起 6 个月内原状退运进境的商品（不含食品），免征进口关税和进口环节增值税、消费税；出口时已征收的出口关税准予退还

---

① 亚马逊全球开店：《2023 中国出口跨境电商白皮书》，2023 年 8 月。

续表

发布时间	政策	发布机构	发文字号	主要内容
2023 年 4 月 25 日	《关于推动外贸稳规模优结构的意见》	国务院办公厅	国办发〔2023〕10 号	积极发展"跨境电商+产业带"模式,带动跨境电商企业对企业出口;加快出台跨境电商知识产权保护指南,引导跨境电商企业防范知识产权风险;加大对跨境电商等新业态新模式的支持力度,加快拓展产业链承保;支持外贸企业通过跨境电商等新业态新模式拓展销售渠道、培育自主品牌
2023 年 4 月 27 日	《2023 年促进跨境贸易便利化专项行动》	海关总署、国家发改委、财政部、交通运输部、商务部、国家市场监管总局		支持外贸产业升级和新业态健康持续发展,推动加工贸易提档升级,进一步支持跨境电商等新业态发展,优化完善跨境电商等出口货物拼箱作业模式
2023 年 6 月 12 日	海关总署推出"优化营商环境16 条"	海关总署		实现电子缴税功能,便利企业线上办理缴税业务;优化跨境电商商品进出口退货措施,完善升级退货中心仓功能,试点开展跨境电商网购保税零售进口跨关区退货模式,研究扩大跨境电商一般出口商品跨关区退货试点
2023 年 8 月 30 日	《关于延续实施跨境电子商务出口退运商品税收政策的公告》	财政部、海关总署、国家税务总局	财政部 海关总署 税务总局 2023 年第34 号	对 2023 年 1 月 30 日至 2025 年 12 月 31 日在跨境电子商务海关监管代码项下申报出口,因滞销、退货原因,自出口之日起 6 个月内原状退运进境的商品(不含食品),免征进口关税和进口环节增值税、消费税;出口时已征收的出口关税准予退还
2023 年 10 月 23 日	《上海市创建"丝路电商"合作先行区方案》	商务部、上海市人民政府	国函〔2023〕115 号	先行区创建方案聚焦制度开放先行、主体培育先行和机制合作先行,加快对接国际高标准经贸规则,探索体制机制创新,扩大电子商务领域对外开放

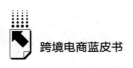

发布时间	政策	发布机构	发文字号	主要内容
2023年12月11日	《关于加快内外贸一体化发展的若干措施》	国务院办公厅	国办发〔2023〕42号	支持内贸企业采用跨境电商等方式开拓国际市场;促进"跨境电商+产业带"模式发展,带动更多传统产业组团出海

资料来源:根据国务院及各部委政策文件综合整理。

2. 地方政府支持跨境电商产业做大做强

近年来,跨境电商在促进传统产业转型升级、激发外贸新动能方面发挥了重要作用,为更好推动本地跨境电商高质量发展,各地纷纷出台相关支持政策优化行业营商环境(见表3)。一是印发跨境电商综试区建设实施方案。焦作、许昌、聊城、廊坊等第七批跨境电商综试区城市纷纷出台建设实施方案,规划综试区空间布局,明确综试区功能定位,为本地跨境电商开好局、起好步打下坚实基础。二是密集出台跨境电商促进政策,明确本地跨境电商重点发展方向和重要工作举措。重庆、江苏等省份以及杭州、成都等城市纷纷印发促进跨境电商高质量发展行动计划,积极实施市场主体引强固本、产业发展融合、金融支持等行动;北京、天津、深圳、沈阳等地海关积极推出优化营商环境举措,激发市场活力,为企业出海保驾护航。三是出台跨境电商产业激励政策,对重点领域和重点项目给予资金支持。郑州、成都、杭州等城市拿出"真金白银",送出"政策大礼包",从主体培育、服务能力、园区建设、海外仓建设、人才培育等方面支持企业做大做强。

表3 2023年地方政府出台的跨境电商支持政策文件

地区	发布时间	发文机构	文件名称
浙江	2023年1月18日	杭州市人民政府办公厅	《关于加快推进跨境电子商务高质量发展的实施意见》
	2023年5月23日	浙江省政府办公厅	《全力拓市场增订单稳外贸若干措施》

续表

地区	发布时间	发文机构	文件名称
四川	2023年2月10日	成都市人民政府办公厅	《关于印发成都市推动跨境电商高质量发展三年行动计划（2023~2025年）的通知》
	2023年2月13日	成都市商务局	《成都市推动跨境电商高质量发展政策措施》
湖南	2023年3月3日	湖南省人民政府办公厅	《关于促进跨境电商高质量发展的若干措施的通知》
	2023年11月1日	株洲市人民政府办公室	《关于加快推进跨境电商高质量发展的实施意见（试行）》
北京	2023年3月16日	北京海关	《北京海关支持首都高水平开放高质量发展工作方案》
广东	2023年3月17日	深圳市商务局	《鼓励企业参与跨境电商零售出口阳光化申报试点实施细则》
上海	2023年4月3日	上海市人民政府办公厅	《关于印发上海市促进外贸稳规模提质量的若干政策措施的通知》
	2023年7月13日	上海市商务委员会等五部门	《关于印发上海市推进跨境电商高质量发展行动方案（2023~2025年）的通知》
广西	2023年5月15日	广西壮族自治区人民政府办公厅	《关于印发促进电子商务高质量发展若干政策措施的通知》
山东	2023年7月24日	山东省人民政府办公厅	《关于印发山东省跨境电商跃升发展行动计划（2023~2025年）的通知》
海南	2023年9月1日	三亚市人民政府	《三亚市跨境电子商务专项资金暂行管理办法》
贵州	2023年9月19日	贵州省商务厅	《关于印发贵州省跨境电商人才基地建设方案的通知》
江苏	2023年10月20日	江苏省人民政府办公厅	《关于江苏省推进跨境电商高质量发展行动计划（2023~2025年）的通知》
	2023年11月15日	南京市人民政府办公厅	《关于印发南京市推进跨境电商高质量发展计划（2023~2025年）的通知》
重庆	2023年12月4日	重庆市人民政府	《关于印发重庆市推进跨境电商高质量发展若干措施的通知》
河南	2023年12月22日	郑州市人民政府	《关于印发郑州市加快推进跨境电商发展的若干措施、郑州市跨境电子商务专项提升行动实施方案和郑州市加快直播电商发展的实施方案的通知》

资料来源：根据各地公开发布的政策文件综合整理。

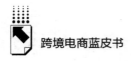

3. 行业标准规范助力跨境电商高质量发展

近年来，我国跨境电商行业坚持发展与规范并重，在规范中求发展，在发展中促规范，各项标准体系不断完善，行业管理更加规范，有效推进市场环境优化、服务质量提升。截至 2023 年 12 月底，我国在跨境电商领域已形成国际标准、国家标准、地方标准、团体标准等各类标准共百余项，涵盖跨境电商供应链、信息溯源、公共服务、海外仓等（见表 4）。在国际标准方面，2023 年我国发布了《电子商务交易保障——词汇》《电子商务交易保障——原则与框架》两项国际标准，在全球范围内统一了电子商务的基本概念和术语定义，也标志着我国电子商务领域国际标准实现零的突破。在国家标准方面，2023 年共出台《跨境电子商务海外仓运营管理要求》《跨境电子商务供应链质量安全管理指南》等 3 项国家标准，其中《跨境电子商务海外仓运营管理要求》填补了该领域国家标准的空白，将有效规范海外仓的基本服务和配套服务，对促进跨境电商以及物流行业的健康发展、提升国际贸易便利化水平具有重要意义。在地方标准方面，2023 年共出台《跨境电子商务出口数字化通关注册办理服务指南（郑州）》《跨境电子商务出口运营人员职业能力要求（苏州）》等 3 项地方标准，其中《跨境电子商务出口数字化通关注册办理服务指南（郑州）》规范了跨境电商出口数字化通关注册流程，便利化企业出海。在团体标准方面，2023 年共制定《跨境电商独立站运营管理规范》《跨境电子商务服务平台客服服务规范》等 17 项团体标准，涉及平台运营、人才培训、独立站、海外仓等，引导行业有序规范健康发展。

表 4　2023 年度获批的跨境电商相关标准文件

类别	公布日期	标准编号	标准名称
国际标准	2023 年 11 月 14 日	ISO 32110:2023	《电子商务交易保障——词汇》
	2023 年 11 月 14 日	ISO 32111:2023	《电子商务交易保障——原则与框架》
国家标准	2023 年 3 月 17 日	GB/T 42497−2023	《跨境电子商务进口商品质量风险评估指南》
	2023 年 5 月 23 日	GB/T 42774−2023	《跨境电子商务供应链质量安全管理指南》
	2023 年 11 月 27 日	GB/T 43291−2023	《跨境电子商务海外仓运营管理要求》

续表

类别	公布日期	标准编号	标准名称
地方标准	2023 年 4 月 6 日	DB 4101/T 59-2023	《跨境电子商务出口数字化通关注册办理服务指南（郑州）》
	2023 年 10 月 9 日	DB 3205/T 1084-2023	《跨境电子商务出口运营人员职业能力要求（苏州）》
	2023 年 11 月 2 日	DB 4403/T 380-2023	《跨境电商人才职业技能要求（深圳）》
团体标准	2023 年 1 月 3 日	T/UNP 22—2022	《跨境电子商务 交易产品 知识产权侵权鉴定管理规范》
	2023 年 1 月 17 日	T/CCPITCSC 109—2022	《跨境电商独立站运营管理规范》
	2023 年 1 月 17 日	T/CCPITCSC 110—2022	《跨境电商海外仓运营管理规范》
	2023 年 1 月 17 日	T/CCPITCSC 111—2022	《跨境电商平台店铺运营管理规范》
	2023 年 3 月 23 日	T/ZHEB 3-2023	《跨境电商人才培训指南》
	2023 年 4 月 13 日	T/HCEA 001-2023	《跨境电商出口经营主体品牌出海能力评估体系》
	2023 年 6 月 21 日	T/ECPAIT 1-2023	《跨境电商从业人员培训规范》
	2023 年 6 月 21 日	T/ECPAIT 2-2023	《跨境电商商家经营规范》
	2023 年 6 月 21 日	T/ECPAIT 3-2023	《跨境电商平台售后服务规范》
	2023 年 6 月 30 日	T/CASME 502-2023	《跨境电商智能电子仓储管理与服务要求》
	2023 年 10 月 31 日	T/CASME 816-2023	《跨境电子商务服务平台客服服务规范》
	2023 年 11 月 29 日	T/CASME 940-2023	《跨境电商智能综合实训平台》
	2023 年 12 月 4 日	T/HMDSXH 005-2023	《跨境电商从业人员培训指南》
	2023 年 12 月 4 日	T/HMDSXH 006-2023	《跨境电商散货专线物流服务指南》
	2023 年 12 月 4 日	T/HMDSXH 007-2023	《跨境电商店铺运营管理规范》
	2023 年 12 月 12 日	T/CASME 1008-2023	《生态农产品跨境电子商务包裹检测系统功能要求》
	2023 年 12 月 28 日	T/HZBX 082-2023	《跨境电商数字营销培训规范》
企业标准	2023 年 3 月 7 日	Q/TQT 0001-2023	《跨境电商产品碳足迹 PCF 核算指南》
	2023 年 7 月 18 日	Q/BSC 003-2023	《跨境电商平台》
	2023 年 10 月 11 日	Q/GF 002-2023	《跨境电商服务管理规范》
	2023 年 11 月 10 日	Q/LDKJ 9610-2021	《跨境电商综合业务服务规范》
	2023 年 12 月 20 日	T/ ZADT 002-2022	《跨境电商物流从业人员培训规范》
	2023 年 12 月 20 日	DB 3301/T 0238-2018	《跨境电子商务物流商户信息发布规范》

资料来源：全国标准信息公共服务平台数据库。

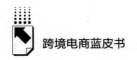
（三）平台出海大时代共创机遇

1. 中国电商平台逐鹿全球市场

2023 年是中国跨境电商平台由"蛰伏"到"折服"的一年，这一年中国电商出海"四小龙"（速卖通、SHEIN、Temu、TikTok Shop）改变了"中国制造、亚马逊销售"的主流模式，彻底搅动了全球跨境电商发展格局。"四小龙"在海外的影响力和渗透率不断提升，2023 年 12 月，Temu 的月度独立访客数量达 4.67 亿人，成为全球第二大在线零售巨头，速卖通与 Temu 持平，并列第二名，SHEIN 则以 1.723 亿用户排名全球第三，对居第一位的亚马逊（26.59 亿用户）发起挑战①；在 App 全球下载量方面，"四小龙"更是表现亮眼，SHEIN 登顶 2023 年全球购物类 App 下载榜首，这也是继 2022 年之后 SHEIN 连续两年获得购物类应用下载冠军，Temu、亚马逊、速卖通分别居购物类 App 下载量第二位、第三位和第九位，TikTok 则居短视频类 App 下载榜榜首；② 速卖通成为 2023 年韩国市场新增用户最多的 App，2023 年 10 月月度用户超越本土电商巨头 Gmarket，首次跻身韩国综合电商前三名。③ 此外，国内"双十一"等购物节也火出国门，成为一个具有国际影响力的活动。2023 年"双十一"期间，速卖通首日便频频出现爆单，平台上的汽车配件国货品牌 CARE 开卖 1 天半就卖光了 3 万多单商品，差不多是平时的 5~8 倍。④ 同时，Shopee、Ozon、Zalando、Coupang 等海外电商平台也纷纷推出"双十一"促销活动，皆取得了不错的成绩。依托中国互联网的成熟模式和极致供应链优势，中国出海电商平台在海外"风生水起"，为海外消费者提供了更多购物选择，也为中国品牌走向世界提供了新的机遇。

---

① 《Similarweb 数据：Temu 月独立访客数 4.67 亿 居全球电商第二》，亿邦动力，2024 年 1 月 10 日，https://www.ebrun.com/20240110/539049.shtml? eb＝search_chan_pcol_content。
② 《2024 移动市场报告：SHEIN 活跃用户和渗透持续提升》，中国青年网，2024 年 1 月 15 日。
③ 《速卖通成今年韩国新增用户最多的 App，已成韩国第三大电商平台》，《杭州日报》2023 年 12 月 24 日。
④ 《出海四小龙备战"黑五"围堵亚马逊 速卖通双 11 提前抢跑》，亿邦动力，2023 年 11 月 22 日，https://www.ebrun.com/20231122/n-17457.html? eb＝search_chan_pcol_content。

2. 全托管模式掀起巨大风潮

"全托管"成为 2023 年跨境电商行业年度热词之一，自 2022 年底 Temu 全托管模式横空出世以来，便引爆行业，吸引速卖通、SHEIN、Shopee、Lazada、TikTok Shop 等平台纷纷跟进（见表 5），引导整个跨境电商市场新一轮迭代更新。全托管模式将权责一分为二，使商家可以专注于深挖供应链潜力，做出更好的产品，供给平台，而平台则专注于流量、运营、分销、物流、售后等环节，各自负责擅长的一块，并利用差异化供应优势在极致性价比中寻找利润空间。全托管模式瞄准的是中国供应链背后的产业带工厂，对想出海而又缺少跨境电商运营经验的传统企业，以及想开拓新赛道而又分身乏术的跨境电商卖家来说，无疑是既省心又省时的良策，极大降低了企业的出海门槛和成本投入。同时，全托管模式通常会将产品打上专门标签，依托平台背书和平台对消费者的用户画像，不仅获得消费者的信赖，也将商品精准地推荐给有需求的消费者，重塑整个消费市场的"人、货、场"格局。全托管模式不仅是企业出海渠道创新，也是我国跨境电商平台抢占海外市场、实现弯道超车的利器。

表 5　出海"四小龙""全托管"服务对比

平台名称	全托管优势	选品	结算	品控	备货	定价权	物流	售后
速卖通	布局全球物流网络和全球市场	平台与商家协商	订单发货 10 天后	商家负责	商家负责	平台与商家协商	平台负责（自建物流网络，实现全球五日达）	平台负责
TikTok Shop	短视频、直播推广	平台与商家协商	确认收货 10 天后	商家负责	商家负责	平台与商家协商	平台负责（第三方物流）	平台负责
Temu	极致低价、社交裂变	平台与商家协商	确认收货日 T+1	商家负责	商家负责	商家基本无定价权	平台负责（第三方物流）	平台、商家分别负责
SHEIN	服装供应链管理、小单快返	平台负责	7~30 天	平台负责	平台/商家	商家基本无定价权	平台负责（第三方物流）	平台负责

资料来源：根据各平台发布的信息综合整理。

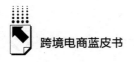

（四）AI 深刻改变跨境电商生态

1. AI 应用场景趋向多元化

人工智能（AI）已成为跨境电商提效率、促增长的一大利器，逐渐从单点应用场景转变为多元化应用场景，助力跨境电商全链路、全流程效率提升。从供应链端来看，AI 逐渐被应用到产品生产、设计、仓储、物流等环节，极大缩短企业推新周期，降低推新成本，减少库存压力，推动柔性供应链变得更加敏捷，如利用 AI 进行数据分析，可以快速准确地挖掘出市场需求和消费者特征，并指导厂家设计和生产环节。从运营端来看，AI 逐渐延伸到文案生成、产品营销、广告投放、客服、售后等场景，如 AI 数字人通过技术加持，精通多国语言，以低投入、高产出、久续航的直播模式大大提高了跨境直播的效率，降低了企业运营难度。从消费端来看，消费者通过 AI 选品对比，可以获得更加便捷和个性化的购物体验，如谷歌"购物洞察"工具会在卖家网站上的产品价格低于或等于其他店铺时通知用户，直接将同一商品的纵向历史价格和同类商品的横向价格"透明公开化"，从而帮用户洞察是否下单。

2. 卖家 AI 辅助工具日益丰富

2023 年被称为跨境电商的"AI 年"，大到电商巨头，小到个人卖家，无一不被生成式人工智能（AIGC）的浪潮影响着。一是平台纷纷推出 AI 工具助手。2023 年亚马逊、eBay、Shopee、阿里巴巴国际站等跨境电商巨头都在押注 AIGC，为卖家推出了诸多相关辅助工具，如阿里巴巴国际站的 AI "生意助手"不仅可以帮助卖家进行智能发品，提炼核心卖点、关键词，生成文字、图片或短视频等，还支持智能商品洞察与分析、智能服务等。二是卖家积极拥抱 AI 技术。2023 年越来越多的跨境卖家将 AI 应用到日常运营管理中，完成人工智能选品、文案写作、客服沟通、物流与仓储管理、广告投放等任务，进一步降本增效（见表 6），如跨境大卖吉宏股份将 AI、ChatGPT 融入跨境电商应用场景中，先后推出电商文本垂类模型 ChatGiiKin6B、电商智能设计与素材生成垂类模型 GiiAI、智能投放助手 G-king 等工具，从而实现精细化管理，持续提升运营效率和盈利能力。

表 6　中国跨境电商上市企业 AI 应用情况

公司名称	AI 的应用
乐歌股份	将 ChatGPT 和文心一言接入公司的智能屏,以提高产品的智能化水平和用户体验;利用自然语言处理和机器学习等方法建立文本情感模型,结合科大讯飞语音识别系统,自主研发了用于智慧办公场景下的"i 乐歌"程序
华凯易佰	布局 AIGC,应用于公司智能刊登、智能调价、智能广告等业务环节,累计生成文案超 2 亿套,每月调整超 30 亿条产品广告,预计未来可在智能选品开发、商品图片生成、客服、备货、价格预测、广告智能投放等方向进一步拓展应用
焦点科技	发布 AI 外贸助手麦可,在进行文字标题优化、关键词优化、产品描述生成基础上,同时具备图片背景处理、图片合成等图片处理能力;支持文本、图片、语音等多模态的理解和生成
青木股份	研发智能化广告投放系统"青木啄木鸟",广泛应用于公司的代运营投放业务;开发"青木小白",实现店铺及商品页面制作自动发布管理;研发客户关系管理系统"数据磨坊",助力品牌客户更高效实现会员运营管理
壹网壹创	部署 AI 内容分析,通过数据采集、数据分析,能够在与品牌合作过程中,进一步提升客服、文案、设计、数据的相关场景效率和准确性;部署数字人服务能力,应用于直播场景

资料来源:根据各公司发布的财报综合整理。

(五)"跨境电商+产业带"发展如火如荼

1. 政府部门大力支持产业带出海

"跨境电商+产业带"是新业态和优质供应链的结合,有助于打造更具国际竞争力和创新形态的现代化产业体系,切实提升"中国制造"在全球市场的竞争力,因此国务院、商务部等多次提出积极发展"跨境电商+产业带"模式,大力支持传统外贸企业通过跨境电商拓展销售渠道、培育自主品牌、壮大贸易规模(见表 7)。一是国家政策指引行业发展方向。国务院办公厅发布《关于推动外贸稳规模优结构的意见》和《关于加快内外贸一体化发展的若干措施》两个文件,均强调了积极发展"跨境电商+产业带"模式,带动跨境电商企业对企业出口,带动更多传统产业组团出海。同时,商务部在新闻发布会、行业会议上多次强调积极发展"跨境电商+产业带"模式,推动更多特色产品进入国际市场。二是综试区考核评估中增加产业带

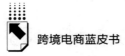

指标。2023 年跨境电商综试区考核评估指标体系中增加了"跨境电商向产业带渗透率"指标,说明"跨境电商+产业带"是国家下一步发展跨境电商的重要导向,也是各个综试区差异化发展的主要方向。三是地方政府出台支持政策加快产业发展。山东、江苏、重庆、郑州等省市纷纷出台行动计划、资金支持措施,支持"跨境电商+产业带"模式茁壮成长,加快本土企业转型和出海步伐。

表7 2023 年有关"跨境电商+产业带"的政策及利好信号

日期	来源	政策及利好信号
2023 年 4 月 11 日	《国务院办公厅关于推动外贸稳规模优结构的意见》	积极发展"跨境电商+产业带"模式,带动跨境电商企业对企业出口
2023 年 12 月 7 日	《国务院办公厅关于加快内外贸一体化发展的若干措施》	促进"跨境电商+产业带"模式发展,带动更多传统产业组团出海
2023 年 4 月 23 日	国务院政策例行吹风会:推动外贸稳规模优结构有关情况	商务部强调发展"跨境电商+产业带",将依托我国 165 个跨境电商综试区,结合各地的产业禀赋和区位优势,推动更多地方特色产品更多更好地进入国际市场
2023 年 6 月 15 日	商务部例行新闻发布会	商务部提出推进创新发展,积极发展"跨境电商+产业带"模式,带动跨境电商 B2B 出口
2023 年 5 月 10 日	第七届全球跨境电子商务大会(郑州)	商务部对外贸易司副司长肖露:指导各综试区加快跨境电商产业园区建设,大力发展"跨境电商+产业带",推动更多地方特色产品更好地进入国际市场
2023 年 9 月 2 日	2023 中国电子商务大会(北京)	商务部部长助理陈春江:支持"跨境电商+产业带"模式的发展,助推外贸企业数字化转型升级
2023 年 12 月 5 日	2023 跨境电商大会(广州)	商务部对外贸易司副司长肖露:结合本地实际加强与特色产业联动,发展"跨境电商+产业带"
2023 年 3 月 3 日	《湖南省人民政府办公厅关于促进跨境电商高质量发展的若干措施的通知》	立足湖南现有产业带资源,推动跨境电商与产业带融合发展。年进出口额达到 10 亿元的跨境电商产业带所在县(市、区),最高给予一次性奖励 100 万元
2023 年 7 月 21 日	《山东省人民政府办公厅关于印发山东省跨境电商跃升发展行动计划(2023～2025 年)的通知》	开展"跨境电商+产业带"模式,在产业带龙头企业引育、跨境电商园区建设等方面加强引导和扶持

续表

日期	来源	政策及利好信号
2023 年 10 月 20 日	《江苏省人民政府办公厅关于江苏省推进跨境电商高质量发展行动计划（2023～2025 年）的通知》	聚焦优势产业集群和外贸转型升级基地，搭建合作平台，加大与跨境电商重点平台、服务商的对接，打造产业带发展标杆企业，推动传统制造企业"出海"
2023 年 12 月 4 日	《重庆市人民政府办公厅关于印发重庆市推进跨境电商高质量发展若干措施的通知》	推广"跨境电商+产业带"模式，推动优势特色产业以跨境电商方式出口，助力"重庆造"产品"出海"
2023 年 12 月 22 日	《郑州市人民政府关于印发郑州市加快推进跨境电商发展的若干措施的通知》	梳理重点产业，建立产业带重点企业清单，推动产业带重点企业上线，打造一批跨境电商特色产业带

资料来源：根据公开文件和新闻综合整理。

2. 跨境平台深度赋能产业带发展

对跨境电商平台而言，在平台"内卷"严峻和消费者更注重产品品质的当下，产业带是其打造供应链和品类优势的基础保障，自然也就成为当前和未来平台企业竞争和争夺的资源。亚马逊、速卖通、阿里巴巴国际站、SHEIN 等平台纷纷出台系列支持措施和孵化手段，加深平台和中国产业链的联系与合作。亚马逊全球开店中国于 2023 年 8 月发布了"产业带启航十条"扶持计划，从商机拓展、品牌打造、本地化服务、人才培育和品牌标杆塑造五个方面，推动"跨境电商+产业带"融合发展，预计未来三年将覆盖中国百个产业带，支持万家传统工贸企业通过 DTB 模式拓展跨境电商。SHEIN 于 2023 年 9 月启动全国 500 城产业带出海计划，将在未来三年内深度融入全国 500 个城市的产业带，连接数字贸易和数字化柔性供应链，提供从生产、销售到品牌建设的一站式赋能服务。随着产业出海的深入发展，将会有更多有实力的加工型企业撕掉代工的标签，打磨出自己的产品力和品牌力，参与更高阶的全球市场竞争。

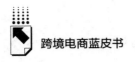

（六）综试区成为要素集聚与创新高地

1. 综试区发展模式日趋成熟

从 2015 年设立首个杭州综试区到目前全国有 165 个综试区，综试区建设和发展从均衡覆盖转向促优扶强，从追求高速增长转向高质量发展，综试区发展模式也越发成熟。一是综试区考核评估机制逐步优化。从 2021 年起，商务部每年组织开展综试区考核评估，并形成了一套较为完整客观的评估指标体系，从过去两年的情况看，综试区考核评估有效发挥了优秀综试区示范引领作用，对各地扎实推进综试区建设、大力发展跨境电商形成正向激励。二是综试区逐渐构建区域特征明显的产业生态。全国跨境电商历经十多年发展，几乎拉平了监管政策差异、政策红利和先发优势，产业发展开始回归产业基础、服务资源、营商环境等软硬实力方面的较量，因此构建具有显著区域和专业化特征的跨境电商产业生态成为综试区建设的着力点。目前一些发展较好的综试区立足本地区位优势和产业基础形成了特色发展道路，如深圳综试区拥有 15 万家跨境电商出口企业，[①] 庞大的卖家群体和市场规模奠定了深圳跨境电商的基本盘；杭州集聚了全国 2/3 的跨境电商出口零售平台和全国 70% 的跨境支付交易额，[②] 聚力建设全球数字贸易中心；郑州综试区以敢为人先的创新方案解决能力、"四路协同"的国际通道优势，成为全国跨境电商创新发展高地。

2. 综试区创新助力企业"加速跑"

创新始终是引领综试区发展的第一动力，通过制度创新、管理创新、服务创新和商业模式创新，不断推进对外贸易的高质量发展和产业链的优化升级。越来越多的企业以综试区为窗口，直面海外消费市场，探索出海新路径，推动"中国制造"变成"中国品牌"。一是流程创新让跨境贸易更便利，如杭州综保区推出跨关区退货新模式，打破了 1210 跨境电商网购进口商品"原进原出"模式，实现"一点退全国"；成都综试区发布跨境电商

---

① 深圳市商务局：《深圳跨境电商卖家数量超 15 万》，2023 年 6 月 12 日。
② 《数据折射八年来杭州跨境电商变革》，《杭州日报》2023 年 3 月 8 日。

9810 模式退税标准流程，进一步带动出口数据增长、扩大出口创汇规模。二是监管创新让企业出海更高效，如深圳综试区建成全国首个跨境电商全模式（"9710""9610"）阳光化公共服务平台，为跨境电商 B2B 和 B2C 出口企业打造采购、通关、收结汇、出口退税全链条阳光化解决方案；宁波创新跨境电商出口前置仓监管新模式，将拼箱通关转变为散件通关再拼箱出关，极大提高跨境电商货物出口通关效率。

三　中国跨境电商发展的新挑战

（一）全球经济动力不足制约行业扩张

1. 全球经济面临低增长、高通胀双重挑战

全球经济正从新冠疫情、地缘冲突、通胀高企等冲击中缓慢复苏，但是全球经济环境仍"危机四伏"，区域经济发展不平衡，全球经济运行步履蹒跚。2023 年全球经济面临低增长和高通胀的双重挑战，世界银行和国际货币基金组织预测全球经济增长率分别为 2.6% 和 3.1%，国际货币基金组织估计全球通胀率达到 6.8%（年均值）。[①] 市场需求不足严重阻碍国际贸易增长，全球贸易预期不佳，全球经济增长前景疲软。国内市场同样表现出需求不足，2023 年制造业采购经理指数（PMI）呈下降趋势（见图 2），国内制造业景气水平总体处于回落阶段。国内外需求减弱对中国外贸的直接影响仍在持续，2023 年中国货物贸易进出口额上下波动明显，以美元计，有 7 个月的进出口额出现负增长（见图 3），全年货物贸易进出口总额达到 5.94 万亿美元，同比下降 5.0%，中国外贸下行压力持续存在。[②] 国内外市场经济低迷为我国跨境电商发展带来诸多不确定性风险，导致跨境出海市场信心受挫，抑制了跨境电商市场发展活力。

---

① 数据来源于 2024 年 1 月世界银行发布的《全球经济展望》、2024 年 1 月国际货币基金组织发布的《世界经济展望》。

② 数据来源于国家统计局数据库，https：//data. stats. gov. cn/easyquery. htm？cn＝A01。

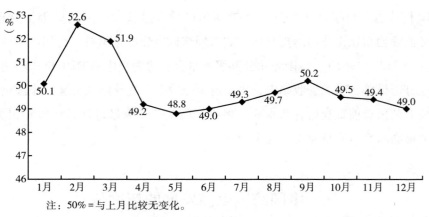

注：50% = 与上月比较无变化。

图2　2023年1~12月中国制造业采购经理指数（PMI，经季节调整）

资料来源：国家统计局。

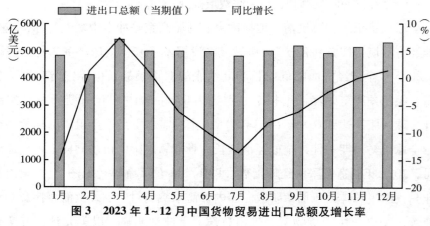

图3　2023年1~12月中国货物贸易进出口总额及增长率

资料来源：国家统计局。

2. 贸易保护主义升温加剧全球经贸摩擦

在国际政治经济局势日趋复杂多变的时代环境下，全球经济发展迎来低潮期，以美国为主导的西方国家为维护自身经济发展利益，催生贸易保护主义，并逐渐在全球盛行，与经济全球化的时代趋势背向而行，加剧全球范围内经贸摩擦。国际货币基金组织报告显示，2023年全球实施了约3000项贸易限制措施，远高于 2019 年的 1100 项，[①] 严重影响全球供应链产业链，给跨境电商供应链安全稳定带来极大冲击。当前，贸易摩擦带来的关税上涨导致跨境电商商品价格提高、企业成本上升，进一步挤压企业利润空间，2023 年 9 月美国商务部长表示将延续对华关税政策，美方 301 关税、对华出口管制、双向投资限制等措施削弱了我国跨境电商企业竞争力，不利于全球产业链供应链稳定。此外，在各国法规迅速调整变化的国际环境下，跨境电商企业对目标市场的适应能力受到较大考验，如马来西亚从 2024 年起对进口低价值电商商品（约合人民币 770 元）加征 10% 的低价商品税，巴西计划取消跨境网购 50 美元以下免税政策，相关监管措施的调整将对出海企业的经营活动产生一定程度上的影响。

（二）国际规则博弈抬高政策监管门槛

1. 跨境电商国际规则难以达成共识

随着全球跨境电商的迅猛发展，传统的国际经贸规则已经不能适应这种新的国际贸易方式，亟须构建数字经济时代全球统一的跨境电商国际规则。但各个国家数字化水平参差不齐，跨境电商国别政策环境差异大，部分国家甚至缺乏消费者权益保护、个人隐私、知识产权等方面的法律制度保障，而很多发达国家和地区出于政治、经济目的的博弈，加大了对跨境电商的政策和法律监管力度。参与主体能力不平衡和利益诉求不一致导致全球跨境电商国际规则的制定和谈判愈发艰难。世界贸易组织（WTO）早在 1996 年便制定了《电子商务工作方案》，但后续谈判进程缓慢，有关电子传输关税、数据跨境流动、计算设施本地化等重大问题仍难以达成共识，无法紧跟跨境电商行业"狂飙"步伐。此外，中国作为全球规模最大的电子商务市场，虽然积极发出构建跨境电商国际规则的行动倡议，但中国在国际规则制定方面的话语权偏弱，面临欧美等发达国家在国际规则方

---

① 《商务部部长王文涛：有信心、有底气巩固外贸外资基本盘》，中国新闻网，2024 年 3 月 7 日，https://www.chinanews.com/cj/shipin/cns-d/2024/03-07/news984157.shtml。

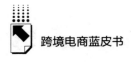
面的压制，亟须在国际经贸规则重构中提高我国跨境电商国际规则的参与制定能力。

2.跨境数据流动规则面临较大困境

各国的经济发展水平、信息化水平和网络安全能力存在较大差异，"数字鸿沟"问题日趋严峻，跨境数据流动规则难以形成共识，阻碍数字贸易跨区域合作。一是各国网络基础不一，网络犯罪和网络攻击日趋严重。国际电信联盟发布的数据显示，高收入国家89%的人口被5G覆盖，而在低收入国家中覆盖率只达到1%，甚至在贫穷国家3G仍是最普遍的移动宽带技术。[①] 且随着数字技术的不断更新和升级，网络攻击方式更加多样化，网络犯罪成本不断降低，如东南亚网络诈骗的犯罪事件被不断曝出，中小企业在数字化转型中成为网络攻击的重灾区，勒索软件、网络钓鱼、加密劫持等网络犯罪威胁持续上升，成为企业开展跨境贸易的潜在危险因素。二是跨境数据流动频繁，国际规则博弈加剧。随着全球各国之间经贸交往的持续深入，涉及敏感行业、个人信息等方面数据的跨境流动更加频繁，但不同国家对跨境数据流动采取不同的保护措施，很大程度上加剧了跨境数据流动的规则博弈，也阻碍了区域数字贸易一体化发展，跨境数据流动国际治理面临多重困境。截至2023年底，中国仅有1家跨境电商企业（焦点科技下的中国制造网）通过国家网信办数据出境安全评估，中国与世界其他国家在跨境数据流动规则领域的合作仍有很长的路要走。

（三）平台出海浪潮下暗流涌动

1.中国电商平台处于奋力追赶阶段

中国跨境电商平台加速全球扩张步伐，出海"四小龙"风靡全球，但无论是从市场规模还是全球影响力角度，中国平台仍处于挑战者地位，短期内难以撼动亚马逊、eBay、沃尔玛等地位。一是中国电商平台的市场体量仍处于

---

① 国际电信联盟：《衡量数字发展：2023年事实与数字》，2023年11月27日。

奋力追赶阶段。2023 年，SHEIN GMV（商品交易总额）约为 330 亿美元[①]、Temu GMV 约为 140 亿美元[②]、TikTok GMV 约为 200 亿美元[③]，与亚马逊 GMV 7288 亿美元相比[④]，中国电商平台还存在较大差距。二是中国电商平台站稳脚跟尚需长期市场考验。出海"四小龙"虽然增长速度惊人，但在转化率、流量等方面较亚马逊仍逊色不少，Similarweb 的数据显示，Temu 的转化率（4.5%）远低于亚马逊（56%），2023 年 11 月 SHEIN、速卖通、Temu 三个平台的月访问量总和也只有亚马逊的 50%。[⑤] 三是中国电商平台跨境服务能力稍显薄弱。国际龙头电商平台发展多年，跨境服务能力出众，如亚马逊建立了 FBA 仓储、配送系统和客服体系，显著提升了商品配送速度、消费者购物满意度和售后服务效率，而中国电商平台出海时间整体较短，相应服务功能及水平还未成熟。作为国际市场的新生平台，全球消费者对中国电商平台"成熟且可信赖"的心智认知尚未形成，在高速增长的同时，中国电商平台要潜心修炼内功。

2. 平台"较量"加剧市场竞争

随着中国出海"四小龙"在国际市场的日益活跃，电商平台之间的明争暗斗变得愈加频繁，跨境电商市场竞争更加激烈。出海电商平台的排他性竞争成为全球扩张"绊脚石"，Temu 和 SHEIN 两大平台的竞争堪称"剪不断理还乱"，2023 年 8 月和 9 月，美国法院、英国法院最新公开临时限制令显示，强制要求 Temu 停止对 SHEIN 相关版权的继续侵犯，而 Temu 在 7 月和 12 月，向法院发起诉讼称 SHEIN 强迫时装供应商与其签订排他性协议。中国两大跨境电商平台的"互撕"，表面上反映的是国际市场竞争中电商行

---

① 《SHEIN 或将在 2024 年 IPO，今年前三季度增长超 40%》，2023 年 11 月 28 日，https://www.cls.cn/detail/1528941。

② 《出海电商激战：Temu 目标 GMV 翻倍，SHEIN 保利润》，腾讯网，https://new.qq.com/rain/a/20231120A09CKK00。

③ 《TikTok 美国电商业务明年的目标或将扩大十倍》，腾讯网，https://new.qq.com/rain/a/20240105A08ASY00。

④ ecommerceDB：*Amazon：Top Domains by GMV & Fastest Growing Markets*，January 22，2024.

⑤ 数据来源于 Similarweb 数据库，2024 年 1 月。

业"不分内外、一视同仁"的残酷性，而深层次的原因则是同样采取低价策略、争抢下沉市场的两大平台对供应链的争夺和较量，而这种"较量"也加速改变全球电商市场格局。此外，国外电商平台同样受到中国电商平台"极致性价比"的威胁，一贯强调品质的亚马逊从起初对中国电商平台不在意，到最终将中国电商平台调出比价系统，并推出低价商品物流费率，宣布大幅度降低服装类目佣金，这些无不证实即使强如亚马逊这样的全球电商巨头，在中国电商平台凭借中国低价且先进的供应链优势抱团进场、低价较量的背景下，也不得不放下身段、积极应战。

3. 出海平台遭受多种监管审查

随着中国电商平台在全球市场的日益强大，其与业务国在文化理念、利益规则等方面的摩擦也随之增多，出海平台不断受到各方势力的各种"刁难"。部分国家基于维护自身利益的需要，利用法律、法规和市场准入原则深挖出海平台"漏洞"，限制中国电商平台发展步伐，以达到保护本土利益的目的。一是以"数据安全"为名义打压中国出海平台。TikTok 在全球渗透范围快速拓展，获得全球用户的喜爱，但美国、欧洲、印度、澳大利亚等部分国家和地区，先后以担忧本国互联网安全和数据安全为由，采取封禁 TikTok 的措施。二是以"有害信息内容"为由封禁中国出海平台。由于各国文化风俗、宗教信仰、国家治理等不同，平台内容与国家文化信仰产生冲突，如 TikTok 初入巴基斯坦、阿富汗等国之时，其运用数据算法推送内容，引导互联网潮流和用户行为的模式，曾导致社会舆论形成与政府治理理念背道而驰的局面，便以"未过滤不道德内容""未保护青少年"等理由受到所在国政府的封禁。三是出于保护本国经济目的而抑制中国出海平台发展。忌惮中国互联网平台对本土市场份额的侵占、对本土供应链的冲击，部分国家对我国出海平台设置了种种贸易壁垒，如印度尼西亚曾以"禁止社交媒体作为商品的销售平台"为由封禁 TikTok，防止社交电商平台形成垄断和不公平竞争。中国互联网平台出海对各国产生的冲击影响是深远的，市场、产业、文化等多维度的摩擦会接连不断，各国相关封禁限制措施也为各大出海平台的全球化和本土化敲响了警钟。

（四）跨境服务短板掣肘行业出海步伐

1. 国际物流供应链自主控制能力薄弱

我国跨境电商物流市场集中度较低，处于散乱竞争的发展阶段，海外物流资源掌控能力薄弱，全球化资源配置能力不足，已经成为制约跨境电商发展的一大"顽疾"。一是国际货运物流对外依存度较高，与贸易大国地位不相匹配。国家外汇管理局发布的数据显示，2023 年 12 月中国运输服务贸易进口（借方）为−1044.79 亿元（见图 4），2023 年全年运输服务处于高位逆差，且已经连续多年出现逆差。[①] 作为全球最大货物贸易国，中国对国际货运物流需求巨大，但中国国际物流话语权长期被外企垄断，全球前十大集装箱班轮公司中只有中远海运位列其中，航运市场长期被欧洲马士基、地中海航运、法国达飞、日本海洋网联船务等外资主导，中国亟须从航运大国迈向航运强国。二是尚未建成强大的国际化物流网络。中国跨境电商物流门到门履约能力不足，缺少具备整合全链条能力的跨境物流供应链企业，大部分企业通过委托、转包等形式与境外物流企业合作完成末端集疏运服务。尽管海外仓是解决跨境物流"最后一公里"问题的有效途径，但中国海外仓市场呈现分散独立经营，终端配送、展示销售、售后维修、金融服务等服务功能不完善，不能有效解决跨境电商末端自主配送问题。三是国际数字物流联盟有意排挤中国。截至 2023 年底，数字集装箱航运协会（DCSA）成员中已包含世界集装箱运力排名前 10 名中的 9 家企业，唯独中国中远海运集团不在其列，以欧美为主导的国际数字物流联盟可能成为限制中国发展的"第四岛链"，中国国际数字物流发展迫在眉睫。国际物流供应链运行不畅、能力不强是导致我国跨境贸易在国际市场处于劣势的重要原因之一，如何构建自主可控、安全智慧的国际物流供应链体系，是中国物流行业首要解决的难题。

2. 出海服务商本土化服务能力不强

伴随我国跨境电商企业本土化运营愈发深入，我国电商服务企业也跟随出

---

① 国家外汇管理局：《中国国际收支货物和服务贸易数据》，2024 年 2 月 29 日。

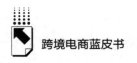
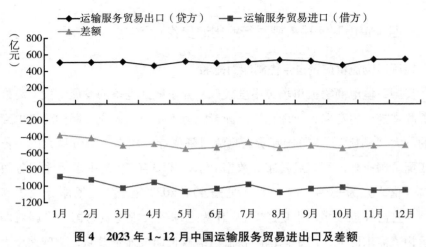

图4　2023年1~12月中国运输服务贸易进出口及差额

资料来源：国家外汇管理局。

海，以"联合舰队"的整体战斗力拓展全球市场，但出海服务商的本土化服务能力亟待提升，还无法匹配出海企业本土化运营所需的全链路服务资源。一是跨境支付服务商海外市场兼容性差。在国际市场，中国跨境支付服务企业面临不同国家和地区的法规监管、国际数据传输、支付安全、技术标准和兼容性等挑战，成熟市场合规化标准日益提升，新兴市场支付方式分散复杂且充满不确定性，对中国跨境支付服务水平和质量提出更高要求。二是出海合规服务商的服务深度和广度受限。由于各国文化风俗、语言习惯、宗教信仰等方面的差异，以及法律法规的复杂多样，中国出海企业需考虑海外用工、汇兑管制、税务合规、知识产权、平台监管等多方面风险，以及钓鱼律所的套路围剿，这对中国出海合规服务商的本土化资源和服务能力提出更高要求。三是技术出海服务商尚要跨越更高门槛。以提供SaaS等软件服务为代表的技术服务商，需要面对来自国际SaaS企业的竞争压力，在更加规范、成熟度更高的海外市场，中国SaaS服务商缺少国际运营经验和服务产品竞争力。随着跨境电商企业本土化运营逐渐深入，很多出海企业在海外市场洞察、支付环境、海外仓及本地物流、海外营销、财税合规等本土化环节都存在或多或少的"水土不服"，因此亟须依托海内海外联动的一体化服务体系，迅速补齐企业在海外主要环节的短缺资源和能力。

四　中国跨境电商发展的新趋势

（一）全链路本土化趋势愈加明显

1. 深度本土化成为企业出海新趋势

在当今的全球化浪潮中，跨境电商企业纷纷以本土化为核心推动全球化发展。在此前的产品出海时代，跨境电商企业一般本着推动销量增长的目的而在产品设计、营销层面做一些本土化工作。但在全球化出海新阶段，无论是从地缘政治、经济环境的不确定性，还是全球供应链重塑重构背景下跨境电商企业对供应链的安全稳定、利润最大化等因素的综合考量，都对跨境电商企业本土化提出了更高要求。在本土化运营的基础上，跨境电商企业需要通过海外建厂生产、组建本土化团队、设立实体公司等持续加深本土化程度，形成贯穿前端运营（营销、渠道等）、后端供应链（原材料采购、生产制造、物流仓储等）、企业管理（如团队、法务、税务等）等全链路本土化，企业的本土化能力开始覆盖全价值链生态。未来，越来越多的中国跨境电商企业深入践行本土化战略，持续发力本土化的运营能力建设、技术研发投入、生态体系搭建等，从"有根"的中国出海企业成长为扎根当地的本土化企业。

2. 全球化企业赋能本土产业生态

以往，数以万计的跨境电商中小企业是跨境电商出海的主力军，但2023 年开始，以出海"四小龙"为代表的跨境电商平台成为出海"掌舵者"，借助"钞能力"强势扭转行业格局，成为新一代出海电商价值链的主导者。中国出海电商平台借助国内完备供应链和强大生产力向海外输出极致性价比，不可避免地对当地传统批发零售业造成了一定冲击，挤压了本土中小贸易商的生存空间，容易引发当地社会抵制和仇视。在出海平台与本土产业的竞争随着规模扩大而日益显性化的背景下，深耕本土化成为中国出海电商平台的最优解。TikTok 电商印尼风波和 SHEIN 巴西建厂两个"一正一反"出海案例，探索出电商平台不同的本土化路径，更引发了业界对"跨境电

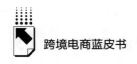

商的终点是电商"的探讨。中国电商平台在海外的本地化，并不是为了弱化"中国属性"，而是以本土化经营及本土化生态建设为手段真正融入当地市场，切实履行全球化企业"赋能和反哺本地产业生态"责任。随着中国出海电商平台和各国本土化产业的深度融合和双向渗透，中国出海电商终将成为以全球化为起点、以本地化为终点的世界电商。

（二）科技创新打造新质生产力

1. AI技术引领跨境电商跨越式发展

2024年国务院政府工作报告首次提及"人工智能+"，这意味着国家将加强顶层设计，加快形成以人工智能（AI）为引擎的新质生产力。跨境电商是数字经济和实体经济融合的重要载体，也是科技创新和产业创新的结合体，本身就是新质生产力的代表。跨境电商作为一个需要海量数据支撑与内容创作的数字化产业，是AI最重要的应用场景之一。近几年，文本生成、图片制作、虚拟数字人、文生视频模型Sora等AI工具接连诞生，对跨境电商生产力进行着一次又一次的升级迭代。各大跨境电商平台纷纷抢滩AI市场，聚焦人、货、场三个关键因素，围绕大模型、管理工具和营销工具三大核心方向开发各种AI工具，如亚马逊陆续推出AI评论整合、AI服装合身功能、AI链接编写工具、AI购物助手等功能，阿里巴巴国际站上线AI采购助手、OKKI AI、AI生意助手等，Meta推出赋能型自动业务工具系列……一个崭新的AI电商时代全面开启。"跨境电商+AI技术"被视作跨境电商行业的第四次革命，它不仅是一种长期趋势，更是企业在全球化、数字化时代中开启新商业模式、驱动全球贸易发展的重要力量。

2. 数字化供应链夯实企业核心竞争力

随着物联网、大数据、区块链、云计算、人工智能等数字技术的快速发展，数据化能力和数字化供应链在电商领域的价值正在不断释放，跨境电商的"数字化革命"潮流已经到来。数字经济时代，消费者对个性化产品、即时性服务提出了更高要求，使跨境电商供应链网络迫切需要实时获取消费者数据并反哺研发生产环节，因此建立"全链协同"的数字化供应链成为行业发展趋势。SHEIN 的数字化供应链体系建设已成为行业标杆，整个系统通过数字化方式高效衔接需求端（消费者、设计）和供给端（生产、采购、供应商），从而使 SHEIN 打造了一个从设计、生产、销售到物流仅需 21 天的完整供应链闭环。SHEIN 带给跨境电商企业的启示就是，谁能更准确地预测需求、更快地生产出热销产品并推向市场，谁就能在竞争中占据先发优势，因此说数字经济时代，跨境电商企业真正的核心竞争力在于数据化能力和建立在数据基础上的供应链体系，通过数据驱动全面提升产品研发、业务运营、用户管理、技术创新方面的效率，让跨境电商所有环节的参与者共享供应链的数据红利。

（三）跨境电商"碳"寻绿色竞争力

1. 新能源和绿色产品跃升全球市场"新宠"

全球绿色低碳转型步伐加快，以新能源和绿色产品为代表的绿色贸易在国际贸易发展中发挥着重要作用，这给我国跨境电商出口带来了发展新机遇。据阿里巴巴国际站预测，新能源车、绿色能源设备、绿色环保产品将成为 2024 年外贸蓝海赛道。在新能源车领域，中国在产业链、技术等方面实现"弯道超车"，新能源乘用车、高尔夫球车、电动摩托车及电动三轮车等将成为热销趋势品类；在绿色能源设备领域，在全球绿色可持续经济风潮以及海外绿色补贴政策的影响下，绿色户外储能产品有望成为跨境电商出口潜力品类；在绿色环保产品领域，随着欧洲环保要求的进一步提升，草编、纸制品、有机棉等可降解、纯天然材料的产品将会迎来更广阔的市场前景。绿色贸易正逐渐成为国际贸易发展的重要趋势和方向，未来的绿色贸易和绿色投资的需求增长会为全球贸易带来巨大的空间。

2. 供应链加速提升"绿色"竞争力

在越来越多的消费者关注绿色、环保与可持续发展，并将其纳入"消费决策"重要考量因素的背景下，构建绿色可持续的产业链供应链体系，成为提高跨境电商企业全球竞争力的新要素。企业通过跨境电商供应链上下游协同创新，在生产环节采用绿色技术和环保材料，在跨境物流环节采用绿色包装和环保运输，在供需匹配方面采用柔性按需生产以最大限度降低库存

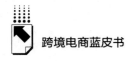

积压，从而降低出口产品全生命周期能耗、减少碳足迹以及实现已售商品的循环再利用。如以亚马逊为代表的全球性电商平台，正在为产品标记绿标，并给予额外流量扶持，反向推动整个供应链的可持续转型，从而减少资源浪费和环境污染。跨境电商绿色供应链不仅可以避免资源浪费，增强企业的社会责任感，也能为企业带来良好的声誉和绿色产品的品牌形象，从而实现跨境电商企业在"绿色电商时代"的长远发展目标。

（四）跨境服务商全球崛起

1. 物流服务商驶入大航海时代

伴随中国跨境电商驰骋全球，与之配套的物流配送需求在海外急速爆发，中国物流驶入大航海时代，从极兔、顺丰、"三通一达"，到京东、菜鸟等快递物流服务商，纷纷加速出海步伐。菜鸟的物流网络、京东自营仓储一体、顺丰的货机自营、极兔的本土化都是各自物流模式的长板，也都被物流服务商复制到各自的出海场景中。支撑跨境电商发展是中国快递物流业实现出海的最佳途径，如菜鸟通过阿里系电商业务加快海外布局，快递独角兽极兔深度绑定 Temu 在海外建仓起网，跨境电商与中国物流以"联合舰队"的整体战斗力拓展全球市场。特别是在全托管模式兴起后，跨境电商呈现集约式发展趋势，在此背景下，具备数字化信息系统、拥有庞大海外仓储物流网络和高效本土配送能力的一体化供应链物流服务商，将在平台稳定货量的加持下，持续提升自身服务能力和国际竞争力。同时，新能源汽车、光伏电池等绿色新能源产品出海强势增长，对跨境物流服务创新和跨境特种产品物流解决能力提出更高要求，以特殊产品运输解决方案及单条线路资源沉淀和运营见长的"小而美"的物流服务商也会脱颖而出。如果说西方老牌快递物流公司是伴随欧美经济全球化发展起来的，那正在加速布局海外物流网络的中国快递物流企业，则将深度参与数字经济推动的新一轮全球化进程。

2. 平台服务持续拓广度挖深度

中国跨境电商平台利用供应链优势、技术算法优势和国内积累的运营经验成为出海电商价值链的主导者，在全球化浪潮中扮演着越来越重要的角色。面对激烈的市场竞争，各平台凭借自身特色和资源禀赋，通过横向拓展和纵向加深等方式创新服务模式，在不同市场和消费者群体中确立了坚实的地位。特别是全托管模式下跨境电商平台不断拓展服务边界，亲自下场负责选品、运营、物流、结算、营销、合规、售后等一系列环节，这就让平台有机会通过集约化的方式组织供应链配套服务，通过内部孵化、对外投资并购、服务商集聚等方式加大资源整合力度，持续扩容服务生态。同时，激烈竞争之下，各个平台不断延伸服务领域，建立起差异化竞争优势，如速卖通主要依托全球物流建设和全球市场布局，Temu 的特点是超低价、大手笔营销和社交裂变，TikTok Shop 的优势在于内容电商、直播带货和短视频推广，SHEIN 则是基于服装供应链管理的"自营品牌+平台"双模式，差异化服务成为平台构筑发展"护城河"的关键。

（五）内外贸一体化按下"加速键"

1. "生而全球"的外贸企业积极开拓国内市场

跨境电商是中小微企业加快内外贸一体化的重要途径。在"双循环"新发展格局背景下，"生而全球"的跨境电商企业在推进全球市场多元化战略过程中，将全球市场"中国分场"作为其中一个重要组成部分，积极开拓国内市场，实现内外贸一体化发展。已经在海外市场站稳脚跟的外贸企业，其产品和品牌都经过了海外市场的验证，某种程度上拥有"出海品牌"回归国内的营销优势。安克创新和乐歌股份都是全球化品牌进军国内市场的典范，它们的成功也给其他跨境电商企业回归国内市场提供了全新范本，毕竟中国作为全球主要的消费市场之一，国内消费能级不断提升，市场消费潜力巨大，这是任何一个全球化品牌都不会放弃的庞大市场，正如安克创新的阳萌所言，"一个真正全球化的公司不能缺席中国市场"。

2. 更多的内贸企业借助跨境电商寻找海外增量

在浩浩荡荡的出海大潮中，越来越多的内贸企业开始眺望远方的新蓝海，于是"出海"成为很多国内企业拓展业务增量的共同选择。而跨境电商作为企业踏入全球市场链路更短、更便捷的一条重要途径，吸引了越来越

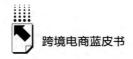

多的参与者，从贸易型企业到产业带工厂，从普通卖家到知名品牌，从淘品牌到老字号，跨境电商出海赛道愈发热闹，大量中国企业借助跨境电商走上全球化、国际化发展道路。跨境电商促进内外贸要素流动和资源共享，形成"国内+国外""线上+线下"双循环格局，进一步强化了"全渠道+双模式"的全球化能力。于是我国跨境电商领域诞生了众多"内外贸两手抓、两条腿同时走"的企业，依托数字平台实现国内外渠道互通，精准对接国内外市场需求，根据国内外市场形势变化调整市场策略，在国内国际两个市场间顺滑切换，成为内外贸一体化发展、国内国际双循环的生动缩影。

五　跨境电商供应链重构重塑的实施路径

百年变局加速全球产业链供应链重塑进程，也为中国电商出海提供了新机遇。近两年，中国电商平台凭借价格战、营销战在海外"攻城略地"、强势崛起，推动全球电商陷入中国式内卷，成为搅动全球电商发展格局的重要力量。2023年作为疫情防控转段后经济恢复发展的一年，由数字技术引发的数字经济变革持续推进，带动中国制造、中国电商、中国服务高质量出海。加速构建我国跨境电商全球化供应链体系、打造全球化品牌，需要先立后破，在数字化供应链升级、本土化供应链布局、国际化物流体系建设、绿色化供应链生态打造、全球化供应链服务能力锻造等方面深耕细作、做深做实，为中国企业谱写全球化出海新篇章储能蓄力。

（一）引导数字化供应链转型升级

1. 强化供应链协同，构建跨境数字化供应链系统

引导跨境电商供应链企业增强数字化思维，支持供应链核心企业搭建"纵向串联"供应链上下游的跨境电商供应链协同系统，打造"快速响应、定制高频"的数字化跨境电商柔性供应链。鼓励跨境电商示范园区、跨境电商产业园和物流园等建设"横向连接、纵向贯通"的数智化供应链平台，构建集上游供应链管理、园区智慧管理、下游供需对接、政务一站式办理于一体，便捷智能、

高效协同的跨境供应链生态。鼓励内外贸企业充分利用国内外两个市场、两种资源，以市场需求和产品标准为引领，促进内外贸供应链协同化、一体化发展。

2. 促进供给链提质，推动产业集群数字化转型

加强人工智能、区块链等数字技术在跨境电商供应链生产计划管理、原材料采购、生产制造、品控管理、质量检测等方面应用，确保产品生产时效及质量安全，满足跨境电商企业品牌出海诉求。推动跨境电商供应链企业加大数字化投入，制定数字化协同标准，提升供应链要素数据化、数据业务化和信息安全化水平，加强数据标准统一、信息互联和数据共享，促进跨境电商供应链全流程业务上云，打造跨境电商数字供应链和产业生态圈。支持跨境 SaaS 服务商与外贸转型升级基地、产业集群合作，搭建适应产业发展和企业管理诉求的智慧管理 SaaS 平台，帮助企业按需、低成本实现计划、采购、生产、制造、售后维修等全流程数字化。

3. 助力贸易链增效，布局多元化数字营销网络

全面实施"跨境电商+产业带"行动，推动传统工厂通过跨境电商平台或自建独立站开拓国际市场，开辟出海新路径。支持跨境电商平台、跨境电商贸易企业、跨境供应链企业顺应"AI+电商"发展趋势，利用生成式人工智能（AIGC）、虚拟现实/增强现实（VR/AR）等数字技术，优化平台功能、辅助营销推广、促进效能提升。推进数字化工具在售后服务管理流程应用，加强海外用户反馈跟踪，提高自动化处理效率，发挥售后管理数据效用，强化企业合规性管理。

（二）支持跨境电商供应链本土化布局

1. 聚焦营销服务链，发挥本土化优势

深入开展海外市场需求调研，结合目的国用户习惯与文化风俗，围绕本土产品开发、营销策略制定、专属品牌打造等，全方位制定本土化营销规划。积极构建本土化营销渠道，大力发展"社交+电商"商业模式，加强与本地社交媒体平台、数字内容平台、短视频平台合作，形成搜索引擎、电子邮件等传统营销与强社交、重互动的新兴营销模式"双轮驱动"的多元化

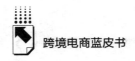
数字营销体系。探索在共建"一带一路"国家和地区、主要国家市场、新兴市场设立海外售后服务站,支持利用海外本土品牌并购等方式,搭建全球服务网络,提升跨境电商企业退换货、维修等售后服务能力,优化海外消费者品牌体验。搭建海外品牌运营服务中心,加强与海外电商资源对接,完善海外本地化服务体系。

2. 强化组织管理链,加强本土化能力

组建海外本土化团队,做好"前方+后方""中方+本地"深度融合,实现前方"出海先锋队"和后方"国内补给队"资源对接、信息共享,中方和本地员工互尊互信、文化融合。树立"适才适用"用人理念,逐步建立"中方+本地"双管理组织架构,通过遴选推荐,打通员工职场上升通道,激发管理人员积极性。强化制度管理,建立融合双方风俗文化的制度管理体系,促进企业经济效益和人员效率快速提升。

3. 赋能本土供应链,创造本地化价值

出海企业应立足中国企业根基,秉承"扎根当地、贡献当地"的经营理念,深入实施本地化战略,复制国内高效成熟的供应链模式和技术优势,赋能当地产业链供应链,带动本土产业转型升级。支持中国电商平台,加强与当地贸易商、经销商合作,助力本地企业"上线触网"扩大销售,共享中国电商发展红利。鼓励企业主动承担社会责任、创造社会价值,立足服务本土经济社会发展需要,为本土人员创造良好就业环境、提供就业岗位,助力当地青年就业创业。

(三)推进国际物流供应链体系建设

1. 加快建设海外物流基础设施

支持在重点城市建设全球性和区域性国际邮件快递枢纽。鼓励跨境电商企业、综试区城市,在重点国家市场或友好城市合作共建境外合作园区,发展跨境物流业务,强化与国内物流通道网络的一体衔接、与国际物流基础设施的互联互通。推动跨境电商各类主体自建或租赁海外仓储设施,打造智慧化、专业化、高效化的智慧海外仓储网络。支持有实力的快递企业结合我国跨境电商出海趋势，加快在新兴市场、重点市场起点布网，夯实中国制造出海的跨境物流基础。鼓励有条件的企业参与海外港口、口岸等重要物流基础设施建设。

2. 加强海外智慧物流平台建设

推进跨境电商物流信息互联互通、通关检验互助互认，开展大范围、高水平、深层次的国际合作，构建具有全球竞争力的跨境物流服务平台。鼓励各类跨境物流平台、车货匹配平台、海外仓服务平台、跨境电商平台等开放数据接口，推动物流数据开放共享，促进货源、车源、仓储资源及物流服务信息高效匹配，打造整合资源、供需对接、高效便捷的国际供应链服务平台。充分发挥"航运贸易数字化合作创新联盟"等组织作用，深化与国际主流航运贸易平台的数据传递，探索航运数字化标准共建共享。

3. 强化多元跨境物流能力保障

鼓励航空、物流、快递、货代企业通过投资并购、品牌收购等方式，加速融入海外市场、提高国际市场份额。支持国内快递物流企业与国内外跨境电商平台合作，搭建海外物流服务体系。引导国内国际性机场、航空公司与重点国家、新兴市场等深度合作，利用"双枢纽"模式，提升国际航空货运能力。打造多元化跨境物流体系，持续推进国际铁路、公路货运通道畅通，推动多式联运降本增效、中欧班列和跨境公路（TIR）运输发展壮大。

（四）构建跨境绿色供应链生态

1. 不断提高跨境供应链绿色低碳意识

加强欧盟"绿色低碳法案"、美国"碳关税"立法等国际低碳治理措施普及，加大跨境供应链绿色低碳环保转型宣传力度，提升跨境电商企业低碳经济意识，塑造倡导 ESG 价值主张的中企出海形象。厚植绿色经济发展理念，提升跨境电商综试区、国家外贸转型升级基地绿色化水平，增列"绿色低碳"考评指标体系。探索开展绿色供应链标准化专项行动，支持跨境电商企业参与国际绿色供应链标准化工作，以标准促规范、用标准抓应用，促进跨境供应链绿色化升级。

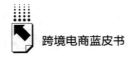
2. 全方位推动跨境供应链绿色化实施

引导跨境供应链核心企业制定绿色指标体系，通过增加原材料或产品绿色环保考核标准、扩大环保材料供应商范围、采用电子化采购方式，实现采购全流程绿色化，倒逼国内供应商绿色生产水平提升。鼓励跨境供应链企业开展产品"无废无污"设计、绿色耗材选择、节能设备利用、废料循环利用、避免包装浪费与污染等全程绿色改造。提高新能源运输工具、海外物流信息化平台使用频率，通过经济高效的跨境运输方案制定、跨境运输工具和海外仓库存分销资源协调，实现跨境物流配送的绿色化、高效化。支持跨境电商平台搭建二手商品回收平台，提高商品循环流动频次，降低资源污染和资源浪费影响。鼓励跨境电商企业与工厂开展绿色回收合作，通过废弃产品回收、检测、再加工、报废处理，实现跨境供应链的正逆向绿色"双循环"。

3. 持续完善绿色供应链基础设施建设

发展绿色仓储，支持节能环保型跨境电商仓储设施建设。支持跨境供应链核心企业以绿色环保理念为原则，加快绿色供应链关键技术、设备、系统等软硬件研发，降低供应链全链条企业绿色化升级门槛。持续优化和提升跨境供应链材料、运输、制造、回收等方面的绿色化水平，强化ESG体系基础保障，助力可持续发展。完善跨境绿色供应链人才体系，加大跨境供应链绿色化、专业化技术人才培养力度。加强绿色跨境供应链管理，支持企业、研究机构等跨境电商主体，联合探索建立跨境供应链领域碳排放监测体系，开展跨境供应链领域碳达峰、碳中和研究。

（五）提升供应链服务商全球化服务能力

1. 数字化技术应用助力降本增效

鼓励跨境电商平台、跨境SaaS服务商围绕企业运营需求，利用5G、AI、大数据、区块链、云计算等技术开发数字化工具，提升产品上架、图片处理、广告投放、客服服务等功能效率，提高平台智能化运营水平。支持跨境物流企业加大技术研发投入，积极推动自动分拣机器人、无人机、无人车等智能装备，智能快递柜、冷链自提柜、智能充换电站等末端智能设施应用，促进跨境物流设施设备智慧化升级。支持跨境合规服务商，探索利用大数据技术，为跨境电商提供定制化、智慧化合规服务应用，实现海外合规风险的提前预警、分析研判、方案制定等功能。鼓励跨境金融支付企业依托人工智能、隐私计算、区块链等前沿技术，为跨境电商企业提供一站式数字支付结算和数字金融服务，助力出海电商企业全球化经营。

2. 主动出海破局补齐供应链短板

支持中国电商平台参股海外本土电商平台，扩大平台影响，提升海外市场份额。支持出海电商平台全面融入当地市场，通过本土化营销、宣传推广，塑造品牌形象，重塑海外消费心智，实现电商平台流量、转化"双提升"。支持跨境支付企业积极获取海外市场支付牌照。充分发挥 CIPS 作为金融市场跨境互通和双向开放的基础设施作用，针对"一带一路"、RCEP等重点区域，扩大专线连接范围，提高 CIPS 服务覆盖面积和辐射能力。支持跨境支付机构探索为大型跨境电商平台、传统外贸企业出海独立站提供海外收单、直接收款服务，主动延伸全球化服务场景、创新拓展跨境金融服务产品，满足企业跨境投资、合规展业诉求。

参考文献

商务部：《中国电子商务报告 2022》，2023 年 6 月。

商务部研究院电子商务研究所：《中国跨境电商出口合规发展报告》，2023 年 4 月。

尼尔森：《2023 年中国跨境电商平台出海白皮书》，2023 年 4 月。

艾瑞咨询：《2023 年中国跨境出口电商行业研究报告》，2023 年 9 月。

亿邦智库：《2023 全球化新品牌洞察报告》，2023 年 11 月。

亿邦智库：《2023 产业互联网发展报告》，2023 年 12 月。

招商银行研究院：《跨境物流行业研究之总览篇——顺国货出海之大势，跨境物流当立潮头》，2023 年 12 月。

中信建投证券：《跨境电商物流行业研究：跨境电商平台全托管模式大潮下的物流投资机会》，2023 年 8 月。

浙商证券：《跨境电商行业深度系列：Temu 破局，Amazon 变局》，2024 年 1 月。

专题篇

B.2
跨境电商企业全球化发展
与供应链布局策略

潘　勇*

摘　要： 跨境电商作为中国外贸的新业态、新模式和新动能，已经成为促进我国经济长期增长和国际竞争力提升的关键，全球化背景下跨境电商企业的供应链布局对于提高跨境电商的效率和全球竞争力至关重要。本文从跨境电商供应链的困难与挑战入手，总结了全球化背景下跨境电商供应链发展的影响因素，从全球跨境产业链变迁的视角，提出了全球化背景下跨境电商供应链布局的目标和基本思路，并结合具体案例提出了跨境电商企业供应链全球化的路径选择与布局策略。本文提出的基本思路是，通过"三流"（物流、商流、信息流）与"三端"（跨境电商供应链前端、中端、末端）充分

* 潘勇，博士，教授，博士生导师，河南财经政法大学电子商务与物流管理学院院长，中国信息经济学会副理事长，教育部高等学校电子商务类专业教学指导委员会委员，中国（郑州）跨境电子商务综合试验区专家委员会委员，河南省电子商务专业咨询委员会委员，河南省商业经济学会副理事长，政协郑州市第十五届委员会智库成员，郑州市高水平扩大对外开放专家咨询委员会委员，河南国际数字贸易研究院兼职研究员。

结合，以"三化"（跨境电商供应链本地化、数字化和柔性化）作为手段，实现全球化背景下跨境电商企业供应链全球化布局。

关键词： 全球化　跨境电商　供应链　布局策略

"全球化"并不是一个系统的理论体系，也没有一个完整的、统一的或者公认的定义。1983 年法国经济学家泰尔多尔·莱维（Theodre Levitt）首次使用"经济全球化"（Economic Globalization）一词。[①] 经济全球化，有利于资源和生产要素的全球性合理配置，有利于资本和产品的全球性流动，有利于科技的全球性扩张，有利于促进不发达地区的经济发展，是人类发展进步的表现，是世界经济发展的必然结果。全球化是当代世界的重要特征之一，是提高全要素生产率和扩大共同市场的客观要求，也为各国和各地区的经济增长与发展进步做出了巨大贡献。进入 21 世纪以来，经济全球化深入发展，既给世界贸易带来了重大的推动力，也给各国经贸带来了诸多不确定因素，跨境电商供应链在全球化的进程中也面临新的困难与挑战。

一　全球化背景下跨境电商供应链面临的困难与挑战

（一）全球政治博弈和贸易不确定性风险加剧

各经济体和国家之间的经贸摩擦增多，地缘政治面临大动荡，美国频繁"退群"，民粹主义、单边主义抬头，贸易保护主义加剧，多边主义和多边贸易体制受到冲击，对全球经济贸易格局产生深远影响，经济全球化面临巨大困难和挑战。如 2018 年以来，美国政府采取了多项贸易保护主

---

① Levitt T., "The Globalization of Markets", *Harvard Business Review* 61, 1983: 92–102.

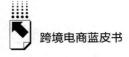

义政策，导致中美之间的贸易摩擦和争端不断升级，美国《国家安全战略报告》把供应链安全视为美国国家安全战略的关键内容，充满对中国供应链的攻击。

（二）地域性和市场适应性挑战

世界各国人民文化风俗、消费习惯、商品需求千差万别，对国际贸易发展的要求日益苛刻。如何在不同文化背景下有效地传递产品信息是跨境电商供应链面临的最大挑战。在全球化过程中，企业需要解决多语言沟通的问题，包括网站内容、产品描述和客户服务，还要考虑时差问题，确保及时回应客户的问题和需求。

（三）物流运营管理带来的挑战

不同国家物流水平有着明显的差异，一些偏远地区的物流模式仍是较为落后的传统模式，而一些发达国家早已采用了立体化仓库、RFID、EDI等先进物流技术。这种模式和技术上的差异会导致物流信息链中断，难以实时监控物流信息，延迟国际货物运输时间，延缓国际物流发展进程。

（四）法律法规合规性挑战

不同国家有不同的进口限制和法规，包括产品标准、质量认证、包装规定等。企业需要了解和遵守这些规定，以防止产品被拒绝入境或受到罚款，以及跨境电商可能受到各国不同的税收政策的影响，如进口税、消费税等。企业需要适应这些政策，并调整定价策略以保持竞争力。同时，全球跨境电商相关税收规则不断收紧，给我国跨境电商全球供应链布局带来新挑战。

（五）信息安全和隐私问题

跨境电商涉及大量的个人和交易数据传输。不同国家对于数据隐私和信息安全的法规存在较大差异，涉及数据存储、传输和处理的问题，企业要遵守各个国家的法规，这就增加了合规的复杂性。不同文化对于隐私和数据安全的看法有所不同，企业需要制定适应不同文化的隐私政策，以避免引发消费者的担忧和负面反应。

（六）跨境品牌建设带来的挑战

在全球市场，本土企业对于当地市场的了解较为深刻，它们更容易适应当地的文化、习惯和法规，相较之下，外来企业可能需要花费更多时间和资源来适应和融入，在全球范围内建设品牌认知度是一项庞大而具有挑战性的任务。中国跨境电商企业的品牌可能在目标市场缺乏知名度，这就需要投入大量资源进行市场推广和品牌建设。

（七）汇率波动带来的风险

由于涉及不同国家和货币，中国跨境电商企业可能面临汇率波动的风险。汇率波动可能导致进口和运输成本的波动，使企业难以准确预测和控制产品的成本，影响利润率。

（八）平台规则收紧引发跨境电商市场主体的不确定性

2020年以来，全球主流跨境电商平台持续加强平台规则建设，如亚马逊在2021年5月起对平台规则进行了整顿，不允许同一个卖家在同个站点开设一家以上的店铺等。随着主流跨境电商平台管理规则的逐步严格，我国跨境电商出口合规建设将迎来不确定性，对跨境电商供应链韧性和安全性产生新的挑战。

二 全球化背景下跨境电商供应链发展的影响因素

与普通供应链相比，全球化背景下跨境电商供应链具有更为广泛与复杂的管理范畴。基于前文的分析，跨境电商供应链的发展需考虑以下影响

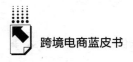

因素。

地域特征。主要是指跨境电商消费者所在地区的文化风俗、消费习惯、商品需求千差万别，跨境电商企业需要考虑不同地区的节庆、习俗和重要文化事件，以调整营销策略和产品推广，以便更好地融入当地市场。

电商状况。主要是指跨境电商消费者所在地区的网民规模、电商市场潜力、电商零售渗透率、市场规则、电子通信基础设施、电子支付基础设施、电子商务信用体系等，还包括跨境电商区域的市场竞争态势、信息安全和隐私保护问题。

物流状况。主要包括跨境电商进出口物流模式与运作流程、跨境电商进口和出口的通关流程、监管政策、跨境电商物流技术及装备情况、跨境电商库存条件、跨境电商主要运输方式、国际多式联运的运作组织与管理、跨境电商物流服务的定价方法、跨境电商配送中心以及海外仓使用、货物集散基地等状况。

政策环境。跨境电商领域法律和政策环境是不断变化的，因此及时获取最新信息并进行合规调整是非常重要的。需要了解的政策包括海关和进口规定、知识产权保护政策、消费者权益保护法律和规定、数据保护法律和隐私规定、跨境支付、税收政策。

结合以上的分析，我们把世界不同区域跨境电商供应链发展的影响因素进行了对比（见表1）。

表1　世界不同区域跨境电商供应链发展的影响因素对比

项目	北美市场	欧洲市场	拉美市场	东南亚市场
地域特征	无文化、语言差异	欧洲不同国家之间存在语言和文化壁垒	具有年轻化的人口结构特征，同时除巴西外均使用西班牙语，语言文化差异小	东南亚除新加坡外，人均收入低，不同国家之间语言、文化差异大

续表

项目	北美市场	欧洲市场	拉美市场	东南亚市场
电商状况	互联网早期发源地;互联网渗透率高;消费电子和家电等领域线上化程度高,但服装鞋帽和各类日用品是长尾市场,电商仍有充足发展空间。2022年亚马逊在美国、加拿大市场占有率分别为31%、42%,SHEIN在美加市占率分别为0.7%、0.6%	英国拥有较成熟电商市场,电商零售渗透率逐年上升。西欧电商市场集中度不高,亚马逊和eBay占据领先位置。东欧电商格局更加分散	电商发展程度普遍不高,但增长潜力大,2023年拉美电商销售额同比增14.3%。Mercado市场份额占30%。亚马逊、速卖通在2010年进入南美市场,Shopee在2019年拓展南美站点,2022年底,SHEIN在巴西试点开放平台模式	东南亚互联网渗透率高。据eMarketer数据,2023年,东南亚电商市场规模增速位列全球第一,已经连续三年成为全球电商规模增长最快的地区。Shopee和Lazada在各主要国家占据重要份额,Tokopedia作为印尼本土电商在当地市占率排名第二
物流状况	美国快递行业发展时间早,行业格局稳定。具备强履约能力,保证物流的速度和体验	西欧国家的基础设施建设相对较好。北欧、中欧和东欧都较差。本土轻工业供应链不充足,极其依赖海外供应链	拉美地区基础设施建设发展不成熟,物流配送的时效性较低	群岛国家多、基础设施差、物流成本高
政策环境	美国众议院通过的《2022年美国竞争法案》中,提议对包括中国在内33个国家和地区的"低价值包裹"取消免征关税的优惠。在中美竞争背景下,"800美元线"面临调整压力。美国看重知识产权和个人信息安全保护,中国跨境电商对美出口后续存在一定的政策性风险	2023年5月17日,欧盟委员会提出海关法全面改革提案,要求取消150欧元低值货物的关税豁免门槛,我国跨境电商未来或将面临政策性风险。欧盟成员国对适用于B2C电子商务交易的增值税规则进行重大修改,在欧盟范围内进行B2C在线商品销售的零售商和其他企业将有义务向其商品到货的成员国缴纳当地增值税	拉美整体关税环境较为宽松,但后续存在废除关税优惠可能性,跨境电商成本预期进一步上升	

资料来源:笔者综合整理。

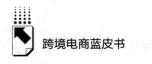

三　全球化背景下跨境电商供应链布局的目标与基本思路

（一）全球跨境产业链的变迁历程

全球供应链的变革是由产业链变革引起的。全球供应链在世界政治、经济、文化等因素的推动下，不断地解体、重构和升级。全球跨境电商供应链的布局与全球跨境产业链密切相关。跨境产业间的区域扩展与空间移动，其本质是各国生产要素的全球性流动。伴随着全球化发展和国际局势的不断变化，全球产业链再次进入跨境变迁的加速期，并呈现新的时代特征与发展趋势。历史上全球性的产业链变迁一共发生过 4 次，目前全球进入第五次跨境产业链变迁周期。

全球第一次跨境产业链大变迁。英国自 19 世纪下半叶起，开始将本国过剩产能与工业革命的技术成果对外输出，开启了全球第一次产业链大变迁。变迁的主要行业包括机械纺织、钢铁、造纸、制糖等。美国凭借其土地资源与区位优势，吸引了大量英国投资者，成为第一次产业链大变迁的主要承接国和最大受益方。

全球第二次跨境产业链大变迁。20 世纪五六十年代，美国在第一次产业转移所形成的原始积累的基础上，不断优化生产工艺与组织结构，主导了以电气化应用为标志的第二次工业革命，其生产力水平迅速提升并反超英国，将钢铁、纺织等资源、劳动密集型产业转向德国、日本等国，推动了第二次产业链大变迁。

全球第三次跨境产业链大变迁。20 世纪 70 年代起，在"信息化"的浪潮下，德国、日本将研发核心聚焦于基础工业技术、半导体等领域，并快速形成高精尖技术类比较优势，同时将纺织、轻工、机电等劳动密集型产业转向人力成本低廉且具备活跃开放度的亚洲"四小龙"国家。

全球第四次跨境产业链大变迁。20 世纪 80 年代后期，亚洲"四小龙"

等国家充分吸收第三次产业转移成果，形成了以出口加工为主导的经济形态，并跻身新兴工业化国家行列。在这一过程中，中国完备的工业体系和人口红利优势得到充分释放，迅速成长为新的世界工厂，全球第四次产业转移也由此完成。

全球第五次跨境产业链大变迁。2008年起，伴随着全球金融危机的爆发，全球第五次跨境产业链大变迁开始出现，东南亚、南亚、南美等新兴市场国家成为本轮变迁的主要承接国。2020年，伴随着新冠疫情的全球大流行，各国的防疫政策给原有的全球产业链跨境流通造成了严重的影响。2022年，俄乌冲突进一步加剧了国际形势的复杂程度。此轮跨境产业链大变迁除传统经济因素驱动外，更夹杂了政治、文化、价值观等非经济因素，加速了国别间跨境贸易壁垒的形成。

（二）全球化背景下跨境电商供应链布局的目标

基于前文的分析，全球化背景下跨境电商供应链布局应该实现如下目标。

提高供应链的韧性。一方面，鼓励企业加强风险分析与评估管理系统建设，通过风险监测、数据分析和决策支持系统搭建提高企业凭韧性"自救"的能力；另一方面，通过实施一体化库存管理，强化协调管理和优化组织间业务流程等供应链整合策略，并带来持续性绩效提升。

优化采购过程。通过集中采购、与供应商建立长期战略合作等方式，降低采购成本，提高采购效率。强化智慧供应链建设对供应链韧性能力的优化作用来保障当前产业链供应链安全。要遵循供应链设计质量最优原则，对仓库选址、产品配送和零售店的节点分布进行合理的物流规划。[①]

升级物流体系。在目标市场建立仓储设施即海外仓，可以减少从本国到目标市场的运输时间和成本，同时提高货物的及时性和准确性。此外，优化物流路线也是提高物流效率的重要手段。

---

① 石大千、李雪琴、李丹丹：《智慧供应链建设如何提升企业绩效？——基于供应链韧性优化视角的分析》，《中国管理科学》2023年第12期。

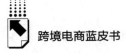

提升信息透明度。通过建立统一的信息化平台,将各个环节的数据进行整合和共享,提高信息的透明度和准确性。加快推进数字技术与供应链深度融合进程,充分发挥平台的资源集聚和供需对接功能;另外,提高对供应链数字化可操作的标准制定,强化对供应链节点企业的监督与反馈。[①]

优化网络布局。通过分析大量的物流数据,可以更加了解物流网络的运行状况和瓶颈所在,从而针对性地优化物流网络。这样可以通过减少冗余环节、优化物流运输线路、提前做好规划和准备等措施来提高电商物流的效率和准确性。

(三)全球化背景下跨境电商供应链布局的基本思路

本文提出的基本思路是,通过"三流"(物流、商流、信息流)与"三端"(跨境电商供应链前端、中端、末端)充分结合,以"三化"(跨境电商供应链本地化、数字化和柔性化)作为手段,实现全球化背景下跨境电商企业供应链全球化布局(见图1)。

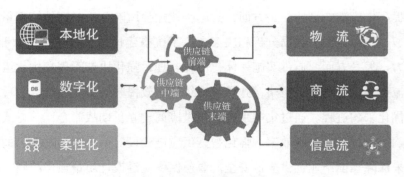

图1 跨境电商供应链布局的基本思路

资料来源:笔者绘制。

"三流":物流在跨境供应链上的作用主要体现在跨境电商的运输和履约配送环节;商流在跨境供应链上的作用主要体现在跨境电商的选品、生产

---

① 张树山、谷城:《供应链数字化与供应链韧性》,《财经研究》2023年第12期。

及库存管理环节；信息流在跨境供应链上的作用主要体现在流量的获取、聚集和转化。

"三端"：跨境电商供应链前端包括揽收、选品、库存管理等环节；中端包括运输分拣、国外报关、干线运输、国外清关等环节；末端包括海外仓储、尾程配送、市场营销等环节。

"三化"：本地化是指通过海外本地化的运营，进一步贴近消费者，克服语言、文化、时差等多方面的障碍；数字化是指利用数字化加速赋能跨境供应链价值，提升供应链效率；柔性化指的是跨境电商供应链资源整合能力和快速响应能力，能够灵活满足从小批量到大批量的需求，提高跨境电商供应链的稳定性。

跨境电商企业实现供应链的全球化布局要求"三流"、"三端"与"三化"充分结合，以实现协调效应。在供应链前端，跨境电商需针对目的国、物流商报价、运输周期、服务质量等因素综合评估物流供应商，精准选品、掌握和对接海外终端用户的需求是跨境电商供应链管理的重点；在供应链中端，由于物流运输链条的复杂度高、参与主体多，单个环节的延误就可能影响整个物流链条的流畅运转，国际格局对跨境运输的影响也具有不确定性，因此，跨境电商企业应依据产品特征、重量体积、货量及预算等对物流渠道进行对比，在各环节灵活选择跨境物流运输方式；在供应链末端，由于不同区域消费者消费习惯不同，且具有语言、文化门槛，流量的获取、沉淀与转化需要跨境电商企业具备优质的广告策略和强大的跨境营销能力。同时，海外建仓是跨境电商完善物流体系中的重要一环，能够有效缩短跨境电商的履约配送时长，提升消费者体验，因此要推动跨境电商企业的海外仓建设。

四 跨境电商企业供应链全球化的布局策略

（一）通过数字化赋能跨境电商供应链

跨境电商供应链数字化的过程也是数字化赋能跨境电商供应链的过

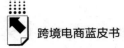

程。要实现供应链流程的价值延伸和供应链节点的价值提升，必须重点关注以下的"链条"和"节点"。①通过数字化等技术，为网络消费者"画像"，实现"生产者驱动"向"消费者拉动"的转变。②提高供应链柔性。提高跨境电商供应链的稳定性，加强供应链上下游关键环节，完善供应链风险应对机制。③促进物流资源的共享及高效利用。通过共享物流信息、跨行业员工共享等方式，降低运营成本。④提升贸易便利化水平。推进口岸物流电子化、无纸化，削减国际贸易中的制度性成本，提高其跨境传输交付水平。⑤通过物流数字化技术的应用，加大物联网、云计算、大数据、人工智能、区块链等在物流与配送领域的应用（见图2）。

（二）打造柔性供应链，突破供应链管理能力的壁垒

供应链柔性是指能够适应需求变化的供应链，表现为敏捷、灵活和快速反应，即供应链能够灵活满足从小批量到大批量的需求，且能够很好控制成本和质量。它一般由缓冲、适应和创新三种能力构成。缓冲能力是指供应链抵御环境变化的一种功能，即一种"以不变应变"的能力。适应能力是指当环境发生变化时，供应链在不改变其基本特征的前提下，作出相应调整，以适应环境变化的能力。创新能力是指供应链采用新行为、新举措，影响外部环境和改变内部条件的能力。跨境电商从产品设计、生产制造或产品采购、通关运输、仓储配送直到最后送达终端消费者手中，整个过程中各环节需要紧密联结与配合，从内部打通各个环节的重要流程中的实物流、信息流和资金流。从外部环境看，面对供应商时，企业需建立稳定高效的供应商管理体系，制订完善的产品需求预测、生产或采购计划等。在面对客户时，企业能及时获取终端消费者反馈，转化其消费需求并最终落实到企业的战略决策。柔性供应链资源整合能力和快速响应能力是跨境电商企业长远发展的必要条件。

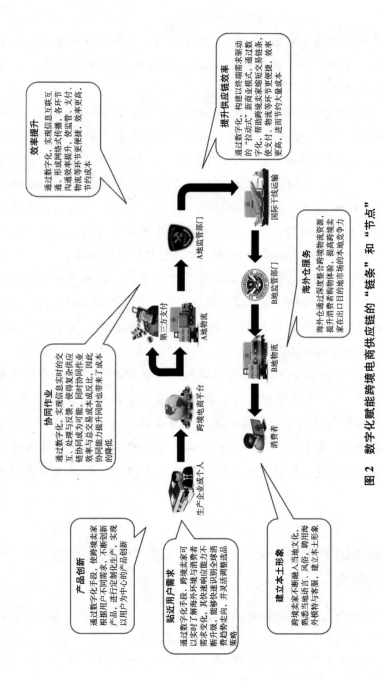

效率提升

通过数字化，实现信息互联互通，形成网络式传播，各环节沟通效率提升，使监管、支付、物流等环节更便捷、效率更高，节约成本

协同作业

通过数字化，实现信息实时的交互、处理与反馈，使得复杂多变的供应链协同成为可能，同时协同作业效率与总交易成本成反比，因此协同能力提升同时也带来了成本的降低

提升供应链效率

通过"数字化"，构建以终端需求驱动的"拉动式"新商业模式。通过数字化，带助跨境卖家缩短交易链条，使支付、物流等环节更便捷、效率更高，进而节约大量成本

产品创新

通过数字化手段，使跨境卖家根据用户不同需求，不断创新产品，进行定制化生产，实现以用户为中心的产品创新

贴近用户需求

通过数字化手段，跨境卖家可以实时了解海外环境与消费者需求变化，其快速响应能力可不断快速地识别全球消费趋势走向，并灵活调整选品策略

建立本土形象

跨境卖家不断融入当地文化，熟悉当地语言、风俗，聘用海外模特与客服，建立本土形象

海外仓服务

海外仓通过深度整合跨境物流资源，提升消费者购物体验，提高跨境卖家在出口目的地市场的本地竞争力

第三方支付

生产企业或个人

跨境电商平台

A地物流

A地监管部门

B地监管部门

B地物流

国际干线运输

消费者

图 2　数字化赋能跨境电商供应链的"链条"和"节点"

资料来源：笔者绘制。

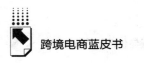
案例: SHEIN

SHEIN 是一家国际 B2C 快时尚电子商务公司, 主要经营女装。根据胡润研究院发布的《2022 年中全球独角兽榜》, SHEIN 以 4000 亿元人民币位列全球第五大独角兽企业。①

SHEIN 的核心竞争力为坚实稳固的供应链基础和强大的流量获取能力, 其中供应链为 SHEIN 的核心壁垒, 是其实现长期价值的根基, 而精准营销获取流量并运营的能力则源源不断地为品牌贡献用户增长、带动 GMV 快速提升。

供应链前端: SHEIN 领先的款式设计能力依赖于 SHEIN 强大的数据收集监测系统。SHEIN 通过爬虫、GoogleTrends 等大数据技术工具收集当下服饰流行元素并提供给设计师, 结合平台用户分析数据进行款式的集中化设计。长期积累而成的追踪经验助力 SHEIN 精准把握快时尚潮流。

供应链中端: SHEIN 的供应链中心位于广州番禺。番禺的独特之处则在于这一带的制衣厂始终保留着传统小规模制衣生产模式以及批发时代积累下来的服装快速生产链路, 与 SHEIN 小单快返生产模式完美契合, 产业链资源与供应链实现了高度协同。

供应链末端: SHEIN 的物流配送以国内直邮发货为主。供应商将货物运至 SHEIN 位于广州佛山的中心仓, 此后的运输费用均由 SHEIN 承担。SHEIN 凭借规模优势压降物流成本, 其广州至美国运送费用可达 75 元/公斤。SHEIN 在佛山、美国、印度等地拥有六大物流中心, 逐步完善海外物流体系、提高配送时效, 目前小包发货时效可达 7~8 天, 快递发货最快可3~5 天送达。

(三) 加速以用户为中心的产品创新, 实现"生产者驱动"向"消费者拉动"的转变

以消费者为中心, 以市场需求的拉动为原动力, 是供应链管理的核心理

---

① 《胡润 2022 年中全球独角兽榜: 抖音蝉联第一 蕉下、中通快运、简爱等最新上榜》, 每日经济新闻, 2022 年 8 月 30 日。

念。在全球化背景下，如何在不同文化背景下有效传递产品信息是跨境电商供应链面临的最大挑战。跨境电商产业链条要结合数字化技术，改变生产、运营、交易和履约各个环节，使整个链条在全球范围进行数字化协作，使跨境卖家实时了解用户需求，逐步走向以用户为中心的产品创新，实现"生产者驱动"向"消费者拉动"的转变。

案例：Shopee

Shopee 是东南亚地区领先的跨境电商平台，业务覆盖新加坡、马来西亚、菲律宾、泰国、越南等十余个市场。2023 年，Shopee 营收为 90 亿美元，同比增长 23.5%；GMV 为 785 亿美元，同比增长 6.8%；订单总量为82 亿，同比增长 8.8%。[①]

供应链前端：Shopee 利用数据分析平台实时追踪东南亚不同国家的消费趋势和用户喜好，通过差异化市场洞察赋能商家选品，帮助卖家优化商品品类和产品结构。由于东南亚各国的人口特征和消费习惯各不相同，Shopee采取本地化的营销策略来实现营销效率的最大化，推出了独立的 App 和站点，各站点的商品品类和促销活动均有所不同。

供应链末端：在尾程配送环节，Shopee 也进行了海外仓建设以保证"最后一公里"的物流时效，为构建东南亚最大的仓库交付网络，目前在泰国、越南、马来西亚、菲律宾等地均有海外仓布局。

（四）建立和提升海外仓的运营能力，提高跨境电商企业核心竞争力

随着全球买家对在线购物体验的要求逐渐提高，海外仓的作用日益凸显。当前主流的出口跨境物流方式普遍存在配送慢、易丢包、退换难等问题，而搭建完善的海外仓储体系将有效解决以上问题。具备一定技术与规模优势的跨境电商企业应逐步加大海外仓储体系建设力度，提升海外仓的运营

---

① 《Shopee2023 年营收 90 亿美元 GMV 达 785 亿美元》，网经社，2024 年 3 月 5 日。

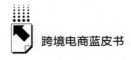
能力，实现整个仓储物流端的高效管理，进而提高销售效率与库存周转能力，由此形成自身的核心竞争优势，并借此筑起较高的行业壁垒。

案例：致欧科技

坐落在河南郑州的致欧家居科技股份有限公司（简称致欧科技）业务起源于德国汉堡。致欧科技主要经营 SONGMICS、VASAGLE、FEANDREA 三大自有品牌。2019 年公司获评"亚马逊年度最受欢迎品牌卖家"，同年公司的 SONGMICS 和 VASAGLE 两大品牌同时入选"亚马逊全球开店中国出口跨境品牌百强"。

供应链前端：致欧科技深耕海外家居市场多年，并结合自身的目标市场本地化运营优势，能够深入洞察当地消费者对家居产品的使用和消费习惯，紧跟欧美家居行业发展趋势。组建专业的 CMF（Color, Material & Finish, 颜色、材料、表面处理）研发团队，为各品牌、各场景产品赋能，引导公司产品设计升级，产品向系列化、场景化转变。如公司以"铁+木"为主要材料的美式工业风家具系列的部分产品，销量一直位居线上家具各细分品类前列。

供应链中端：公司布局国内家具产业集群区域（广东、福建、江苏、浙江等省份），充分利用当地供应链配套资源和集群优势，设置了"主供应商"及多个"副供应商"，并对供应商名单进行动态管理，保证了产能弹性空间。公司不断优化供应链相关业务和管理流程，逐步建立起一套完善的供应链管理制度和流程管理体系。

供应链末端：公司经过多年持续对仓储物流体系的建设，建立了具有差异化竞争优势的"国内外自营仓+平台仓+第三方合作仓"跨境电商出口仓储物流体系。目前，公司位于德国、美国、中国、英国的境内外自营仓面积合计超 29 万平方米，并在欧洲、北美、日本等国家或地区设有多个第三方合作仓。通过海外仓，结合内部仓储动态仓位、发货路径优化等技术，实现了仓储物流效率的优化，提高了终端销售配送时效。

（五）全球化布局与本地化运营相结合，加强供应链本地化建设

跨境电商企业通过互联网平台与不同国家、地区的消费者进行交易，而不同国家、地区的法律政策、社会文化等因素存在较大差异，客观上对跨境电商企业的适应能力提出了较高的要求。因此跨境电商企业在进行全球化布局的同时，要加强海外本地化运营，可在目标市场国设立子公司，组建本土化团队，以便进一步贴近消费者，提升企业市场调研、产品研发、品牌推广等各方面的能力，实现本地化市场拓展的"精耕细作"。

案例：京东

京东的海外探索始于 2014 年，提出"国际化"梦想；2015 年，推出"JOYBUY"全球购电商平台，上线俄文站。2022 年，京东推出国际跨境 B2B 交易与服务平台"京东全球贸"，面向全球 110 个国家和地区开放。2022 年京东首次在欧洲落地独立零售品牌业务，在荷兰开设 4 家全球"超级仓店"ochama，开创全渠道购物、智能供应链、自动化仓拣、线下店和配送上门服务一站式无忧快捷购物模式。京东通过旗下京东产发在印尼投资 20 个物流园，在马来西亚布局自营海外仓，加速供应链基础设施建设。京东物流在全球建立了近 90 个海外仓和保税仓，打通干线运输、海外仓储、末端配送、售后服务的全链路，覆盖全球近 230 个国家和地区。京东全球贸依托国内仓储运营经验和库存管理系统，为中国工厂和海外中小商家提供一站式现货交易平台。

（六）利用全托管等创新模式，放大中国供应链性价比和质价比

全托管模式是由电商平台全权承包店铺运营、物流履行、售后服务等复杂环节，商家仅需负责产品的打造和供应。全托管模式下，卖家可以借

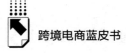

助平台庞大的资源和优势，省去了自己建立和维护运营体系的烦琐流程，只需要把货发送到平台指定仓库，就可以享受"一键出海"的便捷化服务。2022 年 9 月 Temu 率先推出全托管模式，吸纳国内卖家并吸引全球买家，快速在全球多市场站稳脚跟，带动出海平台纷纷卷入全托管运营。全托管模式在减少商品流通环节、提高商品流通效率方面具有明显优势，给拥有强大生产能力、供应链优势的企业带来强劲增长，也放大了中国供应链的优势。

案例：Temu

　　Temu 是拼多多跨境电商平台，于 2022 年 9 月 1 日上线。Temu 意为 "Team Up，Price Down"，即"买的人越多，价格越低"。目前 Temu 已开设英美德法、日韩、墨西哥、以色列等全球 53 个国家站点，包括亚洲、欧洲、北美、大洋洲、拉美等众多地区。Temu 背靠国内优质供应链体系，复用主站营销模式，大幅降低出海门槛，驱动"流量—卖家—更低价格—性价比"模式在海外市场成功运转。2022 年 9 月 Temu 率先开拓全托管模式，大大降低产业带工厂出海门槛，通过规模化集约化优势，进一步放大中国供应链的成本质量优势。

　　供应链前端：商品上架前，通过价格初选的卖家需将样品寄至广州番禺的 Temu 办公室，由品鉴岗员工进行质量检查和审核，审核通过后卖家才可备货至国内转运仓。Temu 于 2022 年 11 月推出了 JIT 预售模式，卖家无须提前备货到仓，而是根据实际产生的销售订单发货，出单后商家需在 24 小时内发货，商品需在 48 小时内到达 Temu 国内的官方仓。

　　供应链末端：作为主打极致性价比的跨境电商，Temu 的核心目标客群为价格敏感型用户，平台利用一系列高强度、大规模、高频次的促销活动不断获客并激发用户购买。针对新注册用户，平台通过优惠抽奖活动促进新客转化，在售后方面也为用户提供了优惠政策，订单首次退货邮费可全免，任何保持原状的商品都具备购买后 90 天内全额退款的资格。

五　对跨境电商供应链全球化布局的展望

中国电商行业出海历经 20 余年发展历史，其商业模式从 B2B 逐渐发展并丰富为 B2C 及自营模式，生态呈现多样化发展趋势。据商务部介绍，2023 年我国跨境电商进出口 2.38 万亿元，增长 15.6%，比全国进出口增长速度高出 15.4 个百分点，其中跨境电商出口增长 19.6%。中国有外贸进出口实绩的企业达 64.5 万家，其中跨境电商主体超过 10 万家。海外仓已经达到 1800 个，全货机达到 255 架。[①] 2023 年 12 月召开的中央经济工作会议对扩大高水平对外开放作出重要部署，提出"要加快培育外贸新动能，巩固外贸外资基本盘，拓展中间品贸易、服务贸易、数字贸易、跨境电商出口"。我们要准确把握外贸发展面临的机遇和挑战，使跨境电商成为推进中国式现代化建设的重要支撑。展望未来，中国跨境电商行业将会产生更多的渠道与模式，将有更多的企业借中国供应链大船出海，成为推动全球化的重要力量。

参考文献

潘勇等：《链条价值的延伸与节点价值的提升：跨境电商供应链数字化的路径选择》，载张大卫、苗晋琦、喻新安主编《中国跨境电商发展报告（2023）》，社会科学文献出版社，2023。

张兴祥等：《全球供应链合作困境及其破解思路》，《国外社会科学》2023 年第 5 期。

郭继文等：《目的国进口偏好差异化与中国跨境电子商务出口——兼论贸易演变的逻辑》，《经济研究》2022 年第 3 期。

潘勇：《跨境电商供应链本地化：基于致欧家居科技股份有限公司的案例分析》，载

---

① 《国新办举行稳中求进、以进促稳，推动商务高质量发展取得新突破新闻发布会》，国新网，2024 年 1 月 26 日，http://www.scio.gov.cn/live/2024/33245/index.html。

张大卫、苗晋琦、喻新安主编《中国跨境电商发展报告（2022）》，社会科学文献出版社，2022。

马述忠等：《制度创新如何影响我国跨境电商出口？——来自综试区设立的经验证据》，《管理世界》2021年第5期。

B.3
全球供应链重构背景下跨境电商海外
本土化运营研究

王莉 庞战宇 陆雅琦 侯若旭*

摘 要： 全球供应链格局加速重构背景下，全球跨境电商市场日趋成熟，消费者需求不断升级，跨境电商本土化运营成为企业拓展海外市场的关键策略。但随着进军海外市场的深入，企业面临更为复杂的国际化经营环境，本土化经营能力不足、合规建设日益紧迫等问题给企业开拓海外市场带来一定挑战，企业通过本土化运营寻找海外增量空间迫在眉睫。本文对跨境电商海外本土化运营的动因、意义和现状进行深入研究，剖析跨境电商本土化运营中的合规监管严苛、贸易保护主义抬头、本土化经营迫切等难点，并从营销管理、供应链管理、经营管理三个角度提出跨境电商本土化运营的路径和策略。

关键词： 跨境电商 本土化运营 全球供应链

    在地缘政治、大国博弈、产业变革等多因素的影响下，全球供应链格局正在加速重构。各国产业链供应链布局从以成本、效率、经济为侧重转向以安全、稳定和政治为侧重，呈现多元化、区域化等演进特征，对我国产业链供应链优化升级产生重大影响。跨境电商作为我国企业拓展海外市场链路更

---

* 王莉，郑州职业技术学院教师，主要研究方向为电子商务、网络营销、跨境电商；庞战宇，郑州职业技术学院教师，主要研究方向为跨境电商、消费心理；陆雅琦，郑州职业技术学院教师，主要研究方向为跨境电商、市场营销；侯若旭，郑州职业技术学院教师，主要研究方向为市场营销、跨境电商。

短、更便捷的"新航道"，在助力企业深度参与全球供应链、践行本土化发展战略方面发挥了重要作用。近年来，我国跨境电商持续快速发展，取得了令人瞩目的成就。据艾媒咨询预测，2023~2025 年我国跨境电商出口规模将以 16.4%的年均复合增长率稳健发展，2025 年将突破 10 万亿元。① 跨境电商正逐渐从外贸新业态转变为外贸"新常态"，且海外本土化运营趋势愈发显著；但与此同时，受全球贸易保护主义升温等影响，中国出海企业经常招致调查、审查、质疑等刁难，跨境电商也面临渠道价格不断下沉、配送时效愈发严苛、拉美和东南亚等新兴市场竞争异常激烈等难题，因此，要实现跨境电商的健康、稳健、可持续发展，企业必须深入洞悉海外市场大环境，努力深化跨境电商本土化进程。

一 跨境电商海外本土化运营的动因

地缘政治和贸易保护、平台规则和税务合规、物流难度和流量变化、文化差异和品牌出海等因素，共同加速了跨境电商平台和企业的本土化运营进程。

（一）市场意愿：跨境电商企业加强供应链掌控力

随着全球电子商务市场的快速增长，欧美成熟市场进入激烈竞争状态，东南亚等新兴市场也面临多方挑战，跨境电商企业与本土企业开始同台竞技；随着跨境电商对各国经济发展的影响越来越大，很多国家纷纷出台政策加强对跨境电商的监管；在脱钩断链背景下，很多国家产生了制造业回流、供应链近岸化等趋势，并基于贸易保护主义制定一些保护本地企业限制跨境电商的政策；同时，平台规则不断调整，本土店得到更多流量倾斜，跨境店则要接受诸多审核和限制，合规化运营压力加大，广告、物流、仓储、税费等各项成本上升。以上多种因素推动跨境电商企业加强自身对整个供应链的

---

① 艾媒咨询：《2023 年中国跨境出口电商行业研究报告》，2024 年 2 月。

掌控，产生了在海外投资设立公司、建设海外仓、开设独立站乃至生产工厂的需求，海外本土化运营趋势蔚然成风。

（二）平台驱动：持续提高本土化服务能力

各大跨境电商平台的海内外竞争日益激烈，消费者对平台的服务需求也不断提高，亟须通过本土化运营抢占各国消费者心智，这也加速了平台全面本土化进程。如 TikTok Shop 于 2023 年 10 月在印尼"被迫"下线后，斥资 8.4 亿美元收购印尼 GoTo 电商子公司 Tokopedia75.01%股份，通过控股本地电商平台重返印尼电商"战场"。深化本土化运营逐渐成为跨境电商平台的共识，2023 年以来各大平台在本土化方面频频发力。2023 年 9 月，阿里巴巴国际站全面启动国家化运营，深入研究各国家和市场的特色，通过设立国家专区等措施，协助销售商更专业、更精细地经营当地市场；同年 9 月，Shopee 在巴西、墨西哥、哥伦比亚和智利四大拉美站点推出第三方仓履约模式，为跨境卖家开启全新的本地化履约服务；2024 年初，Temu 推出"半托管"模式，速卖通推出"海外托管"模式，两者都是借力入驻商家在海外市场的本地化仓储物流优势，提高平台"本对本"的物流履约时效。

（三）消费者选择：需求多样性推动本土化运营

随着跨境电商走向海外市场的深入，克服文化差异、顺应当地市场需求的经营策略日益成为竞争的决定性因素。跨境电商本土化运营需要更加深入的市场洞察和对消费者行为的理解，重点考虑三个方面。一是文化敏感性。从产品设计到营销语言，如果不能与当地文化契合，那么产品再好，营销再狠，消费者也不会买单。二是本地市场的定价策略。定价并非一成不变，而是需要根据不同地区和国家的市场竞争、消费水平以及购买力等因素进行及时动态调整。如有一款在中国市场广受欢迎、销售火爆的产品，出海印度后因为没有对当地市场进行价格调整而销售冷淡，因此，灵活的市场研究和价格调整策略是非常关键而又不可或缺的步骤。三是本地化营销和售后服务。出海企业要重视产品和服务价值，做好线上搜索营销与社媒营销，采用符合

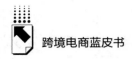

本地的消费习惯、沟通方式和语言，拉近与消费者之间的距离。如东南亚市场对社交媒体的营销反应更为热烈，日本市场则更加看重售后服务的质量和细节，本土化营销的核心就是通过对海外消费者的需求洞察，更好地融入当地市场。

二　跨境电商海外本土化运营的影响与价值

在当今全球化的浪潮中，企业纷纷采用本土化作为拓展海外市场业务的重要策略，虽然实施本土化运营可能存在一些挑战，但是只要企业能够躬身入局持续探索，就可以赢得当地消费者的信任。中国贸促会研究院院长赵萍认为："中国企业走向世界，首先要实现本土化，用全球视角实现本土化运营。"目前我国跨境电商进入高质量发展的转型期，在寻求海外市场扩展的过程中，企业需要综合考虑当地需求满足、产品合规性以及应对当地行业壁垒的本土化运营策略。在"一带一路"背景下跨境电商企业在开拓海外市场时，谁能迅速贴近海外市场顾客，并借助本土化运营打动顾客，树立企业品牌影响力，谁就能够在海外市场站稳脚跟。

（一）降低运营成本，提高企业盈利能力

随着跨境电商市场规模的快速扩大，跨境电商企业与本土电商的竞争日益显性化，本土化运营在行业发展中的作用越发凸显，产品、服务、市场、品牌和团队本土化正在成为一种趋势。本土化仓储物流能提高服务质量、提升用户体验、增加客户黏性，是促进买家消费的重要因素。Shopee 公布的数据显示，参与本地化履约项目内测的卖家，业绩月复合增长率高达 50%，仓发店铺流量获取能力等同于本土店铺。[①] 在提高经营效率和降低运营费用方面，本土化运营同样发挥着重要作用。以仓储物流为例，本地化仓储的集

---

① 中金在线：《本土化经营打前站，跨境电商进入新一轮提质期》，http：//news. cnfol. com/shangyeyaowen/20231019/30440620. shtml。

中管理能够提升货品管理水平，同时通过本地仓发货的形式，大幅缩短产品物流链路，提升物流效率，降低物流成本。本土化团队能更快获取当地市场需求、政策等变化，以及洞察消费者的感受和社会舆论，能够帮助企业更快速地做出反应，减少信息不对称所带来的经营滞后风险，从而极大程度上降低人力成本。本土化是跨境电商发展的必然选择，也必将成为"一带一路"跨境电商的核心竞争力，赋能商家创造更多的市场机会，在与本土企业竞争中取得更大的优势。

（二）提升消费者体验，增强品牌影响力

跨境电商采用本土化运营策略是企业成功扩展海外市场的关键。通过深入了解当地风俗、提供本地语言支持、遵守当地法律和法规，商家才能赢得消费者的信任。跨境电商出海企业积极理解当地政策和习惯，通过不断调整和优化产品本土化运营策略，可以极大地提升消费者体验。产品本土化分为两个方面：一方面，产品要符合目标市场的需求，即便同一个产品，在不同的国家，需求也会有所不同，在进行本土化产品运营时，充分的市场调研和针对当地人群的产品设计至关重要；另一方面，产品包装的本土化设计也十分重要，外观是影响消费者购买决策的一个关键因素。本土化的包装设计符合当地消费者审美，在挑选不同的海外品牌时，能够提供符合当地习惯的包装设计和语言体验的品牌，更容易得到当地顾客的认可。根据目标市场的消费习惯进行本土化运营，能够与客户建立更深的情感联系，大大提高用户体验，从而提升转化率并塑造良好的口碑，增强品牌影响力。

（三）提高市场份额，增强企业竞争力

当前，社交、直播、内容和兴趣电商蓬勃发展，跨境电商本土化正在通过线上营销推广、线下渠道铺设相配合的方式加速线上线下融合。线上营销本土化通过当地社交媒体与当地消费者进行沟通和互动，全方位洞察当地消费者商品采购习惯，建立良好的客户关系，并通过提供优质的产品和服务，

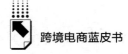

建立良好的品牌形象和信誉，以吸引更多的消费者和重复购买。跨境电商网站也可根据目标市场的消费者需求和偏好，开发本土化产品，通过对本土化产品的开发，提高消费者的购买意愿和市场份额。此外，跨境电商的本土化运营也离不开供应链的支持，跨境电商运营者通过与当地供应商、物流公司和海关等建立合作关系，不仅可以更高效地采购产品、处理订单和配送货物，也可以减少运营成本和时间，提升客户满意度，提高企业竞争力。跨境电商企业运营逐步进入数字化、智能化、本土化轨道，通过本土化运营手段，企业得以根据当地市场的特点和消费者需求灵活应对，从而提升品牌知名度与竞争力，助力全球业务蓬勃发展。

三 跨境电商海外本土化运营现状

本土化运营并非跨境电商的新议题，大致经历了三个阶段。在本土化运营的1.0阶段，企业主要是销售出海，借助跨境电商平台通过直邮形式将中国商品发往海外市场，最多是本着推动销量增长的目的而在产品设计、营销层面做一些本土化。进入2.0阶段后，中国企业开始在目的国注册本土商铺，采用海外仓发货形式，在当地进行线上销售和线下配送。商家们持有当地合法合规的执照，把自己作为本土公司来经营，按照当地要求进行缴税和产品认证。当前进入本土化3.0阶段，"本土化"含义进一步拓宽，从产品本土化、品牌本土化到企业组织本土化，形成了贯穿前端运营（营销、渠道等）、后端供应链（原材料采购、生产制造、物流仓储等）、企业管理（如团队、法务、税务等）等全链路的本土化。

（一）海外本土化运营渐成趋势

目前，我国跨境电商企业出海模式大体可以分为销售出海、生产出海、品牌出海、企业组织出海四种类型（见表1）。当然，很多出海企业同步采用多种本土化形式，发挥多种组合的叠加效应。

表 1　中国跨境电商企业出海的四种模式

出海企业类型	销售出海	生产出海	品牌出海	企业组织出海
定义	利用线上电商平台或线下渠道进行跨境销售	工厂转移至当地生产,并在当地以及全球销售	在消费者心中获得品牌心智,可在当地及全球制造,并在全球销售	人员、生产、品牌、销售、合规等全流程本土化,并在当地销售
供应链模式	中国制造 当地销售	当地制造 全球销售	中国/全球制造 全球销售	当地制造 当地销售
销售主体所在地	中国	中国	中国/当地	当地

1. 销售出海

销售出海是我国跨境电商企业出海的最初模式，也是目前中小跨境电商企业的出海方式，企业主要利用各类线上电商平台及线下渠道进行跨境销售，足不出户将中国制造产品远销海外。

瑞贝卡假发是河南省知名品牌，自 1993 年公司成立后就开始了直销海外市场的旅程。2017 年，瑞贝卡开始布局自主品牌跨境电商销售渠道，很快建立起了以速卖通、亚马逊两大销售平台为主，以自主品牌垂直电商网站为辅的线上销售网络。在欧美和非洲主要销售市场外，为满足亚洲年轻消费群体对假发的需求，公司还通过 Shopee、Lazada、Gmarket 等平台，多渠道积极拓展东南亚电商市场。

2. 生产出海

生产出海是销售出海的进阶版本，跨境电商企业将生产从国内转移至当地，并面向当地以及全球市场进行销售。尽管销售主体仍为中国，但企业已经实现了当地制造、全球销售。

郑州宇通集团是全球规模领先的新能源商用车企业，客车全球占有率超过 10%。目前，宇通已实现全球化布局，开设十余个境外分支机构，建设十余个境外 KD（Knocked Down，散件组装）工厂，产品远销全球 40 多个国家和地区，覆盖欧洲、美洲、非洲、亚太、中东、独联体等六大区域。宇

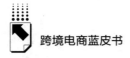
通采用 KD 组装方式，与泰国、埃塞俄比亚、马来西亚、巴基斯坦、墨西哥、尼日利亚、哈萨克斯坦、肯尼亚、埃及等 15 个国家开展本土化合作，帮助部分国家建立本地客车制造能力，成为中国汽车工业由产品输出走向"技术输出"的业务模式创新典范。

3. 品牌出海

在市场拓展与产品销售中，跨境电商企业逐渐意识到自主品牌的重要性，在诸多国家和地区注册商标，并以用户为中心，在产品研发设计和品牌打造方面投入大量精力，逐渐积累一批忠实用户，并在消费者心中获得品牌心智，品牌价值成为链接中国制造和海外消费者的纽带。品牌商家以生产销售某垂直类目相关产品为主，在全球范围内布局自己的生产基地、物流中心和运营中心，具有全球范围内的资源配置能力。

HEBE BEAUTY（海贝丽致）是一家具有中国基因、深耕东南亚市场的化妆品公司，短短 5 年间，从一家初创企业发展成引领东南亚美妆市场的新锐势力。不同于大多国货美妆"自内而外"的出海形式，海贝丽致深入践行品牌本地化战略，直接扎根于新兴市场，孵化出东南亚本土彩妆品牌 Y.O.U。除了初募资金与供应链之外，海贝丽致的分销网络、人才团队和营销模式都是在本地语境下"原生"的，从这个角度来说，海贝丽致不是中国出海企业，而是一家深耕东南亚市场的本土企业。

4. 企业组织出海

从跨境电商企业发展成微型跨国集团，已经成为现阶段众多跨境电商企业全球化布局和国际化发展的常规路径。出海企业从"空军"轻模式转变为"海军陆战队"重模式，从依托中国供应链逐步搭建本土供应链，实现人员、生产、品牌、销售、合规等全流程完全本地化，利用中国供应链管理经验和技术优势赋能当地产业发展。

遨森电子商务（中国）有限公司于 2013 年正式注册成立，经营产品包括户外、藤编、居家、健身、宠物和儿童产品六大类，共 2 万多种商品。为充分了解目标市场消费者的习惯与偏好，遨森在欧美 8 个国家设立子公司，并组建了专业的本土化 B2C 运营团队，聘用当地员工，进行当地化管理及市场开发，尽可能贴近消费者和终端市场。同时，遨森在多个业务国设立了30余个自营海外仓，面积超过60万平方米，通过物流优势及良好售后提升消费者购物体验。遨森通过设立海外子公司、建立本地化运营团队、创立自有品牌、自建海外仓和独立站等方式，形成了团队、营销、仓储物流和客服体系的本地化运营优势。

（二）当前面临的挑战与困境

1. 合规化愈加严苛

各国政策监管力度不断加码，合规化成为各个企业迈出海外本土化的第一步。随着本土化深入，企业在海外设立海外仓、公司等实体后，对合规化提出了更高的要求，如税务、劳动用工、环境保护、数据安全等合规要求。由于各国经济发展所处的阶段不同，各国相关监管政策的出台时间及加码程度均有所不同。以东南亚国家为代表的部分国家希望通过制度约束，减少跨境电商企业对当地中小型企业的冲击，以此推动跨境电商企业带动当地制造业发展。因此，针对各个国家的政策加码，合规化是跨境电商出海企业的首要任务，海外本土化应充分遵守当地各项法律政策、制度规章，在守法合规的前提下开展各项业务。

2. 全球贸易保护主义抬头

目前，世界百年未有之大变局加速演进，全球产业链供应链"断链"与"脱钩"风险持续攀升，全球贸易保护主义抬头，构建自主可控的本土化、区域化、短链化的产业链供应链体系，提升产业链及供应链的韧性和安全水平，已然成为各国发展的诉求。这也导致我国出海平台和企业在本土化过程中面临诸多贸易壁垒，如印度以"国家数据安全"为由封禁拥有中国背景的手机应用程序，很多国家以"数据泄露、个人隐私、国家安全"等对 TikTok 进行调查并提起诉讼。同时，我国跨境电商还未充分参与对接国际市场规则，跨境电商出海面临多项制度和法律难题，在全球经贸治理和国际贸易规则制定方面存在对接障碍，难以掌握国际贸易中的主动权。

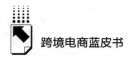

3. 本土化经营和本土化生态建设愈加迫切

近两年中国电商平台的"全托管"模式对东南亚地区的本土零售实体造成一定冲击，挤压了当地中小贸易商的生存空间，让当地的商业基础和工业基础感受到威胁。在全球化发展新阶段，无论是出海平台还是企业，都应该学会换位思考：如何在本土化进程中，不以冲击他国商业利益为前提，为当地产业和就业创造更多价值？因此，随着本土化的深入发展，本土化的重点转向了本土化经营及本土化生态建设，要把所进入国家当成母国市场一般经营，对当地卖家和产业、就业做出贡献，切实履行全球化企业"赋能和反哺本地产业生态"责任。

四 跨境电商海外本土化运营的路径与策略

本土化运营是跨境企业敲开海外市场大门的一把金钥匙。本土化可从营销管理、供应链管理、经营管理三个维度，通过本地注册公司、本土化营销推广、本土化人力资源、本土化研发生产、本土化加工组装、本土化仓储运输等形式，真正融入当地市场。

（一）营销管理

1. 品牌本土化

品牌本土化是企业长久持续发展的关键所在，高知名度的品牌意味着市场地位和利润。品牌代表了企业在消费者心中的形象，帮助消费者区分同质产品。因此跨境电商企业应该抓住当地购买者的诉求点，提炼独特的核心优势，加大品牌宣传投入，增强自有品牌知名度，通过品牌本土化赢得更多市场。品牌名称本土化也是跨境电商企业进入一个新市场时首先要考虑的问题，新设立的品牌需要有一个更符合当地习惯、更易被当地消费者接受的品牌名称。

2. 营销本土化

成功的本土化营销是在深入了解当地市场变化、需求变化以及技术更新的基础上，进行专业化、精细化、特色化、新颖化的本土化宣传和推广。营销渠道方面，在充分利用第三方平台销售和宣传自己产品的同时，跨境电商企业也可根据自身条件，适时打造自有跨境电商平台，通过全渠道营销掌握终端市场信息，全面打造自有品牌，实现企业长远快速发展。品牌宣传方面，应积极拥抱新媒体和互联网营销，针对不同市场需要选择当地最受欢迎的媒体渠道，充分利用自建独立站、国外本土平台、社交媒体、品牌旗舰店等进行广泛宣传，同时重视海外线下销售场景的开拓。营销内容方面，需要通过将语言、图片和视频等营销内容的创作与本土文化和习俗相结合，邀请忠实的本土用户、网红达人共同创作设计推广方案，在各知名国际商务平台投放广告等方式对公司产品和品牌进行宣传，以真实的视角拉近企业与当地消费者之间的距离。

（二）供应链管理

在海外本土化的初期，由于海外备货成本较高，跨境电商企业主要把前置仓设在国内，以"无货源模式"进行海外订单交付。随着海外业务的发展，跨境电商企业开始注册本土公司，建设海外仓，或与当地工厂合作，在当地进行线上销售和线下配送，逐步实现全链路本土化经营。

1. 仓储本土化

海外仓是跨境电商出海的"桥头堡"，更是我国布局全球物流供应链和境外物流服务体系的重要抓手。国家"十四五"规划提出"加快发展跨境电商、市场采购贸易等新模式，鼓励建设海外仓，保障外贸产业链供应链畅通运转"，2023年国家还发布了《跨境电子商务海外仓运营管理要求》（GB/T 43291-2023），这都表明党中央、国务院高度重视海外仓等外贸新业态发展。海外仓实现了本地销售、本地配送，极大提升了消费者的购物体验，因此物流仓储企业、跨境电商平台企业、跨境电商卖家可通过自建或租赁等方式布局海外仓，提升商品的本土竞争力。海外仓服务企业要提高海外仓数字化、专业化水平，拓展配送、售后、维修、展示、零售、金融、退换货等配套服务功能，在海外市场为卖家提供多方位支持，助力卖家本土化、品牌化经营。

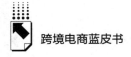

2. 物流本土化

物流本土化是供应链闭环中极为重要的一步，跨境电商企业要加强与本土物流的深度合作，筛选高质量物流伙伴，或在深耕市场当地考虑自建物流体系，最大限度把控物流时效及质量，通过组合拳打造强有力的供应链体系。随着 TikTok、SHEIN、Temu 等中国电商平台风靡全球，背后的快递服务需求开始快速释放，也加速了中国物流快递行业的出海之路，纷纷在海外节点国家布局物流基础设施并搭建本土化配送网络，未来跨境电商企业或将更多使用中国出海快递物流公司提供的本土化履约服务。

（三）经营管理

1. 产品本土化

产品是所有品牌竞争力的核心基石。产品本土化包括产品设计、产品标准、产品包装等部分。做好当地用户调研，找到适合当地人的产品，是本土化运营的基础。跨境电商企业需要根据不同国家的使用习惯、使用场景、行业标准、行业需求、市场环境等方面，针对产品进行定制化设计。产品设计的本土化在满足全球用户个性化需求和优质体验的同时，通过文化上的共振给客户带来心智上的冲击和认同感，提升客户对产品的认可度和品牌价值。

2. 运营本土化

运营管理本土化要求企业真正实现当地的文化融入，从搭建高效化管理的组织架构、组建本土化团队、建立符合当地文化的企业文化及公司制度、梳理快捷便利的采购流程、制定符合当地政策的财务流程等方面入手，打通从产品研发、生产采购、营销推广、后台运营到客户服务的一站式全链路本土化运营管理模式。

3. 人才本土化

出海企业所面临的主要挑战是如何在国外市场组建符合公司核心价值观的本土化团队。本土化人才的最大优势在于他们对当地消费习惯有着深刻的了解，更容易从本土化的视角为产品设计提供新理念，也更容易最先感知境外市场的动态，及时作出产品和营销调整。组建本土化团队、与本土网络红人合作、提供有竞争力的本土化薪酬福利、打造适应当地的组织文化，是人才本土化的重点部分。跨境电商企业在开拓全球化市场时，应始终坚持用本土人才孵化本土市场，"国际化管理团队+中国制造企业+海外本土化运营团队"或许可以成为打造全球化品牌的人才架构模型。

参考文献

《TikTok Shop 在印尼峰回路转，一场跨境电商的本土化考验?》，亿邦动力，2023 年 11 月 1 日，https：//m. ebrun. com/532795. html。

《跨越山海：2022 中国企业全球化报告》，第一财经研究院，2023 年 9 月。

李邱溢、徐妍、张晓华：《中国面临的数字服务贸易壁垒：典型事例、成因与应对策略》，《价格月刊》2023 年第 12 期。

B.4
跨境电商数字化供应链"全链协同"研究

——以 SHEIN 为例

张 冰　王小艳*

摘　要：　数字经济时代，消费者对个性化产品、即时性服务提出了更高要求，使跨境电商供应链网络迫切需要实时获取消费者数据并反哺研发生产环节，因此建立数字化供应链并推动"全链协同"成为行业发展趋势。本文首先分析了跨境电商数字化供应链"全链协同"的概念、特征和协同机制，并以快时尚跨境电商企业 SHEIN 为例，解析其在消费者洞察、设计创新、海量测试、智能发布、柔性生产、高效物流、数字营销方面的数字化实践，认为"全链协同"的数字化供应链是其取得成功的重要底色。当前我国跨境电商已经从产品出海步入品牌出海、平台出海阶段，数据化能力和数字化供应链在电商领域的价值正在不断释放，构筑"全链协同"的数字化供应链将成为跨境电商企业的发展护城河。

关键词：　跨境电商　数字化供应链　全链协同　SHEIN

近年来，随着互联网、物联网、大数据、人工智能等新一代信息技术的发展，消费需求侧的数字化程度达到较高水平，消费者对个性化产品、即时性服务提出了更高要求，使供应链变得更加复杂多变。跨境电商供应链涉及生产商、销售商、支付商、物流商、终端消费者等多个主体，以及国内外政

---

* 张冰，博士，黄河科技学院河南中原创新发展研究院研究员，主要研究方向为数字经济、金融学；王小艳，河南国际数字贸易研究院副院长、研究员，主要研究方向为跨境电商、数字贸易、品牌出海。

治、经济、文化等销售环境差异，具有链条长、环节多、物流流程长、资金周转慢、信息流复杂等特点。为实现产品供应与消费需求动态平衡，提升供应链柔性和效率，跨境电商供应链网络迫切需要实时获取消费者数据并反哺研发生产环节，因此建立数字化供应链并推动"全链协同"成为行业发展趋势。

一　跨境电商数字化供应链"全链协同"的概念、特征和意义

（一）概念

跨境电商数字化供应链是指跨境电商企业以数字技术为基础，收集供应链全业务流程中的相关数据，并以精确算法为手段，指导供应链预测、计划、执行、决策等活动，最终实现自动响应和智能决策。跨境电商数字化供应链本质上是基础供应链管理和数字化的集成，基础供应链管理包括需求计划、寻源采购、生产制造、物流交付（仓储与运输）、售后与支持等环节；数字化则是指基于供应链各个运作环节，通过数字技术多渠道实时获取数据，实现供应链端到端可视，并最大化利用数据，为智能决策提供依据。

跨境电商数字化供应链"全链协同"是指跨境电商企业在数字化供应链基础上，通过数据融通、资源共享、业务协同等方式，实现用户洞察、产品设计、采购、生产、履约、营销、售后等全过程高效协同，最终全面提升供应链的效率、效益和韧性。

（二）特征

1.数据集成

数字化供应链以数据驱动决策，集成供应链每个步骤产生的数据并进行高效分析整合，在实时大数据流的支持，动态优化管理计划、研发设计、采

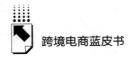

购生产、数字营销、物流售后等供应链环节，提高供应链的响应速度和效率。

2. 需求驱动

数字化供应链是以市场和消费需求为起始点，通过各种平台和渠道建立供应链与客户的连接，最大限度地获取、利用来自各种来源的实时信息，通过对信息的交互、整合与分析来实现需求刺激、感知、匹配和管理，实现按需生产、应需而变，从而优化供应链性能和降低供应链风险。

3. 多方协同

数字化供应链整合供应链内外的各个环节和产业链内外的各个参与者，通过信息协同、业务协同、管理协同和决策协同，形成全链条和生态化供应链，从而实现内外组织高效协同、供需高效匹配。

4. 生态开放

数字化供应链构建由消费者、生产商、供应商和其他服务商组成的有机整体，深化多主体间资源、能力和业务的协同，充分发挥合作伙伴的资源和能力优势，共同打造共荣共享的生态平台，促进供应链生态体系整体价值的最大化。

（三）意义

跨境电商供应链涉及国内外多个国家、多个主体，各环节信息不对称，各主体之间协调困难，导致跨境电商供应链效率低下、透明度低。"全链协同"的跨境电商数字化供应链以数字化手段提升供应链的速度和效能，有效解决跨境电商供应链面临的供需不匹配、信息不对称、协调困难和响应速度慢等问题，不仅为跨境电商企业带来更高的经济效益，而且在一定程度上关系着"双循环"的速度和质量。

1. 精准对接供需，提升供应链竞争力

数字化供应链以消费者为中心，实现了从推式供应链到拉式供应链的转变，通过销售数据分析预测，把消费者个性化需求和市场趋势反馈到生产制造环节，实现产品创新和优化，以高质量供给激发消费需求扩大，从而提高供应链的国际竞争力。

2. 打通信息壁垒，提高供应链效率

数字化供应链通过信息的实时共享，打通供应链各个环节中信息交流的壁垒，促进供应链合作伙伴之间的紧密合作和协调，提高供应链各环节的沟通效率、决策效率和运营效率，从而优化整个供应链的运作流程，最终实现降低供应链成本、提高供应链服务水平、提高供应链利润的目的。

3. 降低运营风险，增强供应链韧性

数字化供应链实时跟踪并获取供应链外部环境信息及业务运营数据，全面感知市场环境波动、供应商能力不足、生产质量下降、物流线路中断等潜在供应链风险因素，提高供应链透明度、可控性、安全性和可追溯性，进而增强供应链应对风险的能力。

4. 促进供应链创新，畅通国内外双循环

随着我国跨境电商供应链向数字化、智能化发展，尤其是 SHEIN、Temu、TikTok 等中国电商平台组团出海，进一步放大了我国供应链和技术算法优势，有力支撑了数字贸易等新贸易形态的发展，也为企业开辟了国际多元化的营销和供应渠道，极大提升了中国企业对国际供应链的掌控能力。

二 跨境电商数字化供应链"全链协同" 机制与实现方式

（一）"全链协同"机制

跨境电商数字化供应链"全链协同"将有效解决供应链长鞭效应带来的"供需不对称—产能过剩—资源浪费"负循环，实现信息协同、作业协同、管理协同和决策协同。

1. 信息协同

通过数字技术，全面采集、处理、传递、存储供应链上下游关键环节数据，实现跨境电商供应链上下游企业之间的信息共享，包括生产信息、订单信息、库存信息、物流信息、财务信息等，提升供应链管理透明化和智能化水平。

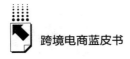

2. 作业协同

通过数字化供应链管理平台，与跨境电商供应链上下游企业整体规划、协同运作供应链的业务流、资金流、物资流、数据流，实现供应链上下游高效协同，包括供应链计划协同、订单协同、库存协同、物流协同等，帮助企业提高供应链的效率和效益。

3. 管理协同

数字化供应链集成对接企业内外部、供应链上下游合作伙伴的 SCM（供应链管理系统）、ERP（企业资源计划）、MES（制造执行系统）等系统，开展计划、采购、生产、交付和售后等业务活动的数字化管理，通过数据分析和人工智能等技术手段对供应链进行全面监控，以便企业及时发现问题并采取相应措施，从而提高供应链的稳定性和可靠性。

4. 决策协同

数字化供应链系统通过大数据分析和智能建模，开展供应链上下游产、供、销等业务活动的联动预测和协同优化，实现供应链可预测、可追溯、可实时响应，以数据为驱动提升供应链决策和管控的智能化水平。

（二）"全链协同"实现方式

在跨境电商企业推进供应链数字化转型的过程中，平台、技术和工具是实现"全链协同"的重要支撑。

1. 数字化平台

数字化平台是数字化供应链的重要支撑，也是实现跨境电商数字化供应链"全链协同"的基础设施，只有建立强大的数字化平台，数字化供应链才能真正落地。数字化平台形成统一的数据开发、管理和应用规范，提供数据基础管理和建模分析服务，开发并部署供应链数据模型库，并与企业内外部业务系统互联互通，形成数据、业务与供应链的良性闭环，通过聚集的资源和能力提升供应链的效率和效能。

2. 数字化技术

数字化技术是实现跨境电商数字化供应链"全链协同"的技术底座，

只有在相关数字技术的底层支持下，供应链体系才有能力快速、准确地向目标用户提供个性化的"产品+服务"组合。5G 通信、物联网、区块链、云计算、人工智能等关键技术，以及机器人自动化、数字孪生、边缘计算、沉浸式体验等新兴技术，能帮助企业匹配更具体的业务场景和解决更复杂的业务问题，深度整合与优化供应链。

3. 数字化工具

数字化工具是实现跨境电商数字化供应链"全链协同"的手段。数字化供应链需要技术支持，但这并不意味着只要有数字技术就能实现，"全链协同"很大程度上依赖各种数字化工具来实现。ERP（企业资源计划）、SCM（供应链管理系统）、SRM（供应商关系管理）、OMS（订单管理系统）、WMS（仓库管理系统）、TMS（运输管理系统）、MES（制造执行系统）等数字工具，打通了全链路大数据，实现了上下游协同与可视化管理，增强了企业风险控制与市场预测能力。

三　跨境电商数字化供应链"全链协同"
的成功案例：SHEIN

（一）SHEIN 的基本情况

SHEIN 成立于 2008 年，是一家快时尚跨境电商企业，以女装品类崛起，致力于"人人尽享时尚之美"，主要面向北美、欧洲、中东、东南亚等地区，服务全球 200 多个国家和地区的消费者。2014 年 SHEIN 开始自主构建数字化供应链体系，形成了按需定制柔性供应链和快速反应生产模式，确保了自营品牌的国际竞争力与市场好评，实现了时尚与性价比的高度融合，逐渐成为蜚声全球的快时尚品牌。2022 年 SHEIN 以 2.29 亿次的安装量成为全球下载量最大的购物应用程序，2023 年再度斩获全球购物类 App 下载量冠军。近几年，SHEIN 业绩迅速增长，2022 年创造了 227 亿美元的收入，比 2021 年的 157 亿美元增长了 45%，2023 年收入超 300 亿美元，预计 2025 年实现年收入 585 亿美元（见图 1）。① SHEIN 以其兼具性价比与快时尚的品牌影响力吸引了全球庞大用户群，2022 年拥有 7470 万活跃购物者，2023 年增至 8880 万人（见图 2）。② 2023 年 SHEIN 开始推进平台化战略，将自身擅长的按需生产"小单快返"柔性供应链模式从服装产业向更多产业延展和外溢，以独特的"自营品牌+平台"双引擎战略推动全球电商和服装产业升级。

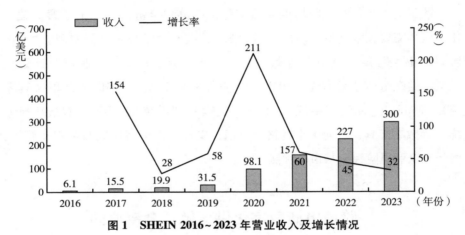

图 1　SHEIN 2016~2023 年营业收入及增长情况

资料来源：国海证券，《SHEIN：大音希声》，2023 年 12 月；36 氪出海。

（二）SHEIN 的核心竞争力

SHEIN 是跨境电商企业，属于服装行业，又是快时尚公司，无论从哪个维度来说，它都面临众多的竞争对手，但它依然取得了指数级增长，这不禁让人想去深入探究，SHEIN 究竟突破了何种瓶颈才得以成为跨境电商领域的独角兽？

SHEIN 的运作逻辑简而言之就是通过数字化手段精准洞察市场消费需求，然后向工厂小批量下订单，工厂及时按需生产，SHEIN 将新品投放到

① 国海证券：《SHEIN：大音希声》，2023 年 12 月。
② 国海证券：《SHEIN：大音希声》，2023 年 12 月。

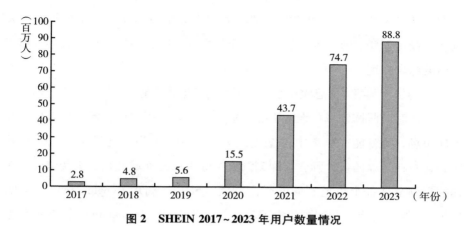

图 2　SHEIN 2017~2023 年用户数量情况

资料来源：国海证券，《SHEIN：大音希声》，2023 年 12 月；申万宏源，《消费出海先锋，迈入跨境生态出海时代》。

市场测试，反馈好就追加订单，反馈不好立即停止，以此满足消费者对新式样、新价格和新品牌的需求。SHEIN 由此形成了一个从设计、生产、销售到物流仅需 21 天的完整闭环供应链体系，而支撑这套供应链体系的是它"全链协同"的数字化供应链系统。因此说，SHEIN 不只是一家卖服装的电商公司，它其实是一家用数字化方式打通上游供应商和前端电商体系的科技公司。SHEIN 依托获取数据并将数据转化为数字智能的关键能力，在数字世界具备了以数据与算法驱动的运营自动化、管理数字化和决策智能化能力，以及基于消费者需求的行业洞察与解决方案能力，这才是 SHEIN 真正的竞争力所在。

（三）SHEIN 数字化供应链"全链协同"实践

作为用数据驱动商业飞轮的科技公司，SHEIN 的数字化供应链体系成为一个"连接器"，一端连着高黏性、高复购的亿级用户，生成无数浏览、点击、下单的数据，而另一端是数以千计的实时调整生产进度的供应商工厂。需求端（消费者、设计）和供给端（生产、采购、供应商）的高效衔接，使 SHEIN 打造了一个从产品设计到终端销售仅需 21 天的"全链协同"

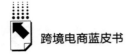
闭环。SHEIN 的"快"并非简单的物流速度或生产周期短，而是集消费者洞察、设计创新、海量测试、智能发布、柔性生产、高效物流、数字营销于一体的综合体现。

1. 消费者洞察（信息收集系统，强大的数据收集能力）

在快时尚服饰领域，谁能更准确地预测需求、更快地将爆款投入生产并推向市场，谁就能在竞争中占据先发优势。SHEIN 为此开发了信息收集系统，让身在异地的设计师，能深刻洞察目标市场的地域文化、消费偏好，快速捕捉到全球各个市场不同的时尚潮流。SHEIN 利用 Google Trends Finder（搜索趋势发现器）和网页爬虫工具，关注 TikTok、Instagram 等社交平台上的最新潮流，追踪各种时尚网站、竞品网站上的产品开发趋势，抓取有关颜色、面料、款式、图案、价格等关键搜索词的变化，从而挖掘消费者更隐秘、更真实、更本质的需求信息，洞悉全球流行市场趋势，以数据支持流行风尚的预测。

2. 设计创新（设计辅助系统，工业流水线式的设计能力）

在时尚领域，设计师可能是最大的财富，但 SHEIN 在大数据指引下进行服装设计，大大减少了对设计师的依赖。2021 年 SHEIN 推出设计师孵化器 SHEIN X 设计辅助系统，SHEIN X 的素材库可以提供领口、袖口、下摆、颜色等不同元素，在每个元素下又会生成各种类型的海量素材，设计师只要稍加自己的一点创意就能重新组合成新的设计，就像抖音给用户提供了丰富的特效和滤镜，普通大众也能拍出精良的视频一样。设计辅助系统大大降低了设计师的创作成本，加快了新产品的开发速度，使 SHEIN 设计师的工作效率达到传统设计师的 3 倍甚至更多，这为 SHEIN 丰富的产品上新打下良好基础。

3. 海量测试（在线投放测试系统，精确挖掘爆款产品）

在大数据和优化算法的加持下，SHEIN 建立了一套精准高效的在线测试系统，对海量 SKU 进行 AB 测试。SHEIN 全年上新 15 万款，平均每月 1 万余款，如一件基本款的 T 恤，可能有 10 种颜色、6 种尺寸和 2 种衣领，也就是说仅一种产品，可能就高达 120 个 SKU。通过投放测试系统，SHEIN

在这些新品上架后，即刻开始获取与这些产品销售相关的所有用户行为，如哪些人浏览了哪些产品，哪些人将哪些产品加入了购物车，哪个颜色最受欢迎……通过对这些用户行为数据的分析，SHEIN 进一步挖掘爆款，有效解决库存和滞销难题。更为重要的是，SHEIN 的投放测试是在自己的独立站中进行的，每一次测试都会掌握更多一手数据，这些数据反过来优化测试算法，从而使 SHEIN 成为越来越聪明的"吞食数据的巨兽"。

4. 智能发布（用户分析系统，精准猜中消费者喜好）

SHEIN 利用自动上架产品 ERP 软件，支持批量采集 200 多家电商网站的产品介绍，同时还可以实现自动优化标题和产品标签，以及自动翻译功能，甚至为适应全球各地不同文化习俗，SHEIN 还会根据用户的登录位置和语言自动调整弹窗内容，甚至更换照片中的模特，以便针对不同地区的消费者提供风格契合的产品。

海量的上新产品是如何通过算法进行个性化推荐的呢？算法又是如何猜中消费者可能喜爱的产品呢？SHEIN 在深圳有一个数百人的数字智能中心（AIDC），该部门主要职责之一就是用户分析系统和个性化推荐算法的开发和优化。SHEIN 利用大数据技术分析用户的浏览记录、购买历史和喜好，根据个人特征和兴趣推送相关产品，从而增加用户的购买率。通过持续的数据喂养，SHEIN 也就成为越来越懂消费者的服装专家了。

5. 柔性生产（数字化供应链管理系统，"小单快返"的柔性制造）

"小单快返"是 SHEIN 供应链柔性管理中的主要模式，即以极小的首单单量测试市场，当消费侧有数据显示某款商品是"准爆款"时，企业再将该商品返到工厂侧增加生产订单。"小单快返"以数字化为驱动，小批量多次生产，可快速响应市场需求，制造商从接单到交货的时间最快只需7~15 天，甚至可能只需 3~5 天，实现了生产环节的柔性制造。在这种模式下，制造端需要实时盯着销售端，供应链效率由前端订单向后方生产驱动。

2014 年 SHEIN 开始自主研发、投入建设数字化供应链管理系统，通过构建和打通商品中心、运营中心、生产中心等九个部门的十个数字化模块，将全部供应商接入供应链平台上进行集中化管理。数字化供应链管理系统共享体系内的面料、产能和生产信息，如 SHEIN 在系统内发布订单后，系统会根据算法自动派单或供应商在线抢单；通过移动端的 GMP（中文"给我货"）库存管理系统，供应商能够通过微信公众号的形式接收 SHEIN 发出的待确认版单、打版中、待确认商品信息、下单补货等各种通知，指导供应链高效生产；MES 制造执行系统，对供应商每笔订单的各个环节进行实时和可视化追踪。SHEIN 通过数字化供应链管理系统实现前后端的精准匹配，与供应商建立起高黏性、高信任的合作平台，在追踪生产的同时，也完成了对供应商的高效管理。SHEIN 将生产端所有环节形成可量化的数据指标，使其可以多角度、多维度地利用算法发现供应商考核的关键指标，以此设计供应商考核机制，及时激励优者、淘汰劣者，强化供应商中的关键少数。

6. 高效物流（智能仓储物流系统，全球快速履约）

SHEIN 以跨境直邮为主，采用集中建仓与海外中转运营仓配合的运营模式。SHEIN 已在全球范围内建立了六大物流中心、七大客管中心，设置国内中心仓、海外中转仓和海外运营仓三种仓库类型。其中国内中心仓位于广东佛山，周边还设有多个卫星仓，是 SHEIN 的主要仓储中心，大约 95%的商品是从国内中心仓发货。海外中转仓布局在印度尼西亚、越南、澳大利亚等地区，主要负责接收退货。SHEIN 还在中国香港、比利时、美国等设有海外运营仓，专门负责当地区域的配送服务，大约承担 5%的发货工作。在布局全球仓储物流网络的同时，SHEIN 还实现了仓储物流系统数据化，利用自动化仓储系统，实现库存的最优化管理，减少了库存积压和废品率；同时，通过智能仓储物流系统分析订单数据和仓库存储情况，SHEIN 能够自动化管理仓库和调度配送车辆，极大提高物流效率和准确性，确保迅速将产品送达全球各地，满足消费者对快速交付的需求。

7. 数字营销（数字化传播，公私域营销获取庞大流量）

SHEIN 的数字化营销部门主要包括合作伙伴管理、联盟合作、广告投放、营销创意四个团队。其中，合作伙伴管理与联盟合作团队主要负责海外网红、联盟伙伴的开发和维护，广告投放团队主要职能是向海外社交媒体和 SEM（搜索引擎营销）投放广告，营销创意团队主要负责市场调研和营销方案的策划设计。

SHEIN 对数字营销的天然敏锐性与其创始人是做搜索优化起家密切相关，也成为其核心竞争力。SHEIN 在流量领域的运营主要分为公域和私域两大部分。SHEIN 的公域流量营销主要包括多渠道广告投放、网红 KOL 推广以及联盟营销等形式，借用数字化营销，SHEIN 成功抓住了流量时代的营销红利。SHEIN 的私域流量营销主要包括社媒运营和独立站。SHEIN 在 TikTok、Instagram、Facebook、Twitter、Pinterest 等海外头部社交平台创建账号，且针对不同国家和地区市场、不同服装产品类型，在主账号下创建了 80 多个子账号，形成账号矩阵，每个子账号专门服务特定的目标客户群体，实现对粉丝用户的差异化营销，完成私域流量沉淀。此外，SHEIN 还拥有移动 App 和销售网站，通过网站的本土化建设、多样式促销以及自建 Gals 社区运营，提高用户黏性、改善用户留存，进一步拉近了消费者之间、消费者与品牌之间的距离。更为重要的是，SHEIN 通过自有 App 和平台形成数据完整闭环，数据可从 App 产生再次回到 SHEIN 研发中心，直接反哺设计创新和产品生产，形成强大的推新能力，进一步以其功能性和社交性占据消费者心智。

四　案例启示：SHEIN 的经验与跨境电商的未来发展

SHEIN 从自主服装品牌成长为全球前五大独角兽企业，人们往往将其成功归结为强大的供应链管理能力和流量获取能力，但深入探究 SHEIN 的背后运作逻辑，会揭示一个鲜为人知的事实：SHEIN 真正的核心竞争力在于其数据化能力和建立在数据基础上的供应链体系，"全链协同"的数字化供应链是其取得如今成就的重要底色。可以说，SHEIN 是真正意义上数字经济时代的产物，通过时尚趋势预测、设计开发、生产制造、仓储物流、售后服务等全链路数据驱动，实现了服装产业链的深度重塑和数字化改造，不

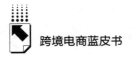
仅全面提升了企业在产品研发、业务运营、用户管理、技术创新方面的效率，更形成了数字贸易时代供应链管理的新范式。

在全球经济一体化的大背景下，跨境电商以其独一无二的优势日益成为串联全球市场的关键角色。但随着跨境电商步入精细化运营阶段和市场端流量更迭变化，跨境电商的战场已经转向全球供应链之争，"全链协同"的数字化供应链建设成为跨境电商企业的"必选题"。

当然，跨境电商企业的数字化供应链构建并不是引进几套先进的信息管理系统，实际上是对企业从战略架构、生产经营、技术工艺、企业管理等方面的全新模式再造。跨境电商企业在构建数字化供应链过程中要重视对技术的投入，结合自身技术能力和业务现状，科学规划企业数字技术能力的建设与发展。大型企业和中小企业的数字化供应链建设可遵循"大企业建平台、中小企业用平台"的思路，像 SHEIN 等具备较强实力、影响力与数字化能力的大型企业，可打造数字化平台，有效对接上下游企业及终端客户，协调不同主体、不同环节之间的关系，优化资源配置，提升供应链运行效率。中小微企业虽然不具备搭建平台的能力，但要秉承互联网思维，积极接入数字化平台，以主动的姿态融入供应链的全链协同中。

当前我国跨境电商已经从产品出海步入品牌出海、平台出海阶段，产品交易和服务融合的发展趋势愈发凸显，特别是随着物联网、大数据、区块链、云计算、人工智能等数字技术的快速发展，数据化能力和数字化供应链在电商领域的价值正在不断释放，跨境电商企业要时刻关注数字化技术与供应链管理的融合更新，以"全链协同"的数字化供应链构筑数字经济时代的护城河。

参考文献

林森、郭杰群：《数字供应链应用、转型及挑战分析》，《物流技术与应用》2023 年第 10 期。

吴琼、朱卿园、袁曦临：《跨境电商数据化能力及其中台实施策略研究——以 Shein 为例》，《中国商论》2023 年第 4 期。

张宝明、于晓东：《SHEIN 数字化转型：动因、路径与启示研究》，《对外经贸实务》2023 年第 3 期。

招商证券：《SHEIN 深度报告：供应链、流量为核，快时尚跨境巨头厚积薄发》，2022 年 10 月。

国海证券：《SHEIN：大音希声》，2023 年 12 月。

B.5
全托管模式对跨境电商物流供应链的影响

田　勇[*]

摘　要：　全托管模式在 2023 年的兴起，并不会彻底改变跨境电商物流行业分散竞争的基本格局，但会在一定程度上推高行业集中度。在此过程中，"资源型"跨境电商物流服务商群体将迎来显著的业务增量，并在全托管平台起量的大趋势下，逐渐沉淀成为服务全托管平台的物流交付底盘。"全托管"模式也终将成为我国跨境电商出口商业模式创新过程中的有机组成部分。

关键词：　全托管　跨境电商出口　供应链

　　"全托管"可以说是 2023 年跨境电商行业最火的关键词，随着拼多多出海（Temu）在美国的流量爆发，其独特且激进的"卖家—平台"合作模式也被同行、卖家、行业观察者、投资人等拿到放大镜下反复观察、研究、判断，并由此产生了让人眼花缭乱的各种结论和杂音，莫衷一是。

　　随后速卖通（AliExpress）采用相似模式招商，并正式命名为"全托管"。自此，"全托管"一词正式登上 2023 年跨境电商行业关注度顶流的位置。相较于传统第三方平台模式，全托管模式重新划分了委托方和受托方的权责边界，形成了跨境电商价值链上全新的价值分配格局。

　　以 Temu 为代表的全托管平台在极致低价策略驱动下的攻城略地，几乎吸引了跨境电商市场全部注意力。诸多质疑和肯定纷至沓来，大家都在睁大

---

　　* 田勇，运联研究院研究总监，主要研究方向为跨境物流、供应链与合同物流。

眼睛思考全托管究竟会如何影响自家企业的发展。其中，跨境电商物流企业也在和全托管平台的业务合作中，在收获了货量增长的同时，也收获了一定程度上的焦虑甚至迷茫。本文尝试从跨境电商物流行业的发展现状和竞争格局根因出发，探讨全托管的兴起会对行业带来哪些影响，期待能够澄清当下诸多猜测和预判于万一。同时，本文也将充分阐释跨境电商物流行业内企业类型划分和依据，以便能够更加准确、更加科学地判断跨境电商物流行业在全托管兴起、疫情消退大背景下的未来走势。

一 全托管是对跨境电商出口价值链重构的尝试

（一）"后疫情"时代，平台亟须确定性增量来稳定增长预期

首先必须明确的是，全托管模式的兴起有一个十分显著的时代背景：疫情防控的逐步趋缓和彻底结束。2023 年是历时 3 年疫情的行业红利期后疫情防控措施在全球范围内全面放开的第一个整年，同步发生的则是海外生产生活节奏的逐步恢复，线上线下零售/分销渠道则向疫情前的基本格局快速靠拢和回归，常规商业逻辑逐步收复原有的支配地位。在此种市场环境下，对跨境电商全行业来说，如何在保持并赢得存量竞争的同时，抓住并创造更多业务增量，已经成为跨境电商出口价值链上所有参与主体谋求生存与发展的头等大事。

（二）"全托管"是对跨境电商价值分工现状的再分配

全托管模式几乎完美契合了电商平台在跨境电商价值链上扩张势力范围、持续获取业务增量的核心诉求。在行业蛋糕变大的速度再也无法像疫情红利期那样匹配自身业绩增长雄心的市场大环境中，平台开始尝试将业务触角向上下游延伸，积极抢占过去本属于跨境电商专业服务商和卖家的价值空间，通过"平台—卖家"分工关系的重置实现价值链格局的重新构建。

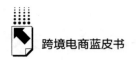
"全托管"概念的核心在于"全"（"托管"实质上就是老生常谈的合作分工方式而已），卖家仅仅作为单纯的供货方，根据平台对品类、货量、价格、质量等方面的需求和要求供货。在平台眼里，卖家仅仅作为"货源"存在，而平台本身已经是实际上的卖家直面海外消费者，可以说全托管语境下的"平台—卖家"关系已经变成实质上的"卖家—货源"关系。营销、流量获取、测品、广告投放、收款、售后、物流履约等原本在第三方平台由卖家或专业生态服务商承担的职能全部收入平台囊中，平台摇身一变全面或部分地取代了传统卖家和生态服务商的位置。

（三）价值再分配的过程更是寻找"分工利益最大化"的动态过程

论述至此，我们就会意识到一个问题：与"术业有专攻"的传统卖家相比，全托管听上去固然大而全且强势，但如果以解构的方式来看，具体到每一个运营环节、每一个目的国（地区）、每一条走货线路上，全托管平台（模式）都很难证明自己的各项细分能力都是一个又一个具体目的国、具体运营手段、具体物流线路等垂直赛道中最优的。

这也就从根本上决定了全托管模式并不适合所有类型的卖家群体。与此同时，我们也看到诸如所谓"半托管""物流全托管"等涉嫌新瓶装旧酒的新名词频繁出现在媒体和平台招商会上。新名词的不断产生，实质上是平台在面对不同能力水平、不同出身、不同定位的卖家需求，所做出的差异化"迎合"策略，其最终目的依然在于将平台利益最大化。

正因如此，由"全托管"引发的跨境电商出口价值链重新分配的尝试，实际上也是各平台（模式）积极寻求平台与卖家、生态伙伴、物流服务商等跨境电商出口全要素主体之间最优的业务分工组合的过程，也是为适配不同属性的卖家（货主）特点，更好满足海外消费者、贸易商需求，实现平台自身利益最大化的动态的正向探索和积极实践。

聚焦在物流履约板块，就势必会触及全托管平台"自建"和"合作"的不同属性的组合分工抉择。而平台方"自建"和"合作"的节奏及终局形态，将直接决定全托管模式对跨境电商物流行业的影响形式和深度。

二　全托管的兴起并不会彻底改变跨境电商物流行业散乱竞争的基本格局

当然，在讨论全托管模式的兴起对跨境电商物流的影响之前，作为必要前提，我们还必须彻底弄清楚导致跨境电商物流行业散乱竞争局面的根本原因，并通过对照全托管模式对此类根因的影响，才能得出可靠的预测性结论。

要想找到跨境电商物流行业散乱竞争格局的根源，就需要深入观察跨境电商物流服务商所处的产业链结构。通过跨境电商物流企业所处的产业链上下游的相对位置，就可以看清楚行业话语权的强弱态势。再进一步通过产业链上下游话语权的相对强弱，得出能够解释导致跨境电商物流行业现行竞争格局的原因所在。

（一）近7000亿元大市场，TOP50集中度仅为13.88%

据运联研究院测算，2022 年，我国跨境电商出口物流市场规模为 6831 亿元左右。其中，B2B 物流市场规模为 3239 亿元，占比 47.4%；B2C 物流市场规模为 3592 亿元，占比 52.6%。在 B2C 市场之中，直邮模式占比 44%，市场规模达 1581 亿元，海外仓（仓发）模式占比 56%，拥有 2012 亿元的巨大市场（见图 1）。[①] 相较于 2021 年的非常规增长，2022 年是跨境电商全行业向正常水平回归的过程，因此可以说，2022 年行业总体规模数据代表性较 2021 年更强、更全面。

自 2019 年以来，在经历了 2020 年、2021 年两年的异常疯涨之后，跨境电商物流行业自 2021 年下半年开始逐步进入正常增长轨道。承接 2020 年疫情倒逼塑造的全球网购热潮及国际供应链的紊乱，2021 年破万亿元的巨无霸市场成为巅峰，必将一去不复返，在 2022 年更是被活生生地打回了 6000 多亿元的"原形"。

---

① 运联研究院：《2022 跨境电商物流行业洞察白皮书》，2023 年 2 月。

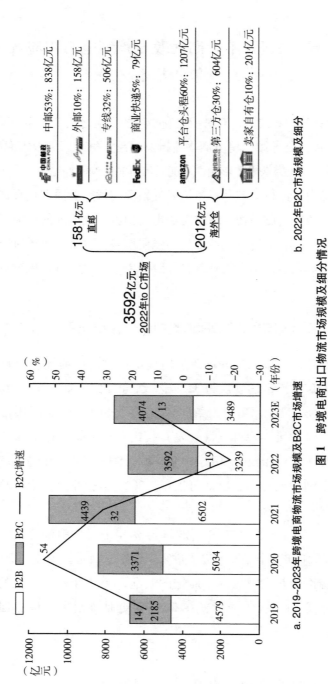

a. 2019~2023年跨境电商物流市场规模及B2C市场增速

b. 2022年B2C市场规模及细分

图1 跨境电商出口物流市场规模及细分情况

资料来源：运联研究院。

就市场集中度来说，行业呈现极度分散的竞争格局，并且在分散竞争的基础上，表现出了梯队分明的"抱团式"层级结构。运联研究院数据显示，高居跨境电商物流行业 TOP3 的纵腾、中外运、递四方的 CR3 仅为 4.23%。以此类推，CR5 为 6.07%，CR10 也仅为 8.12%。即使 TOP50 总营收打包，经调整后也仅仅占到全行业的 13.88%（见图 2）。[①]

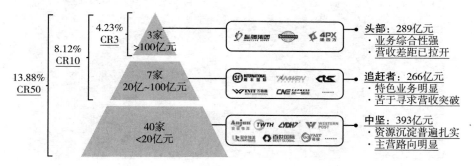

图 2　跨境电商出口物流 TOP50 分布情况

资料来源：运联研究院。

（二）资源互通及共用视角：很难出现一家或几家独大的市场格局

从跨境电商物流企业上下游参与主体相应的市场集中度出发，就可以很容易地获知跨境电商物流服务商在整个产业链中的话语权强弱。还是本着结论先行的原则，我们可以给出一个初步结论：跨境电商物流服务商是在夹缝中生存的业态，并由此直接造成了跨境电商物流市场散乱竞争的市场格局。

具体而言，面对高度集中的船公司、航司等上游资源方和强势的各大平台、分散的卖家直客以及同行，跨境电商物流服务商群体都不具备定价和客户选择、资源选择等层面上的"自主权"（见图 3）。面对行业价格变动，往往不具备面对上下游的博弈筹码，腾挪空间极其有限，再加上行业普遍账

---

① 运联研究院：《2022 年度跨境电商物流 TOP50》，2023 年 2 月。

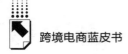

期倒挂，说跨境电商物流服务商是在强势资源方之间的夹缝中求生存求发展的行业一点也不为过。

图 3　跨境电商出口物流上下游资源情况

资料来源：运联研究院。

进一步讲，跨境电商物流行业的弱势地位直接表现为持续的同质化竞争，而内卷式的同质化竞争进一步导致了同条线路上以互相卖货、卖柜子、卖舱位为代表的同行之间业务上的你中有我、我中有你。由此，彼此间业务竞合的并存进一步决定了跨境电商物流企业彼此之间不会出现数量级上的营收规模差异，更不会出现全行业一家独大或几家独大的高度集中的竞争格局。

（三）资源运营视角：行业内企业普遍缺乏网络效应基因

跨境电商物流行业之所以呈现如此分散的竞争格局，其根源的另一面则在于全行业不具备产生网络效应的基因。而所谓网络效应，简单来说其实就是物流企业自有网络中走货节点间的频繁货流造就的整个网络的全局成本最优。

首先，对于支撑跨境电商物流企业走货线路的核心资源来说，天然具备专用属性。比如，跨境电商物流服务商在美线的清关、国际干线海空运舱位资源，无法和欧线同类资源关联，更谈不上有什么复用，不同目的国线路互相之间无法高度链接并实现成本的快速摊薄。至于像很多联盟机构设想的通过不同企业不同线路间的货源、资源复用达到降本增效的目的，就更显得是一厢情愿的美好愿景了。

其次，即便是在同一目的国，跨境电商物流企业在不同口岸的资源积累（如车架、仓储、自有堆场等），也天然具备服务于该口岸的属地化的专用属性。以卡车拖头和车架为例，即便是货代的自建车队，也是围绕主要目的港而布置，承担着跨境物流企业（货代）在该港口（口岸）主要客户柜子的提取、入仓以及依托于该专属运力的快时效价值释放的重任。除非出现频繁跳港的情况，否则基本不会出现在资源使用效率层面的相对于同行的成本优势。此外，以干线集运航运为例，即便是船公司多港口挂靠及停泊，其规模效应的绝大部分红利也只能是船公司在享受。

同时，出口跨境电商物流遵循以贴近国内跨境电商集群或产业集群位置的资源布局导向。在国内段可以存在集货仓或分拨中心之间的调拨联动，但由于跨境电商物流服务商的国内节点位置设置往往是兼顾卖家集群及出货口岸区位的结果，而非基于轴辐式网络走货路由优化的考量，因此，在跨境电商物流企业的线路布局概念里，并不存在最优路径的概念，也就不存在国内节点间高频互联互通的可能，进而可以说不存在网络效应的基因。

最后，由于出口跨境电商物流货物在流向上属于典型的单向流动的喇叭口模型（从点到面），在目的国的履约派送普遍依赖本土派送商网络或走货能力（尤其是2C私人地址）。以直邮小包专线为例，海外段从海关放行、合作的末端派送商提取开始，我们的跨境电商专线小包企业即进入"听天由命"阶段，即已经无法继续直接、主动干预和调整后续的物流服务（尤其是在目的国罢工、港口阻塞、自然灾害、战争等不可抗力突发的情况下），顶多只能通过可视化的走货轨迹和预警能力进行实时跟进。因此，对目前阶段的大多数跨境电商物流服务商而言，在海外段，根本就无法形成（也没有必要）极度密集的网点铺设和网点间高频的横向货流互动及与走货

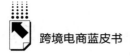

方向相反的逆向货物流量（与国内快递快运企业相比），更无法通过主动干预、主动优化等举措，最大限度地规避走货风险、保障订单交付体验。

可以说，要求跨境电商物流企业具备网络效应，不仅是不切实际的幻想，更是脱离跨境电商物流行业基因的"外行"行为。同样的道理，盲目运用类比思维，将物流行业不同细分赛道的行业终局"生搬硬套"到跨境电商物流企业群体身上，也是极不负责任的敷衍。

（四）缺乏网络效应与夹缝中生存的现状无法被全托管模式彻底推翻

如前文所述，全托管模式并不适合全部类型的卖家。进一步讲，全托管的兴起也只能是我国跨境电商出口商业模式创新探索过程中的一朵让人印象深刻的浪花，最终也将成为跨境电商出口行业的有机组成部分。而且，从流量入口的角度来看，全托管模式所占据的流量规模和创造的流量增量，也只能是我国整个跨境电商出口流量池的一部分。

依此类推，全托管流量所产生的物流订单，最终也只能是跨境电商出口物流总货量的一个有机组成部分，成为现有跨境电商物流服务商群体的"大客户"之一。因此，不论全托管平台未来采取何种物流履约合作形式，都不会从根本上改变跨境电商物流行业分散竞争的基本格局。

当然，从国际供应链局部、一时、具体的航线、口岸、目的国（地区）等中观和微观层面来看，全托管平台及模式（如 Temu、速卖通等）在 2023年超预期的货量激增的确给包含空运在内的部分跨境电商出口物流运输形式造成了较为严重的挤兑。甚至一度以一己之力推高了欧美路向的空运运价，短时间内对空运市场造成了极大的供需错配，进而在很大程度上影响了观察者和跨境电商物流企业对于空海运物流市场走向和对跨境电商出口业务发展趋势的判断。

笔者认为，类似的现象今后会继续出现，但频率和烈度大概率会有所缩减。一是因为全托管平台（模式）的货量短期内的极高增速大概率不可持续，二是因为此类平台对不同物流运输形式的货量分配将伴随着其自身物流能力的不断优化向均衡的方向发展（空运依赖或将有所减弱）。况且，此类局部和一时的影响，主要停留在干线运输层面，对货代（跨境电商物流服务商）群体的集中度影响较为有限。

三 趋势展望：全托管的兴起利好部分卖家，跨境电商物流行业将持续分散

要想搞清楚未来全托管平台（模式）会对跨境电商物流服务商群体的趋势性影响，还需要对行业企业属性进行科学分类。不同属性类型的企业所受到的影响可能会有所不同。本着结论先行的原则，我们可以断言的是：全托管流量的最终稳定将主要惠及资源型和运营型物流服务商，并夯实两类企业的成本护城河，最终表现在市占率在一度程度上的提升，但不足以动摇市场整体散乱竞争的基本格局。

（一）明确跨境电商物流企业属性才能从细部预测全托管的影响所及

真正能够决定跨境电商物流企业（业务）价值站位的是企业内部或者说是在企业商业模式中起到支撑作用的关键资源侧重。从这个定义出发，我们可以把跨境电商物流行业内的企业按照侧重点的不同划分为资源型企业、运营型企业、营销型企业三大类。这三种企业属性都是从资源掌控深度和资源运营广度两个维度切分的（见图4）。

1. 资源型企业

行业内资源属性强的企业，如中外运、华贸等，通常在出口通关、干线舱位、拼箱能力、跨口岸灵活出货、目的国派送、目的国关务等单个或多个层面有着强大的资源积淀。这就使此类企业得以凭借资源壁垒和规模效应的良性循环，不断强化自身资源优势和经济价值。

与此同时，资源型企业凭借资源优势，更多的是站在基础设施服务商的立场来承托整个跨境电商物流行业的各类业态和产品。因此，资源型企业即使不拓展跨境电商卖家直客，也可以依托资源壁垒撬动货源，将各类跨境电商物流企业或平台当作稳定的订单入口。

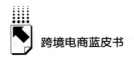

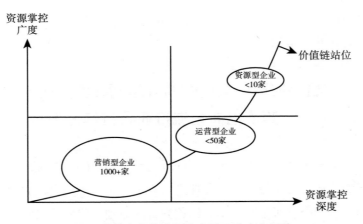

图4 跨境电商物流行业中的三种企业属性

资料来源：运联研究院。

可以说，可复用资源壁垒确保了资源型企业占据着跨境电商物流生态链的上游，其服务质量、业务流程甚至价格水平，在很大程度上影响、决定着跨境电商物流行业的总体价格水平的变化和服务水平的演进。

2. 运营型企业

运营型企业主打运营效率优势，属于刀尖向内，向走货业务全过程运营要利润的死磕型企业。具体而言，它们通过无缝衔接和最大化利用走货链条上的各类资源，尽最大努力避免资源浪费和空转，时时刻刻都在努力压缩全链条运营成本，以最大化利润空间，而且往往以优势线路的形式向市场推广自己的产品，行业内也都对此类企业在该条线路上的优势地位有一定共识。在运联研究院发布的《2022年度跨境电商物流TOP50》中的大部分企业属于此类。

以运营能力为核心竞争力的企业，相比于资源型企业更愿意直面卖家直客，往往寄希望于通过扎实的运营能力和过硬的服务质量，获得卖家直客群体及电商平台的青睐。把品牌口碑当作生命的运营型企业，处于更贴近市场一线的位置，对深入解读、理解卖家需求及平台物流需求有着三类企业中最强大的耐心和意愿，当然，也拥有最为坚实的客户需求洞察沉淀和资源运营专业度。

因此,运营型跨境电商物流企业,在跨境电商物流生态链上有着比营销型企业更高的价值站位,属于全能型选手,它们也往往代表着我国跨境电商物流行业发展的最高水平。

3. 营销型企业

以营销属性为根基的跨境电商物流企业最鲜明的特点就是销售和市场人员占据员工总数的大头,甚至以全员销售的方式持续拓展客户。公司经营重心在于前端获客力量的打造和精耕细作,而对于内部运营,或者干线运输资源、目的国资源积累,则抱持维持甚至漠视的态度。

从绝对数量的角度来说,营销属性的企业群体规模是全行业内最大的。在业务链条上,营销属性企业往往是作为资源型企业和运营型企业的货源存在(所谓同行货)。因此,以资源掌控的深度和广度去衡量其生态位和价值,营销型企业处于三类企业属性中的底部。虽然位于底部,但并不代表没有价值。在获客端的极致营销能力、走货资源、渠道(同行)的链接能力、解读卖家需求的灵活性等方面,营销型企业都具备其他类型企业无法企及的水准。从全行业的角度来看,营销型企业的业务水平决定了全行业的发展水平下限。

(二)企业属性分类是深入掌握跨境物流行业发展态势的切入点

从行业发展规律的角度出发,我们会看到,在不同发展阶段往往会有不同属性的企业唱主角。在跨境电商物流行业发展初期,主要是由无数个营销型货代支撑。在提质换挡阶段,资源型企业和运营型企业开始引领行业向品牌化、合规化快速前进。而在行业成熟阶段,则往往会以资源型企业和运营型企业、叠加平台自建物流体系为行业主流。也就是说,在不同的行业发展阶段,必然需要有不同属性的企业去匹配跨境电商出口行业的新需求、新特点、新方向。所以,考察全托管等新兴模式对跨境电商物流行业的影响,就必须将行业企业属性进行科学识别和划分,由此才可能精准地呈现行业发展趋势变化。

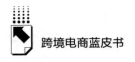
（三）运营型和资源型物流玩家将在全托管模式的助推下持续成长

如前文所述，全托管的兴起注定只是一时的、正常的市场演进现象，长期来看，最终会成为跨境电商出口总流量池的有机组成部分，而且不一定能最终占到跨境电商出口行业的商业模式主流（取决于卖家结构和海外需求的变化）。在此终极格局判断之下，跨境电商物流市场散乱竞争的根因并不会被全托管的兴起动摇和改善。

在行业走向稳态终局的过程中，现有头部服务商和以单条线路资源沉淀和运营见长的"小而美"的物流服务商，将在融入全托管平台自身物流履约体系的过程中获得更大的货量确定性和自身服务能力增长。

进一步讲，伴随着全托管平台流量逐步走向稳定，此类物流服务商也将在全托管平台流量稳定性的加持下，凭借基于资源直接掌控力和运营专业度的优势，更好地适配全托管平台对时效、妥投率、IT能力、成本结构等履约交付要素的苛刻要求。最重要的是，能够不断获得并夯实自身资源成本迅速摊薄带来的成本护城河，并最终表现为自身市场占有率的提高。也就是说，此类"优势"物流服务商将在一定程度上推动全行业市场集中度的微小提升，但不会撼动行业散乱竞争基本格局的根基。

（四）跨境电商出口模式的"百花齐放"将持续深入推进

全托管、半托管、POP、天价集装箱、欧盟税改、新兴市场腾飞……用精彩纷呈、跌宕起伏来形容近些年我国跨境电商出口行业极为贴切。而作为2023年最受瞩目的所谓新模式——全托管，用傲人的数据一次次刷新自己创造的增速纪录，成为全年全行业"最靓的仔"。

但我们也应该看到，在此起彼伏的行业创新过程中，全托管大概率只能是推动我国跨境电商出口行业交易效率提升、服务质量优化、出口供应链能力跃迁的诸多正向因素之一。而且，也只有我国的产业优势、供应链优势才能够孕育出全托管模式，才能够允许全托管模式的存续和发展。所以，单纯讨论全托管对跨境电商物流行业的影响，其实有失之宏观和全面的嫌疑。我们更应该对我国特有的产业优势和供应链成本优势进行进一步深入探讨。

在本文的最后，笔者呼吁行业研究者、生态企业、政策制定者，将更多影响因子纳入考量范围，不被一时的行业热点遮蔽，始终保持全局观、动态发展观和科学专业的判断力。只有这样，在审视未来跨境电商出口发展大潮中的物流行业的发展变迁时，才可能输出可靠、准确、具有前瞻性的行业判断。

参考文献

田勇：《〈2022 跨境电商物流行业洞察白皮书〉解读：7000 亿大市场路向何方？》，"运联研究"官方公众号，2023 年 5 月 6 日。

《跨境电商成外贸增长新引擎，专家点赞全托管模式为出海企业"减负"》，《中国新闻周刊》2023 年 9 月 23 日。

B.6
跨境电商行业绿色供应链
建设及实施策略

王岳丹　侯若旭*

摘　要：　随着经济社会的不断发展，全球对于低碳经济和可持续发展的关注度不断提高，推动了全球贸易变革，也对跨境电商行业产生重要影响。本文介绍了跨境电商行业绿色供应链的内涵、实施背景和建设现状，认为绿色贸易壁垒繁杂且盛行、企业绿色低碳意识水平参差不齐、绿色供应链核心要素不完善是当前我国跨境电商行业绿色供应链建设面临的主要问题，进而从跨境电商行业绿色化采购、绿色化制造、绿色化营销、绿色化物流、绿色化回收五个环节，以及提升绿色低碳发展意识水平、完善绿色供应链基础设施建设两个方面提出了针对性的策略建议。

关键词：　绿色供应链　跨境电商　绿色化转型

随着全球气候变化加剧、能源需求增长、资源短缺和环境污染等问题日益严重，全球生态环境变化成为影响全球经济可持续发展的最大变量，发展以低能耗、低污染和低排放为核心的绿色低碳经济已经成为各国应对全球气候变化、寻求经济和环境可持续发展的战略选择。全球推进气候保护和可持续发展的决心和举措，也推动着全球贸易的变革。作为全球贸易的重要组成，跨境电商行业正在积极践行"绿色""低碳"的可持续发展理念，构建

---

* 王岳丹，河南国际数字贸易研究院综合研究部部长、办公室主任、副研究员，主要研究方向为跨境电商、数字贸易、数字经济；侯若旭，郑州职业技术学院教师，主要研究方向为市场营销、跨境电商。

涵盖采购、生产、制造、贸易、物流、售后等全链条的绿色化供应链，愈发成为跨境电商行业高质量、可持续发展的终极追求。

一　跨境电商行业绿色供应链的内涵

（一）绿色供应链的定义

绿色供应链是一种在整个供应链中综合考虑环境影响和资源效率的现代管理模式，以绿色制造理论和供应链管理技术为基础，涉及供应商、生产厂、销售商和用户，其目的是使产品从物料获取、加工、包装、仓储、运输、使用到报废处理过程中，对环境的影响最小，资源效率最高。

（二）绿色供应链与传统供应链的区别

与传统供应链相比，绿色供应链的差异体现在四个方面。一是运营体系结构。除传统供应链包含的物流、信息流、资金流之外，绿色供应链更加关注供应链全链路对于能源的使用、排放等情况，增加的能源流是绿色供应链与传统供应链"三流"的最大差异。二是构成体系。传统供应链管理中包含了供应链的管理、资源优化两部分内容，但绿色供应链的构成体系更为复杂和多元，不仅包括了传统供应链内的成员系统，还包括环境系统、政府与国际组织的规则制度、绿色供应链组成人员的价值观以及运营时所处的文化环境。三是流程环节。传统供应链仅涉及从供应商到消费者的单向过程，而绿色供应链涵盖了设计、采购、制造、包装、销售、使用、回收处理等，覆盖了产品生命周期的每一个过程，实现了产供销的循环往复，形成了产业链的完整闭环。四是运营目标。传统供应链的运营目标主要关注供应链的运营时效、产销商品的质量和成本，以及如何实现供应链全链路的资源最大化，而绿色供应链的运营管理中，除上述目标外，对供应链运营与环境、资源的和谐发展、全社会资源的优化配置，以及用户利益保障等方面的目标也有所关注。

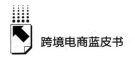

（三）跨境电商绿色供应链的内涵

从本质看，跨境电商是基于货物和服务贸易跨境流动的贸易新业态，其供应链抑或是绿色供应链建设需要跨越不同国家或者地区，除此之外与传统供应链或绿色供应链并无较大差异。

二　跨境电商行业绿色供应链实施背景及现状

（一）实施背景

20世纪末，国际社会对"以经济增长为主要目标的传统经济发展模式，忽视了对环境破坏、资源枯竭、气候变化等所产生的影响"愈发关注。为回应传统经济发展模式所暴露的问题，国际社会开始关注"如何在满足需求的同时，不损害未来世代发展机会"，因而符合发展诉求的"绿色贸易""绿色可持续发展"等概念受到关注。在经济全球化和贸易自由化大趋势的催生下，国际贸易中商品和服务跨国流动对环境的影响问题被提上日程。

早在1973年首次发布《环境行动计划》，欧共体就开始了低碳经济的实践；1986年发起的关贸总协定谈判中，缔约方谈判内容也涉及贸易与环境问题，并于1994年达成《关于贸易与环境的决定》；1995年初，世界贸易组织（WTO）执行该决定，成立环境与贸易委员会；2014年，WTO中18个成员方组成"环境产品之友"，以开放式诸边谈判形式启动《环境产品协定》谈判，旨在促进环境产品自由贸易；2016年全球178个缔约方共同签署了应对全球气候变化的《巴黎协定》，并于同年11月正式实施；与此同时，全球共有198个国家设定公布了"减碳"目标时间表。其中，我国于2020年9月在第75届联合国大会上正式提出"双碳"目标——2030年实现碳达峰，2060年实现碳中和。在全球绿色可持续发展理念的推动下，不仅催生了碳关税等关乎商品生产成本的绿色贸易壁垒，也对全球消费行为产生了潜移默化的影响，从而深刻主导着跨境电商行业发展变革。

　　一方面，以欧盟"碳关税"机制实施为代表的绿色贸易壁垒，成为加速跨境电商行业绿色转型、绿色供应链建设的催化剂。欧盟不仅是全球较早践行低碳发展并成功实现绿色转型的经济体，也是当前跨境电商行业发展的核心市场之一。作为应对气候变化的先锋，欧盟委员会于 2018 年 11 月率先提出"到 2050 年实现气候中性"的欧洲愿景，并在 2020 年 3 月提交《欧洲气候法》，以立法的形式确保目标达成。2022 年 12 月的欧洲议会与欧洲理事会上，正式确定建立欧盟碳边境调解机制（CBAM），于 2023 年 10 月 1 日正式生效实施，也即全球首个"碳关税"。

　　随着欧盟碳关税机制的实施，在全球低碳经济变革进程中，新的绿色贸易壁垒正在逐步形成。尽管国际社会围绕碳关税的质疑和争议从未停歇，但并未影响其他国家对于碳关税的研究和跟进。美国《清洁竞争法案》草案的公布，展示了美国版"碳关税"的雏形。英日等国也对碳关税措施表示支持，其中，2023 年底英国政府就已明确表示，将从 2027 年起对部分产品征收新的碳进口税，以帮助保护英国企业免受来自气候政策不严格国家廉价进口产品的影响。除此之外，已经实施碳定价机制的加拿大、韩国等国，出于掌握低碳经济转型中"碳标准"、"碳规则"和"碳定价"话语权的考量，跟进欧盟碳关税做法的概率也更高。总而言之，各个国家和地区"碳关税"的实施，必将成为决定跨境电商企业全球化战略走向的最大变量。

　　另一方面，绿色低碳、可持续发展理念催生了全球消费市场对新能源、绿色低碳等产品的巨大需求，为跨境电商行业长期高质量发展拓宽了新市场、开辟了新赛道。调查显示，2021 年，60% 的美国消费者更愿意选择在商业行为上更具可持续性的品牌；在欧洲，该比例更高，可达 71%。2022 年麦肯锡一项对欧洲消费者的调查显示，67% 的受访者表示，产品中是否采用了环保、可持续的材料是他们决定购买的重要因素。[①] 2023 年寻求可持续产品的海外卖家数量增加 88%，其中，个人护理/清洁、美妆、家用厨房用

---

① 《"全球飞翔"跨境电商平台：绿色低碳产品成为海外市场新宠》，2023 年 12 月 15 日，https：//mp. weixin. qq. com/s/xO5JyIkprKmqdXdWs-klyg。

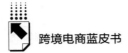

品、母婴产品和家用电器对可持续产品的需求增长列前五位。"可持续""环保""可生物降解""零浪费""有机""可再生""可重复使用"等成为海外消费者的热搜词。①

为此，亚马逊在2020年就推出了"气候友好承诺计划"，通过对产品添加该计划徽章，用以区分环保及非环保产品。美妆、个人护理行业也瞄准了环保、有机产品，亚马逊平台环保型美容个护产品的销售额增长了325%，销量增长了317%；纯素化妆品成为消费市场的最新流行趋势，亚马逊某款纯天然成分睫毛膏销售额同比增长1465%，销量增长近7倍。② 此外，在家居行业，随着美国、加拿大、英国、德国、澳大利亚等60多个国家"禁塑令"政策实施，诸如共聚酯材料（Tritan）材质的水杯、可回收的聚对苯二甲酸乙二醇酯（RPET）面料的沙发套等采用更加环保、安全、耐用的新材料家居用品，在国际站上的商家数量同比分别增加了64%、43%。③ 美国对家电产品能效要求的提高，以及欧盟削减天然气需求目标延长至2024年等政策措施，可重复使用的厨房产品需求不断增长。基于此，我国《"十四五"对外贸易高质量发展规划》也明确提出，要构建绿色贸易体系，探索建立外贸产品全生命周期碳足迹追踪体系，鼓励引导外贸企业推进产品全生命周期绿色环保转型，促进外贸产业链供应链绿色发展。

（二）实施现状

跨境电商是连接供需两端的重要通道。跨境电商行业对资源的消耗主要包括原材料采购、生产制造、物流配送、回收处理四个环节。现阶段，跨境电商行业绿色供应链实施也主要围绕以上四个环节，既体现在跨境电商供应链全链路数字化方面，也体现在环保材料及技术设备在原材料采购、生产制

① 《"全球飞翔"跨境电商平台：新能源绿色环保产品成跨境出口新亮点》，2023年10月1日，https：//mp.weixin.qq.com/s/wd6JwwSWk7D-sxxctjE6Pw。

② 《环保不是只挂嘴边，跨境电商"可持续性"产品在亚马逊更受欢迎！》，2022年6月15日，https：//baijiahao.baidu.com/s？id=1735687105249153242&wfr=spider&for=pc。

③ 《阿里国际站公布今年数字外贸新机遇：绿色环保等成关键词》，2023年4月28日，https：//www.163.com/dy/article/I3DH0DHO0514TTKN.html。

造环节、物流配送环节的使用，以及末端商品的回收处理环节。

1. 数字技术全链路应用降低能源消耗与污染

跨境电商作为数字贸易的重要组成，对参与企业的数字化能力本身就有较高要求。在交易环节，企业利用跨境电商"触网"，开展数字化营销，不仅提高了交易时效，同时减少了传统国际贸易模式下，贸易双方人员往来、线下签约等环节所产生的能源及资源消耗。在生产环节，近年来，以SHEIN为代表的柔性供应链模式，在带动上千家供应链工厂企业数字化升级的同时，也加速了"柔性制造"模式向服装以外的其他产业扩展。在物流配送环节，数字化技术的应用，既能够根据用户需求，筛选物流时间短、配送时效高、成本路线优的跨境电商物流综合解决方案，也能够在确保时效成本的前提下，科学合理开展集货、揽货、集约化运输。以海外版拼多多 Temu 为例，2022 年 9 月，Temu 以 SHEIN "柔性制造"模式为基础，创新推出了独具特色的"柔性供应链""全托管"模式，由平台主导，通过前端销售数据反馈后端生产制造，实现柔性、规模化生产，配合批量化、集约化物流的打法，实现了跨境电商供应链生产和物流环节的降本增效，以及对跨境电商供应链全链路的强把控，从而使 Temu 平台能够以极具性价比的价格优势在海外攻城略地。截至 2023 年 10 月，参与 Temu 平台"全托管"模式的卖家数量达 6 万；2023 年全年 Temu 平台 GMV 预计达 140 亿美元。[①]

2. 环保材料及技术设备投入提高能源利用效率

传统不可再生、非有机的原材料，塑料、泡沫等不可降解的包装耗材，以及大排量、高能耗、污染大的运输工具，在跨境电商采购、生产制造、物流配送环节的使用，产生大量固液气体废弃物，给环境带来了巨大的压力。在各国绿色低碳经济相关政策的影响下，越来越多的跨境电商企业愈发重视绿色供应链的重要性，并在生产制造、物流配送等环节予以实践。有机原料、可降解材料、新能源燃料等环保材料和技术的使用率不断提高，不仅顺

---

① 《TEMU 的上限在哪里?》，远川研究所，2024 年 1 月 22 日，https：//mp. weixin. qq. com/s/ x2gwOcdAbtae3F_ 5WBI8fg。

应了绿色可持续经济的发展趋势，满足了日益增长的绿色低碳产品需求，也为跨境电商行业开辟了众多全新赛道。以新能源运输领域为例，相对此前跨境电商物流中燃油汽车、船舶等运输工具的使用，新能源运输车辆、清洁燃料等的使用，减少了二氧化碳等温室气体的排放量，有助于缓解全球气候变化问题；RFID 嵌入式智能包装、电子签收单、电子面单等跨境物流领域的技术创新，为促进跨境物流绿色发展提供了技术支撑。同时，也带动了以电动汽车、锂电池、太阳能电池"新三样"为代表的新能源产品的出口市场需求，2023 年"新三样"产品出口额首次突破万亿元大关，达到 1.06 万亿元，同比增长 29.9%。[①] 在跨境电商行业出现频率最高的包装领域，淀粉袋、可降解纸箱、绿色防护填充材料等绿色包材耗材使用率不断增长，通过优化绿色包装设计合理减少包材使用、避免过度包装，提高包装利用率，从而降低包材资源浪费成为趋势。

3. 固废回收及资源化处理推动经济循环可持续

与传统跨境电商供应链只关注生产和销售不同，跨境电商绿色供应链对商品的回收、翻新、再加工、再销售等流程也有涉及。虽然近几年全球通胀给各国消费者家庭支出结构带来了重大变化，但在可持续发展理念及省钱需求的影响下，环保和低价仍然是家庭支出关注的重点，二手购物正逐渐成为日常生活中不可或缺的一部分。美国全国广播公司财经频道（CNBC）报道称，全球转售业务的增长速度是传统零售业务的 11 倍。[②] 据测算，2023 年至 2031 年，全球二手商品市场规模将持续增长，有望达到 1.3 万亿美元。[③] 在绿色低碳经济背景下，全球二手商品交易热潮的涌现，也吸引着亚马逊、eBay、TikTok、Allegro、SHEIN 等一众跨境电商平台和卖家的参与。如日本最大二手交易平台 Mercari 与阿里巴巴合作开启二手商品的跨境销售。亚马

---

① 《国新办举行 2023 年全年进出口情况新闻发布会》，国新网，2024 年 1 月 12 日。

② 《沃尔玛再出大动作，打开降本新思路，入局翻新市场》，搜狐网，2022 年 8 月 12 日，https：//news. sohu. com/a/576251891_121341195。

③ 《eBay 猛踩油门，加速抢夺二手转售市场》，跨通社，2024 年 1 月 28 日，https：//mp. weixin. qq. com/s/xnk5CKa47GdSTqeA4fSVsw。

逊于 2017 年推出 Amazon Renewed 计划，支持卖家销售经过认证的二手和翻新商品；2023 年其在欧洲市场二手购物业务价值已达到近 13 亿美元。[①] eBay 通过建立完善的品牌溯源及正品认证体系，以此塑造"令人放心的二手购物正品保障"平台口碑。中国电商独角兽 SHEIN 为促进污染和采购频率"双高"的服装衣物循环利用，推出了个人对个人的服装转售购物平台 SHEIN Exchange，用于买卖 SHEIN 品牌项下的二手商品。

三 跨境电商行业绿色供应链建设存在的问题

（一）绿色贸易壁垒繁杂且盛行

虽然近几年东盟、中东、非洲等新兴市场正在快速崛起，但以欧美为代表的老牌市场，基于物流基础设施完善、移动互联网渗透率高、消费者购买力强等优势，仍然是现阶段我国跨境电商出口的主要市场。而这些国家和地区多数是环保主义的倡导者和拥护者，也是绿色贸易壁垒的发源地。因此，近年来各国对能源危机和气候变化问题的关注度不断提高，并结合实际出台针对性的绿色贸易壁垒以保护本国贸易，这已经成为我国跨境电商行业高质量发展面临的首要问题之一。

绿色贸易壁垒形式多样，如在绿色包装方面，美欧等发达国家和地区，不仅对在本国市场销售跨境电商进口商品包装的材质、方式、文字说明等有明确规定外，还惯常使用绿色标签作为"绿色通行证"对跨境电商进口商品加以管控；在绿色关税与市场准入方面，以"保护环境"为由实施本地、进口"双重"环保标准，对一些污染环境、影响生态的跨境电商进口商品征收高额进口附加税，或限制/禁止相关产品的进口，通过增加跨境电商进口商品成本以此保护本国商品免受冲击的做法也较为常见，如欧盟开征的碳

---

① 《eBay 猛踩油门，加速抢夺二手转售市场》，跨通社，2024 年 1 月 28 日，https：//mp.weixin. qq.com/s/xnk5CKa47GdSTqeA4fSVsw。

关税、美国对石油销售征收的环境进口附加税等；在绿色卫生检验检疫制度方面，利用其繁杂的绿色技术标准、先进的技术手段，不断提高跨境电商进口商品检验标准，增加进口商品检验成本，从而起到对部分国家跨境电商商品进口的限制，这也是各国设置绿色贸易壁垒的主要手段之一。此外，随着以欧盟、美国、英国为首的发达经济体持续加码绿色低碳经济，基于不同国家经济结构、产业特征以及国际地位的差异，在解决突发事件所采用的绿色贸易壁垒方式的大相径庭，以及环保措施的歧视性、多样性和变化性，加剧了跨境电商行业发展的不稳定性和不确定性，进一步提高了跨境电商行业绿色供应链建设的成本和难度。

（二）企业绿色低碳意识水平参差不齐

跨境电商行业绿色供应链建设的核心目的，是在供应链管理的全链路综合考虑对环境的影响，其目的是使产品从设计、原材料获取、生产制造、包装存储、仓储运输、销售使用、报废回收的整个过程中，注重对环境的保护，从而促进经济与环境的协调发展。这就需要跨境电商企业从源头产品研发设计开始，就要开展全方位绿色化谋划。与传统跨境电商供应链相比，绿色供应链的建设增加了绿色技术设备、专业人员、绿色商品检测认证等方面的投入。

对于中小微型的跨境电商企业而言，绿色产品的开发虽然有助于提高产品附加值，提升产品在国际市场的竞争力，但产品及运营成本的增加，也意味着企业经营风险的提高，大多数中小微型跨境电商企业怀有侥幸心理，在企业长期主义发展理念和追求经济利益选择中，更倾向于优先选择"活下去"，对跨境电商绿色供应链建设的认识有限。对于有条件开展跨境电商绿色供应链体系建设的企业来说，我国跨境电商行业绿色供应链相关的研究、实施、标准、制度等，与西方发达经济体相比，仍处于初级探索阶段，因此企业在绿色供应链转型升级抑或绿色供应链体系建设方面，大多按照目的国"绿色"规则被动执行，即使在跨境电商供应链绿色化转型升级过程中，也因我国相关技术标准缺失、目的国标准制度不一、缺乏长远规划等因素，导致跨境电商行业绿色供应链体系建设不充分，跨境电商绿色供应链转型不彻底。

（三）绿色供应链核心要素仍不完善

近些年，虽然我国在推动绿色供应链建设方面出台了一系列政策、实施了一系列措施，但从政府、企业、消费者等供应链环节的各参与主体看，对绿色供应链的认识还停留在较低层面，该问题在跨境电商行业表现得更为突出。

从硬件基础设施方面看，绿色供应链体系对供应链的数字化、信息化有较高的要求，虽然政府层面持续推动跨境电商企业数字化转型、智慧化升级，但在绿色化方面更多侧重对供应链末端的环境治理。因绿色供应链体系建设涉及多主体、多环节，属于"一把手"工程，不仅对企业负责人绿色供应链、数字供应链管理相关的认知水平和知识储备，以及企业资金实力有要求，对供应链上下游企业的管理能力、协同能力和水平也有较高要求，以现阶段我国跨境电商行业以中小微企业为主导的"金字塔型分布"结构现状，大部分企业的供应链数字化、协同化水平仍不能满足需求，从而造成政府层面无法从根源上推动跨境电商行业绿色供应链体系建设。从软件基础设施方面看，跨境电商行业发展至今，多数企业运营发展离不开形式多样的各类数字化工具，但当前成本较低的产品开发、设计制造等工具软件，仅能够覆盖企业基础功能需求，满足企业绿色化需求的工具仍然偏少、定制化投入成本高，且我国现有绿色供应链相关的专业技术人才数量较少，尚不能满足跨境电商行业各个环节的人才需求。此外，以跨境电商行业热销品类电子信息产品为例，一些关键设备仍要依赖国外商家，要改善对环境造成的重大影响，国内企业层面尚且不具备自主掌控关键设备的技术和人才条件。

四　跨境电商行业绿色供应链实施策略

跨境电商行业的绿色供应链建设通常是把绿色化思想与理念运用在跨境

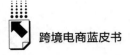

电商供应链的各个环节之中。结合我国跨境电商行业发展实际及存在的主要问题，主要包括跨境电商行业的绿色化采购、绿色化制造、绿色化营销、绿色化物流、绿色化回收五个环节，以及提升行业绿色低碳发展意识水平、完善绿色供应链基础设施建设两个方面。

（一）跨境电商行业绿色化采购

绿色化采购是跨境电商行业绿色供应链建设的首要环节，从产品设计、原材料采购开始，对该环节"绿色化"的有效把控，能够为后续四个环节夯实绿色化基础，同时也从源头上降低企业成本、提升产品的国际竞争力。

1. 强化绿色供应商筛选考核

引导跨境电商企业加强供应商环保型原材料采购、环保设备使用、固废回收处置等绿色生产指标考评，优先选择绿色生产意识强、标准高、体系全的"无废工厂"。鼓励跨境电商贸易型企业、供应链链主企业等，建立"绿色供应商考评标准体系"，开展绿色供应商考核评估，引导跨境电商供应链各个环节绿色化转型。

2. 扩大环保型材料采购范围

优先选择无毒无害、低能耗、无污染、易回收、可再生的环保型材料。支持跨境电商供应商、跨境电商工贸一体型企业等，参照出口目的国绿色标准，精准选择目的国绿色原材料、技术设备供应商，减少目的国绿色贸易壁垒。鼓励国内跨境电商供应商对标国际同类供应商，学习借鉴绿色化生产管理经验，提高自身绿色采购、绿色生产等方面的技术和管理水平。

3. 鼓励采用多样化采购方式

引导跨境电商链主企业搭建电子化招标采购平台，通过数字化、低碳化的形式，缩减和降低传统线下对接、磋商、采购的时效和成本，实现实时响应、高效便利采购。支持跨境电商链主企业采用委托加工、外包等形式，与符合绿色标准的供应链上游企业合作，通过强强联合、分工协作，降低跨境电商企业的供应链生产成本。

（二）跨境电商行业绿色化制造

跨境电商行业的绿色化制造环节，主要包含产品的绿色化设计、生产制造的绿色化、绿色化包装三方面内容。

1.绿色产品的设计开发

支持跨境电商企业充分结合出口目的国市场需求和绿色标准规定，精准开发绿色环保产品。鼓励跨境电商企业通过招引或委托服务等形式，借助专业型绿色产品设计和研发团队力量，提高跨境电商出口产品的绿色化水平。支持在符合产品质量要求的基础上，结合不同市场绿色理念，有的放矢对既有产品开展绿色低碳改造。

2.促进生产制造绿色化

鼓励跨境供应链生产型企业加大低能耗、清洁环保设施设备和技术投入。支持按照跨境电商绿色生产标准，充分利用高效节能设施与基础设施设备，对跨境供应链生产制造工艺进行提高和改造。支持跨境电商行业协会、龙头企业、产业链链主企业等，围绕生产过程中的原材料充分利用、废弃物循环利用、工艺高效节能、绿色生产管理体系建设等指标，牵头制定跨境电商行业绿色供应链生产制造标准。持续加大跨境电商行业绿色环保投入经费的支持力度。

3.加强绿色化产品包装

引导跨境电商物流、货代等企业，使用无污染、可降解、可循环使用的环保型包装材料。提高跨境电商企业绿色包装意识，对所使用的包材、耗材、包装袋文字说明等，确保符合出口目的国绿色包装规定，降低绿色包装不合规风险。鼓励跨境物流货代、生产制造相关企业，在满足出口产品绿色包装的要求和质量基础上，减少重复包装、过度包装带来的资源浪费。

（三）跨境电商行业绿色化营销

所谓跨境电商行业的绿色化营销，通常指采用环保、无污染、健康的营销方式，向外部输出绿色化消费、健康消费的理念，包含线上化销售、绿色营销及绿色消费观两方面内容。

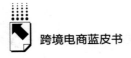
1. 拓展线上化销售渠道

支持跨境电商企业通过自建独立站、开设跨境电商店铺等形式，拓展线上化销售渠道。引导国内优质产业带，从节能高效角度出发，转变传统线下参展的单一拓客渠道，通过与多多跨境、阿里巴巴国际站等中国电商平台合作，以跨境电商供应商形式，参与跨境电商行业供应链体系建设。鼓励有条件的外贸转型基地、产业带头部企业等，搭建垂直细分的跨境电商交易平台，促进产业带相关企业触网。

2. 开展绿色营销树立绿色消费观

支持跨境电商企业针对不同目的国市场，进行绿色产品检验认证，满足出口目的国市场准入要求。设计使用能够突出产品和企业绿色理念的宣传视频、宣发文案等材料，充分利用 Meta、TikTok 等海外社交媒体，通过网红营销、私域运营等方式，做好售前售后全方位绿色服务体系建设，树立跨境电商绿色企业形象、灌输绿色消费理念，提升用户绿色消费意识。鼓励跨境电商企业在国际市场营销和开拓过程中，主动参与环保公益活动，借助环保公益活动的绿色化理念，宣传塑造绿色品牌形象。

（四）跨境电商行业绿色化物流

跨境电商行业绿色供应链管理运作过程中，绿色化物流环节主要包含新能源运输工具使用、优化跨境物流方案两方面内容。

1. 提高新能源运输工具使用率

加大跨境电商物流服务行业新能源运输工具补贴力度，引导跨境电商物流服务商提高纯电、新能源等清洁型运输工具占比，降低资源消耗及环境污染。支持跨境电商物流服务商立足欧盟等国家和地区的"碳关税"政策，提前规划碳排放指标采购方案，降低出口产品的碳关税成本。支持跨境电商物流服务商秉持绿色物流理念，帮助提高目的国配送服务商绿色化水平，或选择绿色配送水平高、服务能力强、覆盖网络广的本土服务商开展合作。

2. 优化跨境电商物流运输方案

支持跨境物流服务商建设跨境电商物流信息化资源服务平台，围绕跨境电商企业物流运输需求，制定运输时效高、能源消耗少、运输路线优的定制化物流解决方案。加强跨境物流服务系统与跨境电商企业库存管理系统、订单管理系统、分销配送系统，以及跨境电商平台等互联互通，便利跨境物流运输方案的实时响应、供需匹配、优化调整，以及多式联运的无缝衔接、协调配送。

（五）跨境电商行业绿色化回收

绿色化回收是跨境电商行业绿色供应链体系建设与传统供应链管理的最核心区别，主要包含二手商品回收、再加工、固废材料处置三方面内容。

1. 二手商品回收

鼓励跨境电商平台、跨境电商企业开展二手商品回收、指标性能和绿色标准检测等服务。支持跨境电商行业根据二手商品质量情况分类，采用二手转售、无害处理、回收再利用等方式进行处置，最大限度降低商品带来的资源浪费、环境污染等危害。推动跨境电商平台、企业等各类主体，积极倡导二手转售等循环经济发展理念，加大跨境电商二手转售平台宣传力度。

2. 二手商品再加工

支持跨境电商企业利用已回收产品的可用料件进行二次加工制作，实现二手商品的价值最大化。鼓励跨境电商企业在确保产品质量的前提下，针对二手产品进行二次开发，配套做好二次开发产品的售后维修、保养等服务。

3. 固废材料处置

持续提高跨境电商企业环保及废弃物处置意识，全面了解目的国环保及各类废弃物处置的政策要求，采取自建、外包或与本土相关机构合作等方式，使用不同方法处置固废物料，确保消除对环境造成污染与危害的可能。

（六）提高绿色低碳意识和完善基础设施建设

跨境电商行业绿色供应链涉及生产、销售、物流、回收等多个主体和多

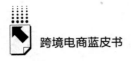

个环节，绿色低碳意识和基础设施的建立也贯穿各个主体，主要分为政府、企业和消费者三个层面。

1. 政府层面

完善跨境电商行业绿色供应链政策制度、标准规则体系，营造跨境电商行业绿色供应链体系建设的良好生态。加大跨境电商综试区、外贸转型基地、示范企业绿色供应链建设考核评估力度，对行业绿色供应链体系建设的典型企业案例进行宣传推广。加大跨境电商行业供应链企业绿色转型的政策支持力度。

2. 企业层面

探索建设跨境电商行业全生命周期碳足迹追踪体系。支持发挥跨境电商行业协会作用，通过政策宣讲、培训座谈等多样化形式，加强欧盟"绿色低碳法案"、美国"碳关税"立法等国际低碳治理措施普及，加大跨境电商供应链企业绿色低碳转型案例的宣传力度，促进企业低碳经济意识提升。支持有条件的跨境电商企业积极参与国际绿色供应链标准化工作，促进跨境供应链绿色化升级。

3. 消费者层面

倡导绿色低碳产品消费理念，鼓励进口更多具有绿色标准认证的商品，进一步带动国内同类产品绿色标准水平提升。

参考文献

刘通：《电子商务行业绿色供应链的实施研究》，《电子商务》2012年第8期。

刘尧飞、沈杰：《双循环格局下的供应链价值链绿色化转型研究》，《青海社会科学》2020年第6期。

B.7

"一带一路"背景下跨境电商供应链
和物流体系建设分析

张周平*

摘　要：　2023 年是我国提出共建"一带一路"倡议十周年。十年间，我国与共建"一带一路"国家的跨境电商国际合作日益深入，跨境电商逐渐成为国际经贸合作的新亮点和新渠道。本文在深入分析"一带一路"背景下跨境电商供应链和物流体系的发展现状和存在问题的基础上，从加强信息交流、完善基础设施、加强物流协同、加快人才培养、推进物流体系建设、加快海外仓建设等六个方面提出发展策略，认为未来跨境电商行业将趋向集中，传统物流企业加速转型供应链服务商，海外仓成跨境电商发展的重要支点。

关键词：　"一带一路"　跨境物流　跨境供应链　跨境电商

2023 年是我国提出共建"一带一路"倡议十周年，跨境电商作为数字经济时代全球化的重要业态，为"一带一路"建设注入新活力，也助力中国与共建"一带一路"国家经贸与投资往来跃上新台阶。海关总署数据显示，2023 年我国跨境电商进出口总额 2.38 万亿元，增长 15.6%，占同期货物贸易进出口的比重为 5.7%。其中，出口 1.83 万亿元，增长 19.6%；进口 5483 亿元，增长 3.9%。① 跨境电商已经成为我国外贸发展

---

* 张周平，《跨境电商全产业链时代：政策红利下迎机遇期》主编，主要研究方向为跨境电商、B2B 电商、电商园区等。

① 《国新办举行 2023 年全年进出口情况新闻发布会》，国新网，2024 年 1 月 12 日。

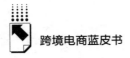
的新动能，是中国消费者"买全球"的主要途径，也是中国产品畅销全球的重要渠道。

截至 2023 年末，中国已与 30 个国家签署了双边电子商务合作备忘录，2013~2022 年，我国与共建"一带一路"国家货物贸易额从 1.04 万亿美元扩大到 2.07 万亿美元，年均增长 8%。① 在整个跨境电商产业链中，供应链和物流的角色至关重要，直接影响商品供给、运输时效和消费体验，在"一带一路"背景下，跨境电商供应链和物流体系的建设正在逐步完善。

一 发展现状

（一）基础设施逐步完善

跨境电商的发展离不开国内国际物流基础设施的支撑，而物流的联通依赖于交通的联通，交通设施联通是"一带一路"建设的重点内容。中国与共建"一带一路"国家合作，着力发展海陆空交通基础设施建设，持续优化跨境物流体系，为跨境电商干线运输及"最后一公里"提供重要保障。经过多年的发展，我国与共建"一带一路"国家的跨境电商物流与供应链体系逐步完善。2023 年，中欧班列全年开行 1.7 万列、发送 190 万标箱，同比分别增长 6%、18%；西部陆海新通道班列全年发送 86 万标箱，同比增长 14%。② 如中欧班列长安号为跨境电商贸易提供便捷运输通道，2023 年，西安市累计开行跨境电商班列 525 列，跨境电商交易额突破 100 亿元。③ 随着持续推进"一带一路"基础设施互联互通和国际大通道建设，跨境电商供应链及物流体系日益完善，进一步降低了跨境电商的物流成本和时间，提高了跨境履约效率。

---

① 《我国与"一带一路"沿线国家货物贸易额十年年均增长 8%》，新华社，2023 年 3 月 2 日。
② 《2023 年铁路发送旅客 36.8 亿人次》，《人民日报》2024 年 1 月 9 日。
③ 《"钢铁驼队"带货忙》，《人民日报》2024 年 4 月 3 日。

（二）物流模式业态丰富

"一带一路"地域广袤，六大经济走廊联通世界大市场。从地域范围看，"一带一路"倡议涵盖的地域范围广泛，横跨亚非欧大陆，能够促进区域内资源得到充分利用，实现沿线国家和地区经济的繁荣昌盛，也将改变沿线国家和地区经济发展格局，对跨境电商特别是跨境物流的发展具有较大促进作用。

我国与共建"一带一路"国家的物流模式丰富多样，主要包括邮政线路模式、国际快递模式、专线模式、海外仓模式等。其中，邮政线路是最主要的跨境电商物流模式之一，特别是在行业发展早期，邮政线路覆盖面广且价格相对便宜，覆盖全球 230 多个国家和地区。国际快递主要包括联邦快递、DHL、UPS 等，时效较快但价格相对昂贵，适合高附加值及对时效有严格要求的商品运输。专线模式是固定的两个目的地之间的物流模式，具有定向性、时效高、价格相对便宜的特点。海外仓是近年来兴起的主要跨境电商物流模式，是指在共建"一带一路"国家或地区设立海外仓，把商品提前运输到海外仓中，当网购消费者下单后再由当地物流进行派送，该模式优势明显，能够有效缩短商品到消费者手中的时间。此外，TIR 国际公路运输模式也逐渐发力，与传统公路、航空、班列等运输方式互补，使中国与共建"一带一路"国家经贸交流更加便捷。

（三）政策利好不断扩大

近年来，我国跨境电商领域政策频出，促进了行业的快速发展。而跨境物流作为跨境电商的重要组成部分，也伴随着跨境电商的发展而不断扩大规模，良好的政策环境也积极推动着共建"一带一路"国家和地区跨境物流的成长壮大。如国务院发布的《"十四五"现代物流发展规划》提出，巩固提升中欧班列等国际铁路运输组织水平，推动跨境公路运输发展，加快构建高效畅通的多元化国际物流干线通道，积极推动海外仓建设，加快健全标准体系。2023 年 10 月 23 日，国务院正式批复《关于在上海市创建"丝路电商"合作先行区的方案》，这是我国推进高质量共建"一带一路"、积极推动电子商务国际合作的又一重大举措。在政策利好下，"中欧班列"等跨境电商基础设施不断完善，海外仓也在共建"一带一路"国家深入布局，总体来看，跨境物流体系的建设呈现良好的发展环境。

（四）跨境人民币结算日益广泛

跨境电商在共建"一带一路"国家的不断发展，使基于跨境电商的各类跨境贸易日益广泛。不同于欧美等国家，共建"一带一路"国家与中国企业进行跨境交易时，越来越广泛地使用人民币跨境结算，这也有利于推进人民币国际化进程。中国银行数据显示，2023 年 1~8 月，共建"一带一路"国家在该行境内外机构办理跨境人民币结算业务约 1.5 万亿元，同比增长近 46%。① 当前，中国与共建"一带一路"国家的人民币结算呈现逐渐增多的态势，有效推动了"一带一路"跨境贸易发展和人民币国际化步伐。

（五）供应链向海外延伸

"一带一路"倡议带动了中国企业把供应链向海外进行延伸。特别是在跨境电商的新模式下，供应链的打造对跨境电商企业至关重要，拥有快速反应、稳定供给的产品供应链是企业制胜的法宝，通过把供应链向共建"一带一路"国家延伸，不断提高中国出海企业的国际竞争力。通过与沿线国家的物流公司进行合作，实现资源共享和网络整合；与当地制造商、工厂建立合作关系，采用定制生产等策略，能够降低采购成本并满足市场需求；通过开放平台和数据共享等手段，跨境电商企业可以与当地企业共同利用大数据分析、人工智能等前沿技术，实现更精准的供应链管理和运营优化。例如，阿里巴巴旗下的全球速卖通与共建"一带一路"国家建立合作关系，利用当地资源，为当地网购消费者提供更多物美价廉的商品。

---

① 《中国银行：前 8 月为"一带一路"共建国家办理跨境人民币结算业务约 1.5 万亿元》，央广网，2023 年 10 月 13 日。

二 存在的问题

（一）基础设施水平不一

当前，共建"一带一路"国家的跨境物流基础设施建设水平或执行标准不一，导致了包括铁路等方面的跨境运力不足，这必然会对跨境电商行业发展及网购用户的购物体验带来负面影响。同时，我国跨境物流企业市场集中度不高，各类跨境物流企业相对分散且多为中小企业，缺乏规模化管理及运营的经验和能力，也导致我国跨境电商物流企业在"一带一路"相关国家的发展上受到一定阻力，难以满足跨境电商行业的发展需求。

（二）信息技术相对落后

在跨境电商物流企业中，只有纵腾集团、递四方等头部跨境物流企业拥有相对较强的信息技术，而大部分的跨境供应链及物流企业都没有强大的研发团队，导致信息技术能力相对薄弱。跨境电商物流由于链条较长，运输时间也较长，在对物流信息的实时追踪方面，国内物流运输阶段基本能做到全程货物追踪，而在国外物流段由于信息技术、语言等不同，很多跨境物流公司不能显示全程货物的实时追踪情况，这给共建"一带一路"国家的采购商或网购消费者带来不便。对于采购商来说，不能预判货物到达时间，无法对货物分发作提前准备以及后续安排，导致企业经营不便；对网购消费者来说，不能实时知道商品的最新物流轨迹，对购物体验带来负面影响。因此，信息技术的落后是当前跨境物流企业存在的问题之一。

（三）物流协作成本高企

在跨境电商物流环节中，包括清关、海关检验检疫等，涉及多个国家和地区之间的合作和协调，同时还需要满足各自国家或地区的法律法规和标准，因此存在较高的跨境物流协作成本。这些成本主要包括运输、仓储、清

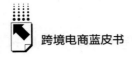

关手续、保险、货物损失等方面，导致物流成本居高不下。跨境产品必须通过不同国家之间的海关，并遵守各种出口和进口规定，跨境运输还可能使用多种运输模式，如航空、海运、铁路和卡车等，这都会延长物流运输和通关时间，带来额外的物流成本。

（四）物流专业人才缺失

跨境电商的快速发展，带动了跨境电商物流行业的蓬勃发展。相对应地，行业的急剧发展也导致跨境物流人才需求量大且供给严重不足。一是人才培养与行业发展不匹配。跨境电商物流要求从业者不仅要掌握好物流领域的专业知识，还要掌握外语、国际商务礼仪、国际商法及规则，以及海关、国际经济、跨境电商等相关领域的知识。而跨境电商专业是近年新设的专业，缺乏系统性的知识体系，课程开发也存在研发能力不强、缺乏实战经验等问题，再加上大部分高校老师缺乏物流领域的实操经验和海外留学工作背景，难以培养学生的国际化视野和跨文化沟通能力。二是跨境物流行业互信度低、交流成本高。跨境电商行业各产业链上下游企业以及物流企业之间互信程度低、信息阻碍多、相互沟通少，导致跨境电商运营人才对跨境物流行业的建仓、运输网络建设等问题认识不足，跨境物流人才对跨境电商企业的用户拓展、营销推广等业务不太了解，造成跨境电商和物流这两个环节中的资源无法得到有效利用。

（五）供应链管理能力弱

目前很多跨境物流公司的供应链管理能力较弱，无法很好衔接国内的物流网络优势和境外目标市场的物流通道，统筹国内国际两个市场、两种资源的控制能力、调配能力亟待提高。部分物流企业信息技术应用和技术创新能力不高，缺乏高效的数字化供应链管理平台，导致国际物流供应链运营效率、组织效能低下，企业运作成本高企。特别是面向共建"一带一路"国家的业务中，跨境电商物流企业的供应链管理能力比较弱，这跟当前该区域的业务体量也有一定的关系，无法做大经营规模。

（六）物流费用相对昂贵

跨境电商物流有着长物流链的特色，从出发地到目的地往往有着较长的距离，这就导致跨境物流费用相对昂贵，对于跨境电商企业来说，物流费用是企业整体运营费用的重要支出之一。跨境物流配送业务在建设过程中涉及的环节较多，包括国内物流、海关通关、物流运输、海外物流等，不仅链条较长且存在较多的商务环节，这就导致物流企业在执行的过程中要花费诸多的成本且存在一定的难度。同时，跨境电商物流企业在运输过程中，往往会遇到商品损坏、商品丢失等一系列问题，导致商品的损坏率和丢失率上升，进一步增加了跨境电商物流企业的物流成本，同时对消费者而言，商品配送周期延长降低了购物体验，增加了退货的可能性，从而产生逆向物流成本。

三　发展策略

（一）加强各国信息交流

共建"一带一路"国家和地区众多，当前专业领域的深度交流频率不高，这也影响了跨境电商物流企业对沿线国家的政策法规和市场信息的了解程度，从而阻碍了经贸合作。因此，未来跨境电商物流的发展需要加强与各国信息的交流，提高各方信息互动频率，为跨境电商物流和供应链企业提供更多的政策法规等方面支持。

（二）完善物流基础设施

物流基础设施是跨境电商物流发展的基石，在当前，共建"一带一路"国家物流基础设施建设情况参差不齐，为了更好地推进与发展跨境电商，沿线国家应加强物流基础设施的建设，提高物流服务水平及效率，降低物流成本。一是加强政策支持。各国要将跨境电商物流建设纳入本国基础设施建设中，提高政府的重视程度，通过国家政策加快跨境电商物流基础设施的建设

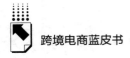

步伐。二是完善配套设施。为了降低跨境电商物流在运输中的时间损耗和成本开支等，各国要积极优化物流运输线路，扩展铁路、公路、航空等多种物流运输方式。三是提高信息化水平。各国要提高物流基础设施的信息化水平，充分利用云计算、大数据、人工智能等现代信息技术，加快推动跨境电商物流的信息化平台建设。信息化建设包含跨境电商物流的很多环节，如纸质书面信息要转成电子信息，并通过统一的平台反馈到物流信息管理系统中，通过网页端、移动端等信息查询系统，解决跨境物流的全流程跟踪，提高企业的信息处理和服务水平。通过建立仓储物流、搬运、包装、资金结算等多种信息处理模块，推动跨境电商物流企业业务流程的标准化、统一化、规范化，加强跨国界物流信息化系统的互联互通。

（三）加强物流协同优化

建立物流信息的共享机制是跨境物流协同优化的重要方式之一，通过协同机制实现物流信息的共享畅通，通过共享提高信息的透明度，从而优化提升跨境物流服务水平。具体措施包括以下几方面。一是建立跨境电商物流协同发展的信息平台。通过物流协同平台，各国物流企业能够共享各自的货物信息、仓储信息、海关信息、配送网络、物流进程等详细信息，有利于参与企业了解实际情况，做好相应的物流服务。通过搭建的平台共享信息，实现信息的互通有无，共同完善物流服务。二是增强互动协作。各国物流公司之间要增强互动协作，建立良好的合作关系，实现业务互补。通过业务协作，减少非必要的物流环节和资源浪费，双方可以共同优化物流模式和路径，发挥各自的优势，提高物流的速度、质量和效益，为客户提供更好的物流服务。通过协同也一定程度上降低了各物流企业之间的竞争关系，把竞争关系转化为合作关系。

（四）加大人才培养力度

加大对跨境电商物流人才的培养力度，具体包括四个方面。一是扩大跨境电商物流人才的招生规模。解决跨境物流人才短缺问题，学校依然是人才的重要输出渠道，不仅是我国各大高校，共建"一带一路"国家也要加大人才的培养规模及力度，通过设置跨境电商等相关专业，以及跨国联合进行人才培养，才能源源不断地输出人才。二是加强校企合作。跨境电商物流是相对实操的专业，学校在培养人才的过程中，既要重视学生的理论水平教育，更要和企业深入合作，通过引进校外企业导师及学生进企业实习等多种方式，构建"理论课程+实操训练+技能实习"深度融合的创新人才培养模式。企业在提供实习岗位时要尽量避开打包等简单初级的工作安排，让学生更多地利用所学的大数据等技术帮助企业提高效率，同时提高学生在物流企业的实习质量。高校在对接企业时，要根据企业不同的岗位需求制定不同的人才培养方案，实现理论与实践相结合。三是共建实践基地。高校和企业可通过共建校外实践基地的方式培养人才，实践基地由企业资深市场实操人员指导学生进行真实的实操演练，跨境电商物流行业需要高素质的复合型人才，这就要求高校在人才培养的过程中不仅要传授相关专业知识，也要给学生提供更多的实操机会。四是强化社会培训。社会培训是跨境电商物流人才培养的重要方式之一，随着跨境电商行业的不断发展，对人才的需求日益增长，仅靠学校培育短期内无法满足行业快速发展对人才的需求，而社会化培训能够快速弥补这一不足。社会化培训方式多种多样，有政府主导的培训，各地政府部门为了促进当地跨境电商的发展，会出台政策扶持跨境电商人才的培养，也有各类市场化培训机构组织的培训。在共建"一带一路"国家，为了促进当地跨境电商的更好发展，也要积极倡导及组织更多的行业培训，推动跨境电商物流人才的培养。

（五）推进物流体系建设

利用大数据、云计算、人工智能、物联网等技术，打造资源要素高效流动、开放共享的跨境物流信息平台，实现全球范围内的物流信息共享和调配。鼓励大型跨境物流企业发挥核心企业作用，联合上下游企业，构建开放、规范、高效、智能的跨境物流体系。鼓励物流企业之间互相合作，形成协同发展的局面，提高跨境物流服务水平。在"一带一路"倡议下，引导

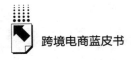

跨境电商企业和物流企业进行深度融合，跨境电商企业可以积极探索物流资源共享、多元化运输等方式，以降低物流成本并提高交易速度和效率。要坚持"一国一策、因地制宜"的原则稳步推进沿线国家与地区的物流基础设施和跨境物流体系建设。

（六）加快海外仓建设

海外仓是解决跨境电商物流长物流链的重要方式之一，通过海外仓能够缩短物流的配送时间，对跨境电商企业来说也能拓展销售品类以促进业务发展。目前，中国大力支持发展海外仓，对开拓海外仓的企业进行政策扶持。对于跨境电商物流企业而言，要根据"一带一路"倡议，构建符合市场发展的国际安全物流通道。当我国与共建"一带一路"国家开展跨境电商物流运输时，要发挥沿线国家的各自优势及资源，在沿线国家落地海外仓储，将商品提前通过铁路、海运等性价比更高的物流方式运输到销售目的国，这不仅节省了运输和存储的成本，还可以增加双方的效益。同时，海外仓的作用对网购消费者来说，在购物平台下单后，商品将会以最快的速度配送上门，给消费者带来更好的购物体验，也增强了消费者对电商购物平台的黏性。针对中小电商企业，缺乏相应的资本能力建立国外仓储，也可采用租赁等方式进行海外仓布局。

四　未来趋势

（一）物流行业逐渐趋向集中

现阶段，跨境电商物流行业还处于相对分散的状态，市场整体集中度不高。大部分的跨境物流服务提供商针对上下游的议价能力较差，且跨境物流行业的资源利用率和组织效率低下。随着资本的进入以及市场竞争的加剧，未来跨境电商物流行业也将面临进一步的整合。跨境电商物流呈现两大整合趋势：一是电商平台对关键物流环节和物流服务商进行整合，或者采用自营的方式把控物流；二是跨境电商物流行业中的大型物流企业通过兼并方式整合低效的物流资源。

（二）传统物流企业加速转型供应链服务商

随着中国更多跨境电商平台的出现，竞争的加剧将导致平台及消费者对跨境电商物流企业的要求不断提高，企业需要提供多种物流服务，这就要求跨境电商物流企业由单一服务向综合服务延伸，要对物流基础设施进行升级，形成新的服务模式，以符合行业的最新发展需求。同时，跨境电商的高速发展，也吸引了资本市场的高度关注，大量资本进入跨境电商物流领域，推动跨境物流公司打通新的物流节点、引进优秀物流人才以及更多的智能化设备等。资本的助力将加速跨境电商物流企业的资源整合，促使相关企业围绕行业上下游和周边进行增值服务布局，使相关企业从物流服务商加速向一体化供应链服务商转型发展。

（三）海外仓成跨境电商发展的重要支点

未来，海外仓将为共建"一带一路"国家电商物流市场发展提供重要支撑。企业将商品存储在海外仓库中，不仅可以缩短配送的时长和成本，还可以避免由于清关等问题导致的延误和额外成本。利用海外仓，可以实现不同国家和地区的商品分拣、打包、标记等定制化服务，提高商品质量和品牌识别度，如菜鸟在全球范围内建立了大量的海外仓库，为中国企业提供全球化的物流服务，帮助其扩展和提升全球业务。海外仓企业不断提升服务功能，从简单的仓储和配送服务，拓展到售后、维修、展示、零售、金融等多种服务，逐渐推动海外仓成为"一带一路"建设及跨境电商发展的重要支点。

参考文献

华信研究院：《"一带一路"背景下跨境电商的发展机遇、困境和建议》，2023 年 6 月。

李纯：《"一带一路"沿线国家跨境电商物流的协作发展》，《中国储运》2024 年第 1 期。

马思：《"一带一路"背景下我国跨境电商物流发展模式》，《物流经济》2023 年第 12 期。

彭志强、陈安娜、张键林：《"一带一路"背景下跨境电商与国际物流人才的协同培养研究——以四川外国语大学为例》，《教师》2022 年第 33 期。

案 例 篇 ▷

B.8
跨境电商综试区与自由贸易
试验区融合发展研究

——以河南省为例[*]

何欣如[**]

摘　要:　近年来,跨境电商已经成为当前发展速度快、潜力大、带动作用强的外贸新业态,综试区与自贸区作为推动跨境电商发展的重要平台,发挥了举足轻重的战略作用,但随着产业高质量发展的深入,综试区与自贸区在推动跨境电商发展方面遇到诸多瓶颈。本文以河南省综试区与自贸区为例,系统梳理了综试区与自贸区在跨境电商产业发展过程中发挥的重要作用,分析了当前"两区"融合发展面临的困难挑战,重点在于融合不畅、区域不均、创新不足等,并系统提出了相关建议举措。

---

* 本研究得到中国国际经济交流中心副理事长兼秘书长、河南省原副省长张大卫的悉心指导。

** 何欣如,中国国际经济交流中心数字经济处主任科员、助理研究员,主要研究方向为数字经济、数字贸易、科技创新。

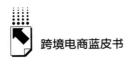
关键词:　跨境电商　自贸区　综试区

在中央对河南"买全球、卖全球"的殷殷嘱托下，跨境电商逐步发展成为河南省经济腾飞的新动能和新方向。2023 年，河南省跨境电商进出口交易额 2371.2 亿元，同比增长 7.3%，规模持续快速攀升。① 近年来，以跨境电商综合试验区（简称"综试区"）与自由贸易试验区（简称"自贸区"）为代表的开放平台引领跨境电商产业在河南省从"由点及面"到"全面开花"，成为助推跨境电商发展、推进实施制度型开放战略的原动力。

河南自贸区作为全国第三批批准成立的自由贸易试验区之一，于 2017 年 4 月 1 日挂牌成立。建立河南自贸区是党中央、国务院作出的重大决策，是新形势下全面深化改革、扩大内陆地区开放、深入推进"一带一路"建设和高水平建设外向型经济新体制的重大举措。按照《中国（河南）自由贸易试验区总体方案》，自贸区实施范围 119.77 平方公里，涵盖郑州、开封、洛阳 3 个片区。

2023 年，继郑州、洛阳、南阳之后，国务院批复设立许昌和焦作 2 个跨境电商综试区，全省综试区扩容至 5 个，跨境电商综试区示范引领、多城市联动发展格局初步形成。自 2016 年郑州获批全省首个跨境电商综试区以来，全省跨境电商进出口额从 768.6 亿元增长至 2371.2 亿元（见图 1），是跨境电商综试区设立之初的 3 倍多，规模和发展水平稳居全国前列，综试区成为河南省跨境电商产业发展的重要引擎。

一　自贸区是发展跨境电商产业的重要门户

河南自贸区自设立以来，坚持以制度创新为核心，围绕对标国际最高经贸规则、推进管理和流程制度型开放、探索制定相关规则标准等方面开展了

---

① 宋敏:《去年河南省跨境电商进出口额同比增长 7.3%》,《河南日报》2024 年 1 月 30 日。

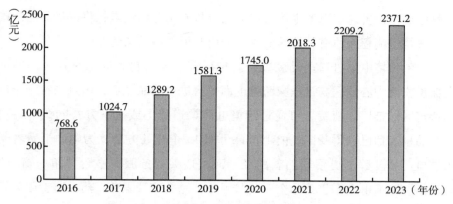

图1 2016～2023年河南省跨境电商进出口交易额

资料来源：笔者根据河南省商务厅发布数据综合整理。

大量首创性改革探索，尤其是在跨境电商领域，催生了多模式综合监管、跨境电商退货中心仓、跨境电商零售进口正面监管等创新模式，为全球贸易深化发展提供了"中国方案"。

（一）自贸区是跨境电商发展的"试验田"

自贸区作为高水平对外开放的重要前沿，承担着先行先试的重要使命。河南自贸区自2017年4月正式挂牌以来，累计形成制度创新成果559项。[1]其中，"跨境电商零售进口退货中心仓模式"成为国务院第六批改革试点经验在全国复制推广，"跨境电商零售进口正面监管模式"入选全国第三批最佳实践案例，"跨境电商零售进口正面监管模式"被国务院自贸试验区联席办印发简报推广，"跨境电商网购备货（1210）监管模式"在全国推广应用。

畅通退货"最后一公里"。跨境电商零售进口退货中心仓模式成为全国复制推广改革试点经验之一。该模式是指在跨境电商零售进口模式下，跨境电商企业境内代理人或其委托的海关特殊监管区域内仓储企业可在海关特殊

---

[1] 《河南自贸试验区第五批最佳实践案例出炉（新时代 新征程 新伟业）》，《河南日报》2024年1月5日。

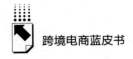

监管区域内设置跨境电商零售进口商品退货专用存储地点，将退货商品的接收、分拣等流程在原海关特殊监管区域内开展的海关监管制度。

探索跨境电商进口药品新渠道。2021年，河南自贸区郑州片区内的河南保税物流中心园区获批国家跨境电商零售进口药品试点，试点在符合条件的特定区域推广，消费者可通过跨境电商渠道线上或线下方式购买进口药品，品种涵盖已取得我国境内上市许可的13个非处方药，为国内消费者购买进口药品开辟了更便捷的新路径。河南通关政务服务平台"单一窗口"同步拓展跨境电商零售药品企业公共服务、海关监管服务、药品监管服务等三大功能，提升医药产品进口便利度。

破解外贸综合服务收汇难。河南自贸区创新设立虚拟子账号破解外贸综合服务企业收汇难题，在外贸综合服务企业主账户下为中小微外贸企业开立以其自身命名的虚拟子账号，中小微外贸企业对外签订外贸合同时提供虚拟子账号，外方可直接向该账户汇款。同时，规定虚拟子账号仅是银行内部账务处理方式，不能对外支付，实际对外账户仍是外贸综合服务企业名下的主账户。

（二）自贸区是跨境电商发展的关键枢纽

2017年，河南省政府印发《中国（河南）自由贸易试验区建设实施方案》，对郑州、开封、洛阳三个片区的功能布局予以明确。其中，郑州片区重点发展智能终端、高端装备、汽车制造、生物医药等先进制造业以及现代物流、国际商贸、跨境电商、现代金融服务、服务外包、创意设计、商务会展、动漫游戏等现代服务业；开封片区重点发展服务外包、医疗旅游、创意设计、文化传媒、文化金融、艺术品交易、现代物流等服务业；洛阳片区重点发展装备制造、机器人、新材料等高端制造业以及研发设计、电子商务、服务外包、国际文化旅游、文化创意、文化贸易、文化展示等现代服务业。

郑州片区作为河南自贸区发展跨境电商重要任务的承载地，以系统集成制度创新促开放促发展，形成了"事前放得开、事中事后管得住、企业降成本"的监管体系。具体来看，一是建立跨境电商"网购保税+线下自提"

模式,拓展跨境电商网购保税进口商品销售途径,满足消费者"所见即所得"的即时购买需求,提升跨境电商消费体验、引导境外消费回流(见图2)。二是建立跨境电商进口正面监管模式,重点围绕单证审核、税收管理、查验管理、物流监控、账册管理、促销行为报备管理等环节,实时获取商务数据,对交易真实性进行核查。三是建立跨境电商多模式综合监管,区内货物可以在不同账册间结转,大幅降低企业管理、资金、物流等多项成本,实现电商商品、物流运输、海关监管多项集成。

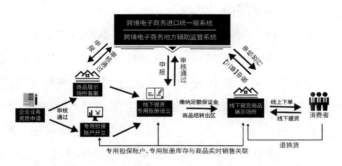

图2 跨境电商"网购保税+线下自提"模式流程示意

资料来源:河南自由贸易试验区郑州片区。

二 综试区是发展跨境电商产业的开放高地

跨境电商综试区源于 2012 年跨境贸易电子商务服务试点,是我国为推动跨境电商产业发展实施的试点项目,也是综合性质的跨境电商试点性城市区域。跨境电商综试区在跨境交易、跨境支付、国际物流、海关、商检、退税、结汇等交易环节针对业务流程、技术标准、监管模式、信息化建设等进行"先行先试",以形成适应我国跨境电商产业发展特点并可复制推广的发展经验。2015 年至今,国务院先后分七批批准设立了 165 个跨境电商综试区,已基本覆盖全国,形成了陆海内外联动、东西双向互济的发展格局。

目前,河南省共有郑州、洛阳、南阳、许昌和焦作 5 个跨境电商综试

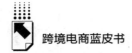

区，它们聚焦制度创新、管理创新和服务创新等方面进行探索性创新实践，并形成了一批经验成果，对全省跨境电商产业发展起到了关键性支撑作用。

（一）综试区是跨境电商创新发展主阵地

在跨境电商综试区引领带动下，河南省在 2022 年跨境电商进出口规模增长 9.8%的基础上，继续保持良好增长势头，2023 年增长率达到 7.3%，全省 5 个跨境电商综试区进出口额达 1723.9 亿元，占全省总额的 72.7%，[①]成为全省跨境电商创新发展的主阵地。

同时，在郑州获批全国第四个重要国际邮件枢纽口岸的加持下，快递包裹出口的件数、货值分别增长 23.9%、24.6%。[②] 2023 年全省新认定 8 家省级跨境电商示范园区，总数增至 36 家；新认定 13 家省级跨境电商人才培训暨企业孵化平台，总数增至 25 个，为各地发展跨境电商提供新的支撑。[③]在河南国际贸易"单一窗口"上，建设海外仓供需对接系统，便于企业提升海外仓利用效率。联合省邮政公司、易赛诺等综合服务企业在 12 个省辖市免费培训近 3000 人次，助力 800 多家企业转型出海。[④]

（二）综试区是跨境电商规模快速增长主引擎

作为全省跨境电商发展的主阵地，郑州综试区业务规模增长迅速。在《2021 年度中国城市跨境电商发展报告》中，郑州综合指数排名第 4，居第一梯队。据河南省商务厅数据，2023 年郑州市跨境电商交易额超 1250 亿元，增长 10%，居中部地区第一，[⑤] 规模占全省总额五成以上。

南阳综试区带动全市跨境电商企业快速增长，2023 年全市跨境电商交

① 宋敏：《去年河南省跨境电商进出口额同比增长 7.3%》，《河南日报》2024 年 1 月 30 日。
② 申华、王怡潇：《保持较好增长势头 河南高水平建设自贸试验区 2.0 版》，大河网，2023 年 12 月 15 日。
③ 《全省跨境电商创新发展交流会在郑州举行》，河南省商务厅网站，2023 年 12 月 18 日。
④ 申华、王怡潇：《保持较好增长势头 河南高水平建设自贸试验区 2.0 版》，大河网，2023 年 12 月 15 日。
⑤ 《2023 年郑州跨境电商年交易额超 1250 亿元，居中部第一》，大河网，2024 年 1 月 9 日。

易额达到 179.7 亿元，同比增长 17.6%。[①] 全市从事跨境电商的企业超2000 家，产业链带动就业人数达 18 万人。据阿里巴巴及敦煌网数据分析，南阳市跨境电商 B2B 月均询盘数在中西部地区除省会城市外名列全网第一。[②]

跨境电商也成为洛阳产业高质量发展的加速器、经济增长的新亮点，2023 年洛阳市跨境电商进出口额达 79.9 亿元，同比增长 10.6%；[③] 截至2023 年 10 月，12 家企业在共建"一带一路"国家设有 44 个海外仓，拥有各类跨境电商经营主体及服务企业 1200 余家，其中高新技术企业 151 家。[④] 以跨境电商为引领，洛阳综试区已形成工程机械、办公家具等新兴出口产业集群，提升了"洛阳智造"的国际影响力。

（三）综试区是跨境电商企业培育新摇篮

综试区带来的跨境电商产业集聚、企业集聚效应明显，截至 2022 年底，全省共有跨境电商备案企业超过 4.6 万家。[⑤] 郑州综试区集聚了国内外知名跨境电商平台和企业，吸引亚马逊、阿里巴巴、京东、唯品会、豌豆公主等境内外知名跨境电商企业相继落户并开展业务，培育中大门、全速通、万国优品、易通供应链等本土跨境电商企业。在综试区的培育带动下，致欧家居成为河南省首家主板上市的跨境电商企业。

各综试区跨境电商赋能传统产业带转型升级，不仅培育打造了郑州的机械制造、轻工产品，许昌的假发、蜂制品，洛阳的钢制办公家具，南阳的仿真花、光学仪器，焦作的皮毛制品、体育用品等跨境电商特色出口产业发展

---

① 《市商务局：扎实推进跨境电商综合试验区建设 打造外贸创新发展新高地》，"南阳督查"微信公众号，2024 年 3 月 7 日。
② 《河南跨境电商在全国"大考"中表现突出 郑州综试区位居第一档》，中原融媒，https：//k.sina.cn/article_7517400647_1c0126e47059039clb.html.
③ 《洛阳大力推动平台经济发展 不断拓展城市经济发展新空间》，洛阳网，2024 年 3 月 6 日。
④ 《"一带一路"海外仓 44 个！跨境电商为洛阳对外经贸合作增添新动能》，洛阳网，2023 年10 月 26 日。
⑤ 孙静：《"一带一路"看河南："网上丝路"链接全球》，《河南日报》2023 年 10 月 18 日。

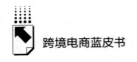
集群，同时也孵化出国立控股、许昌瑞贝卡、洛阳花都、焦作隆丰等一大批本土跨境电商工贸一体企业。

三 综试区与自贸区"双区"叠加背景下跨境电商发展面临的问题及挑战

综试区和自贸区在不断建设发展过程中，成为跨境电商产业发展的创新高地，有效助力外贸稳规模、优结构，有力推动了业态创新发展。但从建设发展情况来看，仍存在自贸区与综试区发展不匹配、区域发展不协调等问题。

（一）综试区与自贸区的"叠加效应"发挥不充分

近年来，在国家的支持下，河南自贸区的成立和5个综试区的设立为河南省跨境电商产业的发展带来了极大的推动力，在政策支持和平台赋能的助推下，河南跨境电商产业发展迎来了前所未有的"双重发展机遇"。但从目前河南跨境电商产业发展状况来看，相关政策对接尚不充分，导致支持措施的"叠加效应"尚未完全发挥，政策红利仍未完全释放。

一是自贸区实现高水平对外开放的地位不够凸显。自贸区作为中国对接国际高标准经贸规则的压力测试区、全面深化改革的高规格综合改革试验区，其设立是国家战略的全新要求，也是地方特色的重要实践。自挂牌以来，以郑州片区为代表的河南自贸区积极通过制度创新扩大开放，通过贸易便利化、创新贸易方式、简化负面清单、减少外商投资壁垒等重要措施，开放程度不断提升。但面对打造"双循环"重要枢纽的使命，河南自贸区在服务业市场准入和国民待遇，资金、数据、人才、技术等要素跨境流动便利化及其他需对标的国际高标准经贸规则方面，还有较大的制度创新空间。此外，尽管近年来郑州片区引进了一些著名外资企业，但总体上外资企业数量偏少、占比偏低，经济外向度、金融国际化程度有待提升，国际人才引进、外籍人员往来便利化等方面仍需提高。

二是自贸区整体营商环境有待进一步优化。近些年，各地自贸区在加强营商环境建设、积极推进"放管服"改革等方面采取了大量举措，营商环境不断改善，但多数举措集中于技术层面，与对标国际一流营商环境和实现自贸区高质量发展的要求还有一定差距。比如，政府管理与服务还不能满足高标准营商环境的要求，各政府部门尚未实现数据深度共享，"数字孤岛"现象一直没有完全解决，基于数据共享的各部门协调联动机制尚未完全形成，各自为政局面还没完全打破，在并联审批等方面还存在协调不足等问题。又如，事中事后监管能力尚未完全跟上实际需要，在事前审批向事中事后监管转变的进程中，配套政策及机制还需进一步优化，政府及各部门事中事后监管能力还有待进一步加强，各部门之间集中统一的综合执法体系尚未完全建立。

三是自贸区与综试区政策对接不足，互补和增色效应发挥不充分。为了促进跨境电商的发展，自贸区采取了一系列优惠政策，如免税政策、跨境支付便捷化、快速通关等，大大降低企业贸易成本，提高贸易效率。而综试区自建立以来就旨在通过在技术标准、业务流程、监管模式等方面先行先试，破解跨境电商发展中的深层次矛盾和体制性难题，以促进跨境电商自由化、便利化和规范化发展。综合来看，自贸区和综试区政策"碎片化"较多而系统化方案较少，某一政策往往只打通业务流程的某一个堵点，但尚未统筹全流程、各部门业务集成创新。同时，自贸区和综试区政策重复性改革较多，主要集中于通关便利化等方面，同质化较为严重，真正敢于"啃硬骨头"的制度创新较为缺乏。另外，地方竞争性的补贴政策较多，而具有普惠性并能在全国广泛推广的政策较少。

（二）区域整体协同、分域合作机制运行不畅

当前我国虽已有 22 个自贸区和 165 个综试区，但由于设立时间不一、各地产业基础不同，区域协调发展机制尚未建立，各地发展潜能尚未被完全调动，各地协同发展的合力不足。

一是产品品类同质化严重，影响行业可持续发展。我国跨境电商产业依

托制造业优势迅速发展，但由于行业进入门槛低、产品附加值低、缺少品牌效应等，跨境交易产品同质化现象严重，陷入低价竞争。根据商务部《中国电子商务报告（2022）》统计，在 31 个省区市中网络零售额排名前三的商品品类中包含服装鞋帽和针纺织品的有 21 个，占比 68%。[①] 在行业发展初期，大部分中小企业通常根据市场数据选择产品，通过快速仿制生产再销往海外，短期内获得一定利润，但由于商家往往定位模糊、创新力不强，无法细化产品品类并锚定客户，长期来看不仅难以形成稳定经营的基础，并且影响我国跨境电商产品整体品牌形象，降低跨境电商整体吸引力，不利于行业健康发展。

二是功能定位与区域匹配性不足，亟待制度创新。以河南自贸区郑州片区为例，郑州片区现有面积 73.17 平方公里。近年来，随着郑州片区经济要素集聚能力大幅增强，现代产业体系逐步形成，经济增长动力稳步增强。但面向未来，不断涌现的新产业新业态新模式对制度创新的需求越来越迫切，而现有空间范围较为有限，无法兼容更多的产业业态。特别是作为郑州经济突出特色的航空港经济综合实验区尚未纳入进来，发展航空经济急需的政策创新难以打开新的空间，有必要通过扩展区域来为自贸区赋能升级，进而为全国探索可复制可推广的经验。

三是"内卷式"竞争激烈，发展水平有待进一步提升。从全国范围来看，国家分七批设立 165 个跨境电商综试区，已覆盖全国 31 个省区市，基本形成普惠式布局。从地域分布上看，后续批次新设的跨境电商综试区在地理分布上更加重视中西部地区和边境地区，逐渐由东部、南部沿海地区向内陆省份扩展，从中心城市、省会城市向二、三线城市延伸，并填补了包括西藏等省份综试区的空白。但是，各地外贸条件和产业发展基础的差距，尤其是新设立综试区建设经验的相对缺乏，对当地特色产业和发展优势挖掘不足，导致综试区发展定位的大同小异，以及政策的"生搬硬套"，难以最大化政策支持对当地跨境电商产业的赋能效应。

---

① 商务部：《中国电子商务报告（2022）》，2023 年 6 月。

以中欧班列为例，班列的盈利空间往往取决于运输成本和集货能力，加之受地缘政治扰动国际供应链因素影响，并非所有中欧班列都能实现持续性赢利。因此对部分地区而言，开设中欧班列的价值值得商榷，但往往各地方政府均会为本地中欧班列的发展进行财政补贴，以降低运费成本，吸引货源，带动本地经济发展，结果导致了一定程度的无序竞争。

（三）鼓励产业创新的监管政策仍待进一步完善

在加快建设贸易强国的过程中，跨境电商作为一种新业态新模式，已成为我国外贸发展的新动能、转型升级的新渠道和高质量发展的新抓手。当前自贸区和综试区为进一步推动产业高质量发展，满足产业不断创新和企业不断走向国际市场的需要，持续推进制度、管理和服务创新，但在产业实践中仍存在诸多方面堵点，亟待政策体系进一步完善。

在海关通关方面，目前海关总署与中国邮政合作实现了底层数据互联互通，创新了分类监管、保税展示交易、账册互转等监管模式，达到了通关效率和风险管控双重优化的效果。但目前全国跨境电商统一监管服务系统还不完善，需要借助新一代信息技术，彻底打通关、检、税、汇、物、融之间的信息壁垒，避免单据重复审核、货物重复查验、过程环节冗余等问题，进一步提高通关效率，实现监管的跨区域甚至跨国协同。

在企业结汇方面，跨境电商企业面临结汇周期长、手续费高的普遍问题，据统计，跨境电商平台自境外汇入资金，约19%的出口商收款周期长达3~5天，约14%的跨境收款被拒。[1] 在跨境电商平台的收汇流程中，跨境汇款清算路径长、处理方多、清算时效慢。费率方面，出口电商企业收汇需要跨境电商平台在境外逐笔发起跨境汇款，境外汇款行针对每笔汇款收取跨境汇款手续费，无论金额大小，每笔15~25美元，成本颇高。[2]

---

① 《助力双循环，跨境电商平台企业"收结汇"四大痛点问题，被他们解决了！》，经济观察网，2021年7月12日，http://www.eeo.com.cn/2021/0712/494534.shtml。

② 《助力双循环，跨境电商平台企业"收结汇"四大痛点问题，被他们解决了！》，经济观察网，2021年7月12日，http://www.eeo.com.cn/2021/0712/494534.shtml。

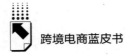
在出口退税方面，为配合跨境电商"无票免税"政策，2019年10月国家税务总局出台《关于跨境电子商务综合试验区零售出口企业所得税核定征收有关问题的公告》（国家税务总局2019年第36号），明确综试区内的跨境电商企业在符合规定条件下，试行采用应税所得率方式核定征收企业所得税，应税所得率统一按照4%确定，解决了企业无票不能退税且反被征税的风险。但该规定对采取核定征收政策的企业规模未做明确规定，一方面，应纳税所得额作为企业计税依据，很大程度上取决于企业利润，若按统一标准核定征收，则忽视企业间的差异并违背了税收公平；另一方面，虽然部分地区对认定企业规模作出了一定限制，但各地对此的执行标准尚不统一，形成了监管模糊地带。

在数据流通方面，我国《网络安全法》中关于跨境数据流动的要求较为严苛，要求"网络运营者应在数据出境前，自行组织对数据出境进行安全评估，并对评估结果负责。个人信息和涉及国家、社会安全的重要数据向境外提供的，需要报请行业主管或监管部门组织安全评估"。但由于我国目前并没有形成完善的数据分级分类制度，对数据安全没有清晰明确的标准，数据的实际跨境流通仍面临操作层面的障碍，数据向境外流动存在限制，阻碍跨境电商企业对外开展业务流程。

四　以自贸区与综试区融合发展为导向，打造跨境电商发展新高地

在"一带一路"和"双循环"重大战略背景下，我国对外开放发展面临新的历史机遇。跨境电商作为数字经济浪潮下，正在蓬勃发展的新经济、新业态，呈现旺盛的生命力与发展活力。自贸区和综试区作为发展跨境电商产业、提高外向型经济发展水平、带动区域经济跨越式发展的重要抓手，应进一步融合发展，充分发挥"加速器"作用。

（一）推动自贸区与综试区深入融合发展

河南自贸区和跨境电商综试区作为河南省两个重要的开放载体，应进一

步融合发展，发挥更大的加成效应。一方面，积极推动平台联动。自贸区应积极发挥制度创新优势，根据跨境电商、数字经济的发展规律，通过与周边地区的跨境电商综试区平台协同联动，推动跨境电商、数字经济发展，如2021年安徽自贸区芜湖片区借助宁波跨境电商综试区高质量发展契机，与宁波跨境电商综试区达成战略合作，提出共同打造跨境电商公共服务平台，并在芜湖综合保税区内引入宁波国际跨境电商芜湖公共仓，利用宁波跨境电商网络发达、服务水平高等优势，推动芜湖片区跨境电商产业发展。另一方面，积极推动资源要素共享。推动资源要素在自贸区和综试区间自由流通，提升资源互补性，避免同质化建设、微小式创新，如江苏自贸区南京片区借助跨境电商综试区平台，会同金陵海关打造"海外仓离境融"模式，缓解片区内跨境电商企业融资压力。

（二）提升区域协同发展合力

加强跨部门、跨领域、跨行业统筹协调，增强先行先试的系统性、整体性、协调性、精准性。一是建立顶层协调机制。在现有国务院联席会议基础上，加强跨部门、跨领域、跨行业统筹协调，明确各方发展的区位优势、产业基础，统筹各地发展定位、战略谋划，避免各地补贴政策的恶性竞争，强化具体监管任务归属部门的牵头责任，在具体落实领域，设置专门办公室，负责协调相关事务，减少创新成本。二是提升对地方自主权的赋能。以"正面清单+负面清单"相结合的方式加大中央和省级经济决策权下放力度和批量授权。同时，可通过法律赋权增能，由最高立法机关直接立法或者专项决定赋予地方相关立法权限。

（三）继续推动跨境电商政策与制度创新

随着数字经济和跨境电商发展的深入，针对产业发展各环节堵点，自贸区和综试区应进一步系统提升制度创新水平。聚焦广大数字贸易企业关注的堵点和痛点问题，瞄准通关、退税、结汇、资金跨境、数据流动等关键环节，统筹商务、海关、银保、外汇、税务、网信等部门，开展一揽子监管与政策创新。

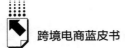

　　进一步扩展跨境电商零售进口正面清单，探索与"入境旅客行李物品和个人邮递物品"共用一张正面清单，未来可探索跨境电商零售进口负面清单管理，即除明确禁止通过跨境电商渠道进入我国境内的商品类别外，其他类别商品均鼓励跨境电商零售进口，进一步丰富跨境电商商品品类。

　　完善跨境电商出口海外模式（9810）制度细则，创新跨境电商海外仓交易管理制度，形成较一般贸易（0110）更加便捷的通关方式。积极推动海关"数字围网"建设，探索建立基于"数据通关"的B2B和B2C一体化通关方式，推动海关对跨境电商从"实物监管"向"数据监管"转变。探索发展离岸电商，加强对离岸贸易的真实性背景审核，建立订单流、货物流和资金流"三流"分离的贸易监管方式，探索利用大数据、区块链、物联网、GPS、北斗等手段掌握跨境电商产品交易和物流流向。

　　探索跨境电商结算与各自贸区金融创新政策相结合，利用人民币离岸账户或自贸区自由贸易账户（FT账户）、离岸账户（OSA账户）发展离岸结算和建立本外币一体化资金池。

　　建立基于数据分级分类的数据跨境流动制度安排，探索跨境电商数据出境安全评估制度，建立数据跨境流动主体"白名单"。

参考文献

河南省人民政府：《中国（河南）自由贸易试验区建设实施方案》，2017年4月6日。
河南省人民政府：《中国（河南）自由贸易试验区2.0版建设实施方案》，2023年2月。
《电子商务领域"双十一"信用环境评价和提示（2021年度）》，《中国信用》2021年第11期。
马述忠、郭继文：《制度创新如何影响我国跨境电商出口？——来自综试区设立的经验证据》，《管理世界》2022年第8期。
徐佩玉：《跨境电商综合试验区再扩围》，《人民日报海外版》2022年11月26日。
孙静：《郑州综试区位居第一档》，《河南日报》2022年3月29日。

B.9
陕西省跨境电商产业加速发展的
实践探索和升级路径

张夏恒　杨小梅*

摘　要： 陕西省处于我国西北地区，是丝绸之路经济带的起点，依托中欧班列资源的有力支撑，其跨境电商经过多年发展取得了一定成绩，2022年跨境电商交易额增速高于全国水平。但与东部跨境电商发达省份相比，陕西省跨境电商起步晚、发展慢、规模小，仍面临跨境电商产业带集聚尚未形成、监管服务硬件配套仍不完善、生态体系建设有待加强、专业人才基础相对薄弱等问题。基于此，应加快推进跨境电商综试区建设，加快建设跨境电商重点产业园，建设中欧班列（长安号）跨境电商全国集结中心，推动跨境电商与产业深度融合，加快跨境电商人才建设，以便更好推动陕西省跨境电商发展。

关键词： 跨境电商　海外仓　综试区　陕西省

当前，世界百年未有之大变局加速演进，受复杂多变的国内外大环境所影响，全球经贸格局进入深层重构期，整体呈现增长差异化、结构低碳化、方式数字化等特征。作为数字经济重要构成的跨境电商，日益成为全球经济转型及经贸发展创新的新动能，成为全球各国促消费、保民生、助增长、稳外贸的重要力量。近年来，陕西省积极打造西部陆海新通道，对外开放的步

---

* 张夏恒，博士，硕士生导师，西北政法大学管理学院教授，主要研究方向为跨境电商；杨小梅，美国索菲亚大学FMBA，陕西省跨境电商协会会长。

伐不断加快，陆海内外联动、东西双向互济的全面开放新格局正加速呈现。陕西省在跨境电商领域同样取得了显著成就，据国家外汇管理局陕西省分局数据，2023 年第一季度，陕西省跨境电商进口规模为 517.54 万美元，同比增长 79.87%；跨境电商出口规模为 480.69 万美元，同比增长 359.7%。① 陕西省跨境电商发展涵盖多个行业领域，包括服装、食品、家居用品等。其中，服装类产品占据了跨境电商市场的较大份额。陕西省地处我国西北地区，与东部沿海地区相比，跨境电商基础资源优势并不显著，但依托中欧班列等物流通道资源，以及丰富的资源与产业基础，加上陕西省政府对跨境电商的高度重视，出台了一系列政策措施支持跨境电商企业发展，这为挖掘陕西省跨境电商市场潜力、推动陕西省跨境电商进一步发展提供了良好的环境与资源。

一 陕西省跨境电商发展现状分析

（一）跨境电商增速高于全国水平

如图 1 所示，根据映潮大数据，2022 年陕西省跨境电商交易额达 144.6 亿元，增长 49.8%，其中出口 127.99 亿元，增长 48.3%，进口 16.61 亿元，增长 52.5%；根据海关总署数据，2022 年中国跨境电商进出口 2.11 万亿元，增长 9.8%，其中，出口 1.55 万亿元，增长 11.7%，进口 0.56 万亿元，增长 4.9%；② 根据网经社数据，2022 年中国跨境电商交易规模为 15.7 万亿元，增长 10.6%，其中，出口 12.3 万亿元，增长 11.8%，进口 3.4 万亿元，增长 6.3%。③ 陕西省 2022 年跨境电商交易额增长率显著高于海关总署发布的跨境电商交易额增长率，同时也显著高于网经社发布的跨境电商交易额增长率。由此可见，陕西省跨境电商交易额增速显著高于全国水平。此外，陕

① 李猛、耿杨洋：《我省一季度跨境电商进出口实现双增长》，《西安日报》2023 年 5 月 7 日。
② 《国新办举行 2022 年全年进出口情况新闻发布会》，国新网，2023 年 1 月 13 日。
③ 网经社电子商务研究中心：《2022 年度中国电子商务市场数据报告》，2023 年 5 月 4 日。

西省已获批西安、延安、宝鸡 3 个跨境电商综试区，其中，在 2022 年跨境电商综试区考核评估结果中，西安跨境电商综试区在全国前五批共 105 个综试区中居第 15 位，被评为"成效较好"城市。

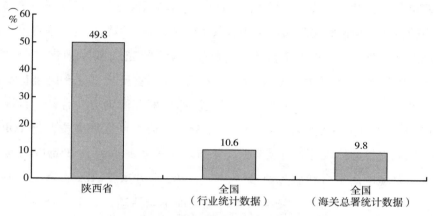

图 1　2022 年陕西省和全国跨境电商增长率

资料来源：映潮大数据、网经社电子商务研究中心、海关总署。

（二）以选品大赛挖掘培育本土自主品牌

陕西省商务厅牵头于 2022 年 10 月 21 日至 12 月 21 日组织了陕西省第一届跨境电商选品大赛，这是陕西省首次举办的大型跨境电商专题选品活动，采取线上海选、线下评审、赛展结合的方式，借助境内外融媒体多渠道、多形式造势，在全省上下营造了共推跨境电商创新发展的浓厚氛围。本次跨境电商选品大赛第一阶段采取线上投票方式进行市场测试，其间共有 124 家企业产品参与海选，1.2 万人次参与投票，充分调动了广大企业参与活动积极性；第二阶段专门邀请多位行业大咖、专家学者，采取现场答辩形式，从本土代表性、产品故事历程、质量资质认证、品牌知名度、网络热度、各平台同品类销售排名和非遗认证等七个角度对海选产品进行专业评审，最终精选出全省跨境电商出海优品 TOP30，产品覆盖农特产、特色食品、手工艺品、数码电子等多个领域。为充分调动公众参与度，提升大赛影响力，主办方专门邀请陕西省参加"中国有嘻哈"综艺节目获奖团队，为活动量身创作了大赛主题曲，将跨境电商与陕西省历史人文相融合。新潮惊艳的创作视角、传统文化与跨境电商的自然结合、朗朗上口的说唱曲风与中英双语 MV 引发社会公众广泛关注。同时，活动积极运用新媒体开展多渠道多点位宣传，全网宣传发布赛事内容共 127 条，微博话题、抖音信息流、微信朋友圈广告、TikTok 等平台阅读（播放）量分别超过 5000 万次、1000 万次、220 万次和 25 万次，在境内外广泛推广陕西省历史文化和跨境优品卓有成效。[①] 大赛最终环节与 2022 欧亚经济论坛配套博览会融合，专设陕西（西安）跨境电商专题展，免费为 87 家参赛企业提供标准展位，为 TOP30 甄选优品提供整体设计和特装搭建，并引入亚马逊、Shopee、PingPong 等全球知名跨境电商平台和服务商参展，设立 100 平方米 TikTok 直播间，邀请 12 家国内知名企业举办 3 场高质量跨境电商论坛活动，为本地企业提供平台对接和交流学习服务。短短三天展期，促成 22 家陕西省企业首次开设跨境电商平台线上店铺，现场"直播带货"销售 1200 余单，价值约 10 万美元。[②] 选品大赛融合产品选拔、业态推广、政策宣传、资源对接等多种功能，通过挖掘并培养本土品牌，实现陕西省优品跨境出海。陕西省通过跨境电商选品大赛创新试点，探索出培育本土跨境电商自主品牌的实践路径。

（三）引导外贸企业拓展新模式、布局新市场

陕西省鼓励并扶持外贸企业布局海外仓、自建跨境电商独立站、转型跨境电商综合服务企业，并拓展中亚、中东欧、东南亚、拉丁美洲等新兴市场。采用多轮宣讲、定向沟通、专项政策等方式，扶持竹乐、海斯夫等设立跨境电商独立站，海图等企业转型为跨境电商综合服务企业，爱菊等传统企

---

① 《甄选优品 陕耀出海 2022 陕西跨境电商选品大赛成功举办》，陕西省商务厅网站，2022 年 12 月 28 日。

② 《甄选优品 陕耀出海 2022 陕西跨境电商选品大赛成功举办》，陕西省商务厅网站，2022 年 12 月 28 日。

业开发中亚市场。目前，海外仓已经成为陕西省跨境电商企业、外贸企业乃至传统企业拓展海外市场的新渠道与新方式。截至2023年底，陕西省共有28家企业累计在23个国家和地区通过租赁或自主建设等形式建设了53个海外仓，总投资规模合计约6.13亿元，海外仓总面积超过37.6万平方米。[①]为了充分发挥海外仓在跨境电商行业的积极作用，陕西省立足中欧班列（长安号）资源，以其沿线的境外重点城市为网络节点，通过政策扶持积极引导本土企业投入海外仓的建设中，并实现了海外仓与中欧班列（长安号）的资源联动与协同效应。

（四）立足中欧班列，夯实跨境电商物流通道

十年来，陕西省立足于自身在"一带一路"建设中的地理优势，以及中欧班列（长安号）的资源禀赋，推动了中欧班列（长安号）在货源组织、新线路新市场拓展等方面的投入与建设，实现了量的突破、质的飞跃和效的提升。依托奔跑在"一带一路"上的中欧班列，打造跨境电商的"黄金通道"，十年间长安号累计开行超过2万列，其中常态化的国际线路有17条，"+西欧"线路有21条，这些线路在亚欧大陆上辐射45个国家和地区。[②]

（五）落实中国—中亚峰会精神，开发中亚市场

陕西省是承载东西商贸往来的古丝绸之路的起点，也是"一带一路"倡议的重要区域。陕西省积极响应"丝路电商"建设，近几年开展了一系列相关工作，取得了一定的建设成果。"丝路电商"成为陕西省"走出去、引进来"的重要桥梁，也成为陕西省与共建"一带一路"合作伙伴加强经贸、文化往来的重要通道。2016年以来，陕西省与共建"一带一路"国家进出口额年均增长18.4%，并在2022年首次突破千亿元，达到1128.93亿元；2023年

---

① 苏怡：《陕西加速打造"买卖全球"新驿站》，《陕西日报》2023年12月20日。
② 《中欧班列长安号累计开行量突破2万列 打造世界顶尖内陆港》，华商网，2023年10月25日。

1~9 月，陕西省与中亚国家开展全方位经贸合作，进出口增长 2.1 倍，其中出口增长 2.8 倍。[①] 陕西省商务厅组织，市（区、县）商务部门协同，加快构建中国—中亚电子商务合作对话机制。除及时开展面向中亚五国跨境电商系列培训活动外，积极对接陕西省内跨境电商企业、外贸企业及传统企业协同开发中亚市场，在中国与中亚五国商贸活动中发出陕西声音。借助进博会、东盟博览会、广交会等重大展会活动，陕西省积极开拓共建"一带一路"国家的市场，累计建设了 26 个海外仓。自 2017 年起，商务部和陕西省政府在丝绸之路国际博览会期间共同举办了三届丝绸之路商务合作（西安）圆桌会，秉承共商共建共享理念，深入推动陕西省与共建"一带一路"国家的经贸合作，构筑起连接陕西省和共建"一带一路"国家的"网上丝绸之路"。

二 陕西省跨境电商综合试验区发展现状分析

跨境电商综试区是我国设立的综合性质的跨境电商试点性城市区域，主要目的是构建一个服务于跨境电商的生态系统，历经多年的发展，我国已批复设立 165 个跨境电商综试区。综试区作为跨境电商发展的创新高地，在全国跨境电商发展过程中发挥着重要作用。截至 2023 年底，陕西省共获批建设西安、延安和宝鸡 3 个跨境电商综试区，省内跨境电商业务主要集聚在跨境电商综试区。

（一）西安跨境电商综试区

西安跨境电商综试区于 2018 年 7 月批复设立。据陕西省人民政府办公厅发布的《中国（西安）跨境电子商务综合试验区实施方案》，西安跨境电商综试区的功能定位是依托西安域内综合保税区，以促进产业发展为重点，着力推进跨境出口 B2B 模式，规范进口，促进进口与出口协调发展，打造跨境电商完整产业链和生态圈。西安市域内设有国际港务区、西咸新区空港

---

① 《共建"一带一路"倡议十周年系列发布会（第一场）》，陕西省人民政府网，2023 年 10 月 10 日，http：//www.shaanxi.gov.cn/szf/xwfbh/202310/t20231010_2303020_wap.html。

新城、曲江新区、高新区、经开区、航空基地、航天基地、碑林区、浐灞生态区等 9 个先行示范区，共有跨境电商企业超过 1800 家。2022 年，西安市跨境电商交易额 144.27 亿元，占全省 99.7%，增长 46.42%。① 西安跨境电商综试区充分发挥中欧班列（长安号）货物发运和陕西省陆海贸易通道建设优势，自 2021 年起依托中欧班列（西安）集结中心建设契机，提出建设中欧班列（长安号）跨境电商全国集结中心，并稳定开行中欧班列（长安号）跨境电商专列，依托国际铁路运输资源优势招引一批国内跨境电商企业聚集。据陕西省商务厅相关资料，西安依托中欧班列（长安号）已与奥地利铁路、俄铁、德铁等境外铁路公司合作，开行杜堡、汉堡、马拉、纽斯等多条跨境电商线路，覆盖欧洲 20 余城市，可 11 天直达欧洲腹地，引进菜鸟、极兔、顺丰等 15 家跨境电商物流企业。西安跨境电商综试区在 2021 年、2022 年商务部跨境电商综试区考核评估中均排名第二档。

（二）延安跨境电商综试区

延安跨境电商综试区于 2020 年 4 月批复设立。据陕西省人民政府办公厅发布的《中国（延安）跨境电子商务综合试验区实施方案》，延安跨境电商综试区的功能定位是以 B2B 模式为发展重点，以 B2C 模式作为有益补充，建成进出口商品集散交易示范区、对外贸易转型升级试验区、监管服务模式创新探索区、内外贸融合发展实验区。据延安市商务局数据资料，2022 年，延安市跨境电商交易额 900 万元，拥有跨境电商企业 13 家，跨境电商发展明显滞后。此外，因延安保税物流中心（B 型）仍在申建中，缺少开展跨境电商零售进口业务所需的海关监管场所，对延安跨境电商产业发展产生了一定影响。延安跨境电商综试区在 2021 年度商务部跨境电商综试区考核评估中排名第三档。

---

① 《1800 家，96.1 亿元！西安跨境电商发展势头强劲》，西安市商务局网，2023 年 9 月 4 日，http：//xasswj. xa. gov. cn/xwzx/swdt/64f5a590f8fd1c1a70381d79. html。

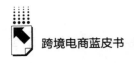
（三）宝鸡跨境电商综试区

宝鸡跨境电商综试区于 2020 年 4 月批复设立。宝鸡市商务局相关资料显示，宝鸡跨境电商综试区的功能定位是做大 1210 保税进口，拓展 B2C 进出口业务，在 B2B 出口模式上实现突破，坚持"核心功能区+特色产业园"思路，形成"一区多园"跨境电商发展总体布局。据宝鸡市商务局相关数据，2022 年，宝鸡市跨境电商交易额 2439 万元，均为 1210 保税进口，有跨境电商企业 140 家。① 宝鸡综保区正在完善建设跨境电商公共服务体系，引进的行云集团、正欣太乙等跨境电商进口项目已落地运行；出口监管中心已开工建设，进出口商品仓储展示交易中心完成主体建设，跨境电商产业孵化基地建成运营，初步具备了跨境电商发展基础。

三 陕西省跨境电商现存问题分析

陕西省跨境电商经过多年发展取得了一定的成绩，但与沿海发达省份和四川、河南、重庆等周边兄弟省份相比，仍存在发展起步较晚、市场规模偏小、发展相对较慢等问题，亟须在跨境电商产业带集聚发展、监管服务硬件配套、生态体系建设、专业人才培养等方面补齐短板。

（一）跨境电商产业带集聚尚未形成

跨境电商发展需要以产业为依托，综观我国跨境电商发展相对成熟的省份，均有较为成熟的产业，且形成了产业带集聚状态。但是，陕西省尚未形成跨境电商产业集聚区，多呈现产业点状分布的情况，尤其是缺乏适合跨境电商 B2C 出口的消费品产业。近年来，我国跨境电商 B2C 零售出口发展势头迅猛，白色家电、小家电、灯具、皮具、箱包、家纺家饰、毛巾、油画、宠物食品、玩具、弦乐乐器、童装、鞋、眼镜、化妆品、泳装、袜子、假

---

① 《宝鸡市商务局 2022 年亮点工作回眸》，"宝鸡商务"微信公众号，2022 年 12 月 31 日。

发、化妆刷、渔具等 20 类产品为亚马逊等跨境电商平台和独立站的热卖品类，上述产品的产地主要集中在广东、浙江、江苏、福建、上海、河北、山东、安徽、天津、辽宁、吉林、河南、四川等 13 个省区市。陕西省主导产业主要为能源化工、半导体、光伏、装备制造和农副产品等非消费品类，消费品类的安康毛绒玩具产业主要承接江苏母公司订单，缺乏有自主知识产权的品牌或有知名度的卡通形象，总体上适合跨境电商 B2C 出口的消费品生产端匮乏。同时在陕西省跨境电商 B2B 出口方面，仅植物提取物产业形成一定聚集，其他产业相对分散。

（二）跨境电商监管服务硬件配套仍需完善

我国跨境电商发展相对成熟的省份近些年持续出台诸多服务硬件配套政策，有力推动了当地跨境电商的健康发展，尤其是各跨境电商综试区纷纷上线跨境电商综合服务平台，有效推动了当地跨境电商生态系统建设。然而，陕西省跨境电商综合服务平台建设相对滞后，与其他跨境电商发展成熟省份差距显著。截至 2023 年底，陕西省仅建成西安跨境电商综试区线上综合服务平台，但该平台建成后一直未与海关、税务、外汇管理部门实现数据联通和共享，无法充分发挥跨境电商线上综合服务平台的集成协同效应。延安跨境电商综试区和宝鸡跨境电商综试区线上综合服务平台尚未有实质性建设。此外，陕西省还存在海关监管场所分布不均衡的情况，陕西省共有 7 个综合保税区，其中有 5 个综合保税区分布在西安，其他 2 个综合保税区分布在杨凌示范区和宝鸡市。陕西省其他 8 个地市因没有海关监管场所，无法开展跨境电商 9610 和 1210 零售进出口业务，这极大制约了陕西省跨境电商发展。

（三）跨境电商生态体系建设有待加强

跨境电商交易活动涉及众多参与主体，除了跨境电商平台外，跨境电商配套服务企业也发挥着非常重要的作用。陕西省地处西北内陆，鲜有知名跨境电商平台在陕西设立运营中心、分支机构等，而且本土跨境电商平台尚未形成有效规模，这就导致跨境电商平台对跨境电商发展的虹吸效应无法有效体现。从平台型跨境电商企业看，截至 2023 年底，只有阿里巴巴国际站在西安市高新区设有丝路总部，亚马逊、Shopee、速卖通等全球知名跨境电商平台尚未在陕西省设立区域总部或分部等机构。从跨境电商配套服务企业看，全省能够为跨境电商提供培训孵化、供应链、金融服务、营销推广等配套服务的企业数量少、规模小。据不完全统计，目前西安市跨境电商配套服务企业有 132 家，宝鸡、渭南、汉中、安康各有 1 家，其他地市尚未有跨境电商配套服务企业。此外，陕西省跨境电商产业园偏少且入驻企业不多，全省现有 7 个跨境电商产业园，入驻企业为 182 家。

（四）跨境电商专业人才基础相对薄弱

2022 年陕西省商务厅开展项目调研数据显示，接受调查的陕西省各级商务主管部门、传统企业、跨境电商企业工作人员分别有 54.8%、67.9%、24.7% 不熟悉跨境电商业务；从政策诉求看，希望出台"通关、退税等支持"、"人才引进、培养、培训等支持"和"产业发展、园区建设、产品研发等支持"居前三位。这些数据充分显示了陕西省在跨境电商专业人才方面仍面临基础相对薄弱的情况。相对于我国其他跨境电商成熟省份，如广东省、浙江省、福建省、山东省、河南省等，陕西省开设跨境电商本科专业的高校偏少，截至 2023 年底，仅有 2 所本科高校开设了跨境电商本科专业，分别是西安外国语大学（2021 年获批）、西北政法大学（2023 年获批），目前尚未有跨境电商本科毕业生，且高校四年本科生的培养周期无法缓解当下陕西省跨境电商的人才缺口。

四　陕西省跨境电商发展建议

（一）加快推进跨境电商综试区建设

陕西省三个跨境电商综试区要结合自身的发展阶段和产业优势积极创新，实现差异化发展。引导西安综试区重点打造完整的跨境电商产业链与生态圈，建设西部跨境电商产业聚集中心、创新创业中心、综合服务中心和人才培养中心，建成陕西省具有一定区域影响力的跨境电商聚集区和产业示范区。积极推进宝鸡综试区建设，重点围绕机床工具、钛及新材料等本地制造企业开展"跨境电商+优势产业"出海行动，建成跨境电商促进先进制造业转型升级示范区。鼓励延安综试区加快推动延安保税物流中心（B型）申报批复和建设工作，通过"招商引资+本地孵化"尽快培育市场主体。三个跨境电商综试区要对照全国跨境电商综试区考核评估指标加快补齐短板弱项。此外，积极组织西安综试区与宝鸡综试区各围绕 1~2 个本地优势产业开展跨境电商产业带出海行动；延安综试区可结合本市企业情况组织企业派员到西安全程跟岗学习，熟悉跨境电商业态运营模式，力争培育 5~8 家成熟跨境电商企业，以推动延安综试区建设及全市跨境电商发展。

（二）加快建设跨境电商重点产业园

鼓励陕西省各跨境电商综试区选择产业基础较好的县（区）和开发区建设跨境电商产业园，加快跨境电商产业集聚发展步伐。围绕主导产业和重点产业链，引进跨境电商孵化培训、运营管理、营销推广、支付金融、物流仓储、技术平台、知识产权、商标品牌、法律服务等上下游企业入驻，建立为企业提供综合服务、资源对接和业务支撑的跨境电商生态服务体系。依托全省现有产业园、保税区，结合各地产业的资源禀赋大力建设园中园，并鼓励有条件的跨境电商产业园积极申报省级示范园区。借鉴广东、浙江和河南省经验办法，出台《陕西省省级跨境电商产业园认定支持办法》，支持陕西省有条件的地市建设跨境电商产业园。

（三）建设中欧班列（长安号）跨境电商全国集结中心

陕西省应立足现有的中欧班列（长安号）优势资源，加快建设跨境电商全国集结中心。引导并推动陕西省跨境电商综试区之间的区域联动、信息互通、资源共享，以物流合作为抓手，开展招商合作，争取国内外大型跨境电商平台或物流企业在西安港设立区域集结仓或中心仓，在陕西其他地区设

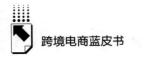

立前置仓或分拨仓，带动跨境电商平台和上下游企业聚集，逐步实现"物流集结—企业聚集—产业升级—陕品出海"的跨境电商产业迭代升级。

（四）加快推动跨境电商与产业深度融合

开展陕西省市级层面的产业调研专项工作，摸清家底、产业筛选、重点扶持，遴选陕西省及各市特色的产业带，并重点扶持这些产业带向跨境电商转型发展。针对陕西省各地区特色产业带拓展跨境电商业务，通过与跨境电商平台联动出台相应支持政策，由跨境电商综试区制定政策给予上线企业流量等扶持。联合 TikTok、亚马逊、全球速卖通、阿里巴巴国际站等开通直播功能的跨境电商平台，开展跨境电商企业出口直播系列活动，打造出口电商新增长点。通过举办生态峰会、论坛、政策宣讲会等，帮助传统企业熟悉跨境电商操作流程，提升企业对跨境电商的认知及向跨境电商转型的意识，加快推动传统企业与跨境电商的深度融合。

（五）多元协同，加快跨境电商人才建设

1. 构建技校、中职、高职、本科跨境电商专业培养体系

陕西省应积极推进技校、中职、高职、本科跨境电商专业建设工作。联合教育主管部门对开展跨境电商人才培养的高校给予鼓励和支持，重点支持高校申报跨境电商专业和开设跨境电商方向。组织建设省级跨境电商教学资源库，持续开展全省跨境电商骨干教师培训，鼓励产教融合、校企合作联合培养人才。

2. 持续深化全省跨境电商培训专项活动

持续开展全省跨境电商培训专项活动，加大跨境电商专项工作培训力度。培训内容以跨境电商 B2B 技能培训和 B2C 孵化培训为主，提升企业经营人员跨境电商业务技能，孵化一批跨境电商经营主体。继续开展省级跨境电商实训基地和孵化基地的认定工作，将孵化企业数量和带动就业人数作为主要考评指标。引入专业培训机构，推行定制式、公司式等孵化模式，进一步完善政、校、协、企"四位一体"跨境电商人才培训机制。鼓励跨境电

商企业举办各类技能大赛和创新创业活动，"以赛代培"提高人才素养和创新能力。

3. 加快实施跨境电商引才计划

引导省市推出跨境电商人才引进激励措施，尤其关注跨境电商领域的各类人才，为其制定相关的人才引进、培育措施，引进适合陕西省跨境电商发展的高端复合型人才。重点动员和吸引陕西省外陕籍电商高层次人才和优秀应用人才回陕发展。综合运用各种政策吸引跨境电商人才来陕就业，制定定向优惠政策吸引海内外陕籍跨境电商高端人才回乡创业或将企业总部回迁。

4. 组建省级跨境电商研究智库

研究成立省级跨境电商研究院，吸引一批陕西省内外跨境电商专家，定期不定期开展研究工作。鼓励院校、机构成立研究智库，并与企业和政府联合开展专题性研究，推动跨境电商理论创新、业态创新和模式创新，为陕西省跨境电商发展提供理论支撑和智力支持。

参考文献

张夏恒、黄秀芝、金贵朝：《跨境电商赋能实体经济发展的机制与路径》，《郑州轻工业大学学报》（社会科学版）2023 年第 4 期。

张夏恒、陈怡欣：《中国跨境电商综合试验区运行绩效评价》，《中国流通经济》2019 年第 9 期。

张夏恒：《跨境电商生态系统构建机理与实施路径》，《当代经济管理》2021 年第 7 期。

B.10
"制造业+跨境电商"推动成渝地区产业协同发展

蹇洁 陈思祁 吴悦*

摘　要： 为推动跨境电商加速成渝地区制造业与国际市场接轨，实现成渝两地"制造业+跨境电商"产业优势互补、协同发展，本文基于成渝地区"制造业+跨境电商"产业生态圈，梳理成渝地区"制造业+跨境电商"发展现状，明确"制造业+跨境电商"协同发展存在的问题和机遇，从出口产品、跨境物流、供应链金融、人才培养、营商环境等五个方面提出促进成渝地区"制造业+跨境电商"协同发展建议，以期提升成渝地区制造业产业链供应链现代化水平。

关键词： 成渝地区双城经济圈　制造业　跨境电商　协同发展

在全球经济一体化的背景下，新一轮科技革命和产业变革正在深刻改变着全球制造业的发展格局。中国作为世界制造大国，正处于由"中国制造"向"中国智造"转型升级的关键阶段。成渝地区双城经济圈，作为国家战略层面重点打造的区域发展极核，拥有雄厚的制造业基础和快速崛起的数字

---

* 蹇洁，教授、博士生导师，重庆邮电大学邮政研究院副院长、跨境电商与国际物流创新基地负责人，重庆市电子商务学会副会长，主要研究方向为跨境电商、国际物流、互联网信息安全；陈思祁，教授，重庆邮电大学跨境电商团队负责人，主要研究方向为跨境电商、数字经济、互联网信息安全；吴悦，成都市跨境电子商务协会副秘书长、四川外贸创新发展职教集团副秘书长。

经济优势，包括电子信息、汽车制造、高端装备、生物医药等多个先进产业集群在此蓬勃发展。但近年来，成渝地区制造业增速乏力，GDP占比下滑严重，面临规模大而缺乏增量、体系全而缺乏生态、技术进步快而缺乏自主创新等问题，产业链整合能力薄弱成为制约产业高质量发展的瓶颈，产业能级与其他三大城市群差距显著，成渝地区制造业转型升级迫在眉睫。

近年来，中国政府高度重视跨境电商对实体经济发展的带动作用，通过设立跨境电商综合试验区等一系列举措，鼓励地方探索"制造业+跨境电商"创新融合发展模式。成渝双城地处中国西南腹地，跨境电商出海通道、产业链、主体集聚等发展相对滞后，但成渝两地积极响应国家政策导向，依托各自产业优势与物流枢纽功能，积极推动跨境电商与本地特色制造业深度融合，构建了一条涵盖产品研发、生产加工、市场开拓、售后服务等全链条的新型外贸业态。在当前全球经济形势严峻态势下，成渝地区跨境电商交易规模却呈现持续快速增长的良好态势（见图1）。2023年成都跨境电商交易规模达到1059亿元，[①] 重庆跨境电商交易规模超500亿元。[②] 跨境电商为成渝地区传统制造业开辟了新的市场空间和增长路径，加速精准对接国际市场需求并大幅降低国际贸易成本，已成为成渝地区制造业转型升级"新引擎"。

实现成渝两地"制造业+跨境电商"产业优势互补、协同发展，不仅是推动成渝地区"制造业高质量发展"的当务之急，更是"构建以国内大循环为主体、国内国际双循环相互促进的新发展格局"的重要战略问题。因此，本文对成渝地区"制造业+跨境电商"协同发展的现状、存在的问题、机遇及挑战进行了深入分析，从五个方面提出了推进两地"制造业+跨境电商"协同发展的建议。

---

① 成都市发改委：《关于成都市2023年国民经济和社会发展计划执行情况及2024年国民经济和社会发展计划草案的报告》，2024年2月5日。

② 《让"买全球""卖全球"更便捷 提质发展跨境电商 重庆如何发力》，《重庆日报》2024年1月26日。

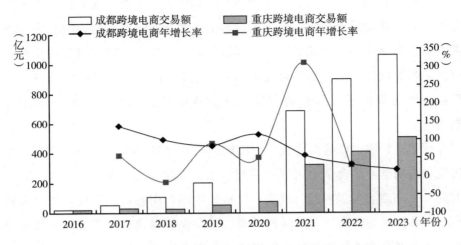

图1　2016~2023年成渝双城跨境电商交易规模变化趋势

资料来源：根据成渝两地公开数据绘制。

一　现状：成渝地区"制造业+跨境电商"产业生态圈要素基本齐备

"制造业+跨境电商"产业生态圈由核心层、支撑层和环境层三个圈层构成，核心层包括跨境电商平台、制造业供给方与国外消费需求方等三大要素，支撑层主要由运营服务构成，包括跨境物流服务、跨境支付服务、监管以及人才与衍生服务等四大要素，环境层包括政治、经济、技术、法律及社会文化等五大要素（见图2）。

成渝地区"制造业+跨境电商"产业生态圈各业态要素基本完善，具体内容如表1所示。

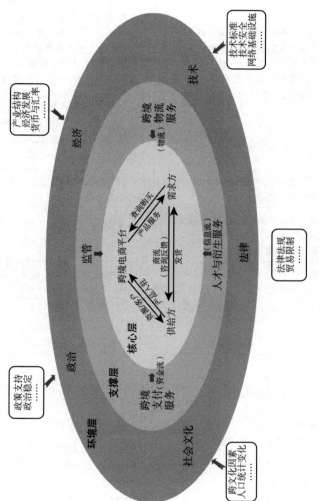

图2 "制造业+跨境电商"产业生态圈结构

资料来源：笔者绘制。

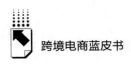

表 1 跨境电商产业生态圈层级要素

层级	要素	成都	重庆
核心层（出口）	供给方	5 个国家级外贸转型升级基地：金牛区国家纺织服装基地、高新技术产业开发区生物医药基地、西南航空港经济开发区电子信息基地、武侯区女鞋基地、经济技术开发区汽车及零部件基地	17 个国家级外贸转型升级基地：涪陵区榨菜基地、潼南区柠檬基地、丰都县牛肉基地、荣昌区纺织基地、长寿区西药基地、璧山区汽车及零部件基地、九龙坡区有色金属基地、北碚区仪器仪表基地、丰都县榨菜基地、涪陵区船舶海工基地、高新区生物医药基地、两江新区汽车及零部件基地、巴南区摩托车及零部件基地、九龙坡区摩托车及零部件基地、渝北区消费类电子产品基地、沙坪坝区汽车及零部件基地、合川区通用机械基地
		出口种类：电子产品、服装鞋靴、汽配、家具家居等消费品	出口种类：汽摩配件、通用机电、仪器仪表等工业品
	需求方	出口国家：美国、越南、马来西亚、荷兰、韩国、日本、印度、俄罗斯、德国、新加坡、英国、波兰等	出口国家：美国、德国、印度、日本、荷兰、韩国、越南、英国、波兰等
	跨境电商平台	阿里巴巴国际站、中国制造网、Amazon、eBay、AliExpress、Newegg，以及独立站建站工具 SHOPYY、IMCART、全球搜、BigCommerce、Adobe Commerce 等	
支撑层	跨境支付服务	PayPal、WorldFirst、Airwallex、Payoneer、现代支付、Whalet 易鲸支付等	
			官方渠道：国际金融科技认证中心、重庆国际电子商务交易认证中心
	跨境物流服务	一类口岸：成都双流国际机场 成都天府国际机场 临时开放口岸：成都铁路口岸（城厢站）	一类口岸：重庆江北国际机场 万州五桥机场 重庆港 临时开放口岸：重庆铁路口岸（团结村站）
		综合保税区：成都高新综合保税区 成都高新西园综合保税区 成都国际铁路港综合保税区 保税物流中心（B 型）：成都空港保税物流中心 天府新区成都片区保税物流中心	综合保税区：重庆西永综合保税区 重庆两路果园港综合保税区 重庆江津综合保税区 重庆涪陵综合保税区 重庆万州综合保税区 重庆永川综合保税区

续表

层级	要素	成都	重庆
支撑层	跨境物流服务		重庆团结村铁路综合保税区(新批) 保税物流中心(B型): 重庆铁路保税物流中心 重庆南彭公路保税物流中心 重庆果园保税物流中心
		铁路运输: 2021年1月1日,中欧班列(成渝)从重庆、成都两地首发,首个由两座城市共同运营的中欧班列品牌诞生;2023年中欧班列(成渝)开行超5300列,运输箱量超43万标箱,均位居全国第一。 重庆运行西部陆海新通道铁海联运班列突破9000列	
		国际机场:双流国际机场、天府国际机场,国际航线131条	国际机场:江北国际机场,国际航线105条
		跨境公路:天府新区成都片区保税物流中心	跨境公路:重庆公路物流基地
		港口:无	港口:6个千万吨级公铁水联运港口,分别为果园港、寸滩港、珞璜港、涪陵港、忠县新生港、万州新田港
	监管	监管方式: 9610、9710、9810、1210	
	人才与衍生服务	高校建设: 普通高等学校58所(985院校2所、211院校5所、双一流院校8所) 职业技术学校:29所 在读大学生:116.4万	高校建设: 普通高等学校71所(985院校1所、211院校2所、双一流院校2所) 职业技术学校:44所 在读大学生:117.16万
		社会公共服务: 成都跨境贸易电子商务公共服务平台 成都市跨境电子商务协会 成都全球跨境电商服务资源中心	社会公共服务: 重庆跨境贸易电子商务公共服务平台 重庆市跨境电子商务协会 重庆跨境电子商务创新中心
环境层	政策	《成都市加快跨境电商发展三年行动计划》(成办函〔2018〕181号) 《成都市人民政府关于印发加快推进成都航空货运枢纽建设扶持政策的通知》(成府发〔2020〕28号)	《重庆市人民政府办公厅关于印发重庆市进一步加强跨境电子商务发展工作方案的通知》(渝府办发〔2018〕177号) 《重庆市商务委员会关于印发重庆市"十四五"电子商务发展规划的通知》(渝商务发〔2021〕30号)

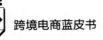

层级	要素	成都	重庆
环境层	政策	《关于印发〈成都市电子商务发展"十四五"规划〉的通知》(成服办〔2021〕11号) 《四川省跨境电子商务综合试验区零售出口货物免税管理办法(试行)》(国家税务总局四川省税务局2021年第3号) 《关于印发推进自由贸易试验区贸易投资便利化改革创新若干措施的通知》(川府发〔2022〕14号) 《成都市商务局关于印发〈成都市2022年度促进外贸高质量发展若干政策措施〉的通知》(成商务发〔2022〕62号) 《成都市推动跨境电商高质量发展三年行动计划(2023~2025年)》(成办发〔2023〕4号) 《成都市推动跨境电商高质量发展政策措施实施细则》(成商务发〔2023〕13号)	《重庆市人民政府办公厅关于推进对外贸易创新发展的通知》(渝府办发〔2021〕65号) 《重庆市加快发展外贸新业态新模式实施方案》(渝府办发〔2022〕35号) 《中国(重庆)自由贸易试验区"十四五"规划(2021~2025年)》(渝府办发〔2022〕58号) 《重庆市高质量实施〈区域全面经济伙伴关系协定〉(RCEP)行动计划》(渝府办发〔2022〕83号) 《成渝地区联手打造内陆开放高地方案》(渝府办发〔2022〕86号) 《重庆市推动外贸高质量发展三年行动计划(2022~2024年)》(渝府办发〔2022〕107号) 《重庆市建设高质量外资集聚地三年行动计划(2022~2024年)》 《重庆市推进跨境电商高质量发展若干措施》(渝府办发〔2023〕92号)
	经济	生产总值:2023年GDP达2.21万亿元 人均可支配收入:2023年4.79万元 外贸进出口额:2023年进出口总值7489.8亿元	生产总值:2023年GDP达3.01万亿元 人均可支配收入:2023年3.76万元 外贸进出口额:2023年进出口总值7137.4亿元
	社会文化	常住人口:2023年2126.8万人 人口结构:男性占比50.26%,女性占比49.74%,年龄结构中0~14岁占比13.28%,15~59岁占比68.74%,60岁及以上占比17.98%,65岁以上占比13.62% 文化教育:目前成都有普通高等院校共58所,在读大学生116.4万人	常住人口:2023年3212.43万人 人口结构:男性占比50.5%,女性占比49.5%;年龄结构中0~14岁占比14.57%,15~64岁占比67.13%,65岁及以上占比18.30% 文化教育:目前重庆有普通高等院校共71所,在读大学生117.16万人
	技术	成渝两地均将电子信息产业列为未来经济发展的重要增长点;在跨境电商方面,二者都具有较高的物流信息化水平,信息基础建设投入不断增大;成都软件和信息服务、成渝电子信息先进制造业集群,总量仅次于深圳,与上海、广州等并列	

层级	要素	成都	重庆
环境层	法律	制定了专门的细则,营造公平竞争市场环境;建立了"蓉欧+"法律服务联盟	制定了专门的细则,营造公平竞争市场环境;创设"一带一路"法律服务新模式

资料来源:根据成渝两地公开数据综合整理。

二 问题:成渝地区"制造业+跨境电商"产业整体协同程度不高

课题组对成渝地区"制造业+跨境电商"产业生态圈核心层、支撑层、环境层进行了协同度测算,测算结果表明:制造业、物流业、市场开放与科研环境是导致成渝两地"制造业+跨境电商"产业协同度低的关键因素。

(一)成渝两地制造业协同度较低,生态圈核心层协同度 W 形波动

课题组对生态圈核心层协同度进行测算,使用了制造业企业数、制造业产值、跨境电商交易额、跨境电商企业数等 12 个指标,结果表明成渝两地"制造业+跨境电商"核心层系统协同度起伏波动较大,呈递减"W 形"发展趋势,但在 2023 年又有回升的趋势,如图 3 所示。影响波动的主要因素是两地制造业的发展波动,2017 年重庆子系统中贡献度高的"制造业营业收入增长率""制造业就业增长率""制造业固定资产投资增长率""制造业产值利税率"等指标下降明显。因此,制造业是制约成渝两地"制造业+跨境电商"核心层系统协同发展的关键因素。

(二)成渝两地物流业差距增大,但生态圈支撑层整体呈协同趋势

课题组对生态圈支撑层协同度进行测算,使用了铁路货物周转量、国际及港澳快递业务数、区域内大学在校生数量、衍生服务企业数等 9 个指标,结

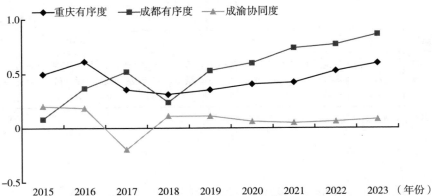

图3　2015~2023年成渝地区"制造业+跨境电商"产业生态圈核心层协同状态测算

资料来源：笔者绘制。

果表明，成渝两地"制造业+跨境电商"支撑层系统整体保持协同发展状态，如图4所示。从2015年到2023年，成渝子系统有序度呈现上升趋势，重庆子系统有序度由0.02上升到0.75，成都子系统有序度由0.01上升到0.81。但2019年和2020年受疫情影响，重庆子系统权重占比较高的"铁路货物周转量""国际及港澳快递业务数""国际及港澳快递收入规模"三项指标均下跌，尤其是"国际及港澳快递业务数"巨幅下降，而成都处于增长状态。因此，物流业是制约成渝两地"制造业+跨境电商"支撑层系统协同发展的关键因素。

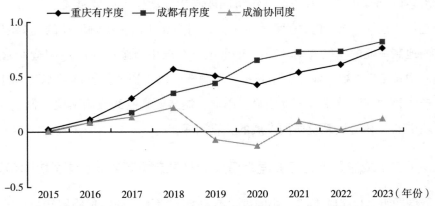

图4　2015~2023年成渝地区"制造业+跨境电商"产业生态圈支撑层协同状态测算

（三）成渝两地营商环境持续向好，但生态圈环境层协同度不高

课题组对生态圈环境层协同度进行测算，使用了政策条数、区域内科研经费投入、进出口总额、市场开放度等 13 个指标，结果表明，成渝两地"制造业+跨境电商"环境层系统协同度不高，成都子系统有序度和重庆子系统有序度呈波动上升趋势，如图 5 所示。从 2015 年到 2023 年，重庆子系统有序度由 0.12 增加至 0.59，成都子系统有序度由 0.09 增加至 0.7，但重庆子系统有序度波动大，呈现增减交替的 W 形发展趋势。特别是 2017 年、2022 年成渝两地"市场开放度"和"区域内科研机构数量"指标数据差异较大。因此，市场开放与科研环境是制约成渝两地"制造业+跨境电商"环境层系统协同发展的关键因素。

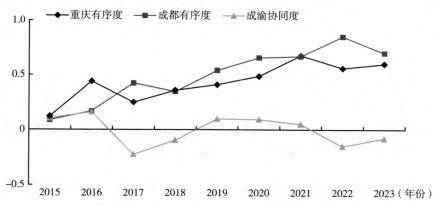

图 5　2015～2023 年成渝地区"制造业+跨境电商"产业生态圈环境层协同状态测算

三　机遇：成渝地区"制造业+跨境电商"产业协同发展空间较大

课题组对成渝两地"制造业+跨境电商"生产企业、贸易企业、服务企业、行业协会、政府部门等进行了全方位走访调研，结合相关统计数据、文

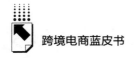

献资料等进行深入分析，发现成渝地区"制造业+跨境电商"在出口产品、跨境物流、供应链金融、人才培养、营商环境等方面具有可协同发展的基础。

（一）成渝跨境电商出口产品体系互补，二者协同发展空间较大

目前成渝地区跨境电商出口产品差异较为明显，重庆以汽摩配件等传统重工业产品为主，而成都以服装鞋靴、电子信息、家居等创新轻工业产品为主，成渝地区跨境电商出口产品体系具有互补性，具备创新协同发展基础。

重庆传统制造业产业体系健全、产品类别多样，但传统制造企业创新能力不强、基础研发投入不足、科技型企业数量不多且规模较小、新兴产业生成能力较弱。目前重庆有4000余家外贸企业，跨境电商出口产品以小型工业品为主，包括通用机电、汽摩配件、仪器仪表等传统处于价值链低端工业品，但随着工业技术的迭代升级，重庆跨境电商出口产品逐步向高附加值转型。

成都侧重于先进制造业与新兴产业发展，设施设备进口和技术改造力度较大，制造企业关键核心技术的研发投入大，工贸企业"信息化和工业化"融合进程快，制造企业的研发能力显著提升。另外，成都在电子信息、服装鞋靴、快消品等消费品领域的跨境电商出口具有一定优势。

（二）成渝跨境电商物流在多式联运、内陆口岸、铁路航空运输上有协同基础

重庆铁公水联运优势突出，成渝内陆口岸监管联动具备基础，目前已建设了万州新田港等6个千万吨级铁公水联运枢纽港、西永综合保税区等7个综合保税区，以及江北国际机场等4个一类口岸、上清寺邮政等3个二类口岸，提供进口汽车整车、水果、肉类、医药等16项功能。同时，重庆是西部陆海新通道的物流和运营组织中心，近6年来，推动西部陆海新通道沿线省份经广西口岸进出口贸易总额从不足3000亿元增长至5200多亿元，年均增长12%，沿线省份对东盟10国进出口额从6916亿元提高到8817亿元，

年均增长 8.91%。① 成都市内无水运港口，有成都高新综合保税区等 3 个保税区、成都空港保税物流中心等 2 个保税物流中心（B 型），以及整车、药品、植物种苗、粮食、冰鲜水产品、食用水生动物、水果、肉类等多个国家指定口岸。

"中欧班列（成渝）"统一开展品牌宣传推广，合计开行数并发布相关指标数据，2023 年中欧班列（成渝）累计开行超 5300 列，运输箱量超 43 万标箱，均位居全国第一。② 成渝地区在跨境电商出口直邮运输方式上的可协同发展空间较大。从铁路运输上看，重庆作为全国首个铁路国际邮包运输试点城市，国际铁路运邮—中欧班列邮包运输的先发优势明显，铁路邮包运输运量大，时效性高于水陆联运，运价又比空运便宜，重庆跨境电商出口直邮优越性突出。从航空运输方面看，成都空港发展基础更好，国际机场、国际航线建设情况均优于重庆，成都实现了天府国际机场与双流国际机场"两场一体"运营，已开通国际（地区）航线 131 条，国际航线开行数量及质量稳居全国第四，周航班运能超过 9200 吨，基本形成通达欧洲、北美、亚洲的货运骨干航线网络，航空运输优势显著。成渝两地在国际邮包铁路运输与航空运输上各具优势，为两地提供了协同发展基础。

（三）成渝跨境电商供应链金融具有可协同发展空间

供应链金融是保证跨境电商供应链产业链稳定、推动跨境电商发展的重要环节。重庆跨境电商供应链金融生态圈相对完善，成都则以产业公共服务体系推动跨境电商供应链金融发展，具有一定互补空间。

重庆跨境电商供应链金融生态环境更为成熟。国际金融科技认证中心落户重庆，为跨境电商发展提供金融科技检测认证及标准化综合服务，同时，重庆国际电子商务交易认证中心，是解决国际电子商务交易真实性认证问题的全国唯一第三方认证机构，且重庆拥有中银金融租赁、小米消费金融等

---

① 《6 年来，西部陆海新通道铁海联运班列集装箱运量增长 223 倍》，《人民日报》2023 年 8 月 18 日。

② 《中欧班列（成渝）去年两项数据居全国第一》，《重庆日报》2024 年 1 月 28 日。

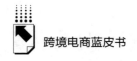

1900 家金融机构，已经形成了银行、保险、证券、基金、信托、消费金融等全业态体系，这些都为重庆跨境电商供应链金融发展提供重要支撑。

成都的跨境供应链金融在服务类别上与重庆有一定差异，成都综试区主要采用以成都跨境贸易电子商务公共服务平台真实贸易数据作为结售汇依据、以海关监管仓货物进行担保融资等供应链金融模式，在全国首创搭建"跨境电商出口政治风险统保"（电商保）、"成都市跨境电商运费延付风险保障扶持资金统筹"（物流保）。

（四）成渝跨境电商人才属性具有互补性，存在协同发展空间

成都跨境电商高层次人才培养经验较丰富，重庆跨境电商人力资源丰富，两地在人才、科研基础设施及发展水平上各有优势，具有一定互补性。

从高等教育资源上看，成都较优于重庆，重庆高校在读大学生 117.2 万、成都高校在读大学生 116.4 万，重庆有高等学校 71 所、职业院校 44 所，成都有高等院校 58 所、职业院校 29 所，成都 985、211、双一流院校数量是重庆的 3 倍。

从人才结构上看，成都"既懂技术又懂管理"的复合型跨境电商高端人才较多，人才梯队合理，而重庆高端人才相较于成都稍有欠缺，跨境电商专业人才区分度不高。

从跨境电商人才培训方面看，重庆建有市级国际物流与跨境电商产业学院、渝贝跨境电商学院、重庆邮电大学阿里巴巴数字贸易产业学院、重庆对外经贸学院跨境商务学院，重庆青年职业技术学院"跨境电子商务专业群"获批重庆市高水平专业群，重庆城市科技学院、重庆城市管理职业学院、电子工程职业学院等 6 所高校开办了跨境电商专业。虽然重庆跨境电商人力资源丰富，但起步较晚，跨境电商学院均成立于 2021 年，高层次跨境电商人才培养力度偏弱。成都有 10 所高校开设了跨境电商专业，西南财经大学经济信息工程学院、四川农业大学经济学院、成都理工大学商学院、西华大学经济学院、成都职业技术学院、四川旅游学院外国语学院、成都工业职业技术学院、四川财经职业学院、四川长江职业学院、四川外国语大学成都学

院、成都工贸职业技术学院等 40 余所高校及重点企业组建了跨境电商人才培育联盟，连续举办了三届"跨境电商创新创业大赛"，组织编制了《跨境电商企业人才评价规范》。

（五）成渝跨境电商营商环境存在差异，具有可协同基础

成渝两地在跨境电商产业公共服务、行业协会组织方面存在一定差异，具有可协同空间。

从产业公共服务层面看，成都市创新探索出"产业公共服务体系"驱动模式，搭建以产业地标、公服平台、行业组织"三驾马车"为核心架构的产业公共服务体系，联动构建产业护航政策、金融、信用、统计"四大体系"，同时，四川省商务厅成立了外贸创新处，负责跨境电商、市场采购贸易等外贸新业态建设，这促使成都跨境电商近年来获得跨越式飞速发展。重庆市连续两年举办中国（重庆）跨境电商交易会，该会与中国西部国际投资贸易洽谈会同期同展馆举行。重庆跨境电商公共服务平台由市物流口岸办运营，国际电子商务交易认证中心由市经信委运营，跨境电商商业活动由市商务委分管，寸滩综合保税区与西永综合保税区拥有招商引资自主权，两个保税区集中了重庆 80% 跨境电商企业和 90% 跨境电商贸易额。

从行业协会发展层面看，重庆和成都同时于 2016 年获批成为跨境电子商务综合试验区，但重庆的行业协会建立晚于成都。成都市跨境电子商务协会于 2017 年正式成立，该协会有 12 名专职工作人员，大多拥有海外教育、工作经验；协会整合了民间分散的跨境电商组织与资源，建立了跨境电子商务专家库，成立了成都跨境电商人才培育联盟，协助省市商务主管部门开展成都跨境电商产业带深度梳理研究，举办了多次跨境电商行业峰会、西部跨境电商博览会，对接企业需求成功合作超过 10 亿元，成功引导成都跨境电商行业健康科学发展。尽管重庆市跨境电子商务协会成立较晚（于 2024 年 1 月 24 日获得重庆市民政局批复），但是重庆跨境电商民间组织活动丰富且低调，如在渝跨境电商工贸企业家自发组织成立公益性民间商会——渝贸会，该组织每年举办会员企业培训超过 30 场，连续 3 年举办了渝商外贸高

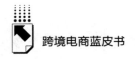

峰论坛，会员企业每年进出口贸易总额达 10 亿元，涵盖了重庆汽摩配、仪器仪表、家具家居等多个行业；总部在重庆的中国跨境电商亿级卖家俱乐部——白鹿会，在全国具有较大影响力。

四 建议：从五个方面推进成渝地区 "制造业+跨境电商"协同发展

本课题立足成渝地区"制造业+跨境电商"产业生态圈，参考成渝两地"制造业+跨境电商"协同度测算数据，依据两地"制造业+跨境电商"可协同发展的现状调研，提出促进两地"制造业+跨境电商"产业协同发展建议。

（一）鼓励制造企业自主技术创新，协同建设成渝跨境电商出口产业体系

加快成渝两地新一代信息技术与制造业深度融合，以技术升级、智能制造引领中低端制造业淘汰落后产能。重点支持专特优精制造企业、高等学校和科研院所建设工程研发中心和重点实验室，造就一批成渝两地"制造业+跨境电商"创新能力突出的领军人才和优秀"工匠"，增强制造企业自主创新能力。

建设成渝两地"制造业+跨境电商"产业统一大市场，健全两地区域产业合作机制，加快产业统计监测指标体系建设、强化市场基础制度规则统一、推进市场设施高标准联通，加强两地制造企业与跨境电商平台对接，推进跨境出口市场资源与销售渠道共享，提升两地制造业与跨境电商市场主体活力。

优化成渝两地制造业产业结构，充分利用重庆重工业产品产业链优势与成都轻工业产品研发创新优势，加强电子信息、汽车制造、装备制造、特色消费品等产业领域分工协作，错位培育一批新兴制造产业，开展企业联合技术攻关，提升产业链供应链现代化水平，形成具有国际竞争力的先进制造产业集群。

（二）整合优化跨境物流服务功能，合力共建成渝内陆口岸物流体系

加强成渝两地多式联运合作。依托重庆果园港、新田港等六大铁公水联运枢纽，结合荣昌货运、泸州长江、内江铁路等资源，融合中欧班列、西部陆海、长江水运、渝昆泛亚等大通道，发挥成渝两地水运、铁公路、航空等运输互补优势，建设成渝国际多式联运信息服务平台，助力成渝内陆开放高地建设。

推进成渝两地口岸物流建设合作。推动两地航空、水运、铁路口岸空间布局，口岸服务、基础设施、运营组织协同共建，推行国际贸易"单一窗口"互联互通，推进整车进口等口岸功能共享，推动海关监管互认、招商政策均等政策，共享中欧班列等通道线路及海外仓资源，构建一体化内陆口岸高地。

推动成渝两地国际邮包铁路与航空运输合作。发挥重庆中欧班列邮包运输先发优势，依托口岸国际邮件处理中心和海外仓节点共享，带动成都运邮模式向经济性、时效性均衡转型。依托成都航空枢纽优势，通过集成枢纽网络物流资源，统筹跨境邮包运输资源，推进成渝"制造业+跨境电商"产业联动发展。

（三）促进要素市场资源对接，打造成渝跨境电商供应链金融生态圈

促进成渝产业要素跨区域自由流动。以建设跨境电商综合试验区为契机，探索两地经济区和行政区适度分离，设置营商标准互认、物流配送网络共享、跨境电商服务资源等区际新产业"联营"，促进两地人才、技术、信息、服务等要素和资源自由流动，拓展成渝"制造业+跨境电商"产业融合发展新空间。

推进成渝"制造业+跨境电商"产业供给侧结构性改革。通过政府财政税收等优惠政策，针对交易成本敏感而聚集在城市中心区域的跨境电商行业、要素成本敏感而聚集在城市周边工业园区的制造业，引导两个行业形成区域聚集载体，共建工贸一体化产业园区，锻造成渝园区与产业集群协同发

展新动力。

共建成渝跨境电商供应链金融生态圈。推动两地跨境电商交易企业、交易服务商、支付服务商等利用国际金融科技认证中心、重庆国际电子商务交易认证中心及重庆保险、证券、基金、信托等供应链金融全业态体系资源，促进组建成渝政策性银行及投资基金，解决成渝跨境电商企业资金紧缺难题。

（四）促进成渝两地高校校企合作，打造全国一流跨境电商人才培养高地

深化成渝两地高校合作，提升跨境电商人才培养内涵。结合重庆高校在实操型人才培养上的亮点以及成都高校在理论型人才培育上的优势，鼓励打造成渝跨境电商虚拟教学团队，共建国家一流跨境电商专业，支持成渝高校增进复合型跨境电商人才培养的院校合作与经验分享，促进两地优质师资跨校流动。

融入跨境电商产业新要素，构建成渝校企耦合育人机制。政府出台两地产教融合激励政策，在资金及用地等方面给予校企合作企业财政支持。鼓励成渝高校发挥主导作用，对接校企各方利益诉求。支持成渝跨境电商行业组织及龙头企业，补给学校行业前沿知识与实践教学师资，提供生产性实践教学场所。

（五）加强政府顶层设计，营造成渝"制造业+跨境电商"一流营商环境

强化政策引导，加大财政支持。协同成渝两地跨境电商专项扶持资金，支持成渝跨境工贸企业合作、行业协会联合、高校人才交流，鼓励成渝制造业、对外贸易企业共建共享海外仓等资源，合作探索跨境电商业务模式创新。

创新跨区域利益分享机制。探索建立两地内部产业转移项目输出地与承接地的 GDP 分计、税收分成机制，分成共享合作项目产生的新增增值税、

所得税等地方留成收入。以合作共建区域产业发展功能平台为试点，探索制定跨地区分享企业税收增量地方收入政策。

强化舆论宣传。借鉴成都跨境电商"三驾马车"产业公共服务体系创新驱动模式，搭建两地信息服务资源整合平台，发挥两地跨境电商行业组织聚集作用与协同效应，共同举办跨境电商峰会展会，开展两地"产业带+跨境电商"对接，共用境内外产业招商引资宣传推广平台。

参考文献

李芳、杨丽华、梁含悦：《我国跨境电商与产业集群协同发展的机理与路径研究》，《国际贸易问题》2019 年第 2 期。

伍卓敏、黄寰、张路：《成渝地区双城经济圈制造业与生产性服务业协同发展研究》，《决策咨询》2021 年第 4 期。

鄢飞：《物流业与制造业协同集聚的空间关联与影响因素》，《统计与决策》2021 年第 7 期。

张季平、骆温平、刘永亮：《营商环境对制造业与物流业联动发展影响研究》，《管理学刊》2017 年第 5 期。

浦正宁、张驰、黄薪宇：《电子商务平台对中国制造业企业出口的影响研究》，《东南大学学报》（哲学社会科学版）2022 年第 5 期。

张诚、刘守臣、于兆宇：《跨境电商对制造业升级的作用机制及路径研究——基于双循环新发展格局视角》，《中国科技论坛》2022 年第 7 期。

王搏、张凌宇：《我国跨境电商与制造业集群企业协同度评价与协同路径选择》，《商业经济研究》2022 年第 11 期。

B.11
成都跨境电商产业出海的
实践探索与发展策略

王小艳[*]

摘　要： 近些年来，成都综试区持续开展产业出海培育工作，推广"跨境电商+产业带"发展模式，重点帮助传统外贸企业、工贸企业解决出海业务发展面临的困难，在推动传统产业转型、赋能企业出海"卖全球"方面取得积极成效；但在跨境电商进入高质量发展的转型期，成都综试区也存在消费型产业带薄弱、加工贸易占据主导、跨境电商市场主体和品牌数量较小等短板。在借鉴全国其他发展较好综试区成熟经验做法的基础上，成都综试区坚持政策与服务双轮驱动、龙头企业和中小微企业并重、产业培育久久为功的理念，从强化政策引领、培育三大主体、提升公共服务能力、加强国际合作四个方面夯实产业出海基础，助力成都贸易强市建设。

关键词： 产业出海　跨境电商　产业带　成都

在全球传统贸易整体低迷的背景下，跨境电商新模式新业态逆势增长，吸引越来越多的传统产业带转型或涉足跨境电商业务。2023年，国务院办公厅发布《关于推动外贸稳规模优结构的意见》和《关于加快内外贸一体化发展的若干措施》，两个文件都强调积极发展"跨境电商+产业带"模式，带动更多传统产业组团出海。同时，2023年跨境电商综试区考核评估中也

---

* 王小艳，河南国际数字贸易研究院副院长、研究员，主要研究方向为跨境电商、数字贸易、品牌出海。

增加了"跨境电商向产业带渗透率"考核指标。因此"跨境电商+产业带"是我国下一步发展跨境电商的重要导向，也是各个综试区差异化发展的主要方向。"跨境电商+产业带"是新业态和优质供应链的结合，是跨境电商与制造业的双向渗透，有助于我国特色产业带深度嵌入全球价值链。

成都综试区积极发挥跨境电商在外贸稳规模、优结构、提质量方面的作用，大力支持传统外贸企业通过跨境电商拓展销售渠道、培育自主品牌、壮大贸易规模，在跨境电商产业出海和贸易强市方面取得了长足发展，跨境电商已经成为成都谱写中国式现代化万千气象的美丽注脚。

一 成都跨境电商产业出海的发展现状

近些年来，成都持续开展产业出海培育工作，推广"跨境电商+产业带"发展模式，重点帮助传统外贸企业、工贸企业解决出海业务发展面临的困难和问题，在推动传统产业转型、赋能企业出海"卖全球"方面取得积极成效。

（一）外向型产业基础好潜力大

成都具有发达的外贸产业基础，拥有 8 个产业生态圈、28 条重点产业链，在蓉世界五百强企业达 315 家，集聚电子信息、装备制造 2 个万亿级产业集群，形成集成电路、智能终端、高端软件、汽车制造、航空航天、绿色食品、新型材料、能源环保装备等 8 个千亿级产业集群，素有"中国西部外贸第一城"之称。

2023 年，成都实现货物贸易进出口总值 7489.8 亿元，其中出口 4538.6 亿元，进口 2951.2 亿元，总体占四川省进出口总值的 78.2%，发挥着明显的"主干"引领作用。成都外贸出口以机电产品为主体，2023 年出口机电产品 3621 亿元，占同期成都外贸出口总值的 79.8%。[1] 同时，成都出口商

---

[1] 成都市统计局：《2023 年 12 月成都统计月报》，2024 年 2 月 2 日。

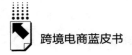

品结构迎来可喜改变，2023 年外贸新产品、新业态快速增长，新能源汽车、锂电池、光伏等外贸"新三样"出口增长 43.8%，二手车出口额增长 4.5 倍，跨境电商、市场采购、保税维修等外贸新业态分别增长 15.9%、14.7%、41.6%，彰显了成都对外贸易转型升级的显著成效。[①]

（二）跨境出海规模日益扩大

成都综试区紧抓 RCEP 签署以及成渝地区双城经济圈、长江经济带建设等重要战略机遇，积极探索内陆城市跨境电商发展新模式、应用新场景、转型新路径，跨境电商交易规模日益扩大。2023 年，成都跨境电商首次跨过千亿元台阶，交易规模达 1059 亿元，同比增长 15.9%，[②] 连续七年保持高速增长态势。2023 年，成都跨境贸易电子商务公共服务平台新增备案企业 352 家，累计完成备案企业 3012 家，其中电商交易企业 2516 家、服务商 496 家，跨境电商相关市场主体规模持续扩大、产业集聚加速形成。[③]

更为重要的是，成都各区县已呈现一定的跨境电商产业特色，如新津区的食品、蒲江县的五金工具、武侯区的鞋靴、新都区的家居产业、龙泉驿区的汽车零部件等（见表 1），越来越多产业带企业发挥传统制造的优势，借助跨境电商打通出海新路径。

成都综试区推动跨境电商高质量发展的努力，不仅带来了进出口规模和市场主体的快速增长，更得到了国家部委的认可。在 2022 年全国跨境电商综试区考核评估中，成都综试区的评估结果为"成效明显"，综合排名进入"第一方阵"；同时，成都典型案例"推动传统产业转型升级"入选外贸新业态优秀实践案例，成都在推动跨境电商产业出海方面的经验做法得到业界广泛关注。

---

① 成都市发改委：《关于成都市 2023 年国民经济和社会发展计划执行情况及 2024 年国民经济和社会发展计划草案的报告》，2024 年 2 月 5 日。

② 成都市发改委：《关于成都市 2023 年国民经济和社会发展计划执行情况及 2024 年国民经济和社会发展计划草案的报告》，2024 年 2 月 5 日。

③ 数据来源：成都跨境贸易电子商务公共服务平台统计数据。

表1 "成都造"产业分布

区(市)县	重点产业
东部新区	汽配、工具、智能家居、动力电池(新能源)、医药健康、食品
青羊区	食品、文化创意
锦江区	服装、纺织
武侯区	鞋靴、机械、工具
新都区	家居家具、新能源、网通产业、女鞋
双流区	电子信息
温江区	医药健康、花木
郫都区	食品、电子信息、汽配、工具
高新区	电子信息
成华区	文创产品
天府新区	电子信息
新津区	食品
崇州市	鞋靴、家居家具
金堂县	服装
大邑县	电子通信、轮胎制造、医药健康、食品、食品调味品
简阳市	汽配、工具
彭州市	服装、家纺、医药健康、电子信息
邛崃	茶业、白酒
蒲江县	工具
青白江区	整车、二手车
龙泉驿区	整车、二手车

资料来源：笔者综合整理。

（三）政策支持体系持续优化

成都综试区跨境电商产业的快速发展离不开政策的支持。2023年2月，《成都市推动跨境电商高质量发展三年行动计划（2023~2025年）》正式印发，聚焦成都的区位特点和产业发展特色，从产业建圈强链、市场主体引培、营商环境、产业要素等方面绘制了详细的行动图。同时，成都市商务局印发了《成都市推动跨境电商高质量发展政策措施》，"真金白银"支持跨境电商平台和企业发展。其中，明确提出支持企业运用跨境电商赋能产业出海，按照"四川造"跨境电商出口交易额的3%给予奖励，单个企业不超过100万元；对参与全球商品交易总额（GMV）超过100亿美元的第三方平台组织的跨境电商出海项目并实现"四川造"跨境电商出口的企业，按照"四川造"跨境电商出口交易额的5%给予奖励，单个企业不超过100万元。为了确保政策措施落实到位，2023年8月，成都又印发了《成都市推动跨境电商高质量发展政策措施实施细则》，对相关支持对象、支持内容等进行明确。在支持政策的助力下，跨境电商企业更加坚定了"出海"的信心与决心。

（四）产业培育活动稳步推进

成都市乃至四川省的跨境电商产业培育活动在全国范围来说，都是开展较早且成体系持续推进的。2020年11月，四川发布首批电商（跨境）产业带，包括女鞋、汽摩配件、名茶、名酒、川菜调料、先进材料、电子信息、智能终端、装备制造、柠檬等10个特色优势产业带，加速形成"买全川卖全球"的产业出海路径。2022年11月，四川省商务厅联合跨境电商协会、头部跨境电商平台、优质服务商等，深入地市开展"跨境电商助力产业出海"培育孵化活动，为外贸企业、生产型企业提供全流程、端到端的品牌出海培训。

成都综试区"一步一个脚印"地开展产业培育活动，按照调研走访、孵化培训、项目落地三步走策略稳步推进。2023年2月，成都市商务局出台《2023年"成都造"产业出海系列活动方案》，通过贯穿全年的系列活动，市、区联动发力，依托专业外贸服务企业、国际大平台以及境内外商协会，推动传统制造业向国际化、标准化发展，塑造一批"成都造"国际品牌、推动一批"成都造"产业出海。2023年以来，成都全球跨境电商服务资源中心持续开展"成都造"产业出海系列活动，深入梳理鞋靴、家具、汽配等20个产业带，重点以跨境电商需求导向带动传统制造业实现生产方式以及交易方式升级改造；同时集聚专业跨境电商服务资源，组织开展外贸综合服务、国际物流、财税合规、跨境金融、知识产权等领域专项培训164场，共开展"跨境电商+产业带"出海培育专项活动12场，实地走访外贸企业超 300 家，促成 108 家传统企业通过跨境电商平台开展业务，培育 DTC 品牌数量 45 个，带动名茶产业带、汽摩配件产业带、川菜调料产业带等 11 条区域优势产业带运用跨境电商出海。

（五）产业生态体系日趋完善

成都综试区持续打造多维立体共享的跨境电商产业生态体系，政策支撑体系日渐完善，产业链配套逐渐成熟，跨境电商发展氛围日趋浓厚。成都综试区发挥产业公共服务资源核心引领功能，加速集聚平台、营销、物流、支付、合规、培训等全生态服务资源，尤其是阿里巴巴国际站、亚马逊、新蛋等第三方平台企业均在成都布局了全产业链生态服务中心；联合 40 余所高校及重点企业组建跨境电商人才培育联盟，通过建立实训基地、举办创新创业大赛等形式，实现行业人才联合培养、定向输送，行业人才供给能力不断增强；连续成功举办两届西部跨境电商博览会，发起成立西部跨境电商发展联盟，联合西部 10 个城市发布"西部跨境电商行业生态"，加速产业共享共荣；统筹成都各区县产业资源禀赋和区域优势，梯度有序建成成都全球跨境电商服务资源中心、中国（四川）出口商品世界播（天府）直播基地、中国邮政跨境电商（四川·双流）产业园、成都市青白江跨境电商产业园等 4 个省级跨境电商示范基地（园区），以及多个市级、区级跨境电商产业园，跨境电商产业集聚、企业集聚发展趋势日益明显。同时，成都综试区积极引领区域协同发展，自 2020 年以来，面向全省开放成都跨境电商产业公共服务体系，推动跨境电商产业公共服务体系的"成都模式"在德阳、绵阳等省内综试区复制推广。成都日趋完善的跨境电商产业生态体系，切实提升了要素吸引力、产业承载力，扩大了产业辐射能力和溢出效应，厚植了行业发展沃土。

二 产业出海的短板和挑战

成都充分发挥跨境电商与产业带"1+1>2"的叠加效应，在政策扶持、服务托举、模式创新等方面不断探索新打法，逐步形成了较为完整的跨境电商产业链和生态圈。但在成都跨境电商从高速增长迈入高质量发展的关键时期，成都产业出海还存在消费型产业带薄弱、加工贸易占据主导、跨境电商市场主体和品牌数量较小等短板，亟须聚焦主要矛盾，补齐突出短板，在解决制约发展的突出瓶颈和深层次问题上取得突破。

（一）消费型产业带较为薄弱

现阶段我国跨境电商出口商品以日用消费品为主，根据海关总署《2022年中国跨境电商进出口情况》的统计数据，在跨境电商出口商品中，消费品占92.8%，其中，服饰鞋包占33.1%，手机等电子产品占17.1%，家居纺织用品占7.8%。[①] 上述3C数码、服装鞋帽等跨境电商热销出口品类主要集中在长三角、珠三角等传统外贸制造基地，而成都电子信息、装备制造等优势产业与跨境电商"日用消费品"匹配度较低，电子信息产业偏重于集成电路和电子元器件制造，非为消费电子类，服饰鞋包、家具纺织等适配商品仍处于OEM向ODM、OBM转型的培育阶段，造成非主要出口货源地的成都在跨境电商出口方面面临较大困难。

（二）外贸出口以加工贸易为主

从对外贸易方式来看，成都加工贸易占比较大，主体支撑作用明显，一般贸易占比较小，外贸自主发展能力仍需进一步加强。2023年，成都以加工贸易方式进出口3849.9亿元，占同期成都进出口总值的51.4%；以一般贸易方式进出口2061.7亿元，同比增长16.2%，占同期成都进出口总值的27.5%。[②] 尽管成都一般贸易进出口占比快速提高，但与广州（69.1%）、深圳（53.75%）、上海（59.4%）等外贸大市相比仍存在一定差距。因此说，成都跨境电商产业出海取得了一定成效，但制造业转型仍有较大潜力可挖，大量的工业品、代工产品具有线上化、品牌化的转型空间。

---

① 海关总署统计分析司：《2022年中国跨境电商进出口情况》，http：//tjs. customs. gov. cn/tjs/3107232/jckjcyj/index. html。

② 成都市统计局：《2023年12月成都统计月报》，2024年2月2日。

（三）生产型企业转型面临诸多困难

很多产业带生产型企业的传统外贸发展模式根深蒂固，认为跨境电商小批、高频、碎片化的模式不能与传统外贸大额、低频模式相抗衡，因此更青睐传统大宗商品出口模式。观念和思维的转变是第一位的，也是最难的，尤其是企业一把手对跨境电商这种贸易方式的不理解、不认可是横亘在转型路上的第一座大山。即使企业有跨境电商转型意愿，但需要改变原有的研发、生产、技术、销售等全链条各环节，包括生产思维向运营思维的转变，生产模式由大生产线向柔性制造的转变，以及资金投入、运营人才和团队组建等问题，这些难题也让很多企业对跨境电商转型望而却步。出于跨境转型难题多、周期长、投资回报率不确定等因素，很多企业对于跨境转型持观望态度，转型意识不强、跨境电商融合应用度不高问题较为突出。

（四）跨境电商市场主体和品牌数量较小

总体而言，成都本土跨境电商企业的规模和影响力还有较大提升空间，鲜有知名的大型跨境电商"链主型"企业。目前，成都跨境贸易电子商务公共服务平台备案企业达 3012 家，实际应用跨境电商企业主体超万家，相较于深圳跨境电商企业主体 15 万家、杭州跨境电商卖家 6.34 万家、宁波跨境电商相关企业 1.7 万家，成都跨境电商经营主体规模与发达地区相比仍存在较大差距。

此外，与深圳、杭州等城市相比，成都跨境电商品牌培育力度还有待提升。如深圳拥有 6 家国家级电子商务示范企业、5 个国家级电子商务示范基地、7 家省级跨境电商企业，跨境电商上市企业已达 10 家，数量位列全国第一。[①] 杭州市成立全球跨境电商品牌研究中心、品牌与设计创新中心、品牌运营中心，共推动杭州跨境电商企业海外商标注册 4371 个，规模 2000 万

---

① 《深圳跨境电商规模再创新高》，深圳新闻网，2024 年 2 月 19 日。

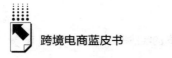

元以上的跨境电商企业 832 家，规模亿级以上跨境电商卖家 157 家。[①] 成都还缺少叫响全国的自主品牌，亟须进一步推进本地外贸自主品牌企业精准培育，加快形成外贸竞争新优势。

三 下一步工作思路和措施

（一）发展思路

1. 政策与服务双轮驱动

在推动产业带跨境电商发展过程中，政府部门在提供资金政策扶持的同时，更要提供精准优质服务。政策驱动可以提高企业跨境电商转型的积极性，吸引越来越多的传统生产和贸易企业向跨境电商转型，服务驱动可以保障企业向跨境电商转型的便利性，降低企业转型跨境电商的门槛，以"政策+服务"的双轮驱动构建产业特色鲜明、配套完善的跨境电商产业带。

2. 龙头企业和中小微企业并重

在推动特色产业带转型升级的过程中，要积极推动龙头企业和中小企业的协同发展，充分发挥龙头企业在创新研发、产品辐射、技术示范、知识输出和营销网络等方面的核心作用，打造出海标杆企业，形成示范带动作用，助力越来越多的中小企业朝规模化、专业化方向发展，推进上下游、产供销、大中小企业整体配套、协同发展，持续增强产业带的综合实力和整体竞争力。

3. 产业培育，久久为功

培育本土跨境电商产业带是一条艰辛的路，需要较长时间的产业培育期，要下久久为功的"笨"功夫，不能急功近利，也不会一蹴而就，只有扎下身去，像农民从土地里培育庄稼一样，"粒粒皆辛苦"式地运作，给予产业发展的土壤、肥料、水、日光，最后才会开出美丽的产业之花。

---

① 《8 年前，命运的齿轮开始转动！杭州跨境电商综试区：做好"全国首个"打造"全球一流"》，"中国跨境电商综合试验区"微信公众号，2023 年 9 月 27 日。

（二）下一步工作举措

1. 强化政策引领，高位推动跨境电商高质量发展

粮仓需要沃土培，跨境电商新业态的迅速成长，离不开政策的引导和支持。厚植政策沃土，换来的是跨境电商高质量发展的无穷活力与动力。一是多措并举抓好政策兑现。2023 年初，成都市印发了《成都市推动跨境电商高质量发展三年行动计划（2023~2025 年）》，并制定了《成都市推动跨境电商高质量发展政策措施》，对跨境电商的高质量发展拿出了"真金白银"的支持。下一步的重点工作就是推进政策兑现工作落实落细，从细处着手、从实处着力，彰显成都支持跨境电商产业持续稳定发展的决心，维护政府公信力，营造良好的营商环境。二是建立多部门协同工作机制。目前各地跨境电商的主管部门一般是商务局，但跨境电商产业出海已经超出商务部门的管理范围，需要工信局、科技局、农业农村局等部门的协同配合。因此，成都产业带出海的政策制定及培育孵化活动的深入开展，需要市商务局联合科技局、经信局、农业农村局等相关部门共同推进，各部门多方协同，共同推动成都制造行销全球。

2. 培育三大主体，加速推进产业扬帆出海

跨境电商相关市场主体的数量和规模，是支撑各地跨境电商高质量发展的重要基石。积极培育壮大跨境电商主体，是推动本地优势产业扬帆出海的重中之重。一是推动生产型企业触网经营。通过各种专项行动和培训活动，引导传统制造企业加快商业模式创新、拓展销售渠道、缩短流通环节，通过跨境电商高效对接供需，快速培育自主品牌，带动优质产品出口，使更多传统生产企业转型为产研销一体化企业。二是培育产业出海标杆企业。挑选有意愿、有条件转型的产业带生产型企业，以及想拓展海外市场的国内传统品牌、"淘品牌"等，链接相关平台资源和服务资源，着力培育一批具有规模效益和品牌效应、引领带动作用强的标杆企业，为其他企业提供产业出海的样本和路径。三是培育跨境电商服务企业。坚持"集聚跨境电商服务资源带动产业发展"的思路，加速引育平台、物流、支付、营销、合规、培训、

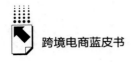

外综服等生态服务资源，与服务资源中心、公服平台、协会等组成产业服务小分队，共同做好政策引导、联企帮扶、资源对接等全过程跟进服务，聚力解决市场主体在产业出海过程中遇到的"急难愁盼"问题，构建行业服务生态高地。

3. 提升公共服务能力，常态化开展产业出海专项行动

"产业出海"已经成为中国产业带的新机会，但产业出海面临更复杂的环境，仅靠企业单枪匹马很难理顺、玩转出海长链路的各个环节，亟须政府部门构建跨境电商公共服务体系。一是全面梳理产业地图。立足成都鞋靴、家居、汽配、服装、食品、工具、医药健康、电子信息等优势产业，深入挖掘适合发展跨境电商的特色产业，编制成都跨境电商产业带地图，并根据不同产业的出海特点，制定适应不同产业带出海的转型方案，形成"一产业带一方案"，实现跨境电商与本土优势产业的融合发展和双向渗透。二是常态化开展产业出海培育孵化活动。面对有意向通过跨境电商平台开拓海外市场的生产型企业，举办线上开店、市场营销、仓储物流等专项培训，以及资源对接和产业带调研走访活动，加强生产制造企业与跨境电商贸易商、跨境电商服务商的对接，激发企业转型发展活力。三是搭建产业出海平台。借鉴Amoybrand 厦门品牌出海门户网站、义乌小商品城 Chinagoods，搭建具有地方特色和地方政府公信力背书的产业出海平台，将产业带分散供给整合在一起发挥集群优势。

4. 加强国际合作，构建全球化服务体系

跨境电商企业本土化运营逐渐深入，但很多出海企业在海外市场洞察、支付环境、海外仓及本地物流、海外营销、财税合规等本土化环节都存在或多或少的"水土不服"，因此亟须依托海内海外联动的一体化服务体系，迅速补齐企业在海外主要环节的短缺资源和能力。一是鼓励行业商协会、跨境电商龙头企业整合海外合作园区、海外仓、售后服务中心、侨联等资源，共建跨境电商海外服务中心，为跨境电商出海企业提供知识产权、金融财税、合规管理、资源对接等全方位的海外本土化服务。二是支持国内跨境电商服务商走向海外，通过在目的国设立办事处、子公司等形式，将国内的服务生

态延伸到海外市场，助力企业品牌出海。三是与东南亚、中亚等重点伙伴国共建跨境电商智库和研修中心，共同开展电子商务研修班，组织政企对话会、企业对接会、能力建设培训等多双边活动，就跨境电商创新、跨境电商国际规则、数字经济等关键问题开展联合研究，为双方政策对接、产业促进、企业交流、人才培养提供支持。

参考文献

《多维发力 成都跨境电商加速跑》，《成都日报》2023 年 2 月 26 日。

《"搭船"跨境电商，"成都造"加速"出海"》，《成都日报》2023 年 8 月 18 日。

《产业带结合新业态 跨境电商深度赋能产业带提升竞争力》，《成都日报》2023 年 12 月 29 日。

B.12
技术赋能南阳食用菌产业链，
促进绿色农产品跨境贸易高质量发展[*]

郭永奇　姬会英　包阳　张宏旭**

摘　要：　食用菌产业是南阳的传统特色优势产业，南阳是河南省乃至全国食用菌生产大市，建成了国家级食用菌外贸转型升级基地，食用菌年栽培量、产量、产值、出口值连续多年居河南省首位。本文通过梳理南阳食用菌产业的发展概况和南阳食用菌产品跨境电商的发展现状，分析南阳食用菌产品跨境电商发展存在的问题与不足，并从积极开拓国际市场、强化食用菌国际品牌建设和加快食用菌跨境电商出口生态圈建设等方面提出了相应的对策建议。

关键词：　食用菌　跨境电商　南阳市

南阳是河南省乃至全国食用菌生产大市和国家级食用菌外贸转型升级基地，年栽培量、产量、产值、出口值连续多年居河南省首位。近年来，南阳按照河南省商务厅总体部署和要求，以构建政府、企业、行业体系为基础，建立种植源头到餐桌全过程现代高效综合治理体系为主线，推进"两个市场、一个标准"和"区域产业集群发展"为目标，探索形成了食用菌产业持续健康发展方案，即走前沿化科研、生态化栽培、标准化管理、科学化监

---

* 本文所使用的数据均来自南阳市商务局、南阳市西峡县商务局。
** 郭永奇，博士，教授，南阳理工学院范蠡商学院副院长，主要研究方向为电子商务、农业经济；姬会英，南阳理工学院范蠡商学院教授，主要研究方向为国际经济与贸易、跨境电商；包阳，南阳市商务局电子商务科科长；张宏旭，西峡县商务局商务发展中心主任。

管、多元化服务、品牌化经营、信息化提升、国际化发展的产业升级之路。在全市大力推进食用菌产业带跨境电商转型背景下，食用菌跨境电商出口规模持续扩大，不仅带动了南阳市外贸促稳提质，也形成了以食用菌为代表的农产品跨境电商发展"南阳实践"，对南阳经济发展做出了巨大贡献。

一 南阳食用菌产业发展概况

南阳现有食用菌种植大户 590 户、专业合作社 481 家、家庭农场 10 家、食用菌加工企业 474 家（其中规模加工企业 178 家）、出口企业 160 家，全市共有种植户 2 万多户，香菇生产、加工和销售人员达 30 多万人。产品包括原菇、罐头、休闲、发酵酱类、食品配料调味料、功能保健等六大类近 200 个产品，年交易额近 200 亿元。南阳市食用菌产业以西峡县为代表，2019 年成功获批"国家级食用菌外贸出口转型升级基地"和省特色农产品优势区，"西峡香菇"跻身首批《中欧地理标志协定》100 个保护产品名录，已创成全国唯一的"西峡香菇甲天下"品牌，先后获得"生态原产地保护产品""全国地理标志保护产品""中国香菇之乡"等称号，西峡县成为全国最大的香菇标准化生产基地、全国最大的香菇交易市场、全国最大的香菇出口基地。西峡年产鲜香菇稳定在 30 万吨左右，一产效益达到 30 亿元左右，综合产值 200 亿元以上，全县农民人均纯收入的 60% 来自香菇产业。

为推动西峡香菇产业做大做强，南阳市投资 3.2 亿元建设占地 450 亩的西峡香菇城，培育出仲景食品、家家宝、百菌园等该领域内"链主"企业，形成以张仲景大厨房公司、南阳明泰食品公司等为龙头的 58 家加工企业，通过延伸拉长产业链条、补强产业链短板，实现产值 72 亿元。同时又投资 3 亿元扩建了以干菇交易为主的双龙香菇市场，投资 6000 万元扩建了以鲜菇交易为主的西坪香菇市场，年交易额突破 15 亿元。西峡香菇已经在上海大宗农产品市场成功上市，并正与中国食用菌协会及中国供销农批集团合作建设"中国食用菌交易市场"。南阳市还积极推动专业合作社发展壮大，推

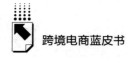
行"基地+农户+企业+合作社"生产模式，有效对接小生产与大市场，发展香菇专业合作社104家，入社农户5000户以上，90%以上的香菇合作社实行订单生产收购。

二 食用菌跨境电商发展的"南阳实践"

（一）顶层设计指引，"链长制"全方位推进产业量质提升

南阳市围绕"5+N"千百亿产业集群，聚焦包括食用菌产业链在内的21个重点产业链，出台了《关于实行"链长制"推进产业链做大做强的实施意见》和《21个重点产业链群高质量发展行动方案》，健全调度工作制度。坚持推进食用菌产业转型升级和可持续发展，南阳市制定实施食用菌产业"倍增"计划，精心编制《"四图"作战方案》，完善《食用菌产业链概况》《"十四五"食用菌产业发展专项规划》，健全《食用菌产业链智库》，整理《食用菌产业链扶持政策》，为产业链发展厘清思路、明确目标。

在南阳各级政府的规划引导下，南阳食用菌出口业务一直保持良好的发展势头。2015~2022年，南阳香菇出口量和出口额一直处于增长状态，出口连续8年全国第一，连续8年河南省第一。2022年，南阳出口蘑菇罐头82.78亿元，增长79.86%，占南阳农产品出口的62.9%，出口市场主要集中在东盟、德国、法国、俄罗斯等30多个国家和地区。2023年前三季度，南阳农产品出口59.63亿元，同比增长9.69%，仍保持河南省第一位，成为河南"卖全球"的知名品牌。

（二）龙头企业引领，南阳食用菌品牌建设起势成势

南阳市香菇出口产品主要包括干香菇、鲜或冷藏香菇、香菇罐头三种类型，其中干香菇和香菇罐头所占份额较高。南阳市香菇加工产品品牌有仲景香菇、易佰福、家家宝、百菌园、弘源香菇、沛农食品、河南紫蘑菇、九顺达等，其中，仲景香菇产品品牌存续时间达十年以上，与国内的双汇、海底

捞、白象等知名企业均有合作，在河南省乃至全国都拥有较高知名度。仲景香菇酱系列产品不仅在国内畅销，还走出国门远销海外。2018 年 11 月，4 种口味 1400 箱仲景香菇酱系列产品出口美国，这是仲景食品股份有限公司首次直接出口美国市场。该批货物的订货商 Walong Marketing 集团，是美国最大的亚洲食品销售服务集团，在美国当地零售市场具有重要影响力，拥有 50 多家大型自营连锁超市，其服务的各类超市餐厅客户超过 800 家。西峡九顺达也是南阳市的龙头企业，其产品包括干制香菇和鲜香菇两种初级加工产品，以及香菇酱、蘑菇罐头、六菌汤、六菌煲、香菇素肉等技术含量较高的精加工产品，上市以来深受国内消费者欢迎。目前该公司出口产品以干制香菇和香菇罐头为主，已经销往国外 20 多个国家，其中东南亚市场所占份额较大，约占公司出口贸易额的 2/3。西峡县沛农食品主要生产双孢菇、香菇、杏鲍菇、滑子菇等食用菌罐头，出口市场覆盖中东、欧美、非洲等地区。2023 年 10 月，该公司在阿拉伯联合酋长国的阿治曼市注册成立"熙峡沛农食品有限责任公司"，租赁 10000 平方米场地，建成 5000 平方米的海外仓，形成"生产+仓储"一体的经营场所，同时自建独立站，积极探索"生产企业+海外仓+独立站"的出口模式，开展对外宣传及线上线下交易活动。

（三）产业政策引导，问题导向破解食用菌转型发展难题

在互联网快速发展的时代背景下，跨境电商已然成为助推外贸发展的新生动力，为此南阳市设立了出入境检验检疫局西峡办事处，为南阳市香菇出口前的报检、检疫检验、出口许可证、监督装运等各个环节提供便利。同时，南阳市政府紧抓跨境电商发展契机，先后出台了《南阳市电子商务产业发展规划》《高新区支持电子商务发展暂行办法》等政策，加快了外贸企业利用跨境电商开拓国际市场的步伐。据不完全统计，南阳市约有 520 家有外贸出口业务的企业，注册平台包括阿里巴巴国际站、中国制造网、环球资源等电商平台，其中不乏从事香菇出口的企业。据统计，南阳市食用菌跨境电商出口市场主要分布在中东、日韩、俄罗斯等国家和地区，2023 年 1～9 月，西峡县完成食用菌类产品跨境电商交易额 11.32 亿元。

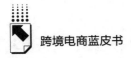

南阳市还在跨境电商公共服务方面下功夫，多措并举促进食用菌出口产业发展。一是南阳市建立了进出口亿元以上企业和卧龙综保区监测台账，对南阳重点外贸企业进行一对一精准帮扶，帮助企业"保市场、保订单、保履约"，稳定外贸基本盘。二是简化审批流程，推广一次审批、银行电子保函循环使用、汇总征税等纳税便利措施，并为农产品出口企业提供24小时预约监管通关，确保随到随验；同时积极发挥卧龙综保区通关便利化优势，促进综保区出口农产品，用好用足主动披露制度，规范企业运作。三是引导企业提高信用等级，以"精准宣讲"和"个性化服务"为切入点和着力点，与地方政府形成合力，充分发挥食用菌协会等行业协会的龙头骨干作用，不断加大宣传力度，引导涉农外贸企业从加强自身规范管理做起，努力提高信用等级，实现AEO互认，充分享受国家联合激励措施和全球30多个国家地区的通关便利措施。四是因地制宜创新举措，针对食用菌加工生产企业集中在西峡这一特点，将"关口前移"，在西峡设立派驻点，检查人员长期驻扎，第一时间对出口农产品实地查验放行，大大节约企业物流、通关成本。五是开通了食用菌出口的欧洲班列，一定程度上解决了食用菌跨境电商出口的物流问题。

（四）科研技术赋能，探索提高食用菌产品绿色有机水平

在推动南阳食用菌产业发展过程中，积极探索制订了产业持续健康发展方案，逐步形成了"前沿化科研、生态化栽培、标准化管理、科学化监管、多元化服务、品牌化经营、信息化提升、国际化发展"的产业升级之路。目前，西峡香菇已率先实现传统单一加工向精深加工转变，基本形成了内在品质优良、产业链条完备、科技支撑强大、市场竞争有力的现代化香菇产业格局。西峡县利用京宛合作机会，借助北京市科研和资金力量，以原食用菌研究所为班底成立食用菌科研中心，与河南科技大学、北京农林科学院、上海市农业科学院、河南省农业科学院等一批高等院校、科研院所开展战略合作，科研中心采用"项目招标制、课题领衔制、团队聘任制、工作自由制、成果验收制"的"五制工作法"，形成科研工作的完整闭环。目前西峡县已

经建立了多个联合实验室，汇集全国 60 多位专家，组建 4 个食用菌顶级科研团队，具备了抗逆性、耐高温和折干率等综合试验能力。科研中心引进和保藏香菇品种 65 个，结合本地气候，通过传统育种、分子生物学育种、杂交诱变、菌丝脱毒等多种技术手段，组织筛选 20 多个品种，培育出了高产、优质、抗逆性强、适应性广的春栽低温型香菇菌种，依靠科技进步开发新领域、研发新产品、占领新市场。

（五）推动产业升级，全链条提高食用菌产品竞争力

南阳市通过政策引导，积极推动食用菌产业转型升级，提高出口产品竞争力。一是以西峡县食用菌国家级外贸转型升级基地为依托，以提升品牌、技术、质量为核心，以品牌化为引领、以市场化为导向，加快培育竞争优势，带动南阳食用菌等农产品产业集聚化发展，产业结构加快转变。二是编制了《南阳市香菇标准综合体》，收录香菇生产、加工、产品质量等有关标准 60 余个，新增 7 个南阳市香菇产业地方标准，大幅提高南阳香菇产业标准化建设水平，建成食用菌标准化生产基地 230 多个，标准化率达到 80% 以上。三是实行合格证制度。按照农业农村部门开具、市场监管部门查验的要求，落实产品合格证制度，并与追溯码相衔接，生产经营主体使用积极性不断提高，部分生产企业已实行合格证与追溯码结合，实现了"一证一码"。四是实行可追溯制度。按照"源头可追溯、流向可追踪、信息可查询"的全程追溯要求，督促农产品生产基地建立完备的生产档案、运输经销企业实行索证索票制度并建立购销台账，实现逆向查询。目前，市级农产品质量安全智能监管追溯指挥中心已建成投用，建成农产品质量安全追溯点 126 个。五是持续建设三个百公里食用菌产业长廊，打造双龙镇、军马河镇、米坪镇、石界河镇、桑坪镇、寨根乡、西坪镇、五里桥镇、丁河镇、重阳镇、丹水镇、太平镇等农业产业强镇，串联现代农业产业园、龙头公司、科研中心、交易中心、冷链物流中心、特色小镇等，打造具有国际竞争力的"西峡香菇"产业集群。六是完善产业链上下游配套，引育企业进链、融链、延链，形成从原辅材料供应到科研、制种、栽培、生产加工、物流存储、销

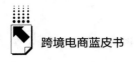

售运营、机械设备、技术推广、快递运送的"一条龙"香菇全产业链体系，提升产业配套能力和综合竞争力。

三　南阳食用菌跨境电商发展存在的问题

（一）出口市场分布不均

南阳市食用菌出口市场主要集中在亚洲地区，主要有马来西亚、韩国、新加坡、越南、菲律宾等国。亚洲地区占据了南阳市食用菌总出口额的绝大部分，欧洲地区所占市场份额较小，而非洲、北美洲、大洋洲这些出口环境相较亚洲更为宽松的出口市场，南阳市食用菌出口市场占有率却不足1%。由此可以看出，南阳市食用菌出口市场分布不均，亚洲地区出口市场占比最高。

南阳食用菌出口市场高度集中，过度依赖亚洲现有市场，容易受到这些国家相关进口政策、经济发展状况以及其他不可控因素的影响，一旦发生变化会导致南阳食用菌出口市场不稳定，有可能造成更大的贸易风险。过于集中的出口市场也会导致南阳市在食用菌跨境贸易中处于被动地位。另外，目前南阳市食用菌的跨境贸易具有价格竞争优势，一旦亚洲地区发展中农业国家出现成本更低、价格更优惠的食用菌产品，或者随着南阳经济的发展，南阳市劳动力成本增加、食用菌种植加工成本上升，南阳市食用菌的跨境贸易失去价格优势，将会给南阳市食用菌出口企业及食用菌种植农户带来一定的冲击。总之，南阳市食用菌出口市场过于集中，一定程度上限制了南阳食用菌跨境出口贸易发展，也降低了食用菌产业的外贸抗风险能力。

（二）品牌的国际影响力不强

尽管南阳市西峡食用菌作为地域品牌知名度较高，但企业品牌的国际影响力不够强。南阳市现有食用菌加工企业多以中国市场为主，如仲景香菇在国内具有一定的品牌知名度，但品牌的国际知名度和影响力还未形成，且南阳食用菌出口市场集中在亚洲国家，也限制了南阳食用菌品牌的国际传播。南阳市西峡县的食用菌品牌有 20 多个，品牌间的发展差异较大，品牌保护力度也不够。造成这种情况的原因，一方面，源于西峡食用菌的品牌宣传不到位，线下营销做得不够，导致品牌知名度不高；另一方面，一些仿制品牌一定程度上影响了南阳食用菌品牌的发展。更为重要的是，由于中外饮食文化的差异，一些国家对于食用菌产品的认可度和接受度并不如国内市场，这也给食用菌产品品牌国际化发展造成了一定障碍。

（三）尚未形成良好的食用菌跨境电商出口生态圈

南阳食用菌跨境电商企业虽有一定发展，但是围绕食用菌跨境电商出口业务所需的人才引进培养、国际物流货代、融资、代运营、平台运营、海外营销推广、国际市场开拓、信息技术等跨境电商综合服务体系还没有构建起来。南阳食用菌跨境电商业务要进一步高质量发展，亟须打造良好的跨境电商生态圈。

南阳食用菌跨境电商专业人才相对缺乏。跨境电商发展需要的专业人才是多方面的，包括国际贸易、国际物流、平台运营、网络安全技术等专业人才，以及懂外贸的各种语言包括小语种的外语人才。在数字贸易的大环境下，更需要高水平、高质量的数字分析、数字化营销等复合型人才，但南阳本地相关专业的高校毕业生愿意与本地企业签约留宛工作的不多，更不愿到食用菌主产区西峡县应聘就业。跨境电商领域人力资源的短缺也是南阳食用菌跨境电商高质量发展的一项制约因素。

四　南阳食用菌跨境电商发展的对策和建议

（一）积极开拓国际市场

南阳食用菌出口企业要在优化原有国际市场的基础上，积极开拓新的海外市场。首先，南阳市食用菌出口企业要注重提升自身产品质量，优化产品

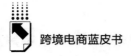

加工工艺，通过研发创新和降本增效来加强南阳食用菌产品在亚洲市场的持续竞争力，并进一步扩大出口市场份额。另外，南阳食用菌加工出口企业要利用 RCEP 优惠条款，与亚洲、大洋洲市场上的农产品加工企业、当地大型电商进口企业、大型商贸企业进行合作，以增加南阳食用菌跨境电商 B2B 业务的出口量。

其次，在保持原有香菇出口市场的基础上，南阳食用菌产品出口企业更要积极开拓欧洲、北美洲市场，以此来提高南阳食用菌行业应对境外市场变化的抗风险能力。要进一步加大对境外市场的调研，掌握市场需求动向，欧洲、北美市场对香菇的认可度与消费量不如双孢蘑菇，因此，南阳食用菌加工出口企业可针对不同市场，开发生产不同类型的产品，并善于利用互联网营销手段，通过大量的网络营销活动来提高产品知名度和销售量，从而达到逐步扩大国际市场的目的。

（二）强化食用菌国际品牌建设

随着南阳食用菌产业的快速发展，以及食用菌相关企业的成长壮大，加快食用菌产业国际化进程成为大势所趋。在食用菌产业链的国际化发展方面，必须重视并加快食用菌的国际品牌建设工作。

首先，南阳食用菌产品加工出口企业要进一步强化品牌意识，加强品牌保护。南阳市一直致力于打造西峡食用菌区域品牌名片，其产品定位重点突出西峡食用菌的营养价值丰厚、纯天然绿色的特点。在此基础上，南阳食用菌产品加工出口企业、行业协会等可通过境内外主流电商平台、媒体加大对西峡食用菌区域品牌的推广，扩大西峡食用菌地域品牌的国际影响力。其次，重点培育食用菌产品加工出口的龙头企业、已经初步形成品牌优势的食用菌品牌，在扩大区域品牌知名度和影响力的同时，突出这些品牌的特征。企业要根据境外不同市场的需求，有针对性地开发产品，通过产品差异化的思路提升产品附加值，提高产品的精深加工程度，扩大产品在市场上的份额。最后，企业要进一步通过各种出口博览会宣传推广其产品，加强与国外跨境进口商、农产品主营平台的合作来进一步拓展销售渠道，提高南阳品牌食用菌产品的国际知名度，推动南阳食用菌跨境电商出口规模化发展。

（三）加快食用菌跨境电商出口生态圈建设

首先，要进一步促进食用菌跨境电商综合服务业发展。一是完善南阳的国际物流、融资信保、代运营、店铺运营、海外营销、大数据服务等跨境电商综合服务工作，引进跨境电商供应链服务企业，建设跨境电商教育培训基地，加快推进跨境电商产业的集聚发展，构建跨境电商发展的良好生态系统，促进跨境电商的良性可持续发展。二是要构建跨境电商产业链信息共享体系，打通跨境电商服务体系各项信息的交流通道。建立跨境电商信息云服务平台，集境外市场需求、主要卖家、相关税收及出入境政策、平台新规、货源供销、国际物流、海外仓储、商务咨询与服务于一体，引导跨境电商企业在平台中获取跨境电商运营所需的各项有效信息资源，提供跨境电商便利化精准服务。三是要创新和完善金融服务和管理体系，促进跨境电商融资便利化，探索解决 B2C 零售出口收汇及出口退税的有效办理问题。进一步强化跨境电商风险防控体系建设，探索多样化的风险管控方式，形成风险联合预判和协作执行机制。

其次，建立各类跨境电商专业人才引进留用和培养机制。对于一些难以引进、留住人才的乡镇企业，可以在乡镇建立农村电子商务实训基地，为食用菌跨境电商出口提供人才支撑。吸引南阳本地高校的相关专业毕业生留宛工作，对与本地跨境电商企业签订就业协议的毕业生，给予一定的工作或生活补贴。有条件的企业可以引进有发达地区实践经验的优秀人才，通过人才引进与交流，不断提高南阳食用菌跨境电商人才的专业化程度。

参考文献

陈燕：《南阳市食用菌产业现状、存在问题及发展建议》，《食药用菌》2021 年第

4 期。

    杨霄羽、吕玉花：《西峡县食用菌出口面临的问题及对策》，《乡村科技》2021 年第 4 期。

    薛天桥：《河南西峡香菇生产与出口多元化的思考》，《中国食用菌》2020 年第 9 期。

    刘艳梅：《中国食用菌产品出口贸易态势及竞争力分析》，《中国食用菌》2019 年第 4 期。

    袁霄飞：《西峡县食用菌产业发展研究》，河南工业大学硕士学位论文，2019。

B.13
"跨境电商+"外贸新模式实践探索

——以商业贸促会跨境电商产业促进工作为例

中国国际贸易促进委员会商业行业委员会课题组 *

摘　要： 2023 年国际经济形势复杂严峻，海外市场百舸争流，中国跨境电商依然逆势增长，跨境电商等外贸新业态继续成为稳外贸的重要力量，越来越多的外向型企业尤其是中小企业加速迈入跨境电商赛道，站在时代的风口，跨境电商格局进一步重塑。本文通过梳理近 3 年来中国贸促会商业行业委员会在跨境电商领域的新探索、新实践，为贸易促进机构在后疫情时代开展产业促进工作，以及将跨境电商与产业带、供应链发展相结合提供解题思路，为政府制定政策和企业出海提供借鉴和参考。

关键词： 跨境电商　贸易投资促进　外贸新模式　产业带　供应链

　　当前，跨境电商已经成为全球贸易新势力，中国网民规模突破 10 亿，是世界第一大网络零售市场，跨境电商增长十分迅猛。而"跨境电商+"作为一种新兴的外贸进出口模式，更是将跨境电商的优势与不同产业和技术相结合，为传统产业和新兴产业"出海"注入了新的活力。"跨境电商+"模式是通过跨境电商平台，将传统外贸与互联网、大数据、物联网、智能制造等领域相结合，实现外贸的数字化、智能化和个性化，这种模式能更好地满

---

* 课题组组长：姚歆，高级工程师，中国国际贸易促进委员会商业行业委员会秘书长，国际标准化组织管理咨询技术委员会（ISO/TC 342）主席；副组长：熊黎欣，中国国际贸易促进委员会商业行业委员会会展部部长；成员：蒋俊一，中国国际贸易促进委员会商业行业委员会会展部副部长。

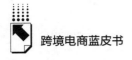

足目标客户个性化需求，提高外贸效率和效益，推动跨境电商产业高质量发展。

然而，"跨境电商+"外贸新模式在实践中还面临一系列的挑战和问题。如何有效地整合资源、把握市场先机、优化供应链、降本增效、提高服务质量等，都是普遍存在并且需要深入研究和探讨的问题。因此，本文旨在通过对中国贸促会商业行业委员会近 3 年跨境电商产业促进工作的介绍与剖析，提供"跨境电商+"外贸新模式实践探索的新思路，分析其优势和挑战，为相关企业和政府部门提供参考和借鉴。

一　我国外贸与跨境电商发展现状及趋势

（一）国际环境复杂，坚定扩大高水平对外开放决心

2023 年 12 月，国务院办公厅印发的《关于加快内外贸一体化发展的若干措施》提出，加强外贸新业态新模式及相关政策宣传和业务培训，支持内贸企业采用跨境电商、市场采购贸易等方式开拓国际市场；推动高质量实施 RCEP 等自由贸易协定，拓展企业的国际发展空间。

据海关总署统计，2023 年，我国货物贸易进出口总值 41.76 万亿元，同比增长 0.2%。其中，出口 23.77 万亿元，增长 0.6%；进口 17.99 万亿元，下降 0.3%。[①] 当前，外部经济环境复杂且严峻，面对的不确定性风险不断攀升。据多个国际机构预测，2023 年世界经济和贸易增长整体上不如疫情前，并且贸易保护主义、地缘政治冲突不断加剧。中央经济工作会议在部署 2024 年九项重点任务中强调要"扩大高水平对外开放"，明确提出"要加快培育外贸新动能，巩固外贸外资基本盘，拓展中间品贸易、服务贸易、数字贸易、跨境电商出口"，为外贸发展指明前进方向。2024 年随着政

---

① 数据来源于海关总署官网，http://www.customs.gov.cn/customs/302249/zfxxgk/2799825/302274/302275/5624307/index.html。

策效应逐步显现和高水平开放稳步推进，我国外贸外资基本盘将持续巩固，进出口稳增长、提质量、增效益的基础将进一步夯实，迈向贸易强国步伐将进一步加快。

（二）时代风口，跨境电商格局重塑

2023 年，世界经历了再一次的动荡和不安，全球化裂痕正在加剧，新兴市场与传统市场的对冲越来越显著。对中国企业而言，40 余年的厚积薄发，在这一年大势所趋表现为出海加速，并深刻改变整个国际社会的产业格局。毫无疑问，电商行业目前正处于"高景气"阶段，依旧如火如荼。根据初步测算，2023 年，我国跨境电商进出口 2.38 万亿元，增长 15.6%。其中，出口 1.83 万亿元，增长 19.6%；进口 5483 亿元，增长 3.9%。参与跨境电商进口的消费者人数逐年增加，2023 年达到 1.63 亿。[①] 跨境电商快速发展，在"买全球、卖全球"的路上越走越快，既满足了国内市场对于多样化、个性化的要求，又助力我国产品通达世界各个角落，成为稳外贸发展的重要动能。

2022 年底至 2023 年初，疫情政策初放开，在线上活跃了几年的跨境人，终于有机会"奔现"，直奔海外，往本地化探路，去开拓更多跨境"热土"。2023 年，中国跨境电商平台影响了全球，企业知名度和品牌度越来越高，获得海内外媒体和消费者的关注度越来越大，最典型的当属在全球经济形势下行的情况下，Temu 和 SHEIN 在全球市场的逆势扩张。此外，很多外贸厂家都在积极寻找新的渠道和出路，开拓 B2B 线上生意，入场跨境电商赛道，跨境电商成为众多传统外贸厂商出海的一条新路。2023年，"平台卷""全托管模式""合规风险""价格战""B2B 化"等关键词也成为业界年度热词，多方面的因素和行业发展特点重塑了全球跨境电商格局。

---

① 数据来源于国新办 2023 年全年进出口情况新闻发布会，http：//www.scio.gov.cn/live/2024/33162/tw/。

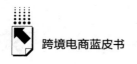

二 "跨境电商+产业带"发展及贸促实践

（一）我国产业带发展问题显现

伴随着中国经济的加速转型，运营成本、交易成本和运输成本大幅下降，消费在升级、产业在升级，产业带的发展也有着新的特点和趋势。数字化是产业带从传统粗放的加工制造向前更进一步的新动力，也是产业带经济增长的新引擎。分布在全国各地的几百条特色产业带，是我国稳外贸出口的重要支撑。在过去几十年当中，它们凭借强大的制造生产能力，源源不断地向欧美、东南亚、南美、日韩、中东等全球市场输送着物美价廉的商品，以OEM和ODM的方式站在无数国际品牌的背后默默发光。然而，制造业日益发达的同时，是传统贸易弊端的愈发显现，以及产能过剩引发的转型焦虑。进入2023年，摆在行业面前的挑战从近些年的供应链受阻、履约能力不足，变为外需走弱、订单量骤减。

（二）产业带发展与跨境电商

产业带转型升级迫在眉睫，一头是优质产业寻求破界出圈，另一头是外贸新兴业态迎来发展热潮，越来越多的产业带企业接纳并选择出海"换轨"，打开新的增量空间。故步自封会被时代淘汰，求新求变是企业扩大外贸规模的根本。很显然，将跨境电商业务与产业带的发展相结合，不仅是企业自身发展的需要，也同样暗含了产业升级的"流量密码"。越来越多的企业认识到，跨境电商作为新业态对于产业带而言，不仅是开拓更广泛的出货渠道、更多层次的业务模式，更重要的是帮助这些传统外贸企业实现数字化、信息化的跨越式升级。

（三）贸促系统新实践：贸促同行——"1+3"中国企业出海行动计划

2020年初全球疫情大流行，各行各业受到了巨大冲击，外贸行业更是苦不堪言，我国进出口贸易额明显下滑，外贸企业面临倒闭、订单流失等多重生存危机。作为中国贸促会批准成立的全国性行业贸促机构和行业国际商会之一，中国贸促会商业行业委员会积极开展调研工作，及时倾听企业诉求并与多家地方贸促会进行深入沟通，面对产业带背后数以万计外向型企业对于新的生存之道的渴求，决定深耕跨境电商领域，开启以跨境电商为重点抓手的贸促新实践、外贸新模式探索之路。

2023年初，以习近平新时代中国特色社会主义思想为指导，为全面贯彻落实党的二十大精神，认真落实中央经济工作会议部署，深入学习贯彻落实习近平总书记在庆祝中国贸促会建会70周年大会暨全球贸易投资促进峰会上的重要视频致辞精神，中国贸促会商业行业委员会制定了《商业贸促会高质量发展三年行动计划（2023~2025年）》，坚持稳中求进工作总基调，积极应对各种风险挑战。对于中国贸促会商业行业委员会来说，2023年是探索"跨境电商+"外贸新模式、新实践的关键之年、破局之年，整体上实现了从理论到实践、从线上到线下、从境内到境外的实质性突破，不仅提出大胆设想，同时完成了成功的案例实践。在此基础上，2023年底推出贸促同行——"1+3"中国企业出海行动计划，即以"中国国际电商产业博览会（CIEIE）"为重点，以"贸促出海""贸促优配""贸促精品"三位一体为延展的行动方案，深刻总结"跨境电商+"模式探索的经验，并使其体系化、平台化、制度化。

1. 贸促搭台，外出内引

中国贸促会商业行业委员会作为行业贸促会，一直以来与地方贸促机构保持良好的合作关系，目前已经与山东省贸促会、江苏省贸促会、江西省贸促会、广东省贸促会、海南省贸促会、吉林省贸促会、南京市贸促会、长沙市贸促会、秦皇岛市人民政府及贸促会等地方贸促会（地方政府）签署战略合作协议或达成深度合作关系。作为"1+3"中的"1"，中国国际电商产业博览会（CIEIE）正是贸促系统搭台、企业唱戏的良好实践。该项目由中国贸促会批准立项实施，积极倡导及推动跨境电商有效融入一般货物贸易，汇聚跨境电商生态上下游产业链，在为现场专业观众及电商卖家提供各类爆品货源的同时，提供跨境电商全链条一站式整体服务，已打造成为以展览、论坛、供需直采对接会、商务考察及游学等多板块为核心抓手的综合展会。3年来积累了超过3万家海外专业采购商数据资源，主要包括国内外主流跨境电商平台及头部生态链企业采购代表，如 Shopee、Lazada、Tokopedia、TikTok、BliBli、Akulaku 等，以及印尼本土网红、行业采购团（主要来自亚洲营销联盟、亚洲中小企业理事会、印尼工商会馆、印中商务理事会、马来西亚中国商会、马来西亚广东总商会、马来西亚批发商总会、马来西亚巨盟批发城、马中民俗文旅总商会、泰国中华总商会暨各行业公会联谊会、泰国华人青年商会、菲律宾粤商会、越南粤商会等）等。

2023 年中国国际电商产业博览会暨印度尼西亚选品展览会作为中国境外自办跨境电商主题第一展，是由中国贸促会商业行业委员会联合山东省贸促会、江苏省贸促会、江西省贸促会以及长沙市贸促会共同发力，积极践行"跨境电商+产业带"强强联合的优秀案例。本届展会涉及的特色产业带包括江西省家具和箱包产业、江苏省食品和美妆个护产业、山东省家居和服饰产业、秦皇岛市医疗设备和食品产业、长沙市消费电子产业等。展会面积逾万平方米，凭借深厚的印尼政商界和海外采购商资源，到场观众及买家超过3万人次，知名跨境电商支付服务商 PingPong、印尼最大的 MCN 直播带货机构 F-commerce、知名海外工商企业山海图印尼等均作为展商参展，并在现场举办多场次行业论坛，给电商平台、服务商和卖家创造面对面沟通的机会，帮助解决中国企业出海面临的起步难、易踩坑、物流效率低、支付难、入驻平台不顺利、直播点击量低等难点问题。

中国国际电商产业博览会同时设置国内场，2023 年中国贸促会商业行业委员会分别在深圳、南京举办中国国际电商产业博览会，作为国际性跨境电商展会平台，为各类电商卖家提供优质的选品交流、一站式服务对接平台，展会设置智能及消费电子、服装饰品、智能家居、母婴玩具等专业展区，展品覆盖全国20余个产业带，汇聚跨境电商生态圈500余家优质参展商，吸引约4万观众及采购商到场。①

---

① 资料来源：中国贸促会商业行业委员会不完全统计数据。

2. 突破重围，快速挖掘市场潜力

2020 年企业无法出境参加任何展会及论坛活动，海外订单数量得不到保障，江苏多地市以及深圳等产业带集中地区纷纷向中国贸促会商业行业委员会反馈面临的痛点，中国贸促会商业行业委员会主动出击，利用多年来海外代表处以及庞大的海外采购商数据库资源，在第一时间为企业打造定制化"贸促优配"精准供需对接会项目，使企业以最快的速度精准接触到海外采购商，降低获客成本和海外风险。

"贸促优配"精准供需对接系列活动始创于 2020 年，是中国贸促会商业行业委员会自主 IP，依托自办展会的平台经验优势与国际采购资源积累，创新线上线下相结合的对接形式，为供采双端提供一对一洽谈的交流空间，为跨境电商行业及全国优质特色产业带供应商搭建资源匹配平台，提升采购效率，实现精准高效的无缝对接，辐射数千万全国中小企业。根据前期收集的采购商需求为企业精准匹配供应商，提供一对一的洽谈空间，助力精准采购并实现高品质的业务洽谈。自创办以来，"贸促优配"精准供需对接系列活动共举办 25 期，包括"SHEIN 专场直采对接会""2023 秦皇岛市出口商品网上展示交易会（RCEP 国家专场）""宿迁市跨境电商供应链选品线上对接会""2022 江苏—欧盟绿色建材对接会""深圳外贸企业供需对接会（跨境电商—消费电子专场）"等。每期精准匹配场次均超过 100 场，直接参与活动的采购商、供应商数量超过 1390 家，达成成交额、意向成交额超 6500 万元。[①]

企业参加展会固然能接触到数量更庞大的客商群体，但展会筹备举办周期较长、境外参展成本相对较高，对部分疫情后处于恢复期的外向型企业，尤其是在许多传统外贸企业对跨境电商存有疑虑的情况下，如何快速步入跨境电商赛道，选择进入哪个海外市场并迅速获取海外订单是核心问题。

外贸工厂是传统 B2B 大宗交易的玩家，将 B2B 生意线上化，开拓 B2B 跨境电商渠道，也成为 2023 年外贸厂商转型的一大趋势。2023 年伊始，出

---

① 资料来源：中国贸促会商业行业委员会不完全统计数据。

境政策放开，中国贸促会商业行业委员会抓住政策"暖流"，创新推出"贸促出海"海外直采招商会以及"贸促精品"海外展厅模式。"贸促出海"海外直采招商会主要通过组织国内高质量企业分批赴海外开展精准商务洽谈、供采对接及实地考察等，帮助中国企业拓市场、拿订单。近年来，共建"一带一路"国家等新兴市场势头强劲，而欧美的进出口贸易有回缩态势，面对这样的国际形势，中国贸促会商业行业委员会于2023年初策划并启动"贸促出海——东盟直采招商会"，将目标放在很多企业还未接触到的新兴市场——东盟市场。首场招商会组织全国20余家外向型企业出访东盟国家，实地走访印度尼西亚、马来西亚和泰国，并在当地分别组织召开3场"贸促优配——线下直采供需对接会"，帮助中国企业与150余家特邀采购商进行一对一洽谈，同时前往当地最大的电商平台企业、批发交易市场、头部企业、行业商协会、电商产业园等开展实地调研、考察及座谈。参加本次团组的企业来自消费电子、家电、服装、新能源等生产领域，80%以上企业接触到至少3家意向客户，更有企业现场接到订单。

通过调研企业，俄罗斯、中东及中东欧市场成为近两年来中国企业十分关注的热门海外市场。以俄罗斯为例，据中国海关总署数据，2023年中俄贸易额超过2400亿美元，这是一个创纪录的数字，同比增长26.3%，并且中国对俄罗斯出口产品丰富多样，包括汽车、智能手机、工业和特种设备、玩具、鞋类、运输设备、空调和电脑等。[①] 俄罗斯科学院东方学研究所当代中国研究中心首席研究员、经济学博士奥斯特洛夫斯基表示，对于俄中贸易而言，总额为2400亿美元并不是上限，2024年可能会达到5000亿美元。[②] 2024年，中国贸促会商业行业委员会将在印尼展和东盟贸促出海团组的基础上，以这些有巨大潜力的海外市场为目的地继续升级打造"贸促出海"项目以及中国国际电商产业博览会俄罗斯专场，为目的地国家挖掘跨境电商潜力添砖加瓦。

---

① 《中俄贸易额创新高》，《参考消息》2024年1月12日。
② 《俄专家：2024年俄中贸易额有可能增至近5000亿美元》，俄罗斯卫星通讯社，2024年1月13日。

为回应外向型企业长期展示商品、长期布局贸易线索的需求，"贸促精品"海外展厅项目应运而生，特设"精品展示"与"精品首发"两大活动板块，未来将在美国、越南、马来西亚、菲律宾、印度尼西亚等国家和地区开设海外展厅，助力企业实现本土产品品牌化、本土品牌国际化，延长展会服务时效，推动贸促形式创新。

（四）打造跨境电商走进地方联系合作机制

除了打通海外各种渠道、创新海外开拓模式之外，中国贸促会商业行业委员会在境内更为频繁地与企业进行交流。为全面贯彻党的二十大精神，发挥全国贸促系统资源优势，形成工作合力，助力地方跨境电商综试区建设，助推地方外贸新业态发展，中国贸促会商业行业委员会联合地方贸促会形成跨境电商走进地方联系合作机制，2023年共举办14场跨境电商地方行系列活动，其中，江西省9场，广东省2场，江苏省2场，陕西省1场，不仅为地方产业带企业介绍跨境电商发展前沿资讯，也助力企业拓宽发展道路、探索实践路径，积极把握跨境电商发展新机遇。

三 "跨境电商+供应链"发展及贸促实践

一般而言，跨境电商供应链的主要参与角色分为卖家、电商平台、第三方物流（3PL）代理、买方。与传统供应链系统不同，在以跨境电商平台为核心的供应链中，较少涉及寻源与采购模块，更多涉及的是货物仓储、库存管理以及运输。跨境电商竞争的上半场，中国跨境电商以价格战、营销战的方式挤进海外本土市场。然而来到竞争下半场，跨境电商陷入中国式内卷，价格战和营销战注定只是一场短跑。2023年，为了赢得这场持久战，跨境电商玩家们开始转变方式，转向供应链方面继续较量，跨境电商供应链之战已然打响。

（一）"全托管模式"蜂拥而至

2022年下半年，尤其是2023年以来，跨境电商圈出现了一个新的名词叫"全托管模式"。"全托管"话题飓风般刮起，吸引了 Temu、SHEIN、TikTok、AliExpress（速卖通）等平台纷纷入局。2022 年 9 月上线起，Temu 就启用全托管模式；2023 年 5 月，主打自营的 SHEIN 继续打破传统出海路径，打造柔性供应链，宣布开启平台模式并吸纳第三方卖家入驻；同样是 2023 年 5 月，TikTok Shop 正式宣布推出"全托管"运营模式，8 月在美国市场小范围试点，10 月底全量上线；AliExpress（速卖通）从 2022 年底开始内测全托管模式，2023 年 4 月全品类大范围推广全托管模式的 Choice 频道；此外，Lazada 等其他跨境电商平台也纷纷尝试全托管模式。

"全托管模式"正在引导整个跨境电商市场新一轮的转变。在全托管模式下，电商平台负责店铺运营、仓储、配送、退换货、售后服务等环节，商家只负责提供货品、备货入仓。这样就降低了准入门槛，让没有运营优势的工厂也能做跨境电商。实际上，全托管的本质可以理解为跨境电商平台的供应链之争。各大平台之所以加大供应链布局，一方面，在于通过优化供应链，可以降低采购、库存、运输等方面的成本，提高整体利润率。另一方面，稳定的供应链还能帮助商家和平台预测市场需求，减少缺货现象，提高销售额。高效、稳定的供应链还可以确保产品快速准确地送达用户手中，以及提供更好的售后服务，进而提高用户满意度，增强用户黏性。

（二）布局海外，本土化策略和供应链搭建问题突出

《2023 亚马逊全球开店中国出口跨境电商白皮书》显示，以北美、欧洲和日本为代表的发达市场继续保持稳健增长，新兴市场如中东、拉美等区域强势崛起，代表着跨境电商的新增量。在产业发展扩容升级的过程中，很多企业已经认识到坚守海外本土化经营的重要性，同时也是迎合全球化进程的趋势，因此要在不同国家和地区强化在当地研发、生产、营销和服务，提供本地最适合的产品与服务，打造独特的本土化品牌形象。本土化策略核心之一是在目标市场建立供应链和产业链，同时这也是对抗逆全球化一个有效的方式，现在很多中国企业除了在国内有大本营之外，在美国、欧洲、东南亚以及中东、南美等都布局了自己的运营和销售团队。

2023年，由于高位的市场需求、不确定的宏观环境等因素影响，全球供应链的压力仍然有增无减，高效、即时的供应链能力逐渐成为跨境电商胜出的关键。就跨境电商物流供应链来说，很多商家面临物流供应链整合困难、物流比价数据收集难、货物跟踪查询脱节、物流发货对账难、物流时效难以把握等问题，整合优化物流资源的能力显得更加重要。很多企业开始选择通过海外仓解决物流供应链难题，海外仓行业研究也成为2023年中国政府和企业十分关注的话题，如2023年国家市场监督管理总局、国家标准化管理委员会出台《跨境电子商务海外仓运营管理要求》（GB/T 43291-2023）。海外仓国家标准的出台表明国家对海外仓发展高度重视，有利于支撑海外仓建设政策的落地，为海外仓运营提供技术支撑，同时也提高了相关运营和监管要求。

（三）"跨境电商+供应链"贸促实践

1. 打造跨境电商服务型企业重点联系机制

2023年，物流跟踪与时效监控难、后台数据烦琐复杂、供应链整合难、渠道拓展难、境外落地难、海外市场合规风险大、国内外选品差异大等行业普遍痛点，让很多传统外贸企业对跨境电商望而却步，这些问题与跨境电商供应链息息相关。从2023年初开始，中国贸促会商业行业委员会就开始梳理跨境电商供应商资源库，并对大量跨境卖家进行了跟踪调查，发现很多外向型企业尤其是中小企业在寻找跨境电商合作伙伴时无法获取权威信息，对合作伙伴的资质以及能力状况真实性无从判断。为帮助广大企业尤其是中小企业精准开展跨境电商业务、拓宽国际销售渠道，中国贸促会商业行业委员会受中国贸促会委托并编制完成《中国贸促会跨境电商重点联系企业名录》，共收录由业内专家审核评定的全国100余家优秀跨境电商企业信息，焦点科技、卓米亚、PingPong、XTransfer、结行国际、菜鸟、百世、欧税通等行业知名品牌均入选，入选企业类型覆盖跨境电商平台、跨境仓储及物流、供应链管理、金融支付、供应链金融、知识产权及商标注册、VAT税收、互联网增值服务、系统集成服务以及关务代理服务等。

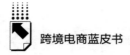

跨境电商出口海外仓模式成国货出海"新驿站",通过这种模式,境内企业先将货物通过跨境物流出口至海外仓,在跨境电商平台实现交易后,从海外仓直接发货给海外消费者。中国贸促会商业行业委员会受中国贸促会委托编写了《中国跨境电商海外仓专题调研报告》,详细介绍海外仓发展现状、趋势以及存在的问题和对策,为政府制定政策、企业选择合作伙伴提供参考和依据。此外,中国贸促会商业行业委员会与 XTransfer 联合发布全国性、地区性的年度、半年度以及月度《中小微企业出口贸易(B2B)指数报告》。

在此基础上,中国贸促会商业行业委员会建立了跨境电商服务型企业重点联系机制,为跨境电商企业系统提供宣传推广、业务磋商、官方推介等服务,极大地增强了与跨境电商服务企业的黏性;并细分领域重点联系部分跨境企业,如与 XTransfer 合作"2023 未来外贸大会",与 PingPong 合作"2023 外贸企业跨境支付发展论坛"等大型行业活动。

2. 国际发声,引领跨境新趋势

我国跨境电商占同期货物贸易进出口比重从 2015 年的 1% 增长到 2022年的 5%。我国是全球跨境电商生态链最为完善的国家之一,跨境电商的贸易伙伴已经覆盖全球,我们有义务在国际上发声,让更多国家听到中国跨境电商的声音,在占据更多跨境电商领域话语权的同时,帮助其他国家发展跨境电商产业,资源共享、优势互补,践行习近平总书记在庆祝中国国际贸易促进委员会建会 70 周年大会暨全球贸易投资促进峰会视频致辞中关于"扩大国际朋友圈"的指示精神,因此,中国贸促会商业行业委员会联合亚洲中小企业理事会(ASCB)十余家亚太地区成员国单位,共同发起"亚洲电商迈向全球倡议(AEGI)",旨在"赋能亚洲电商网络,共建全球跨境生态",与亚洲各国探讨电子商务优秀经验,共享电子商务最新成果,促进亚洲电商高效快速发展,推动构建全球命运共同体。

四　结语

当前,世界经济发展到了一个周期性的调整阶段,产业链供应链重塑导致运营成本上升，同时，金融环境由宽松转向紧缩后的效应也逐步显现，对世界经济产生了进一步深远影响，世界经济发展趋势必将继续极化分布。2024年中国外贸行业也将面临极大挑战，中国贸促会商业行业委员会将继续奋楫扬帆、赓续前行，洞察国际形势，分析市场发展，继续探索和运营"跨境电商+"外贸促进新模式，为更多外向型企业尤其是中小企业出海保驾护航。

参考文献

唐德森：《跨境电商产业链控制力提升创新路径——基于全球新冠疫情影响视角》，《科技经济市场》2021年第10期。

霍超杰：《我国跨境电商产业链下的物流模式研究》，《物流科技》2023年第4期。

陈建松、林文璇：《跨境电商平台全托管模式解析》，《全国流通经济》2023年第22期。

陈建松：《跨境电商供应链与价值链协调运作研究》，《时代经贸》2023年第12期。

探索篇

B.14
我国跨境电商标准化建设现状、
问题与建议

姚 歆 黄 远 赵春鱼*

摘 要： 标准作为世界"通用语言"，是国际贸易的通行证。随着跨境电商
对开拓外贸新增长点、激发外贸新动能作用的不断显现，我国愈发重视跨境
电商标准化工作，持续推进跨境电商标准体系建设。本文分别从国家、行业、
地方、团体、企业标准层面，具体分析我国跨境电商标准化的发展现状；从
时间、区域、标准内容、标准实施四个维度，分析我国跨境电商标准化发展面
临的问题；在此基础上，从建立系统协调标准体系、加强重点领域标准化建设、
推进交易全过程标准化建设、增强国内外标准兼容性、强化标准实施效果等五

---

* 姚歆，高级工程师，中国国际贸易促进委员会商业行业委员会秘书长，国际标准化组织管理
咨询技术委员会（ISO/TC 342）主席，主要研究方向为国际标准化；黄远，博士，高级工程
师，中国国际贸易促进委员会商业行业委员会国际标准化研究中心研究人员，国际标准化组
织管理咨询技术委员会经理，主要研究方向为国际标准化；赵春鱼，副研究员，中国国际贸
易促进委员会商业行业委员会国际标准化研究中心研究人员，中国计量大学质量与标准化学
院教师，主要研究方向为质量评价与标准化。

个方面提出政策建议。

关键词： 跨境电商　标准化建设　国家标准　地方标准　团体标准

　　跨境电商为全球经济发展创造了巨大的机会，提供了新的增长动力，催生了新的贸易模式，引领了新的消费趋势，创造了新的就业机会，打造了全球供应链。2023 年，我国跨境电商进出口 2.38 万亿元，增长 15.6%，跨境电商独立站建设超 20 万个，海外仓数量超过 2400 个，面积超过 2500 万平方米，物流、支付、快递等第三方服务商服务全球数十万客户。① 我国跨境电商贸易伙伴遍布全球，与 30 个国家签署双边电子商务合作备忘录。跨境电商作为我国近年来稳外贸的重要抓手，发展模式越趋成熟，整体发展规模不断壮大，对我国经济建设有着显著推动作用。

　　然而，各国之间的法律、制度、规则、文化差异等因素，给我国跨境电商的发展和运营带来了极大挑战，增加了成本和风险。通过制定和推行一系列跨境电商规范、准则和标准，可以促进不同国家和地区之间的跨境电商活动的正常高效运转，同时确保消费者权益的保护、市场的健康发展以及贸易的公平竞争。标准作为世界"通用语言"，是国际贸易的通行证。我国高度重视跨境电商标准化建设，为跨境电商标准化建设提供了制度支持。已有研究表明，我国对跨境电商标准化的研究与该领域的发展阶段同步，走在了探索的前沿。随着跨境电商对开拓外贸新增长点、激发外贸新动能作用的不断显现，我国愈发重视跨境电商标准化工作，持续推动跨境电商标准体系建设。

　　通过对全国标准信息公共服务平台（https：//std. samr. gov. cn/）和地方标准信息平台进行检索和统计，截至 2023 年 12 月底，全国现行跨境电商

---

① 《跨境电商生态体系加速构建 企业"出海"拓展新航道站到国际"C 位"》，央视网，2024 年 1 月 21 日。

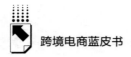

领域国家、地方、团体和企业标准共计112项，其中，国家标准24项，地方标准14项，团体标准49项，企业标准25项，跨境电商标准化工作的不断推进、标准数量的大幅增长为我国跨境电商高质量发展奠定了坚实基础。

一　跨境电商标准化发展现状

目前，我国已经初步建立了跨境电商国家、行业、地方、团体、企业标准体系，涉及跨境电商交易、运营管理、综合服务、物流仓储、信息描述、单证信息、报关、知识产权、监督评价等多个领域。

（一）国家标准

我国跨境电商标准化工作始于2013年，而且发展很快。2007年1月，国家电子商务标准化总体组在北京成立，负责我国电子商务标准化工作的总体规划和技术协调，同年制定并实施了《国家电子商务标准体系（草案）》，标志着我国电子商务标准化工作进入新阶段。2013年，该总体组改组完成后，提出了"国家电子商务标准体系"的规划，该规划涉及跨境电商标准的重要内容。与此同时，《国务院办公厅关于促进进出口稳增长、调结构的若干意见》《关于实施支持跨境电子商务零售出口有关政策的意见》等多项政策的发布，优化了跨境电商政策环境，跨境电商迎来良好的发展机遇。2017年，中国海关牵头草拟《世界海关组织跨境电商标准框架》。2018年，第二届全球跨境电子商务大会发起成立"跨境电子商务标准与规则创新促进联盟"。2021年，商务部制定《"十四五"电子商务发展规划》《"十四五"对外贸易发展规划》等文件，并组织各跨境电商综试区开展"跨境电子商务规则与标准建设专项行动"。2022年，我国初步形成跨境电商发展标准体系并持续推动其高质量发展。

截至2023年12月，我国现行有效的跨境电商领域国家标准共计24项，归口在全国电子业务标准化技术委员会（SAC/TC 83）、全国物流信息管理标准化技术委员会（SAC/TC 267）、全国物流标准化技术委员会（SAC/TC

269)、全国电子商务质量管理标准化技术委员会（SAC/TC 563）等 4 个全国专业标准化技术委员会，发布日期集中于 2018～2023 年，其中 2021 年发布 9 项。具体情况如图 1 所示。

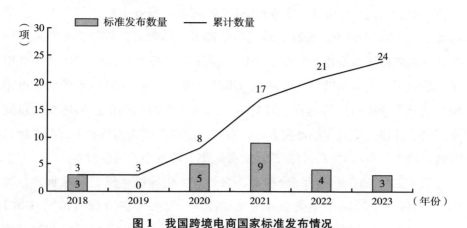

图 1　我国跨境电商国家标准发布情况

资料来源：全国标准信息公共服务平台。

跨境电商国家标准与业务联系紧密，标准内容涉及产品语种分类与命名、产品质量评价与风险评估、信息描述与管理等。在产品语种分类与命名方面，GB/T 42003-2022《跨境电子商务交易类产品多语种分类与命名 陶瓷产品》、GB/T 39464-2020《跨境电子商务交易类产品多语种分类与命名 鞋》、GB/T 42002-2022《跨境电子商务交易类产品信息多语种描述 智能手机》等国家标准规范了汉语、英语、法语、西班牙语、韩语、阿拉伯语、俄语等7 种主要语言环境下交易类产品的分类与命名、产品信息描述，保证了相关交易类产品在各国交易的准确性和便利性，提高了跨境电商的交易质量和效率。在产品质量评价与风险评估方面，GB/T 42497-2023《跨境电子商务进口商品质量风险评估指南》、GB/Z 42007-2022《跨境电子商务交易服务质量评价》、GB/T 40841-2021《跨境电子商务产品质量评价结果交换指南》、GB/T 39053-2020《跨境电子商务平台商家信用评价规范》等国家标准确定了产品质量评价结果交换的要求和指标、质量风险评估以及信用评价内容，

213

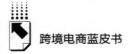

有效解决了交易服务过程中出现的产品质量差、售后难、信息泄露等问题，推动跨境电商交易服务信用体系建设，提高整体服务质量，保护消费者的合法权益。在信息描述与管理方面，GB/T 41128-2021《跨境电子商务出口商品信息描述规范》、GB/T 41126-2021《跨境电子商务出口经营主体信息描述规范》、GB/T 40105-2021《跨境电子商务交易要求》以及 GB/T 37147-2018《跨境电子商务电子订单基础信息描述》、GB/T 37148-2018《跨境电子商务电子报关单基础信息描述》、GB/T 37146-2018《跨境电子商务电子舱单基础信息描述》等国家标准规定了跨境电商商品的信息描述及信息安全要求，并描述了对应的证实方法，有利于出口企业之间与有关部门的信息互通，减少信息不对称，提高跨境业务效率，降低企业运营成本。

除此之外，还发布了综合服务、海外仓、供应链质量等国家标准，如 GB/T 41825-2022《中小微企业跨境电商综合服务业务管理规范》、GB/T 43291-2023《跨境电子商务海外仓运营管理要求》、GB/T 42774-2023《跨境电子商务供应链质量安全管理指南》；在研《跨境电商独立站运营服务指南》《跨境电子商务商家风险防控指南》《跨境电子商务大宗商品交易指南》国家标准。

（二）行业标准

由于没有明确的监管部门，跨境电商行业标准较为薄弱。相关标准集中在进出口产品技术规范、进出口商品或食品试验检验方法等领域。2017 年，国家质量监督检验检疫总局发布 SN/T 4900-2017《跨境电子商务产品质量信息数据规范》，目前已废止。

（三）地方标准

2015 年，国务院同意设立杭州跨境电商综试区，开启了跨境电商综合性质的先行先试探索之路；截至 2023 年底，全国跨境电商综试区数量已达 165 个，覆盖 31 个省、自治区、直辖市，为推动我国跨境电商健康发展提供更多可复制、可推广的经验。这些区域通过不断深化制度创新、管理优化和服务创新，已经探索出一套以"六体系两平台"为核心的制度框架。

跨境电商地方标准最早可以追溯到 2014 年，深圳检验检疫局发布实施 SZDB/Z 93-2014《网上交易进口商品质量信息规范》地方标准化指导性技术文件。该标准是深圳市为创建国家电子商务示范城市制定的首个地方标准。2016~2018 年，深圳市发布 13 项跨境电商相关的地方标准化指导性技术文件，其中 11 项已废止。目前，现行有效地方标准 14 项（不包括地方标准化指导性技术文件），发布日期集中于 2017~2023 年，其中于 2019 年发布地方标准 5 项。发布省份（地区）较为集中，主要为浙江省（杭州）、广东省（深圳）、河南省（郑州）、江苏省、新疆维吾尔自治区等，具体情况如图 2 所示。

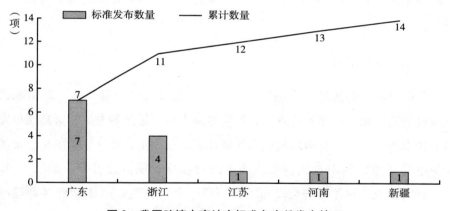

图 2　我国跨境电商地方标准各省份发布情况

资料来源：全国标准信息公共服务平台。

标准内容涉及跨境电商人员职业能力、信息交换和管理、公共服务平台、物流管理和海外仓服务、产业园建设和管理、知识产权保护等，其中，DB44/T 2203-2019《跨境电子商务园区服务规范》、DB33/T 2040-2017《跨境电子商务产业园服务规范》、DB3301/T 0282-2019《跨境电子商务宠物产业园区建设与运营规范》规定了跨境电商产业园区的基本要求、服务提供、安全管理以及服务保障等内容，为跨境电商园区建设提供指导。此

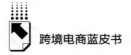

外，广东省在"十四五"规划中明确提出要大力发展跨境电商与快递物流协同发展以及第三方物流和冷链物流，并制定地方标准 DB44/T 2188-2019《跨境电子商务冷链物流管理要求》，加强商品进口冷链物流管理，确保进口商品的品质和有效保质期。新疆维吾尔自治区和深圳市均制定了《跨境电子商务知识产权保护指南》，从知识产权风险识别、风险防范、纠纷应对等角度为跨境电商领域知识产权保护工作提供依据，有效提高企业知识产权保护能力。近年来，浙江省不断深化跨境电商综试区建设，推进产业集群跨境电商发展试点，2022 年杭州市发布全国首个由地方制定的跨境电商法规《杭州跨境电子商务促进条例》，为跨境电商的发展提供良好的法律支持和制度支撑。全国各地积极探索跨境电商标准化建设方向，多角度、全方位保证跨境电商产品质量和服务质量，为国家制定电子商务相关法规标准提供实践依据。

（四）团体标准

我国跨境电商团体标准制定起步较晚，在国家"一带一路"政策和设立跨境电商综试区的相关背景下，跨境电商市场开始蓬勃发展，对高质量发展的需求不断提升，我国跨境电商团体标准应运而生，团体标准的出台带动跨境电商行业摆脱粗放式发展，逐步向规模化、规范化发展。2017 年 12月，浙江省电子商务促进会发布了我国第一个跨境电商团体标准《跨境电子商务进口重点产品监测 第 1 部分 总则》。

根据全国团体标准信息平台统计，截至 2023 年 12 月底，全国已发布跨境电商团体标准共计 49 项。2017~2020 年，我国跨境电商团体标准制定处于初步探索阶段，共发布 3 项团体标准；2021 年处于缓慢发展阶段，共发布 8 项团体标准；2022~2023 年，处于快速发展阶段，共发布了 38 项团体标准（见图 3）。

我国跨境电商团体标准主要由以下 20 个社会团体发布，具体见表 1。浙江省电子商务促进会发布的跨境电商团体标准数量最多，共计 7 项；其次是中国国际贸易促进委员会商业行业委员会，共发布 6 项。这些社会团体主

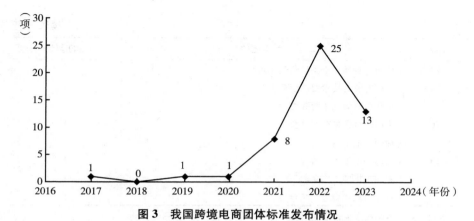

图 3　我国跨境电商团体标准发布情况

资料来源：全国标准信息公共服务平台。

要分布在浙江省、江苏省、广东省、山东省、上海市、北京市。团体标准起草单位由协会、政府机构、企业等构成，其中企业是跨境电商团体标准制定的主要起草单位，展现了跨境电商市场、跨境电商公司对高质量、规范化发展的强烈需求。

表 1　社会团体发布跨境电商标准数量

单位：项

序号	社会团体	标准数量
1	浙江省电子商务促进会	7
2	中国国际贸易促进委员会商业行业委员会	6
3	中国中小商业企业协会	4
4	广东省跨境电子商务协会	4
5	广东省食品安全保障促进会	4
6	东莞市虎门电子商务协会	3
7	浙江省国际数字贸易协会	3
8	中山市跨境互联网贸易促进会	3
9	浙江省产品与工程标准化协会	3
10	中国服务贸易协会	2
11	珠海市电子商务协会	1
12	全国城市工业品贸易中心联合会	1

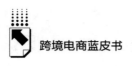

序号	社会团体	标准数量
13	广州市番禺区个体私营企业协会	1
14	广东省应对技术贸易壁垒协会	1
15	杭州市跨境电子商务协会	1
16	中国联合国采购促进会	1
17	徐州市电子商务协会	1
18	上海都市型工业协会	1
19	惠州市标准化协会	1
20	青岛市现代服务业联合会	1

资料来源：全国标准信息公共服务平台。

我国跨境电商团体标准内容侧重点各有不同，包括对从业人员、培训机构、平台运营、经营服务、知识产权、服务技术、物流服务、海外仓、独立站、等级评价、流通等方面提出要求。其中，《跨境电商平台店铺运营管理规范》等 14 项侧重于规范跨境电商平台、商家运营与服务管理。《跨境电商从业人员培训指南》等 13 项团体标准侧重于规范跨境电商从业人员培训、从业人员素质要求。《跨境电子商务产品 新会柑种植规范》等 8 项团体标准侧重于规范新会陈皮的种植、流通管理与评价。《跨境电子商务 交易产品 知识产权侵权鉴定管理规范》等 3 项团体标准侧重于规范跨境电商知识产权保护。《跨境电商服装企业云服务技术要求》等 3 项团体标准侧重于规范跨境电商服务的技术要求。《跨境电子商务 术语》侧重于规范跨境电商的术语。《跨境电子商务 进口重点产品监测 第 1 部分 总则》侧重于规范跨境电商进口重点产品监测的相关机构及职责。

中国贸促会商业行业委员会发布了《跨境电商平台店铺运营管理规范》《跨境电商海外仓运营管理规范》《跨境电商独立站运营管理规范》《跨境电子商务知识产权保护指南》《B2C 跨境电子商务出口运营人员职业能力要求》五项团体标准，并以团体标准为基础向国际标准化组织（ISO）提交了《跨境贸易海外仓服务指南》项目委员会提案。这五项团体标准聚焦跨境电商热点问题，涉及运营管理、服务规范、知识产权保护、从业人员能力要求等内容，规范跨境电商行业各利益主体的行为，完善相关服务功能，进一步优化营商环境，驱动跨境电商高质量发展。

（五）企业标准

通过检索企业标准信息公共服务平台，查询到 27 家企业自我声明实施跨境电商团体和企业标准。这些企业集中在广东、浙江、河南、新疆、安徽、云南、山东、海南等省份，标准内容集中在从业人员培训、综合服务平台、知识产权、电子合同、物流服务、通关等领域。

二 跨境电商标准化发展面临的问题

（一）从时间维度分析

我国跨境电商标准化工作可以追溯到 2013 年，标准发布集中在 2017 年之后，2021~2023 年标准数量突飞猛进。2017~2023 年我国发布的标准中，地方标准共 14 项，国家标准共 24 项，团体标准共 49 项，具体见表 2。从发布的标准类型数量来看，地方标准的数量相对较少，地方政府在跨境电商标准化方面的参与和制定力度有待加强，需要更多的关注和支持。国家标准数量相对稳定，但仍需持续关注和重视，确保标准的有效实施和监管。团体标准数量较多，可以满足行业的特定需求，但也需要确保标准之间的一致性和协调性，以避免出现冲突和混乱情况。

表 2 2017~2023 年全国跨境电商标准分类数量

单位：项

年份	国家标准	地方标准	团体标准
2017	0	3	1
2018	3	0	0
2019	0	5	1
2020	5	2	1

年份	国家标准	地方标准	团体标准
2021	9	1	8
2022	4	0	25
2023	3	3	13
合 计	24	14	49

资料来源：全国标准信息公共服务平台。

（二）从区域维度分析

在我国的跨境电商标准体系中，广东省和浙江省是归口单位数量最多的地区，分别拥有 24 项和 21 项标准。北京的跨境电商标准数量排名第三，共有 13 项标准，全部属于团体标准（国家级社会团体）。河南、上海和新疆的标准数量有且只有 1 项，其中河南和新疆的标准属于地方标准，而上海的标准是团体标准。另外，江苏拥有 2 项标准——1 项地方标准和 1 项团体标准，具体见表 3。

表 3　跨境电商标准所属地汇总

单位：项

标准类型	数量（项）	所属省份						
		广东	浙江	北京	河南	江苏	新疆	上海
地方标准	14	7	4	0	1	1	1	0
团体标准	49	17	17	13	0	1	0	1
总数	63	24	21	13	1	2	1	1

资料来源：全国标准信息公共服务平台。

根据表 3，我们可以发现跨境电商标准在地域分布上相对集中，主要集中在广东、浙江和北京这几个地区。这些地区的归口单位数量较多，标准的制定相对较为完善。而其他地区的跨境电商标准数量较少且内容较分散。随着跨境电商的快速发展，其他地区也亟须逐步加强标准制定和推动跨境电商发展的规范化。

（三）从标准内容维度分析

我国跨境电商行业目前正处于黄金发展阶段，增势迅猛，海外市场迅速崛起，除了大型 B2B 平台外，独立站也在兴起，跨境电商已逐渐成为外贸高质量发展新引擎。如何进一步提升整体产业能力和企业竞争能力，是推进跨境电商高质量发展的重中之重。通过分析现有的跨境电商相关标准，发现我国跨境电商标准化发展面临以下问题。

1.缺乏系统统筹规划，标准体系尚不完善

目前，我国跨境电商标准化工作缺乏系统统筹规划，标准化体系尚未完全建立，尤其是与已有电子商务标准的协调和配套关系，以及跨境电商国家、地方、团体、企业各种类型标准之间的协同和差异，需要进一步思考和界定。例如，团体标准重复率高；标准使用混乱，对于已废止的标准，企业还在自我公开声明实施。

2.重点领域标准缺乏，仍需进一步补充

跨境电商不断发展变化，新业态新模式不断涌现。一些重点领域标准仍然缺乏和滞后，目前标准无法满足实际需要，需要加强相关领域标准研制，提高标准质量。

跨境电商合规标准有待进一步完善。2021 年亚马逊封号事件是我国跨境电商发展的分水岭，主流电商平台规则发生变化，对合规化发展提出更高要求，也引发了人们对电商平台管理和规则的深入思考，我国跨境电商行业经历了野蛮生长和高速发展，亟须标准来指导、规范跨境电商发展。

支付与结算标准有待进一步完善。跨境电商涉及多种货币的交易，需要处理不同国家的支付标准和法规，增加了交易的风险和复杂性。支付、结算作为跨境电商的一个重要环节，需要通过标准进行规范，确保跨境电商交易的顺利进行。

知识产权保护标准有待进一步完善。随着我国跨境电商交易规模的快速

扩大，跨境电商领域的纠纷，尤其是知识产权类纠纷也日渐增多，知识产权已经成为境外企业制约我国跨境电商从业者的重要竞争手段之一。由于跨境电商领域涉及的知识产权存在地域性保护，加之国内知识产权保护意识淡薄、管理制度尚未完善等原因，跨境电商知识产权保护问题仍然面临巨大挑战。尽管有一些标准涉及了知识产权保护，但不同的地域对知识产权的规定和要求可能存在差异，导致标准化文件之间的差异。因此，要加强对标准化文件中的知识产权内容的重视，对于建立确保公平、高效和可靠的争端解决机制有重要意义，有利于促进跨境电商的发展。

信息安全管理标准缺乏。跨境电商行业涉及大量的数据传输和处理，因而也成为信息数据泄露的"重灾区"。外部网络攻击、内部员工和数据流通都会造成信息泄露。数据安全和隐私保护是重要问题，制定跨境数据流动和隐私保护的标准可以增强消费者信任和确保数据安全，但我国在跨境电商信息安全标准化方面还有很大的提升空间。此外，跨境电商涉及跨国交易，消费者隐私保护是一个重要的问题。各国对于消费者信息的法律保护程度不同，这使跨境电商的交易风险增加。因此，建立完善的消费者信息保护机制，完善信息安全管理标准，确保消费者的权益得到充分保障，是跨境电商健康发展的关键。

物流标准国际化程度相对较低。跨境电商物流需要经过多个环节，包括国内运输、海关查验、国际运输、目的国清关等，这些环节都会增加物流成本。跨境电商物流涉及多个国家和地区的物流信息，不同地区的物流信息管理系统不同，且存在语言和文化差异，导致物流信息不对称，客户难以掌握准确的物流信息，影响客户体验。我国对物流服务流程、仓储管理、运输配送、追溯体系等做出了要求，但在物流保险等方面仍无法与国际接轨，需参照国际标准对术语、标识等方面出台相关标准，与国际顺畅接轨。

（四）从标准应用实施维度分析

一些企业对标准化工作的重要性认识不足，加之跨境电商及标准化人才不足，缺乏参与标准化工作的积极性和主动性，影响了标准化工作的推进。

通过分析跨境电商标准起草单位，观察到头部跨境电商企业几乎没有参与标准制定，从侧面可以看出，标准的先进性和覆盖面不足，标准需求未必来源于市场。同时，通过调研发现，大部分跨境电商标准无法及时适应市场变化和行业发展，没有得到有效实施，无法发挥标准引导行业发展作用，同时实施情况较难监测，效果无法评估。

三 对策建议

（一）建立系统协调标准体系，统筹推进各级各类跨境电商标准有序发展

加强政府部门、社会团体、企业等各方合作，建立和完善统一的跨境电商标准化体系，注重和强调各级、各类标准的协调统一，制定和完善相关标准和规范，确保市场有序竞争和健康发展。充分发挥长三角和珠三角地区在跨境电商标准化领域的先行示范作用，推动区域间协同与标准传播和实施。同时，在制定跨境电商标准时，应注重与国际标准的一致性，以便更好地融入全球贸易体系并促进国际合作。

（二）加强跨境电商在技术、管理、服务等领域标准化建设

面对货物贸易与服务贸易、贸易与产业以及线上线下融合的发展趋势，跨境电商正成为推动贸易全流程及各环节数字化的关键力量。应着力在跨境电商相关环节的技术、管理、服务和信息化建设标准方面进行突破。技术层面，重点在数据安全、数据共享、支付系统及物流技术的标准化；管理层面，强化业务数据和业务流程、合规管理、知识产权保护、供应链管理及消费者权益的标准化；服务层面，着眼于海外仓、独立站等新模式以及客户服务和售后支持的标准化；信息化建设层面，重点在跨境电商综合服务平台数据集成、物流、信用、信息安全的标准化。此外，通过建立和加强与国际标准组织的合作，让中国跨境电商更好地融入国际标准体系，促进其在全球市场的深入融合与可持续发展。

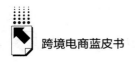
（三）推进跨境电商交易全过程的标准化建设

跨境电商交易全过程的标准化是实现行业规范化和制度化发展的关键。它通过制定一致的业务流程、数据格式和技术规范，简化操作流程，降低误解与纠纷的发生，从而为买卖双方以及监管机构和相关企业提供一个共同遵循的高效协作框架。这不仅提高了政府的监管效能，也推动了整个产业的升级转型，并有效降低了行业的准入门槛。统一的标准体系将显著提升跨境电商的运营效率、服务质量以及市场秩序，为这一新兴业态的快速发展提供动力，并使所有参与方都从中获益。标准化是推动跨境电商向成熟市场进化的重要驱动力。

通过分析跨境电商的国家标准、地方标准和团体标准的主要技术内容，或可将跨境电商交易全过程归纳为交易前阶段、交易执行阶段、售后服务阶段以及综合管理与监督。

在交易前阶段，我国跨境电商领域已相对充分地供应了商品信息描述、商品质量与合规性要求等相关标准。然而，在交易执行阶段，物流与配送标准尚需针对成本控制和国际运输效率进行供给提升。此外，支付和结算领域的标准化缺失，加剧了对相关标准研制的紧迫性。至于售后服务阶段，退货和退款流程的标准化在国内尚属空白，迫切需要建立相应的标准体系。这些标准的建立和完善将对提升我国跨境电商交易的效率和用户满意度发挥决定性作用，是推动行业健康发展的关键所在。

（四）增强国内标准与国际标准的统一性和兼容性

国际上在法规制度、技术规范、数据传输方式等方面的差异性，往往成为信息交流不畅和交易阻碍的根源。因此，建议加强跨国合作伙伴之间的对话与沟通，综合考虑各国在跨境电商领域的发展政策与技术需求，牵头制定实际可行且符合国际需求的国际标准，从而降低跨境交易的成本，增加交易的便捷性及效率。国内标准无法解决各国之间规则、制度不同所产生的问题，需要积极主导和参与国际标准制定。积极参与跨境电商国际交流和规则探索，在多双边合作机制中，推出"中国方案"。利用我国牵头国际标准化组织电子商务交易保障技术委员会（ISO/TC 321）的优势，牵头或引导跨境电商国际规则、国际标准研制。

（五）加大标准宣传力度，强化标准实施效果监控

建议政府部门发挥引导作用，通过官方公告及新闻发布会等形式，加强公众对跨境电商标准的理解和重视。同时，行业协会应当发挥桥梁作用，定期组织行业交流会议和研讨活动，分享最佳实践，推广标准化的核心价值。此外，企业也应主动在其官方平台和营销材料中，强调其对标准遵循的承诺，以此树立行业标杆。鼓励企业间的经验共享与合作，尤其是将遵循标准的实际操作经验传授给新兴企业，对于建立行业共识尤为重要。同时，专业媒体的深度报道和分析将为标准化推广提供一个权威的信息发布平台。

为确保跨境电商标准实施的有效性，必须建立一套全面的审核评估机制。首先，定期的审核和评估过程对于标准实施的质量至关重要。这包括对遵守标准的情况进行周期性的检查，并对其成效进行综合评估。其次，运用数据驱动的分析方法可以对标准的实施效果进行量化监控，通过收集和分析相关数据，深入理解标准对企业运营、成本效益及用户体验的影响。此外，利用先进的信息技术，如区块链和大数据，可以提高标准实施的透明度和可追溯性，从而实现实时监控。

参考文献

《侵权判罚 3.99 亿！跨境电子商务企业必须了解的知识产权风险及应对措施》，https：//zhuanlan.zhihu.com/p/392359267。

孙兆洋、程越、隋媛等：《跨境电子商务标准体系建模研究》，《中国标准化》2016年第 8 期。

《高效监管、便利通关、制度创新，全国海关——守国门 稳外贸 服务经济社会发展大局》，《人民日报》2023 年 3 月 21 日。

《从两个方面重点推进跨境电商发展》，中国政府网，https：//www.gov.cn/xinwen/2021-07/12/content_5624430.htm。

B.15
我国跨境电商与服务贸易融合发展模式及策略

王小艳 李佳威 张楠楠*

摘　要： 跨境电商与服务贸易相互依存、相互促进，跨境电商能扩大服务贸易规模、优化服务贸易结构、提高服务贸易效率，服务贸易也支撑跨境电商运营交付、扩大跨境电商交易种类、提高跨境电商产品价值。目前跨境电商与服务贸易加速融合，呈现嵌入模式、服务化转型、协助模式、跨国集团模式、平台模式等5种典型模式，但总体上我国跨境电商与服务贸易融合还处于基础阶段，面临应用规模不足、诸多规则制约、贸易保护主义抑制等融合困境。因此，各个主体要从自身角度探寻融合发展路径，企业要提升产品服务价值，打造全球化自主品牌；出海平台要构建本土化生态体系，输出中国技术模式；行业要制定贸易融合发展方案，提升数字贸易竞争力；政府要参与全球数字贸易规则制定，积极推进"丝路电商"建设。

关键词： 货物贸易　服务贸易　数字贸易　跨境电商

　　党的二十大报告指出："推动货物贸易优化升级，创新服务贸易发展机制，发展数字贸易，加快建设贸易强国。"跨境电商兼具货物贸易和服务贸易属性，本身又是数字贸易的重要组成部分，在贸易强国建设中负有义不容

---

* 王小艳，河南国际数字贸易研究院副院长、研究员，主要研究方向为跨境电商、数字贸易、品牌出海；李佳威，郑州职业技术学院教师，全球（郑州）跨境电商研究院研究人员，主要研究方向为物流与运营管理、跨境电商；张楠楠，郑州职业技术学院教师，全球（郑州）跨境电商研究院研究人员，主要研究方向为跨境电商、国际商务、国际金融。

辞的责任和使命。在数字经济时代货物贸易和服务贸易加速融合的发展趋势下，跨境电商的服务贸易属性逐渐发挥关键作用。

一 跨境电商兼具货物贸易和服务贸易属性

货物贸易和服务贸易是国际贸易中最为重要的两大组成部分。货物贸易从最初的商品交换逐步发展而来，服务贸易的概念则到 20 世纪 70 年代才出现。从历史上看，最早的服务贸易是直接基于货物贸易而产生的，如国际物流、跨境支付结算、跨国维修保养服务等，在货物贸易中发挥着基础性的重要作用。随着大数据、人工智能、云计算、区块链等数字技术的发展，服务贸易的范畴不断扩大，出现了大量独立于货物贸易的服务贸易项目，如信息技术服务、文化娱乐服务、知识产权服务等，知识密集型服务贸易大幅增长。

跨境电商从货物贸易发展而来，是互联网时代商品进出口活动的一种创新形式，但单纯将跨境电商看作货物贸易则有失偏颇，因为跨境电商是由服务引领的贸易新业态，只有完成平台服务、跨境营销、国际物流、国际金融、知识产权、财税合规等一系列服务贸易工作，才能真正实现跨境商品交易，这些服务内容并不是货物贸易的辅助形式，而是货物贸易发生的根本必要条件。因此说，跨境电商不是一种单一业态，而是多种服务叠加形成的新型生态系统，是数字货物贸易和数字服务贸易的集成。跨境电商的高质量发展不仅要把货物贸易的规模做大，也要把产业链后端的跨境物流、国际金融、信息技术等服务贸易做强，更要把数字出版、动漫影视、数字游戏、文化创意等数字产品贸易做好，使跨境电商成为数字贸易发展的重要支撑。

二 跨境电商与服务贸易融合发展机理

（一）跨境电商对服务贸易的影响

1. 扩大服务贸易规模

跨境电商交易活动产生了平台服务、国际物流、支付结算、营销推广、

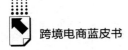

知识产权、财税合规、商业服务等一系列服务贸易活动，且随着跨境电商行业本土化的深入发展，一大批数字服务企业走出国门，"服务出海"成为新的出海热点。同时，数字技术的发展拓展了我国跨境电商的贸易标的，众多在传统业务模式下难以提供的服务变得可贸易化，催生了诸多数字化产品和服务，数字音乐、数字娱乐、远程教育、跨国咨询等服务贸易规模迅速增长。

2. 优化服务贸易结构

跨境电商和数字技术的发展，推动旅游、运输、建筑等传统服务贸易数字化改造，更带动了数字金融、技术服务、知识产权等新兴服务贸易快速发展。跨境电商的蓬勃发展，推动了第三方跨境支付的兴起，中国移动支付技术不断走向海外并实现本土化，提升了我国金融服务贸易的竞争力；催生了现代物流服务贸易新模式，专线物流、海外仓、跨境直邮等物流方式应运而生，我国物流服务贸易快速发展壮大；与跨境电商密切相关的专利、商标、品牌、SaaS等技术和知识型生产要素大规模跨国流动，带动了技术和知识服务贸易的发展。

3. 提高服务贸易效率

跨境电商平台作为新型产业组织，颠覆了原本繁杂的市场交易流程，是数字经济时代追求效率效益最大化的产物。跨境电商平台打破了服务供给的时空限制，更多的数字化产品和服务可以直接通过平台进行充分展示，有效解决了市场信息不对称问题，提升了交易双方的供需匹配度，并以平台为基础确保双方建立互信机制，大大降低了交易成本，提高了资源配置效率。同时，跨境电商平台将生产商、供应商、服务商和消费者联结在一起，汇集串联了各环节、各主体的数据信息流，并推动数据信息在通关、支付、物流、财税、外汇等各环节快速流动，贸易环节高度扁平化，极大提高了贸易效率。

（二）服务贸易对跨境电商的影响

1. 支撑跨境电商运营交付

跨境电商是典型的平台经济，也就是说在跨境交易中，平台发挥了最为重要的中介作用，将买卖双方及服务商集聚在一起，为数据、商品和服务的供需对接，以及研发、设计、制造、交易、交付等的分工协同提供根本支撑。跨境电商平台是跨境电商运营发展的基础设施，而平台的本质就是网络服务提供者，所提供的云计算、大数据分析等本身就是服务贸易的一部分；同时，平台提供的交易（金融）、交付（物流快递）、售后等服务功能，是形成跨境电商交易闭环、拉齐与传统线下国际贸易体验感的关键。目前，跨境电商行业朝着精细化、品牌化趋势发展，再叠加全托管模式，对平台及其综合配套服务的需求大幅提升。

2. 扩大跨境电商交易种类

目前跨境电商平台以销售实体货物为主，但随着数字技术的发展，许多传统服务行业通过数字化基础设施实现了国际远程交付，推动了可贸易服务种类的扩大和领域深度的扩展，电商平台的交易对象逐渐从"有形"的商品扩展到"无形"的数字产品和数字服务。如 Etsy 是全球知名的手工制品电商平台和在线交流社区，该平台除了销售实体产品外，虚拟（数字）商品也很受欢迎，包括数字艺术品、手绘/手写字体、数字图案、印刷品、数字音乐和音效、数字文档和模板、在线课程等。

3. 提高跨境电商产品价值

随着跨境电商行业的竞争日趋激烈，决定贸易竞争力的因素不再局限于产品本身，附加在产品身上的服务成为制胜之道。如为满足消费者个性化、多样化的需求，企业会通过大数据分析来挖掘消费偏好；为贴近海外消费者的文化、审美和风俗习惯，企业会招募优秀的本土设计师，开发本土原创产品；为实现品牌本土化运营，跨境电商企业会组建本土化团队，与当地网红合作进行营销推广……这些服务内容已经成为产品价值的重要组成部分，也是企业打造差异化竞争力的关键。

三 跨境电商与服务贸易融合发展模式

（一）嵌入模式：产品与服务内化融合

嵌入模式是指跨境电商企业在其生产销售的产品中嵌入改善产品性能的

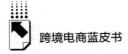

服务，也就是说产品销售过程中，服务已经成为产品价值构成的核心组成部分，形成了一种产品融合服务的互动创新模式。

在跨境电商行业精细化运营和品牌化发展的背景下，企业不断加大产品研发、品牌创新方面的投入，将更多外部资源与服务融入价值链，以此打造差异化、创新性的高溢价产品。这些以产品为载体的服务的加入，促成了商品的价值增值，最终通过商品交易所实现的价值，不仅包含产品本身从原料、生产到销售的差价，而且包含大数据服务、研发设计服务、营销服务等多种服务的价值。实际上，跨境电商交易的商品已经不是一个简单的商品，而是商品、服务和数据的结合体，很难区分实物商品、服务及数据的价值分别是多少，如大疆通过硬件、软件、服务一体化解决方案，使其行业无人机在消防救援、电力巡检、测绘、执法等领域成为高效生产力工具，可以说，大疆已经从无人机产品制造商升级为行业解决方案提供商。

（二）服务化转型：单一企业多元拓展

服务化转型模式是指跨境电商企业在坚守"卖家"身份的同时，借助自身优势拓展物流、仓储、软件等多个服务领域，通过延伸提供上下游服务的形式探索货物贸易和服务贸易的深度融合，乐歌股份和华凯易佰便是此类企业的典型代表。

乐歌股份是全球知名的智能家居、健康办公产品的制造销售商，基于十余年的跨境电商运营经验以及自身百万包裹级的跨境电商体量，在 2020 年衍生出跨境电商公共海外仓创新服务综合体项目，截至 2022 年末，乐歌股份在全球共有 12 个海外仓，面积 27.58 万平方米，累计服务 450 家客户；乐歌股份的仓储物流收入已达到 4.9 亿元，占公司总营收的 15.28%（见表1）。①华凯易佰依托易佰网络在泛品类业务中长期沉淀的供应链资源和信息系统优势，于 2021 年创立"亿迈"（EasySeller）一站式跨境电商综合服务平台，为中小跨境电商卖家提供供应链服务、物流服务、数据化运营管理、跨境服

①　数据来源于乐歌股份于 2023 年 4 月 20 日发布的 2022 年年报。

务培训等跨境业务解决方案。2022 年，亿迈平台实现营收 2.72 亿元，占公司总营收的 6.16%,[①] 已经成为华凯易佰新的业绩增长点。

表1　2021~2022 年乐歌股份营业收入整体情况

单位：亿元

项目	2021 年		2022 年		同比增速
	金额	占营业收入比重	金额	占营业收入比重	
家具制造业	27.00	94.04	27.18	84.72	0.67
仓储物流服务业	1.71	5.96	4.90	15.28	186.35
营业收入合计	28.71	100	32.08	100	11.74

资料来源：乐歌股份年报。

（三）协助模式：企业跨界协作融合

协助模式是指跨境交易平台或企业聚焦商品交易、品牌运营等核心环节，将大量的物流、支付、技术、营销、法律等服务环节交给专业服务商，双方分工协作、资源互补的商业实践模式。

伴随我国跨境电商企业从产品出海、品牌出海发展到企业组织出海，本土化运营愈发深入，为匹配本土化运营所需的全链路资源，我国电商服务企业纷纷"走出去"，以"联合舰队"的整体战斗力拓展全球市场，这也扩大了我国跨境电商领域的服务贸易规模。如跨境电商与快递企业就是"组团出海"的，菜鸟通过阿里系电商业务加快出海步伐，2023 财年菜鸟的国际物流包裹量超过 15 亿件；快递独角兽极兔深度绑定拼多多，在 Temu 开辟美国市场的同时，也在美国起网布点。跨境电商也带动我国数字支付企业走向海外，如连连国际积极强化自身本土化服务能力，目前已持有美国、新加坡、英国等地 60 多张支付牌照，并组建辐射全球核心区域的本土化团队，在美国、新加坡等多个国家和地区设立了办公室，组建服务能力更强、更懂

---

① 数据来源于华凯易佰于 2023 年 8 月 22 日召开的业绩说明会。

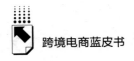

当地市场的本土化团队。

在跨境电商出海模式下，控货权从下游的海外渠道商、品牌商变成了中国制造商和贸易商，这不仅让中国走出大量全球知名的跨境电商企业和品牌，也为提供优质服务的出海服务商开拓了广阔的全球市场。

（四）跨国集团模式：无形资产跨国贸易

跨国集团模式是指我国跨境电商领域产生了众多"微型跨国企业"，它们以全球化视野在世界范围内布局自己的生产基地、物流中心和运营中心，形成了事实上的跨国经营，并在集团内部及关联公司之间进行无形资产转移，以便进行税务规划转嫁利润。

这些"微型跨国企业"的业务流程大致分为设计/生产/采购环节、进出口环节、交易销售环节、仓储/物流环节，企业根据上述业务环节设立不同的公司主体，通常包括顶层融资公司、境内运营公司、香港业务公司、海外销售公司。顶层融资公司是集团公司的顶层控股公司，注册地视具体融资架构而定，在国内融资架构下是一家境内公司（可与境内运营公司为同一家），红筹架构下通常是注册在开曼群岛或其他离岸地的公司；境内运营公司主要负责公司管理及运营（包括技术支持、网店运营、行政支持等）、商品的国内采购及出口、研发设计、生产等职能；香港业务公司是境外商品采购主体，并将采购的商品出售给海外销售公司；海外销售公司负责特定区域的商品销售、仓储、本地财务结算等职能。基于税收优惠和资金流动等考虑，企业一般会把香港业务公司作为集团内承担主要业务功能的实体与外部客户进行交易，合理地将大部分利润确认在香港公司。

为合理补偿境内公司的技术研发服务、店铺运营、供应链管理等费用，通常境内公司会以供应链管理服务、企业运营服务、产品研发、信息技术服务、品牌使用费等名义向境外子公司收取相关服务费，通过收取服务贸易款项形式将货物销售收入部分回流境内。境内运营公司作为跨境贸易的实际主体，带动了服务、数据、创意等知识型和技能型无形资产贸易和跨国流动。

（五）平台模式：数字平台集成融合

平台模式是指跨境电商平台作为新型贸易中介，是货物贸易和服务贸易的集成服务商，不仅为货物贸易提供新的交易方式，更促进服务贸易便利化，并催生了新的服务业态。

一方面，跨境电商平台不断延伸自身的服务体系，除平台自身的交易服务外，逐渐拓展出跨境物流、第三方支付、金融等服务链条，如阿里巴巴国际站借助阿里巴巴经济体内外部生态资源，为全球中小跨境电商企业提供交易、支付、结算、通关、物流、财税、金融等一站式解决方案。

另一方面，跨境电商平台作为服务集成商，跨组织边界获取和整合各方服务资源，并在明确客户需求基础上进行匹配和服务创新，将跨境电商中原本分隔的采购、交易、营销、支付、物流、售后等环节紧密相连，为用户提供一体化外贸服务。跨境电商平台以促成实体商品、数字产品、数字服务的交易为目标，组织和引导配套服务企业，逐渐形成分工明确、优势互补的复杂服务生态系统，为平台卖家提供综合服务解决方案，并将信息流、资金流、物流、服务流与价值流贯穿于整个服务过程中。

四　跨境电商与服务贸易融合发展困境

我国跨境电商与服务贸易融合还处于基础阶段，面临应用规模不足、国际规则制约、贸易保护主义抑制等融合困境。

（一）服务贸易结构待优化，制约跨境电商在服务贸易中的应用规模

当前我国服务贸易出口中，旅行、运输、建筑等传统服务贸易一直占据服务贸易出口额的半壁江山，但传统劳动密集型服务贸易主要通过境外消费和商业存在等线下形式提供，与跨境电商的结合度较低。此外，虽然我国保险、金融、咨询、信息技术等知识密集型服务贸易出口快速增长，但国际竞

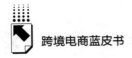

争力不足，与跨境电商的融合深度和应用规模都处于初级阶段，严重制约了我国服务贸易国际竞争力的提升。

（二）数字贸易全球话语权较弱，跨境电商开展服务贸易面临诸多规则制约

以前各国对跨境电商的关注更多集中在货物贸易的通关监管和税收合规方面，但随着跨境电商与服务贸易的深入融合，跨境电商逐步向全球数字贸易阶段演进，各国对数字贸易治理话语权的博弈日趋激烈。各国出于自身的数字经济现状、文化体制、政治制度等方面考虑，在数据跨国传输、数据本地存储、信息与网络安全、数字产品与服务征税等方面设置差异化的规制路径，很大程度上影响了跨境电商对服务贸易的带动作用。

欧美凭借在数字市场和数字核心技术方面的先发优势，处于数字贸易规则制定的领先地位，因此我国在参与全球数字贸易合作中，必须遵守和应用欧美国家设定的相关标准协议和技术规范，数字市场进入成本和数字治理成本相对较高。此外，全球数字治理博弈也成为大国竞争的一种工具和手段，往往赋予其超出经济层面的政治色彩，导致我国数字服务企业"走出去"过程中面临诸多数字服务贸易壁垒，如印度以"国家数据安全"为由封禁拥有中国背景的手机应用程序；美国、欧盟等部分发达国家和地区以及巴基斯坦、印度等少数发展中国家先后多次对 TikTok 提出高强度监管与封禁要求；美国联合其盟友以"盗取美国用户数据，威胁国家安全"为名制裁中国的支付宝、阿里短视频 VMate、扫描全能王等企业和应用程序。

（三）贸易保护主义抬头，抑制跨境电商对服务贸易的带动作用

近年来，全球经济下行，国际贸易增速放缓，很多国家为了保护本国产业及市场，推行贸易保护主义政策，全球产业链供应链出现内向化收缩、本土化转移、区域化集聚等新动向。特别是我国跨境电商进入平台出海阶段后，依托中国成熟的互联网模式和供应链优势，迅速占领了当地消费市场，部分国家认为此举严重冲击了本土制造业，出于保护本国产业和中小微企业

的目的，对我国出海数字平台设置了种种贸易壁垒。如 2023 年 9 月底，印尼政府发布社交电商禁令，禁止 TikTok 等社交媒体提供电子商务交易，并表示"这一举措旨在保护线下商家和市场，社交媒体平台上的掠夺性定价正在威胁中小企业"。禁令一出，TikTok 不得不关闭了印尼站点的电商交易服务。此后为重返印尼市场，TikTok 积极寻求与印尼本土电商平台 Tokopedia 合作，最终通过投资本地企业解决了合规问题。印尼对 TikTok 从封杀到重启，其背后的重要推手实际上是贸易保护主义，这给布局东南亚市场的数字平台、卖家和服务商都带来了巨大的不确定风险。

五 跨境电商与服务贸易融合发展建议

围绕跨境电商与服务贸易的融合发展目标，企业、平台、行业和政府要从各自角度探寻融合发展路径，打造贸易融合发展的生态环境，推动跨境电商从以往的以货物贸易为主转变为货物贸易与服务贸易"双轮驱动"，提升我国数字贸易国际竞争力。

（一）企业：提升产品服务价值，打造全球化自主品牌

一方面，跨境电商企业要不断提升产品的服务价值和品牌价值。企业要借助跨境电商直达消费者的优势，不断沉淀消费者碎片化、个性化的消费行为数据，并通过大数据分析将需求端的数据反向传导到研发设计、生产制造、海外营销、物流交付和售后服务等环节，从而实现定制化设计、柔性化生产、精准化营销、智能化交付和个性化服务，持续提高产品中的服务价值，进而打造全球化的自主品牌，赚取全价值链的服务增值和品牌溢价，提升品牌的国际竞争力。

另一方面，品牌出海服务商要不断提升本土化服务能力。中国品牌在海外市场构建一套完整的品牌体系面临诸多困难，异域文化碰撞与冲击、合规风险、跨境支付、人才缺乏、社会责任等都是中国企业全球化路上要跨越的山峰，这就需要品牌出海服务商不断积累本土化服务资源，从硬件到软件、

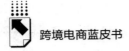

从技术到法规、从招聘到营销补齐出海企业的短缺资源和能力，助力企业打造全球化的品牌生态。

（二）出海平台：构建本土化生态体系，输出中国技术模式

凭借中国成熟的互联网技术优势及强大的中国制造供应链优势，以出海"四小龙"为代表的中国跨境电商平台近年来在全球市场快速发展，中国电商从产品输出发展到商业模式和数字技术输出，深度参与了全球供应链、数据、技术等重要环节，这也导致出海平台面临供应链垄断性竞争指控带来的监管和运营压力，因此"中国技术输出+本土化经营"成为出海电商平台的最优解。

一方面，平台要打造本土化供应链。出海电商平台为融入当地、遵守当地的监管规则，通常采用成立海外公司、招募本土化团队、打造本土化供应链等形式，实现从前端运营到后端供应链到企业管理的本土化生态体系，从而褪去"跨境"外衣更好地扎根当地市场。如快时尚跨境电商平台 SHEIN 初入巴西市场就选择了本土化策略，计划在巴西投资 7.5 亿雷亚尔（1.49 亿美元），与巴西 2000 家纺织品制造商合作，未来三年内创造 10 万个就业岗位，到 2026 年，巴西 85% 的销售额将来自当地制造商和销售商。[①]

另一方面，通过"技术出海"提升我国服务贸易竞争力。我国可借助全球最大跨境电商市场规模优势和跨境电商数字技术优势，以出海"四小龙"进军全球市场为契机，积极扩大跨境电商技术服务出口，以跨境电商技术服务为基点参与全球技术服务竞争，通过"技术出海"逐渐成为塑造全球电子商务市场、形成技术和规则的重要力量。

（三）行业：制定贸易融合发展方案，提升数字贸易竞争力

我国跨境电商行业要加快制定贸易融合发展方案，加速推进对外贸易领

---

① 《SHEIN 加大巴西供应链本土化投入，复制"小单快返"模式》，《21 世纪经济报道》2023年4月23日。

域全链条数字化进程，促进货物贸易、服务贸易与数字贸易融合发展，提升我国数字贸易的全球竞争力。

一是提升跨境电商数字化服务水平。跨境电商服务商要加快数字技术应用，大力发展智慧物流、无纸通关、移动支付、数字金融、数字营销、数字知识产权等数字化服务，构建适应跨境电商发展的配套服务体系，为跨境电商服务业高质量转型营造良好市场环境。二是大力发展知识密集型服务贸易。扩大跨境电商平台上数字化产品的交易种类，大力发展数字创意、数字视听、数字展演、数字藏品等数字内容服务贸易，提升数字金融、数字知识产权、云服务等领域的跨境交付能力，促进移动传媒、网络社交、搜索引擎等数据服务国际化发展，推动中医药、人力资源、语言服务、地理信息、法律、会计、咨询等高附加值服务业发展。三是加大新技术在跨境电商和服务贸易领域的创新应用。数字技术赋能跨境电商、海外仓等新业态已成为服务贸易发展新亮点，应抓住数字技术对服务贸易发展的巨大机遇，推动大数据、区块链、物联网、云计算和人工智能等数字技术与服务贸易有机融合，不断提升数字产业化和产业数字化水平，为数字贸易发展提供强大的底层技术支撑。

（四）政府：参与全球数字贸易规则制定，积极推进"丝路电商"建设

我国要充分发挥电子商务的技术应用、模式创新和市场规模等优势，高质量推进"丝路电商"建设，积极构建全球电子商务对话与争端解决机制，全力推进全球数字贸易治理进程。

一是完善国内数字贸易规则体系。借助跨境电商综试区、服务贸易创新发展试点、特色服务出口基地、自贸试验区等开放平台，完善跨境电商促进服务贸易发展的投资准入、财政金融等政策体系。支持有条件的地方打造数字贸易开放合作平台，在可信任的数据跨境自由流动、数字服务市场开放、互联网开放接入、电子发票和数字身份认证跨境兼容等方面先行先试，逐渐形成具有中国特色的数字贸易规则模板。二是积极参与全球数字贸易规则制

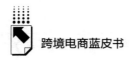
定。积极推动 WTO 电子商务谈判和加入 CPTPP 及 DEPA 协定谈判进程，主动设置数字贸易规则议题，在 WTO 组织框架下，推动建立有利于跨境电商健康发展的规则体系。支持中国头部电子商务平台开展全球化经营，在全球数字贸易（电子商务）规则制定中发挥引领作用。三是深化"丝路电商"国际合作。不断扩大"丝路电商"朋友圈，共同开展电子商务领域在政策沟通、规划对接、产业促进、地方合作、能力建设等多层次合作，全力打造数字经济国际合作新高地。加快"丝路电商"合作先行区建设，聚焦电子商务制度开放、主体培育、机制合作等重点领域，率先形成电子商务制度型开放成果，培育具有国际竞争力的电子商务平台和企业，打造"丝路电商"公共服务平台，持续探索地方参与"丝路电商"国际合作的示范路径。

参考文献

唐万欢：《我国跨境电商与服务贸易增长的动态互动关系研究》，《商业经济研究》2021 年第 23 期。

王健、诸子怡：《跨境电商服务生态体系发展及其对中国电商国际合作的启示》，《国际贸易》2022 年第 3 期。

朱贤强、何朋、胡豫陇：《跨境电商对我国服务贸易竞争力的影响及应对》，《经济纵横》2020 年第 6 期。

劳帼龄：《推进"丝路电商"合作先行 发展"一带一路"数字经济》，《光明日报》2023 年 10 月 30 日。

李邱溢、徐妍、张晓华：《中国面临的数字服务贸易壁垒：典型事例、成因与应对策略》，《价格月刊》2023 年第 12 期。

B.16
AIGC 对跨境电商的影响、存在的问题及对策

李峰 洪勇*

摘　要：　本文分析了 AIGC 技术发展现状，认为人工智能算法迭代更新使 AIGC 技术升级到交互协作阶段，全自主深度学习和场景深化应用将成为 AIGC 未来的发展趋势；AIGC 大模型的架构潜力凸显，语言大模型增强 AIGC 技术对抽象内容的理解能力，视觉大模型（CV）提升 AIGC 技术的感知能力，多模态大模型成为 AIGC 技术的"万花筒"；AIGC 应用能力场景不断丰富，AIGC 与传媒、电商、影视、娱乐等领域的结合正在推动这些行业的融合和升级，为用户带来更加沉浸的体验。AIGC 对跨境电商产生积极影响，加快智慧选品，提升决策效益，优化广告投放，提高营销效率，改进商品服务，提升购物体验，升级支撑服务，提升运营效率。然而，AIGC 在跨境电商领域应用也存在一些问题，如 AIGC 的相关法规和指引不完善、AIGC 增加数据泄露与误导风险、AIGC 引发新的国际知识产权纠纷、AIGC 形成新的技术性贸易壁垒等。因此，应完善 AIGC 相关法规和指引，确保数据安全、可信度和用户权益，平衡技术创新和知识产权保护，促进技术的全球合作和贸易的自由化，从而促进 AIGC 在跨境电商领域更好地应用。

关键词：　AIGC 技术　跨境电商　贸易壁垒　知识产权

---

* 李峰，博士后，商务部国际贸易经济合作研究院副研究员，主要研究方向为数字经济、跨境电商；洪勇，博士，商务部国际贸易经济合作研究院副研究员，主要研究方向为数字经济、跨境电商。

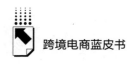
一 AIGC 技术发展现状

（一）AIGC 技术升级步入深化阶段

1. 人工智能算法迭代更新使 AIGC 技术升级到交互协作阶段

AIGC 技术早期多依据事先指定的模板或者规则生成内容，凸显工具化属性，发挥基础辅助作用。Transformer 模型等学习范式提供前沿的算法技术，为计算机和芯片的迭代升级奠定了更强大的算力，加之互联网提供的海量数据，催生了 AIGC 技术的爆发。AIGC 呈现大数据训练、跨模态生成、高效率生产等技术特征，在操作运用上更加便捷和灵活，可以与人类进行互动以准确理解人类的意图和需求，从而生成更个性化、多样化及流畅丰富的内容，实现了协助工具的升级和跃迁。

2. 全自主深度学习和场景深化应用将成为 AIGC 未来的发展趋势

目前，AIGC 技术仍在逐步探索和升级，将来能以更加智慧的形态和功能，实现以虚拟个体进行实时感知、精准认知以及内容创作与交互。大模型可以实现多种感知任务的联合学习、高效的自然语言处理模型训练框架以及多模态数据的对齐、转换与生成，这是未来 AIGC 技术的主要发展趋势。AIGC 技术的迭代升级所蕴含的创作生产潜力也将会随着社会进步服务于更多的现实生活情境，如定制家用机器人、潮玩产品设计、知识咨询、游戏竞赛、渲染餐厅、气象预测等，都将在"虚实共生"的应用场景下发挥更大作用。

（二）AIGC 大模型的架构潜力凸显

"大模型"具有数十亿甚至千亿以上规模的参数量和 PB 级、EB 级以上的数据规模，可以完成多个应用场景的任务，实现通用的智能能力。目前，大模型在自然语言处理（NPL）大模型、计算机视觉（CV）大模型和多模态大模型方面成果颇丰。

1. 语言大模型增强 AIGC 技术对抽象内容的理解能力

自然语言模型成为大模型的核心，在语言处理领域发挥越来越重要的作用。目前，国外语言大模型有谷歌推出的 Bert、LaMDA、PaLM，OpenAI 推出的 GPT-3 和 ChatGPT 等。这些模型已经被运用到智能语言创作平台，通过使用更多的参数、结构化数据训练及特定任务的微调来支持更多具体类型语言任务的执行，包括信息的存储和对数据的不断修正，进行文本分类、语义理解、语音识别、语言推理及阅读理解等方面的内容分析，并生成具有逻辑和上下文连贯性的输出。

2. 视觉大模型提升 AIGC 技术的感知能力

人工智能视觉大模型扩展了数字图像处理的边界，可以高效率处理海量可用视频数据，在图像分类、语义分割、目标检测、同步定位与地图构建（SLAM）等任务上获得更高的准确率。近些年，视觉大模型得到了迅猛发展，智能视觉已成为人工智能产业最大的细分市场。据第三方机构测算，2023 年中国 AI 视觉产品市场规模约为 956 亿元，占总体人工智能产业的38.66%。[①] 各科技巨头公司也在不断推陈出新，训练出自己的视觉大模型，包括微软的 swin-transformer 系列、Google 的 vit 系列以及 150 亿参数量的 V-MOE 模型。这些新兴的视觉大模型工具，通过无监督预训练和微调学习的范式，在诸如机器人学、增强现实、自动全景拼接、虚拟现实、3D 建模、运动估计、视频稳定、运动捕捉、视频处理和场景理解等方面发挥了巨大作用。

3. 多模态大模型成为 AIGC 技术的"万花筒"

多模态大语言模型（MLLM）融合了单模态 LLM 和视觉模型，可以将传感器信号和文本输入结合起来，建立语言和感知的链接，以更灵活的方式与智能助手进行交互，极大地拓宽了 AIGC 技术应用的范围。2023 年 3 月15 日，微软旗下 OpenAI 推出多模态大模型 GPT-4。2023 年 3 月，谷歌推

---

① 艾瑞咨询：《2022 年中国人工智能产业研究报告》，2023 年 3 月。

出的 PaLM-E，最终的参数量高达 5620 亿。[①] 多模态大模型对数据标注的依赖性降低了一个数量级以上，标志着人工智能算法向通用人工智能方向的迈进。在具体而实际的场景运用上，多模态大模型通过自监督或无监督学习获得的泛化的先验知识有效解决需求碎片化、多样化等问题。在智慧城市、金融科技、民生服务、智能家居等多个领域，多模态人工智能也有着广阔的应用场景。

（三）AIGC 应用能力场景不断丰富

AIGC 与传媒、电商、影视、娱乐等领域的结合正在推动这些行业的融合和升级，为用户带来更加沉浸的体验。AIGC 技术实现多行业渗透，全面赋能产业升级。在传媒领域，AIGC 技术释放出巨大的应用价值，成为革新媒介内容生产系统的重要力量。特别是在内容生产工具、创作效率、仿真可供性等方面，AIGC 技术开创了媒介内容生产和交互的新范式，其广泛应用将会助推内容生产领域的快速变革。在电商市场，AIGC 技术能够低成本、大批量搭建虚拟购物场景，赋能线上和线下秀场加速演变，为消费者提供全新的购物场景。未来随着生成式 AI 以及 AI 技术的感知与认知能力提升，AIGC 在电商领域的应用将更为真实持久。在金融领域，AIGC 技术带来更加智能和个性化的服务。数字人可以集成相关信息资料，为客户提供投资推介、产品查询、互动操作等金融服务，如 AIGC+彭博、AIGC+摩根士丹利、AIGC+德意志银行已经成为 AIGC 在金融领域应用的代表。在教育领域，AIGC 点亮未来教育的人工智能之光。AI 技术有利于人工智能辅导工具的开发，提供个性化的一对一辅导，通过聊天界面和针对性的问题，帮助学生学习各个学科，如在语言学习领域，Duolingo 引入了 OpenAI 的 GPT-4，开发了 AI 对话伙伴和解释答案两个新功能，以提升学习者在学习第二语言时的效率和兴趣。在医疗领域，AIGC 助力医疗服务趋于专业化、精准化和个性

---

① 《5620 亿参数！谷歌发布史上最大"通才"AI 模型，可让机器人更自主》，澎湃新闻，2023 年 3 月 8 日，https://www.thepaper.cn/。

化。AIGC 技术可以为患者临床数据构建多种疾病风险预测模型，协助医生进行诊断、分析医学影像结果、生成电子病历、发现最佳实践和治疗模式，从而减轻医务人员的负担。在工业领域，AI 技术已经开始赋能 Autodesk、Dassault、Siemens、PTC、Ansys 等全球 CAD/CAE 龙头公司的相关产品，以 ChatGPT 为代表的 AIGC 技术改进包括工业设计、工程、制造和运营在内的整个流程，未来随着工业信息化水平的提升，工程的安全管理、大型生产作业等环节将更多地受益于 AIGC 技术。

二　AIGC 对跨境电商的影响

（一）加快智慧选品，提升决策效益

AIGC 技术能够通过分析历史销售数据、市场趋势、用户偏好等，帮助跨境电商平台（或跨境电商商家）快速准确地挖掘出市场需求和趋势，为商家选品、产品开发、采购计划等提供决策支持和参考。一方面，AIGC 选品具有高效性。在海量商品中找到最有潜力的产品是一项极为烦琐的任务，而利用 AIGC 选品技术，商家可以通过与 ChatGPT 的对话，了解当前市场上最受欢迎的产品类别、消费者需求变化等信息，快速找到最适合的商品，大大提高了选品效率。另一方面，AIGC 选品具有准确性。传统的选品方式容易受主观因素的影响，而 AIGC 通过分析用户的反馈和购买行为以及竞争对手的产品品类、价格定位、促销策略等信息，能够根据不同的市场和消费者需求，提供定制化的选品方案，满足用户需求，提高购买转化率和用户满意度，如 SHULEX 作为一种适用于亚马逊和 Shopify 的 ChatGPT 插件工具包，下载后打开亚马逊找到对应商品，就可以实现对该商品的消费者分析，并会为该商品提供针对性的修改建议。

（二）优化广告投放，提高营销效率

AIGC 能够推动文本、图片、视频一键智能生成，实现广告投放内容自

我优化，同时形成跨境电商新的流量入口。一方面，无论是货架电商还是内容电商，单一的交互模式都会使推送精度降低。AIGC 凭借双向交互模式，快速生产、迭代图文和视频，搭建一站式精准广告投放工具，实现程序化批量广告创建、智能化广告监测优化，让营销动作有的放矢。如 Meta 开发的一款名为 "Advantage+" 的创意工具，可以实现广告素材自动组合并选择最优结果。在创建一个新的广告投放任务并确认投放目标后，就会自动执行多种创意组合，包括但不限于色调、文字位置、图片大小等，并投放效果最佳的广告。在投放时可以选定目前已有的客户群体进行精准投放，同时会根据客户反映优化投放效果，帮助挖掘潜在客户。另一方面，当前网站、搜索引擎和社交分享是跨境电商流量的主要来源。随着 AIGC 的应用落地，商品分享、专业评估网站和 AIGC 平台将成为新的流量入口。AIGC 基于全网大数据搜集商品信息完成智能推荐，节省消费者选择成本，并通过佣金获利。Similarweb 数据显示，微软公司自 2023 年 2 月 7 日在必应搜索中整合聊天机器人 ChatGPT 后，大大提高了页面访问量，截至 2023 年 3 月 20 日的数据显示，必应搜索的页面访问量上升 15.8%，而谷歌的页面访问量下降了近 1%。根据 Data. ai 数据，在整合人工智能之后，必应搜索的全球应用下载量增长了 7 倍，而谷歌搜索应用的下载量同期下降了 2%。① 未来 AIGC 将进一步提升广告投放的准确性和差异性，并增加新的流量入口。

（三）改进商品服务，提升购物体验

AIGC 通过 3D 展示、丰富试穿、互动交流，持续优化消费者购物体验。一是 AIGC 能够助力 3D 产品展示广泛应用，让消费者对产品认识和理解更全面。目前，较多跨境电商平台已经支持 3D 产品展示，在 AIGC 的赋能下，构建 3D 展示效果图的难度和成本降低，为产品广泛应用 3D 展示提供了可能，商品退换货率明显降低。如跨境电商平台 Shoplazza 已经上线 "Coohom

---

① 《ChatGPT 真让搜索市场变天了？微软必应搜索下载量翻了 8 倍，谷歌下跌 2%》，新浪财经，2023 年 3 月 20 日，https：//finance. sina. com. cn/tech/internet/2023-03-23/。

3D & AR 查看器"应用，帮助店家上传产品 3D 展示，实现场景化购物。二是 AIGC 推动虚拟试穿功能升级，助力消费者更好决策。虚拟试用为消费者提供了更低的试错成本，帮助消费者做出更准确的决策，同时降低商品退换货的概率，带动销售增长。AIGC 丰富虚拟试穿功能，提供更多形式的产品尝试，如沉浸式购物和 AR 解决方案提供商 Tangiblee 应用 AIGC 已经拓展实现了多种虚拟试穿体验，包括多 SKU 堆叠试穿、试穿产品一键对比（包括真人与模特的对比、不同尺寸与不同颜色的对比，以及自定义参照物对比等功能）、跨设备虚拟试穿、建造人体模型查看试穿效果等创造性功能。三是 AIGC 通过客服系统功能优化和智能客服机器人提升客服咨询质量。AIGC 可以在原有客服系统基础上，进一步拓展内容回复形式，实现多渠道消息合并收集，同时为回复任务智能排列优先级，提高客服响应效率和质量。如 ChatGPT 为 Shopify 升级智能客服，帮助消费者进行个性化推荐、帮助商家节省互动时间，其互动性可提升平台与消费者需求的匹配度，进而提升消费者对平台的黏性。同时，虚拟主播将客服服务具象化，进一步推动跨境电商直播的快速发展，如小冰公司开发的虚拟主播以相同的形象嵌入不同的语言种类，实现同一主播以多语言进行直播，目前已经应用于 TikTok 跨境直播。

（四）升级支撑服务，提升运营效率

AIGC 通过提升 SaaS 产品服务和智慧物流服务，全面提升跨境电商运营效率。一是 SaaS 产品受益于 AIGC 技术赋能，工具运营效率大幅改善，能更好地满足客户的精细化运营诉求和多渠道布局需求。SaaS 产品矩阵的升级，可实现从选品到履约一站式闭环，客户购买意愿加强，为公司 SaaS 业务收入带来新增量。如微盟集团 2023 年 3 月 9 日宣布正式成为百度文心一言生态合作伙伴，微盟 SaaS 产品和数字营销服务将与文心一言的技术能力实现深度融合，以实现快速降本增效。二是 AIGC 能够助力提升智慧仓储能力，实现智能分拣，打造智慧仓库和智能配送。在仓储体系中接入 AIGC，实现仓库空间智能化管理，最大化存储能力，实现自动化分拣与仓内运输，节约人力成本，减少安全隐患。AIGC 接入配送系统后，不仅可以精准优化

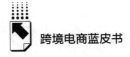

路线，还能提高物流人员的工作效率，减少长时间低效工作。在国外，超市配送场景显著高于国内，Satalia Delivery 协助 Tesco 进行路径规划与车辆调度，实现降本增效。

三　AIGC 在跨境电商领域应用存在的问题

我国跨境电商经过十余年的发展，已经形成了较为完整的产业生态体系。AIGC 是建立在多模态之上的人工智能技术，目前仍处于应用的初级阶段。AIGC 在跨境电商领域的应用，亟须突破在法律体系构建、技术成熟度、数据安全、规范使用等方面存在的难点和问题。

（一）AIGC 的相关法规和指引不完善

1. 我国尚未出台顶层通用性人工智能立法

当前我国人工智能监管规则趋于分散，现有法规多是针对某一特定技术或领域，缺乏整体性和通用性。我国人工智能规制主要由几大部委共同推进，分别从不同领域推动人工智能的规范和发展，并具有应时性特征，往往在特定技术出现后作出专门性管理规定，如旨在规范互联网信息服务算法推荐活动的《互联网信息服务算法推荐管理规定》，针对深度合成技术的《互联网信息服务深度合成管理规定》，以 ChatGPT 为首的 AIGC 呈爆发式增长后推行的《生成式人工智能服务管理暂行办法》等。相比之下，欧盟于2018 年颁布《一般数据保护条例（GDPR）》，对数据收集、储存、处理与泄露可能带来的风险制定规制；2019 年颁布《算法问责及透明度监管框架》，就算法及其在自动化决策系统中应用的快速增长提出了全面的监管框架；2023 年通过《人工智能法案》，针对人工智能不同阶段的过程风险进行分级分类规制，形成了针对"数据—算法—人工智能"的全过程风险监管体系，具有高度的整体性和通用性。诚然，人工智能具有场景差异化的特点，但从立法思路上来讲，应当采取从场景化分散式到专门统一式立法的公法规制思路，即针对人工智能差别化和场景化应用领域进行分散式立法的同时，仍需要有一部专门法统摄分散式法律。

2. 我国 AIGC 人工智能规范可操作性不强，对企业的指导作用较弱

目前我国针对 AIGC 率先出台了《生成式人工智能服务管理暂行办法》，但在规范的精细度上尚有欠缺。如该办法第三条规定，国家"对生成式人工智能服务实行包容审慎和分类分级监管"，第十六条要求有关主管部门"完善与创新发展相适应的科学监管方式，制定相应的分类分级监管规则或者指引"，但目前我国尚未制定完善的人工智能分级制度。针对这一方面，欧盟《人工智能法案》中的四类分级规定或可参考。与此同时，美国的 AI RMF 为企业提供了一套通用的人工智能风险管理框架和操作指南，具有很强的可操作性，我国可参考相关内容制定面向跨境电商企业的风险管理框架。

（二）AIGC 增加数据泄露与误导风险

1. AIGC 应用时存在数据泄露问题

一直以来，业界对生成式人工智能发展可能引发的安全性问题表示担忧。AIGC 的广泛应用会给跨境电商的完整性和可靠性带来挑战。一方面，AIGC 将对跨境数据安全提出更严峻的挑战。在跨境电商中，使用 ChatGPT 在数据传输、存储和处理过程中容易出现安全性问题，甚至发生数据泄露、滥用或被未授权的第三方访问等数据安全问题，将进一步加剧数据泄露风险。另一方面，AIGC 将为恶意攻击和黑客入侵提供新场景，诱发新问题。ChatGPT 的应用可能成为全球黑客和恶意攻击的目标。通过攻击人工智能系统，黑客可以篡改、扭曲或破坏跨境贸易数据和交易信息，从而干扰正常的跨境贸易流程。

2. AIGC 应用时会引发可信度问题

一方面，当前 AIGC 大模型可信度不高。ChatGPT 等通用大模型的数据来源所涉及的领域较广，不同领域知识的数据量级不同，直接影响可获取的信息量规模。如中文语料库和英文语料库在质和量上都存在较大差距。中文数据在现有网络数据中的占比不及 5%，影响到大模型输出信息的可信度。

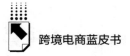

同时，网络数据集质量参差不齐，相当多的网络数据是有争议的、过时的。当前缺乏高质量的中文语料数据和行业数据，直接导致模型训练出的结果可信度不高。在我国，通过大模型进行跨境电商的决策、营销、运营等方面咨询时，商家或者消费者获得的建议可信度更十分有限。另一方面，AIGC 出现消费行为误导和偏见问题。生成式人工智能模型可能受到数据中的偏见影响，进而生成具有歧视性的内容或建议。同时，生成式人工智能的生成结果可能会被恶意攻击者篡改或操控，以达到他们自己的目的，如在评论或评级系统中发布虚假评论或人为修改评分，误导消费者的购买决策。

（三）AIGC 引发新的国际知识产权纠纷

AIGC 在自动生成图片、文本、音频，提升研发效率的过程中，伴随着知识产权确权问题。首先，算法训练的合理性问题。ChatGPT 需要大量的数据进行算法训练，数据的所有权和使用权将成为国际知识产权争议的焦点。ChatGPT 由美国科技公司 OpenAI 推出，由此引发了全球研发和应用生成式人工智能的热潮。各主要经济体对算法训练的合理性要求并未明确（见表1），留有一定的解释空间，将诱发国际知识产权纠纷。其次，作品著作权争议。ChatGPT 可以用于创作文本、音乐、艺术作品等，其生成的作品在开展国际贸易的过程中是否受到版权保护，以及版权归属问题可能会引发争议。如 2023 年 2 月，美国版权局拒绝了含有 AIGC 生成图片的漫画《黎明的查莉娅》（*Zarya of the Dawn*）的版权登记申请。原因是作品包含人类创作因素时，该作品才能够受到版权保护，版权保护不适用于人工智能生成的每个单个图像。最后，商标和品牌问题。ChatGPT 通过对已有信息的关联分析而得出结果，会生成与现有品牌相似的商标，导致消费者混淆、误导和不正当竞争，引发商标侵权纠纷以及品牌价值和声誉的争议。如果 AIGC 生成内容与训练作品在表达上构成"实质性相似"，则落入"复制权"的规制范围；若不构成"实质性相似"，而是在保留作品基础表达的前提下形成了新的表达，则可能构成对训练作品"改编权"的侵害，如 Erin Hanson 风格的图画创作、AI 孙燕姿的歌曲，也引发了各界对于风格模仿行为的讨论。

表 1　主要经济体关于算法模型训练的合理使用判断

国家	使用现有作品进行算法模型训练是否构成合理使用
中国	《著作权法》第二十四条规定了合理使用的内容,AIGC 直接适用"合理使用"的情形存在一定难度。 《生成式人工智能服务管理暂行办法》仅原则性地规定训练数据应"不含有侵犯知识产权"的内容,AIGC 对作品合理使用的认定需要更为审慎地考虑
欧盟	《单一数字市场版权指令》第三条要求各成员国应当规定以科学研究为目的的文本与数据挖掘的版权例外。此项为法定例外,不可以通过协议约定排除
美国	《版权法》通过"合理使用"的"四要素"判断标准,而对于变化中的作品使用形式留有一定的解释空间

资料来源：笔者汇总整理。

（四）AIGC 形成新的技术性贸易壁垒

AIGC 是面向对话场景的大语言模型，或将加快新的技术性贸易壁垒形成。一方面，形成数据安全技术标准的贸易壁垒。ChatGPT 需要大量的高质量数据进行训练和学习，以提高模型的性能。因此拥有数据的机构或国家为进一步巩固扩大自身的竞争优势，将在数据获取、训练、学习等方面设置技术安全标准，可能成为技术性贸易壁垒。另一方面，形成算法合规审定的贸易壁垒。ChatGPT 的算法和模型设计需要通过复杂的算法和架构来实现，容易出现可信度和可解释性、数据偏见和不公平性、滥用和误导性等问题。因此，政府在推动 ChatGPT 使用的同时，将会构建算法监管法规以避免不利影响，逐渐在国际贸易中形成技术性贸易壁垒。如 2023 年 6 月 14 日，欧洲议会全体会议表决通过了《人工智能法案》授权草案，规定高风险人工智能（ChatGPT）的使用必须受到严格监管，系统提供者和使用者都要遵守数据管理、记录保存、透明度、人为监管等规定，以确保系统稳定、准确和安全（见表 2），对于违反规定者，草案设定了最高 3000 万欧元或全球年营业额 6% 的罚款。随着各国对生成式人工智能的应用及风险的重视，未来将演化出新的技术壁垒，对我国互联网企业全球化提出新挑战。

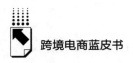

表2　《人工智能法案》拟起草的新欧洲标准和欧洲标准化成果清单

序号	新欧洲标准和欧洲标准化成果名称
1	关于人工智能系统风险管理系统的欧洲标准和/或欧洲标准化可交付成果
2	关于用于建立人工智能系统的数据集的管理和质量的欧洲标准和/或欧洲标准化可交付成果
3	关于通过人工智能系统的记录能力保存记录的欧洲标准和/或欧洲标准化可交付成果
4	关于人工智能系统用户的透明度和信息规定的欧洲标准和/或欧洲标准化可交付成果
5	关于人工智能系统的人为监督的欧洲标准和/或欧洲标准化可交付成果
6	关于人工智能系统准确性规范的欧洲标准或欧洲标准化交付品
7	关于人工智能系统稳健性规范的欧洲标准和/或欧洲标准化交付品
8	关于人工智能系统网络安全规范的欧洲标准和/或欧洲标准化可交付成果
9	关于人工智能系统供应商的质量管理系统的欧洲标准和/或欧洲标准化交付产品,包括上市后监测程序
10	关于人工智能系统符合性评估的欧洲标准和/或欧洲标准化可交付成果

资料来源：商务部网站，http：//chinawto.mofcom.gov.cn/article/jsbl/zszc/202306/20230603418271.shtml。

四　应对建议

（一）完善 AIGC 相关法规和指引

为了应对 AIGC 的相关法规和指引不完善的问题，应制定一部顶层通用性的法案，建立起整体性和通用性的监管体系。同时，需要加强对 AIGC 人工智能规范的操作性和指导作用，制定完善的分级制度，并借鉴国际先进经验，提供企业实用的风险管理框架和操作指南，更好地引导和规范跨境电商行业中人工智能的应用，促进行业的创新和健康发展。一是制定顶层通用性的人工智能法案，以覆盖全领域的人工智能应用，确保监管体系的整体性。借鉴欧盟《人工智能法案》的做法，考虑通过对人工智能不同阶段的过程风险进行分级分类规制，形成"数据—算法—人工智能"的全过程风险监管体系。采取从场景化分散式到专门统一式立法的公法规制思路，针对人工智能的差别化和场景化应用领域进行分散式立法，同时制定一部专门法来统摄分散式法律，确保整个监管体系的协调性和完整性。完善的法律规制有助于在维护人工智能的创新和发展的同时，有效规范其应用，降低潜在风险。二是制定完善的人工智能分级制度，帮助企业更好地理解其在人工智能领域的定位，明确责任与义务，提高企业的合规性。借鉴美国的 AI RMF 为企业提供的通用人工智能风险管理框架和操作指南，该框架具有很强的实用性，可为企业提供具体的指导，帮助其更好地管理人工智能应用中的风险。我国可以根据本土实际情况，借鉴并调整相关内容，制定适合跨境电商行业的风险管理框架和操作指南。三是加强与产业界和专业机构的合作。充分听取企业和专业机构的建议和意见，确保制定的法规和指引能够切实反映实际需求和技术发展趋势。这有助于确保法规的实际操作性和适应性，使其更好地服务于跨境电商行业的需求。

（二）确保数据安全、可信度和用户权益

跨境电商行业在应对 AIGC 增加数据泄露与误导风险时，需要从技术、法规和行业自律等多个方面入手，形成一个全面而有力的应对体系，以确保AIGC 在推动行业发展的同时，不带来严重的安全和可信度问题。通过这些对策的实施，跨境电商行业将能更好地应对 AIGC 带来的挑战，确保其在安全性和可信度方面达到更高水平。一是加强数据安全保护。在跨境电商中广泛应用的 AIGC，尤其是像 ChatGPT 这样的生成式人工智能，需要建立高度安全的数据传输、存储和处理系统。企业可以采用先进的加密技术、权限管理系统和多重身份验证等手段，以保障跨境电商业务活动中产生的数据不受未授权访问和滥用。二是制定细化和严格的数据安全法规，以明确 AIGC 在跨境电商中的应用规范和责任。法规应该包括数据隐私保护、用户信息收集与使用限制、数据安全标准等方面的规定，以规范企业在 AIGC 应用中的行为，降低数据泄露的概率。同时，推动行业协会、企业和政府共同建立跨境电商数据安全标准，形成一套行业自律机制，提升整个行业对数据安全的共识和重视程度。三是加强网络安全体系的建设。网络安全体系包括对 AIGC

系统的防御性加固、建立网络监测与应急响应机制、定期进行网络安全演练等。同时，跨境电商行业可以借鉴国际经验，建立信息共享平台，及时获取关于人工智能安全威胁的信息，形成联防联控态势，提高行业整体的网络安全水平。四是加强模型的质量管理和数据集的优化。对于 AIGC 大模型，特别是中文语境下的模型，需要增加高质量的中文语料数据，提高模型的输入输出质量。同时，建议引入行业专家和学者参与模型的训练和评估，确保 AIGC 在跨境电商应用中的可信度。五是加强对 AIGC 模型的监督和审查机制。通过建立审核机制，检测并修正模型输出中可能存在的偏见或歧视性内容。同时，加强用户教育，提高用户对 AIGC 生成内容的辨别能力，让用户更加理性地对待 AIGC 生成的建议和信息。

（三）平衡技术创新和知识产权保护

应对 AIGC 引发的国际知识产权纠纷，需要跨境电商行业主动参与国际合作，倡导制定更明确的法规和标准，加强国际知识产权机构协作，推动知识产权纠纷的解决。同时，企业自身也要加强内部管理，规范 AIGC 的使用，降低潜在的法律风险。这些对策的实施，可以更好地维护知识产权的合法权益，推动 AIGC 与知识产权的平衡发展，促进跨境电商行业的可持续发展。一是制定更明确的算法训练规范和标准。明确数据的所有权和使用权，倡导建立国际合作机制，通过多边协商，在全球范围内明确算法训练的法律地位，规范数据的归属和使用规则，从而防止知识产权争端的发生。二是在国际层面加强对 AIGC 生成作品版权的认定和保护。为解决 AIGC 生成的作品是否受版权保护的问题，国际社会可以通过国际知识产权组织（WIPO）等渠道进行合作，制定明确的标准和法规，明确 AIGC 生成作品的版权归属，避免国际贸易中的版权争议。加强对 AIGC 生成作品版权的国际认可，促使各国在法律体系中明确相应规定，确保知识产权的合理保护。三是建立国际商标与品牌监管机制。跨境电商行业可以积极参与国际商标组织（INTA）等机构，推动建立全球性的商标与品牌监管框架。通过强化商标权的国际认可和保护，可以减少 AIGC 生成内容与现有品牌的相似性，从而降低商标侵权纠纷的风险。此外，建议行业加强自律，企业在使用 AIGC 生成内容时应审慎选择，避免与现有品牌相似度过高，减少潜在纠纷的可能性。四是加强知识产权法律体系的协调与衔接。推动国际社会建立知识产权纠纷解决机制，通过国际仲裁等方式，高效解决涉及 AIGC 的知识产权纠纷。同时，促进跨境电商行业加强自身的知识产权管理，建立规范的知识产权保护制度，保护自身创新成果和商业机密。

（四）促进技术的全球合作和贸易的自由化

为应对 AIGC 可能形成的新的技术性贸易壁垒，跨境电商行业需要加强国际合作，倡导制定全球性的技术标准和监管框架，降低各国之间的标准差异。通过积极参与国际合作机制、建立自律机制，推动技术的全球合作，促进技术自由流通，从而实现跨境电商行业的可持续发展。一是应加强国际数据合作与标准制定，以降低数据安全技术标准的贸易壁垒。倡导国际组织和多边机构，制定一套全球性的数据安全技术标准，以确保在全球范围内数据的安全性，降低因数据标准差异而产生的贸易壁垒。同时，可以通过多边谈判，促使各国就数据获取、训练和学习等方面达成共识，推动技术标准的国际一体化。二是加强算法合规审定的国际合作，避免形成算法合规审定的贸易壁垒。倡导国际社会建立算法合规审定的共同框架，共同制定算法监管法规，以降低不同国家之间因算法审定标准的差异而产生的技术性贸易壁垒。可以通过联合国等国际机构的协调，推动全球范围内对高风险人工智能的规范和管理，以确保系统的稳定、准确和安全。跨境电商行业还可以积极参与国际行业标准组织，共同制定符合全球需要的技术标准，以降低各国在技术规范方面的分歧，促进技术的自由流通。三是积极参与国际政策制定过程。通过政府与行业的合作，推动相关法规更加贴近技术发展的实际情况。同时，加强与相关政府机构和监管机构的沟通，积极反馈国际监管法规实施中可能出现的问题，并提出更合理的解决方案。通过持续的对话和合作，促使各国法规更加科学、合理，有助于避免过度监管对跨境电商行业的不利影响。四是倡导建立跨国企业自律机制，自觉遵守全球技术标准和监管规定。

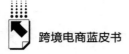

通过行业组织的引领，促使企业在技术研发、数据使用等方面自觉遵循国际标准，建立透明、负责任的数据管理机制，以降低因企业行为不当而引起的贸易壁垒，同时提升行业整体的声誉和可信度。

参考文献

马一德、黄运康：《元宇宙空间的数字版权治理：创新价值、制度困境与调适》，《中南民族大学学报》（人文社会科学版）2023 年第 1 期。

史凤林、张志远：《论人工智能的公法规制：美欧模式与中国路径》，《理论月刊》2023 年第 8 期。

邵长茂：《人工智能立法的基本思路》，《数字法治》2023 年第 5 期。

金祥义、张文菲：《人工智能与企业出口扩张：贸易革命的技术烙印》，《国际贸易问题》2022 年第 9 期。

黄晓凤、汪琳、朱毅轩：《人工智能技术赋能国际贸易的效应研究》，《财经理论与实践》2022 年第 4 期。

田云华、周燕萍、邹浩等：《人工智能技术变革对国际贸易的影响》，《国际贸易》2020 年第 2 期。

张新新、黄如花：《生成式智能出版的应用场景、风险挑战与调治路径》，《图书情报知识》2023 年第 5 期。

B.17
全托管模式下跨境电商卖家出海路径选择

侯东伟　贺蓓蓓　司小冬*

摘　要：　跨境电商全托管模式的横空出世，重新塑造了平台、卖家、消费者三者间的关系，正在引导整个跨境电商市场新一轮的变革，成为卖家们热议但又感到无比焦虑的话题。本文通过对全托管模式的分析，解析跨境电商平台全托管模式的出海逻辑，厘清平台与卖家的关系与定位，归纳总结全托管模式的优势与挑战，进而思考全托管模式下跨境电商卖家如何选择出海路径，为企业出海提供参考。

关键词：　跨境电商　全托管模式　卖家出海

2022 年跨境电商"全托管模式"横空出世，犹如惊雷，在 2023 年引爆跨境电商圈，成为当年跨境电商行业的热议话题。该模式吸引了 TikTok、SHEIN、速卖通、Lazada、Shopee 等平台巨头的纷纷入局，正在引导全球跨境电商市场新一轮变革，重新塑造了平台、卖家、消费者三者间的关系，尤其是平台和卖家的身份，也为企业出海提供更多选择。数据显示，Temu 预估其 2023 年将完成 140 亿美元的 GMV，并定下了 2024 年 300 亿美元的 GMV 目标[1]；2023 年第四季度速卖通订单强劲增长 60%，主要由小全托管

---

* 侯东伟，河南国际数字贸易研究院助理研究员，主要研究方向为跨境电商、数字贸易、跨境电商运营；贺蓓蓓，郑州职业技术学院教师，主要研究方向为跨境电商、电子商务；司小冬，陆军炮兵防空兵学院教师，主要研究方向为数据分析与处理。

[1] 《Temu 2024 年 GMV 目标为 300 亿美元》，网经社，2023 年 11 月 21 日，http://ec100.cn/detail--6634059.html。

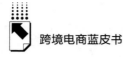

为基础的 Choice 业务拉动[1]。

全托管的横空出世和爆火看似具有偶然性，其实也是必然的，卖家多元化的出海需求以及平台扩张价值分配空间的主张共同推动全托管模式在全球迅速兴起。从卖家的角度来看。据海关统计，2023 年，我国跨境电商进出口总额 2.38 万亿元，增长 15.6%，占我国外贸进出口的比重由不足 1%增长到5.7%。[2] 跨境电商的高增长和高赋能吸引了越来越多的卖家、服务商加入，目前我国跨境电商主体已超过 10 万家。跨境电商出海群体日益多元化，既有扩张中的大卖，也有入行未深的小白，还有正在观望和转型中的传统工贸企业，现有的服务模式和质量远不能支撑这种多元化、个性化的出海需求。同时，近年来，平台的封号事件给卖家留下了深深的阴影和恐惧，一种稳定、权责分明、轻量化的出海模式，成为卖家避险的热点话题和新考量。此外，对卖家而言，行业头部逐渐扩张，站内站外流量成本逐渐增加，迫使已有卖家生态加速向适者生存演化，中小卖家或逐渐被清场的可能性变得严峻，亟须新的模式改善和缓和卖家间的关系。

从平台的角度来看。平台电商业务初期，无货源卖家、个人中小卖家等占据主导；随着平台生态的逐渐成熟、买家对品质需求的提升以及平台的长远发展打算等，平台亟须改善当前卖家生态和寻找新的增量以适应市场的变化。同时，行业竞争的加剧使平台出海困难重重，亚马逊等老牌平台的市场根基相对稳定，新的平台很难在原有的平台玩法下开拓海外市场。国内电商"三巨头"之一的京东便是一则典型案例，作为我国民营企业综合实力排名第一位的平台，却频繁在海外碰壁，先后关闭海外站点。又如四海商舟、环球易购这些行业元老级别的大佬，最终也不得不申请破产。此外，电商平台庞大的流量、数据与综合服务能力，使平台更容易把握住未来跨境电商卖家的增长预期，而且平台的规模化和集成化管理也更能控制成本、提高效率，

① 《速卖通将持续加大对托管模式的投入，四季度订单大涨 60%》，36 氪，https：//baijiahao. baidu. com/s？id=1791397834994440890&wfr=spider&for=pc。

② 《国务院新闻办就 2023 年全年进出口情况举行发布会》，中国政府网，2024 年 1 月 12 日。

进而节约卖家成本、提升买家购物体验。

当前，没有一劳永逸的方法论，行业飞速进化之时，相应经营模式的调适或将成为出海企业下一阶段的重心。但全托管真的能做吗？全托管又将把行业带向何方？这些成为卖家们热议又感到无比焦虑的话题。

一 全托管模式下跨境电商卖家的运营模式

（一）全托管模式的定义

关于"全托管模式"，其实我们并不算陌生。我们最早接触到的"代运营""货代"等活动，便是"全托管"的雏形，也可以称为"半托管"，不过这类活动往往只涵盖建站、推广、物流、仓储、清关、结算、客服等企业出海全链条中的某一项或者部分项活动。国内电商平台京东的自营业务便是电子商务全托管的典型代表。

全托管模式，也可以称为"类自营模式/轻量运营模式"，即平台包揽店铺运营、仓储、配送、退换货、售后服务等一系列环节，卖家则只需要提供货品，将货物送达指定仓库即可。同时，由卖家提报供货价，平台和卖家按照商品供货价进行结算。简单来说就是卖方将商品详细信息提报给平台，在平台审核满足其招商目录和准入资质后，通知卖家供货，而运营、物流、履约以及售后等后续工作全部由平台方来完成（见表1）。

表1 部分平台"全托管"服务对比

平台名称	全托管优势	选品	结算	品控	备货	定价权	物流	售后
AliExpress	布局全球物流网络和全球市场	平台与卖家协商	订单发货10天后	卖家负责	卖家负责	平台与卖家协商	平台负责（自建物流网络，实现全球五日达）	平台负责

平台名称	全托管优势	选品	结算	品控	备货	定价权	物流	售后
TikTok Shop	短视频、直播推广	平台与卖家协商	确认收货10天后	卖家负责	卖家负责	平台与卖家协商	平台负责(第三方物流)	平台负责
Temu	极致低价、社交裂变	平台与卖家协商	确认收货日T+1	卖家负责	卖家负责	卖家基本无定价权	平台负责(第三方物流)	平台/卖家分别负责
SHEIN	服装供应链管理	平台负责	7~30天	平台负责	平台/卖家	卖家基本无定价权	平台负责(第三方物流)	平台负责

资料来源：根据相关公开资料整理。

  按卖家运营模式分类，我们可以简单地将跨境电商分为自运营模式、半托管模式和全托管模式（见表2）。其中自运营模式，也称POP模式，是指卖家自主运营，负责产品的定价、发布、运营、物流、客服、售后等全链条活动，该模式下卖家拥有更多的自主性，便于根据平台活动、消费需求变化等及时作出调整。半托管模式则是指卖家将物流等环节交给第三方平台，简化了物流环节，而产品的定价、运营、售后等环节由卖家负责，该模式下卖家也拥有更多的自主权。而全托管模式下卖家则失去了一定的自主权和话语权，但同时也降低了出海企业的准入门槛。

表2 自运营、半托管、全托管三种模式的比较

模式	自运营模式	半托管模式	全托管模式
运营自主性	高	中等	低
投入成本	高(需承担全部运营成本)	中等	低(运营成本主要由平台承担)
市场风险	高	中等	低(风险主要由平台承担)
品牌塑造与控制	高(完全掌控品牌形象和定位)	中等(平台可能对品牌形象有所影响)	低(品牌形象可能受到平台较大影响)
销售与定价策略	灵活(完全自主定价和销售策略)	受限(缺少一定灵活性)	几乎由平台掌控

续表

模式	自运营模式	半托管模式	全托管模式
客户服务与售后	完全自主	部分支持	全面由平台负责
物流与仓储管理	完全自主	部分支持	全面由平台负责
营销与推广支持	完全自主	部分支持	全面由平台负责
技术支持与数据分析	自行解决	部分支持	全面由平台负责
备货	无须备货	备货和自发货两种	备货和自发货两种

资料来源：根据相关新闻整理。

目前，全托管模式更加注重物流的时效性。平台为卖家提供了两种供货模式，主要采用 VMI 模式（Vendor Managed Inventory）和 JIT 模式（Just in Time）。其中 VMI 模式是一种"先备货，后上架销售"的备货模式，平台普遍采用这种模式。这种模式下卖家需要先向平台申请备货，由平台负责仓储，待买家下单后，再由平台负责打包发货，因此该模式对产品提出了更高的要求。JIT 模式是一种"先出单，后发货"的预售模式，该模式下卖家无须在平台仓库备货，待买家下单后，可自行将商品送至平台国内中心仓，对发货速度和时效提出了更高的要求。

（二）全托管模式下卖家的角色与责任

基于以上对平台全托管模式的定义，我们可以看到，全托管模式将权责一分为二，卖家专注于深挖供应链潜力，做出更好的产品，然后供给平台，无须再进行前端的销售和运营。而平台专注于流量、运营、分销、物流、售后等环节，各自负责擅长的一块，共同分食海外市场的蛋糕。这一过程不仅省去了平台教育买家、卖家的成本，也挤掉了代运营、代理、贸易商赚差价的空间，最后利润由平台和卖家进行分配。

简单来说，全托管模式下电商平台不止扮演流量入口的角色，也直面海外消费者扮演卖家的角色，承担实际的销售责任，同时直接负责产品的销售、物流、结算、售后等一系列环节，进而实现对交易全过程的控制。因此，卖家也由自运营模式和半托管模式下"事必躬亲"的角色转变为"甩

259

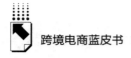

手掌柜"和"幕后"的角色，省出的精力用在自己更擅长的商品开发、生产和打磨上。卖家变成了平台的供货商，供应链成了平台与平台、平台与卖家以及卖家与卖家间较量的主战场，因此对卖家的产品设计、产品资质以及供货能力等指标提出了更严格的要求。

综上所述，我们可以看到，正所谓术业有专攻，专业的工作要交给专业的人来做，相较于分散的业务流程，全托管模式通过资源的整合与分配，进一步降低了成本和门槛，提高了效率，控制了产品质量，更好地迎合了卖家和买家的需求，进而造就了当前的火爆局面。然而这种模式真的就是破解当前局面的良药吗？出海卖家该如何选择？

二 全托管模式下跨境电商卖家的优势与挑战

（一）全托管模式下跨境电商卖家的优势

1.降低出海门槛，加速企业数字化转型

人才资源是企业的第一资源，工贸企业出海通常需要熟悉海外市场的运营人才、稳定的物流渠道以及专业的售后服务团队等，市场存在巨大的跨境电商人才缺口，这对传统外贸企业开拓海外市场来说是一只巨大的"拦路虎"。品牌商和传统工贸企业的强项是打磨产品和品牌，在全托管模式下，销售、仓储、物流、结算、退换货、售后等环节均由平台提供，有助于进一步放大和强化出海企业的强项，减少企业出海的障碍，也将加速传统工贸企业的数字化转型。此外，现阶段，国务院、商务部以及地方政府等均一直强调"跨境电商+产业带"融合发展模式，对于基础配套不完善的地区或者缺少运营经验的企业来说，全托管模式是一个省心而又抢抓红利的出海方式。

2.减少卖家投入，降低业务成本

首先，全托管模式下，卖家通常扮演供货商的角色，将销售、物流、通关、售后等过程交给平台，根据规模经济理论和交易成本理论，平台通过对除供货外的整个交易环节的整合为卖家提供集约化的服务，集约化服务依托

资源整合使交易频次减少、协调过程简化，进而产生规模经济效应、降低企业出海的交易成本和学习成本。其次，全托管平台通常会为入驻企业提供 0 佣金、0 流量费以及 0 保证金等政策，相较于自运营卖家通常被收取 7%～15% 的佣金比例，全托管卖家便于以更具性价比的价格形成竞争力，更好地打开海外市场。此外，全托管模式内卷的外溢效应也会对服务商产生影响，迫使服务商跟着降价，这对自运营和全托管双管齐下的卖家来说也是利好。

3. 专注产品研发，迅速挖掘爆款

首先，全托管模式下，卖家退居幕后，可以将有限的资源集中在产品研发、供应以及品控上，无须过多关注烦琐的运营细节。其次，跨境电商平台是走在行业最前线的主体，与消费者和企业之间关系密切，积累了大量的消费者数据与卖家数据，依托数据分析开展用户画像，使平台运营具有精准高效的选品能力和推广能力。同时，能够对标当下用户需求和市场趋势，逆向指导卖家及时对产品进行升级改造，开展柔性生产，提供定制化服务，提升打造爆款的概率。

4. 提升供应链各节点的响应速度，提高运营效率

首先，全托管模式下，平台通过资源整合，能实现供应链各环节的无缝衔接，有助于减少信息传递的延误和错误，加快订单处理速度，缩短交货周期。其次，全托管模式下，供应链流程得到简化，减少了不必要的环节和耗时，提高了各环节之间的协同效率，从而加快供应链整体响应速度。如快时尚电商品牌 SHEIN 引以为傲的小单快返、上新速度，正是得益于其内外部各组织间信息流通距离短，便于把控，进而带动选品、入库、生产、配送等各环节效率提升，实现从材料到最终商品发货最快可以在 24 小时内完成，进而提升消费者购物体验。此外，全托管模式下，平台通过对供应链流程进行标准化管理，能确保每个环节都按照最优化的方式进行操作，减少不必要的浪费和错误。

5. 降低出海风险，提升产品合规性

首先，跨境电商交易链条涵盖多项环节，其中某一环节出现问题都会使供应链发生断裂风险。而全托管模式下，卖家仅保留供货环节，其余的环节

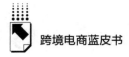
打包给平台，风险由平台独自承担，一定程度上能避免卖家因操作不当、刷单而导致的封号以及货代爆雷等导致的物流和供应链风险。其次，跨境电商通常涉及多个国家和地区的法规与税务要求，且规则复杂多变，全托管模式下，平台相对更了解目标市场的法律法规、标准和要求，能够帮助卖家在产品纳税、设计、生产、包装和标识等方面符合当地规定和监管要求，这有助于避免产品因不合规而被退货、罚款或下架等风险，提升产品的合规性和市场竞争力。

6. 增强卖家曝光率，提升品牌形象

首先，近年来各平台陆续出台系列措施打击假货、把控产品质量，全托管模式下，平台会对卖家资质和产品质量严格把关，并打上独特的标识。因此，基于官方背书，会提升消费者对商品的兴趣和接受度，物流和价格也都更让消费者放心。如速卖通的全托管模式就是由专属频道 Choice 向消费者出售商品，并且在搜索结果页和商品详情页都有特定标识，同时赋予全托管店铺更高的权重，优先展示，使卖家产品可以在平台众多同类商品中脱颖而出。其次，基于全托管专属频道和标识，便于卖家的产品与同平台相同产品作区分，因此在一定程度上能减少被跟卖的现象和被侵权的风险，提升卖家的品牌形象。

（二）全托管模式下跨境电商卖家的挑战

1. 平台成本不可控

全托管模式下，平台对物流的时效性要求更高，因此，一个很尖锐的问题摆在卖家面前——那就是该备多少货，备多还是备少。如果备得多了万一没成为爆款，货品滞销就会带来库存成本的飙升；万一备货较少，而产品成为爆款后，可能会因备货不及时而被下架或者收到平台的罚款等；如果商品成为爆款后，备好货后，又不好卖了怎么办。这些都是全托管卖家普遍都会遇到的问题。

自运营模式下卖家的生产和备货方式是相对自由的，全托管模式下要求卖家提前将现货备货到平台仓库或者卖家自己的仓库，卖家为了减少库存长

时间积压产生过多的仓储费用，通常需要做爆款切入或者在价格上做出进一步让步。这就提高了全托管模式的准入门槛，增加了新品测试的成本和备货成本。同时，全托管模式也倒逼卖家不断研发创新，无法再像以前一样按客户的订单量生产之后当甩手掌柜。这些对小卖家来说并不友好，小型卖家的困境依然没得到缓和。

此外，虽然平台会提供一些免费或优惠承诺，但这些承诺是不可持续的。0佣金、0流量费、0保证金等都是过渡期政策，后续自运营卖家面临的问题全托管卖家同样也要再次面对。

2. 话语权和自主性降低

全托管模式往往是"平台唱主角，包揽更多环节"，不可避免地会带来平台和卖家之间谈判的不对等。一方面，随着平台供货商可选择性的提升，在平台统一负责所有流量和商品运营的情况下，平台不可避免地会对商品价格、品质、环保等进行纵向与横向的比较，这就使卖家要同时面对平台和同行压价的压力，给卖家带来被压价、定价权减弱或者被替代的困境。Temu便是一个典型的案例，以Temu在2023年5月的新政为例，卖家之间每周都要展开价格"厮杀"，同款产品价低者胜，胜者掌握流量密码，败者被限制备货和上新。虽然当前一些平台在发布全托管模式时，会强调由平台和卖家双方来确定商品价格，最后却演变成了平台一手遮天的局面，从而让卖家滋生出对平台的不信任情绪。

另一方面，平台的流量是有限的，如何平衡自运营店铺和全托管店铺的兼容关系，各平台目前并没有什么有效的方案，也成为平台卖家诟病之一。无论哪种模式，流量的水龙头都掌握在平台的手里，可以确定的是自运营店铺的流量肯定会被稀释，流量成本也将会增加，价格竞争也会影响自运营店铺，卖家或许也会面对自运营店铺和全托管店铺二选一的局面，同时也会加重平台的内伤。

3. 数据的掌握权减弱

品牌出海不仅仅是让消费者认识该产品的品牌Logo就够了，更重要的是与消费者建立黏性的连接。全托管模式下，虽然交易链条简化了，但卖

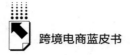

家与 C 端和 B 端的距离变长了，卖家与消费者不再是直接接触的关系，而是主要通过平台反馈来了解消费者的特征、需求、退换货理由和建议，在这种情况下，卖家能看到的最远的地方，便是平台仓库的大门。因此，卖家将增加对平台的依赖，一旦平台规则出现调整，可能会对卖家"牵一发而动全身"。同时，平台的不透明也加深了卖家和买家间信息的不对称，不可避免地又加重了卖家行动的滞后性，诸如卖家产品的定制化、产品的改进等特殊需求也将无法有效发挥作用，行动也会相对迟缓。此外，卖家将商品信息、客户信息等交给平台，也会引起信息泄露的风险。如 2023年 Temu 在美对 SHEIN 发起诉讼，指控 SHEIN 利用"商业间谍"剽窃知识产权和商业机密。因此，对想要打造品牌的卖家来说，全托管模式显得"简单粗暴"了些。

4. 对平台运营能力提出更高要求

首先，全托管模式下平台负责整个交易链条的大部分环节，因此平台要面对销售、物流、通关、结算等过程可能出现的风险与问题，一旦其中某一环节出现问题，不仅可能导致用户体验的降低，同时也可能给平台带来经济损失或者信任危机。同时，大量的工作都由平台承担，伴随着 GMV 和商品品类的增长，平台投入和工作量也相应增加，无法如卖家那样事必躬亲，这对平台来说也是极大的考验。2023 年 Temu 一度因流量的大量涌入出现爆仓，导致卖家备货审核暂停，商品无法正常上架和发货。其次，无论是全托管模式还是半托管模式，物流履约能力都是衡量平台运营效率的关键，而全球物流网络布局更是一件缓慢的过程。在 BBB（一家美国商业评价网站）上的 Temu 评级为 2.09 星（满分 5 星），消费者反映最多的便是其运输时间问题。

5. 售后服务不能保障

全托管模式下，卖家退居幕后，商品的售后服务通常由平台负责提供。首先，平台提供售后的专业性有待考量。出于对商业机密和知识产权的保护，卖家往往会将重要信息隐藏、不对外公开，尤其是对于智能家电和工艺复杂的商品而言，因此存在售后服务质量不可控的风险，使这类企业更加谨慎布局全托管，同时也极大限制了平台商品品类的广度。其次，退换货问题。目前平台在处理退换货时往往采用"暴力方式"，即一旦消费者不满意，平台都会选择直接退款，卖家无从查找原因。同时，全托管模式下的低价竞争，使卖家的退货成本进一步增高。

三 全托管模式下跨境电商卖家的出海展望

综合来看，当前，全托管模式吸引全行业目光的同时，也面临诸多需要突破的困局。一是全托管模式非常考验平台的选品、定价、投放、物流履约、售后服务等方面的能力。因此，跨境电商平台围绕全托管的争斗，更像是围绕供应链掌控权的一场内卷战争。全托管模式下，平台对各个环节大包大揽，试图一手遮天，显然当前阶段平台是吃不消的。二是全托管模式的出发点和描绘的蓝图是好的，但目前来看，平台在平衡平台、买家、卖家三者间关系时，往往是往平台和买家方向倾斜，卖家的地位很被动，这也是平台在推出全托管模式几个月后又推出半托管的原因之一。与此同时，对于中小型卖家来说成本并未减少多少，而且大家普遍面临的问题并未得到解决，如如何平衡库存、退换货与维权等。根据平台规定，货权仍属于卖家，所以当出现问题时，均是由卖家承担。三是根据挤出效应理论，当平台充斥大量低价内卷商品时，会对高性价比商品产生排斥效应，直至被挤出平台，不利于激励卖家去做研发投入和创新，同时也会极大限制平台的品类广度。四是全托管模式的出现又让卖家回归到了代加工模式，一定程度上阻隔了卖家与消费者的联系，也加重了企业的海外搜寻成本，不利于卖家打造品牌、优化生产设计等。

因此，全托管模式是一把双刃剑，我们需要辩证来看，合理利用平台模式，谨慎入局。对于有供应链优势、产品优势、重生产轻运营的卖家而言，全托管无疑是一条提高曝光量、开拓海外市场的流量渠道。对于想挖掘新的品类、测试新品，而又分身乏术的卖家来说，全托管也是一条有效且省时省力的渠道。而对于无供应链优势的卖家以及纯铺货的卖家，既没有办法给出

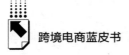

有竞争力的供货价格，也不具大量备货的宽裕资金，在全托管模式下肯定无法实现做甩手掌柜。对于在同一平台自运营和全托管双渠道并进的卖家，应注意自运营店铺和全托管店铺间在售产品的差异性，避免两类店铺间价格竞争。对于生产标品（如大型家电、大件家具等）、退换货率较高、售后复杂、致力于品牌建设的卖家来说，更要综合考量是否入局。

总而言之，全托管不是唯一，只是原有生态的一个延伸，同样"甩手掌柜"也做不得。结合当前跨境电商行业发展的规律和趋势，无论采用哪种模式，无论是自营还是托管，无论是平台还是独立站，卖家都应聚焦长期价值，结合自身的固有优势，以创新为驱动力，用技术作为护城河，适度地开发一些"蓝海产品"。品牌化、差异化、合规化、本土化才是跨境电商真正的未来。

参考文献

《2024，全托管并非终极答案》，"新立场 Pro"微信公众号，2024 年 1 月 25 日。

《全托管一年，跨境电商大洗牌》，"亿恩"微信公众号，2023 年 12 月 12 日。

《跨境电商争抢"全托管"，商家喜忧参半》，"然次元"微信公众号，2023 年 7 月 31 日。

《Temu 全托管的背后，是加足马力狂奔的物流》，"跨境电商物流百晓生"微信公众号，2023 年 12 月 31 日。

《跨境电商逆势上扬，全托管模式为什么火了?》，https：//www.cqcb.com/gongsifengxiangbiao/2023-08-24/5354352_pc.html。

跨境电商企业合规出海
风险分析及优化策略

孙 怡*

摘 要: 在全球主要经济体之间贸易局势持续紧张、需求疲弱、地缘政治不确定性加剧的大背景下,跨境电商作为后起之秀,近年来一直是我国外贸领域的一大亮点。越来越多的企业想要加入"电商出海"的队伍,然而,面对不同国家和地区的法规、政策和文化差异,跨境电商企业在海外经营中面临极大的合规性挑战。本文旨在为跨境电商企业提供一种现实可行的合规经营方法论,即通过剖析相关数据和真实案例,解读跨境电商企业"商品出海"八大合规风险及"资本出海"需要额外关注的六大合规风险,进而给出合规风险防范和合规体系建设建议,助力跨境电商企业在"知规则、懂规则、守规则"的前提下,通过有效的合规管理,更好地适应并成功开展海外经营,在竞争激烈的国际市场中取得长期竞争优势。

关键词: 跨境电商 出海 合规 跨境投资

随着国际货物贸易形势的不断变化和互联网技术的飞速发展,加之过去几年新冠疫情对人们生活方式和消费习惯的改变,跨境电商开始在全球贸易中扮演愈发重要的角色,其独特的商业模式使企业能够突破国界,实现商品和服务的跨境流通。

---

* 孙怡,北京德和衡律师事务所高级权益合伙人、副总裁,专注于为企业提供涵盖跨境投融资、进出口合规、国际贸易争议解决的一站式综合法律服务。

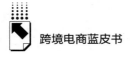

中国作为全球制造业和电子商务大国，参与并引领了全球跨境电商行业的快速发展。越来越多的中国企业希望涉足跨境电商领域，尤其是谋求突破的传统制造业企业，以及已经在跨境电商领域取得不错发展的企业，希望能加强自身对于整个供应链的掌控，产生了在海外投资设立海外仓、独立站乃至生产工厂的需求。

而在以上跨境电商企业出海的过程中，随之而来的是各种国家和地区的法规、政策以及文化差异所带来的复杂的合规挑战。在这个多变而复杂的环境中，如何在出海过程中做到合规成为跨境电商企业面临的迫切问题。为了解决这一问题，有必要深入研究跨境电商合规方法论，以便为企业提供更加智慧的战略指导，帮助其更好地适应全球化的经济格局，同时也有助于促进各国政府在法规制定和监管协作方面的合作，为全球贸易提供更加稳定和可持续的环境。

一 我国跨境电商行业发展现状

"跨境电商"是"跨境电子商务"的简称，是指分属不同关境的交易主体，通过电子商务平台达成交易、进行电子支付结算，并通过跨境电商物流及异地仓储送达商品，从而完成交易的一种国际商业活动。此为"跨境电商"的广义定义。

在我国进出口监管领域，海关总署对"跨境电商"的狭义定义，仅限于通过1210、9610、9710、9810等跨境电商监管代码向海关申报的交易。然而实践中，众多企业及个人通过网络平台或其他非线下渠道形成订单，通过传统或电子支付手段结算，并采用传统"一般贸易（0110）"甚至个人邮寄包裹等方式完成交易，亦自认为从事"跨境电商"。

本文研究广泛适用的跨境电商企业合规出海相关问题，故采用"跨境电商"的广义定义作为研究范畴。

（一）我国跨境电商行业发展历程

伴随互联网技术的发展，中国电子商务自20世纪90年代末期开始萌芽，在国际贸易领域，最初仅用于辅助传统 B2B 贸易进行线上展示，后逐步实现线上交易功能。

2014 年，海关总署发布《关于增列海关监管方式代码的公告》，增列"跨境贸易电子商务（9610）"海关监管方式代码，推动原处于"灰色地带"的"个人代购"行为转向"跨境电商零售进口"交易模式，极大地方便了国人购买优质进口商品，也催生了跨境电商经营企业、平台企业、支付企业、物流企业、代理企业等产业链上的各类角色，我国跨境电商生态迅速完善。

近年来，亚马逊等全球电商平台的崛起使跨境电商市场规模持续扩大，根据 ecommerceBD 数据，2023 年全球零售电子商务销售额预计 6.3 万亿美元，到 2026 年，全球零售电子商务销售额预计达到 8.1 万亿美元。[1]

中国企业顺应经济浪潮，发挥物美价廉的传统优势，投身跨境电商 B2C、B2B 出口领域，快速占领国际市场。海关总署数据显示，2023 年我国跨境电商进出口额再创新高，达到 2.38 万亿元，同比增长 15.6%，拉动同期货物贸易进出口增速超 1 个百分点（见图 1）。[2]

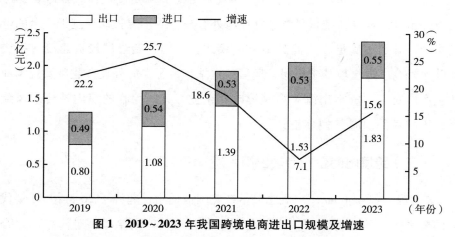

图 1　2019~2023 年我国跨境电商进出口规模及增速

注：2019~2022 年数据为修正后的数据，2023 年数据为初步统计数据。
资料来源：海关总署。

---

[1] 亿邦动力：《2023 全球化新品牌洞察报告》，2023 年 11 月。
[2] 数据来源于 2024 年 1 月 12 日国务院新闻办举行的 2023 年全年进出口情况新闻发布会。

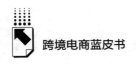
（二）跨境电商企业"出海"常见方式

国际市场调研公司尼尔森发布的《2023年中国跨境电商平台出海白皮书》显示，越来越多中国电商平台有能力参与全球竞争，甚至在海外挑战亚马逊等全球电商巨头的地位。其中最具代表性的速卖通（AliExpress）、SHEIN、TikTok Shop与Temu，被媒体称为出海"四小龙"。除了电商平台及配套的物流、支付服务商积极出海外，企业参与跨境电商出口的出海方式主要有两大类。

一类是"商品出海"。此方式下，卖家所有操作均可在中国境内完成，在国内采购、生产，在各类平台上注册店铺或进行推广，接到订单后将商品配送至国外消费者，再将款项收回国内。后又出现了盛行的"全托管模式"，即店铺运营、物流、履约、售后等亦由平台完成，推动众多传统外贸制造企业以极低门槛搭上出海快车。

另一类则是"资本出海"。部分跨境业务达到一定规模，或计划长期经营海外市场，或在传统贸易领域存在海外客户，或不想长期受制于平台的电商企业，开始不满足于"商品出海"模式，它们开始尝试投资建设或租赁运营海外仓、设立境外子公司、运营独立站，甚至在海外投资建厂实现本地化生产。对于"资本出海"型跨境电商企业，其所面临的境内外合规风险远高于"商品出海"型企业。

（三）跨境电商企业合规出海困境

"合规"（Compliance）概念最早在美国被提出，起源于20世纪30年代美国金融行业的监管创新。美国司法部制定的《美国律师手册》指出，合规计划由公司管理层制定，目的是预防和发现违法行为并确保公司按照刑法、民法等法律以及规章、规定开展活动。①

---

① 李大明：《我国企业合规制度发展脉络初步梳理》，2023年12月，https：//zhuanlan.zhihu.com/p/673807783。

随着企业国际化、贸易全球化的发展，企业面临更为复杂的法规环境。全球企业合规标准的制定和信息技术的快速发展，使企业合规管理逐渐趋向国际化、标准化和数字化。

相较于国际企业合规管理的发展，我国企业合规起步较晚，且呈现一定外部驱动、倒逼发展的特点。目前我国的企业合规多集中于金融保险行业、央企国企，其中从事涉外业务的企业，因其与国际接轨较早，合规管理意识相对较强。

跨境电商出海企业多是中小规模民营企业，在企业规模、人员配置、合规意识、管理水平等方面相较于大型金融机构、央企国企都存在明显差距，即便在国内日常经营中都难以做到完全合规，贸然投身跨境领域，不仅要面临境内外、政府与平台等多重合规义务，还要面临诸多新型合规风险，如经济制裁合规、数据合规等，企业往往既没有预判，又没有对策，只能暴露于合规风险之下，在发生问题时承受巨大损失。

二 跨境电商出海全链路合规风险分析

（一）"商品出海"企业合规风险

1. 主体设立合规风险

"商品出海"的跨境电商企业，为了占领市场、提高销量，并满足各地区法律及平台规则的限制，往往需要批量设立多个独立主体用来注册店铺。如设立的是公司，我国最新《公司法》将于 2024 年 7 月 1 日起正式实施，其中第四十七条要求"全体股东认缴的出资额由股东按照公司章程的规定自公司成立之日起五年内缴足"，这就给跨境电商企业带来了实缴注册资本的合规义务和资金压力。如设立的是个人独资企业，还可能面临以个人或家庭财产对企业债务承担无限责任的风险。

2. 股权架构合规风险

为了满足平台对店铺独立性的要求，跨境电商企业用作店铺注册的公司

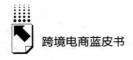

大多是以亲属、员工等个人作为股东和法定代表人，这就造成了公司实际所有人和显名股东不一致的情况，构成了"股权代持"关系，有可能因为代持人的不当行为给跨境电商企业及其所有人带来风险。

3. 进出口合规风险

无论跨境电商出口企业实际是否采用跨境电商相关监管方式向海关申报，其销售的商品终究要在中国海关及目的国海关申报并缴纳相关税费，方可实现跨境交易。进出口合规领域，涉及商品编码、完税价格、货物原产地、监管证件、检验检疫等诸多合规要求，如发生违规，可能给跨境电商企业带来补税、罚款，甚至刑事处罚的风险。

例如，佛山市某电子商务有限公司以跨境电商 B2B 直接出口方式向海关申报出口喂水器、喂鸟器 6042 个，商品编号：7013990000。经海关查验实际出口喂水器、喂鸟器 6042 个，商品编号：7020009990，被海关以"商品编码申报不实影响海关监管秩序"为由处以罚款人民币 2.8 万元。①

相对应地，美国、欧盟等我国电商出口主要目的国，也在不断收紧跨境免税政策、加强供应链安全管理、加重合规申报义务，电商企业在"商品出海"过程中如自行申报操作不当，或委托的代理人合规意识不强，都可能引发合规风险。

4. 境内外财税合规风险

除了进口关税外，跨境电商出口企业还面临境内外所得税、增值税合规问题。

根据最新《公司法》及我国税收征管相关法律法规的规定，"公司除法定的会计账簿外，不得另立会计账簿。对公司资金，不得以任何个人名义开立账户存储"。但跨境电商企业"两套账"、账外收入，甚至个人卡收款等情况都非常普遍，如杭州市某跨境电商平台公司被匿名举报，利用开设内外两套账的方法，谎报收益，进而少缴税金，经税务稽查部门检查，最终明确了该公司存在"账外收益"的事实。最终，该公司被依法追缴税金及滞纳

---

① 案例来自《行政处罚决定书》（鹏关缉普违字〔2023〕0007 号）。

金共计210万元。

跨境电商企业如果因各种原因导致没有办法做出口退税或者免税，则需要按照国内贸易的计税方式去计算和缴纳增值税，如未缴纳或骗取出口退税，则面临极高的合规风险。如当事人A要求B经营的针织公司虚开增值税发票给A指定的某跨境电商公司，并给予B一定的好处费。B明知其经营的针织公司与A指定的上述公司不存在真实货物交易，仍按照A的要求向上述公司虚开增值税专用发票91份，价税合计金额为人民币670余万元，税款数额为人民币97万元。A利用B虚开的其中56份增值税专用发票向税务部门申报退税，骗取出口退税款共计人民币86万元，最终被认定为构成虚开增值税专用发票罪。[①]

随着全球跨境电商的蓬勃发展，跨境电商征税议题成为全球关注热点，越来越多的国家或地区加强跨境电商税收监管，并探索和实践跨境电商征税模式和路径。除进口关税外，美国、欧盟、英国、日本、泰国、巴西等都有向跨境电商卖家征收销售税、增值税（VAT）、商品和服务流通税（ICMS）等税种的规定。

跨境电商企业出海，需要提前规划、合理应对境内外、各税种之间环环相扣、规则繁复的财税合规要求。

5. 支付与外汇合规风险

在跨境电商的资金收付流程中，涉及更多的监管法规，如《中华人民共和国反洗钱法》《中华人民共和国外汇管理条例》《货物贸易外汇管理指引》等。

如跨境电商企业出口未收汇、个人卡收汇、通过"地下钱庄"将款项结算至个人账户，或者使用非正规结算支付机构等，均有可能涉及逃汇、非法经营、洗钱等合规风险，面临账户冻结、高额罚款，甚至刑事处罚。

6. 知识产权合规风险

侵犯知识产权一直是我国跨境电商出口绕不开的"痛"。在打造"爆

---

① 案例来自（2019）浙02刑终827号二审刑事判决书。

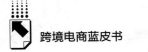

款"的同时，由于欠缺知识产权保护与防范意识、不了解域外知识产权法律体系等，跨境电商知识产权侵权纠纷案件层出不穷。

从较早期的"小猪佩奇"侵权案件，到目前，已经形成了专业律师代理知识产权权利人通过"假冒消费者采购—保留证据—起诉—冻结账户—达成和解或赔偿扣款"等系列措施批量打击跨境电商卖家知识产权侵权行为。被冻结的店铺数以万计，被冻结资金亦达到数十亿美元的量级，其中不乏并未侵权而被殃及的卖家。

中国知识产权研究会发布的《2022年中国企业在美知识产权纠纷调查报告》数据显示，2022年中国企业在美知识产权诉讼新立案共986起，涉及中国企业9569家次，其中98.16%的中国企业为被告。跨境电商诉讼新立案共559起，占全年新立案数量的56.69%。其中，涉专利侵权45起，涉商标侵权514起。在已结案的商标诉讼案件中，我国企业获得的最有利结果即为与对方和解。大多数企业缺席应诉被判决败诉，缺席判决案件114起，占比78.62%。平均判赔金额为9.4万美元。①

在我国，海关总署负责对与进出口货物有关并受中华人民共和国法律、行政法规保护的商标专用权、著作权和与著作权有关的权利、专利权实施保护。跨境电商企业如出口侵权商品则会面临没收侵权货物，并处货物价值30%以下罚款；构成犯罪的，将依法追究刑事责任。

7. 出口管制与经济制裁合规风险

出口管制（Export Control）是国家出于政治、经济、军事和对外政策的需要，制定的商品出口的法律和规章，以对出口国别和出口商品实行控制。当前国际货物贸易规则中，各国对出口管制措施的重视程度和运用频率都不断提高，我国亦于2020年颁布了《出口管制法》。但对于出口管制措施运用最娴熟、规则最复杂且具有较强域外管辖效果的，当属美国。配合其同样复杂的经济制裁措施，只要交易的商品或者交易对象处于其众多管制或制裁"清单"内，就需要取得相关许可证方可交易。

---

① 中国知识产权研究会：《2022年中国企业在美知识产权纠纷调查报告》，2023年6月。

亚马逊曾因其自动筛查制裁流程"未能全面检测所有相关合规的交易和客户信息",涉嫌违反多项制裁令的要求,向美制裁地区及个人售卖商品和服务,被美国财政部经贸制裁执法部门海外资产控制办公室(OFAC)处罚,最终支付 13 万美元的罚款达成和解。

以如此低的代价达成和解的背后,是亚马逊采取了"补救措施",将更多的合规义务转嫁给平台上的卖家。自亚马逊与 OFAC 达成和解后,越来越多的卖家发现他们的资金账户毫无征兆地被美国亚马逊冻结,要求提供 OFAC 的许可方能解冻。

8.平台规则合规风险

跨境电商出海合规除了要考虑不同国家的法律法规,同样应该重视对平台规则的学习和遵守。尤其对于"商品出海"型企业,平台可谓掌握了其命脉,不仅可以决定其店铺或商品的流量,更可以直接"封号"、冻结账户。

各平台的规则设置复杂,且除了"白纸黑字"列明的条款外,还具有诸多秘而不宣的"后台算法",一旦卖家存在关联账户、刷单、提供虚假商品描述、价格宣传或其他误导性信息、虚构商品评价、销售假冒商品、侵犯知识产权、收到大量投诉或退款请求等情形,均可能导致封号。一旦被封号,解封维权之路将会痛苦且漫长。

(二)"资本出海"企业合规风险

对于规模较大、有长远发展规划的电商企业来说,仅"商品出海"已经不能满足其需求,希望对整个业务链条掌握更大的话语权,就必须通过"资本出海"的形式,参与仓储、物流、营销、平台等更多环节,同时也可更好地利用消费者心理等隐形规则提升销量。对于"资本出海"型跨境电商企业而言,除了前述"商品出海"型企业所面临的合规风险外,还需要关注以下方面的合规风险。

1.跨境架构合规风险

跨境电商"资本出海"可以采用多种形式,如直接在目标国家设立子

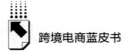

公司、分支机构，独立建设生产基地或提供服务，完全掌控经营管理，以实现本地化经营；通过收购或合并目标国家的本地企业，迅速获取市场份额、客户基础和关键资源；与当地企业建立合资合作关系，共同开发市场或实施项目等。

无论采取哪种方式，企业都要事先对投资交易架构进行设计，在考虑现有基础和长远发展的基础上，充分考察各地区的政策法规、社会环境、生产要素、运营成本等因素，合理规划各主体间的股权架构和投资进出路径，辅以相关法律文书的签订，以实现有效控制、风险隔离、合理分配、财税合规等目的。

2. 投资备案合规

跨境电商企业从中国境内向境外直接投资需要向国家发改委、商务部、外管局办理境外投资备案（ODI）手续，方能实现资金的合法进出，亦是实现贷款、上市等金融及资本市场操作的前提。ODI备案需要满足相应的条件，且目前各省市对具体政策的掌握尺度存在差异，企业需要提前了解、沟通，方能顺利办理，否则可能影响企业出海的时间进度，甚至成功与否。

3. 投资准入合规风险

各国依据自身产业政策，对外商投资均有相应的准入规定，如当前的投资热门地——越南，即在其《投资法》中规定，电子商务活动属于"允许外商附条件投资的行业"。电商"资本出海"时，要事先了解拟投资行业的准入条件、投资限制、额外的审批程序和条件等，确保投资资金的来源合法，遵守反洗钱、反腐败、反垄断等法规。提前了解目标国家的投资审批程序，确保按照规定提交申请材料，参与审批程序并获得相关批准。

4. 劳动用工合规风险

"资本出海"的过程中，企业难免要向投资目的地派遣或在当地雇用员工，需要事先了解不同国家的文化、用工环境及雇用法规、劳动合同制度、社会保障制度等，认真评估并采取相应措施以降低潜在风险，确保招聘、薪酬、工时、社会保障和福利待遇等方面的做法符合当地法规标准，谨慎处理与员工代表和工会的关系，以避免劳资纠纷。

5. 数据安全合规风险

跨境电商企业天然的数字信息属性及其面对广大个体消费者、跨境交易的特点，使其不得不关注数据安全方面的合规风险。目前世界各主要经济体均高度关注数据安全，全球已经有130多个国家制定了相应法律来保护数据和隐私安全。

数据安全相关规则突破传统"地域性"标准，具有较强的域外管辖效力，这使电商企业即便没有在某国家或地区注册，只是为当地自然人提供服务，但仍然会受到所在法域监管要求的影响。

出海企业在个人隐私、数据安全、跨境传输、内容安全以及供应链风险等方面都存在非常大的挑战，同时也应该关注对员工数据的处理和保护，防范潜在的数据安全风险。

6. 环境保护合规风险

跨境电商"资本出海"如在境外开展生产、仓储等活动，需要关注并遵守目标国家的环境保护法规和标准，在进行跨境投资前，要进行详尽的环境影响评价，了解当地的排放标准、废物处理、土壤和水质标准、碳排放政策、环境恢复义务等，确保在生产和经营活动中达到当地的环境法规要求。

三 跨境电商合规出海"五步走"方法论

（一）明确合规义务

跨境电商企业在出海前，应根据选定的出海模式对企业需要遵守的境内外法律法规进行识别与梳理：首先进行法律法规适用性判断，形成企业需遵守的法律法规清单，其次将法律中包含的合规要求转化成企业应履行的合规义务，作为企业合规出海的"红线"。明确合规义务的过程中，需特别注意境内外合规要求的差异性与特殊性，甚至是相悖的内容。

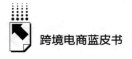

（二）梳理合规现状

明确了合规义务，跨境电商企业还需要对自身的合规现状进行梳理与识别，结合业务及产品属性、地域覆盖范围、业务流程、涉及平台与人员等信息，识别企业现有的合规措施和制度流程文件。

（三）评估合规风险

在了解企业的合规现状后，需要将现状与已识别梳理出的合规义务进行差距分析，并评估这些差距可能给企业带来的合规风险。差距分析与风险评估需要多部门利益相关者共同参与和协作，并需要管理层进行风险等级及降低风险方法与措施偏好的确认。在差距分析和风险评估的过程中所发现的差距及需要解决的风险可能包含文档制度、业务流程、科技手段、专业水平及人员意识等诸多层面。

（四）确定合规策略

在完成差距分析及风险评估后，企业应通过分析现有差距的风险发生概率、违规处罚程度、合规实施成本、实施周期等因素，结合自身的风险偏好，选择相应的风险应对策略，继而确定合规工作规划及具体实施路径。企业经营以营利为目的，跨境电商合规出海既需要正视合规的重要性，也要考量合规的投入产出比，在确定合规策略时充分预判可能发生的人财物投入及持续实施与改进的需求。

（五）落地合规体系

在进行决策与分析后，跨境电商企业需要完成合规架构设计并获得管理层认可，然后根据合规架构体系配置相应岗位和人员，进行业务及审批流程设计，将合规要求融入公司运营的各个环节，并结合信息化工具推动合规流程落地，以确保公司运营真正符合境内外的合规要求。

四 跨境电商企业合规出海建议

（一）重视前期尽调

跨境电商热度高涨，诸多企业都有参与其中或扩大规模的意愿，但企业经营应理性决策。出海前，企业应该充分重视前期尽调工作，包括对目标市场法规、税收政策、消费者习惯等方面的深入了解。通过彻底的前期尽调，企业能够更准确地评估出海过程中的合规风险和经营风险，为制定有效的合规策略奠定基础。

（二）强化合规意识

企业合规通常需要自上而下推动，但在落地过程中又需要自下而上地执行。跨境电商企业内部应该树立强烈的合规意识，使所有员工了解并遵守境内外相关法规和规定。定期培训和更新合规知识，建立内部合规团队，以确保企业始终保持在法规框架内运营。强化合规意识有助于降低因误操作而导致的合规风险，并提高企业在国际市场的声誉。

（三）慎选合作伙伴

跨境电商企业出海过程中，会涉及供应商、服务商等众多合作伙伴。合作伙伴的合规意愿与水平将直接影响跨境电商企业自身的合规效果。选用的合作伙伴应该符合其所在国的合规要求，有良好的商业信誉，能够提供良好的合规记录和经营实践。与合规度高、信誉良好的合作伙伴携手，有助于降低跨境电商企业出海过程中潜在的合规风险和经营不确定性风险。

（四）借助科技工具

跨境电商业务本身极大依赖信息与网络技术，现代科技工具也在跨境电商合规中扮演着重要角色。跨境电商企业可以利用先进的数据分析、监控系统和人工智能技术实时跟踪相关法规变动情况、合规流程执行情况等。这不

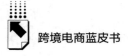
仅能提高合规管理的效率，还能够及时应对潜在风险。科技工具的运用有助于企业更加智能、精准地管理跨境业务。

（五）保持动态合规

合规工作是一个动态的过程，需要不断监控、评估、调整和改进。跨境电商企业要真正实现合规出海和出海后的持续合规，应该建立健全的合规监测机制，及时了解目标市场的法规变化，定期进行内部合规审查，迅速调整合规策略。保持动态合规有助于跨境电商企业在市场竞争中保持敏捷性，降低因法规调整而带来的合规和经营风险，确保长期稳健发展。

参考文献

李媛：《刘光超：合规赋能中国企业高质量出海》，《中国经营报》2023 年 12 月 18 日。

张梓桐：《长三角特色产业带"抱团出海" 跨境电商部分遇合规、成本两难》，《21 世纪经济报道》2023 年 11 月 6 日。

李辽：《跨境投资合规助力企业"出海"》，《法人》2023 年第 5 期。

董静怡：《跨境电商的冰与火：越过阵痛，转向产品与品牌》，《21 世纪经济报道》2023 年 1 月 13 日。

魏格坤：《通关便利化下跨境电商出口企业的财税"痛症"剖析》，《市场论坛》2022 年第 1 期。

张夏恒、肖林：《我国跨境电子商务研究演化及趋势（2012～2021）》，《渭南师范学院学报》2022 年第 12 期。

刘婷：《大数据下我国跨境电商出口风险识别与防范研究》，《上海商业》2021 年第 9 期。

彭靖雯：《风险无小事——新时代的企业合规建设》，《中外企业文化》2021 年第 12 期。

陈瑞华：《论企业合规的中国化问题》，《法律科学（西北政法大学学报）》2020 年第 3 期。

肖瑶：《数字贸易背景下跨境电商平台运营模式分析——基于"第三方平台"和"自营平台"的对比》，《长江大学学报》（社会科学版）2020 年第 1 期。

B.19
跨境电商独立站出海
发展现状和运营策略

阮峰 屈展 刘康 李宁*

摘　要： 近年来中国跨境电商发展势头迅猛，成为国内企业拓展国际市场的重要途径。独立站作为跨境电商行业的细分赛道，持续火热且势头上扬，已成为推动跨境电商市场发展的关键增量。独立站能够为中国企业出海带来显著的竞争优势，但建设运营的门槛较高，如何自主运营网站、精准对接用户成为越来越多跨境卖家的难题。本文旨在为跨境电商企业提供一种可靠可行的独立站出海方法论，从市场分析与定位、网站建设与优化、营销策略与推广、客户洞察与行为分析四大维度助力独立站建设运营，推动跨境电商企业实现品牌出海。

关键词： 独立站　跨境电商　运营策略

随着经济全球化进程和互联网普及速度加快，电子商务在全球范围内得到了广泛的推广和应用，成为企业开拓市场、提高效率的重要手段。跨境电商行业逐渐迈入成熟发展阶段，涌现出多种创新模式，独立站作为跨境电商行业的细分赛道，已成为推动跨境电商市场发展的关键增量。同时，由于社交平台的快速发展和公域流量成本的持续提升，独立站凭借积累用户数据和

---

* 阮峰，郑州易赛诺数字科技有限公司创始人，河南省电子商务专家，郑州航空港区跨境电商专家；屈展，郑州易赛诺数字科技有限公司联合创始人，郑州市电子商务专家委员会委员；刘康，郑州易赛诺数字科技有限公司市场总监，郑州航空港区跨境电商专家委员会成员；李宁，郑州易赛诺数字科技有限公司运营总监，易跨境人才孵化培训平台首席讲师。

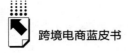

运营私域流量的优势，以及有效规避第三方平台带来的风险，获得众多跨境卖家的青睐。2021 年 7 月，国务院办公厅印发的《关于加快发展外贸新业态新模式的意见》中提出"鼓励外贸企业自建独立站"，为跨境电商卖家通过独立站实现品牌出海保驾护航。

独立站出海为跨境卖家带来显著的竞争优势，但建设运营难度同样较高，面对全球广阔的电商市场，将公域流量转化为网站的私域流量，高效精准服务客户，提升企业产品和品牌竞争力，打造适合企业长期发展的产品生态，成为跨境电商卖家独立站出海的关键。

一 独立站出海的意义与价值

（一）独立站出海卖家类型

独立站出海，是指企业或个人通过建立自己的独立网站将产品销售到海外市场。随着平台卖家、B2B 外贸卖家、国内电商卖家等涌入独立站，独立站也呈现不同的运营模式和方法。目前，跨境独立站卖家主要分为站群卖家、DTC 品牌商家、平台转型卖家、工贸一体化卖家四种。

站群卖家主要为多店铺管理，通过使用建站工具搭建多个独立域名的网站，以爆品、杂货、单品 ROI 为导向，通过大量网站同时发布广告、测款、打爆品的方式实现转化，但部分站群卖家存在的货不对板、广告欺诈、售卖假货等行为给整个行业带来了负面影响。DTC 品牌卖家从用户需求角度出发，自主运营独立网站，直接面向消费者出售商品或服务，注重产品质量、用户体验和粉丝维护，从而塑造良好的品牌形象和增强企业竞争力。平台转型卖家是第三方平台拓展独立站业务的卖家。这类卖家或为规避风险，减少对单一平台的依赖，被动寻找多种销售渠道，或主动拓展业务类型，通过多渠道布局寻找业务增量空间。工贸一体化卖家多为 B2B 外贸工厂，依托产品研发和供应链优势，借助独立站出海寻找流量和分销渠道。

（二）独立站出海为企业创造更多价值

独立站在企业拓展海外市场、建立品牌形象、掌握用户数据、降低运营成本、提高利润空间等方面具有重要意义和价值。

品牌塑造与个性化体验。独立站帮助企业建立自己的品牌形象，通过定制化的设计和内容，向海外消费者传递品牌价值和特色。同时，企业可以根据目标市场的文化和需求，提供更加个性化的用户体验，从而吸引和留住用户。

数据掌控与用户积累。企业通过独立站可以掌握自己的用户数据，了解用户的购买行为、喜好和需求，从而进行精准的市场分析和定位，制定更加有效的营销策略。同时，企业可以积累自己的用户资源，建立用户忠诚度，为未来的业务拓展打下坚实的基础。

降低对第三方平台的依赖。独立站出海可以帮助企业降低对第三方平台的依赖，避免平台的规则和政策限制，拥有更加自由的商业自主权。同时，企业可以通过独立站建立自己的私域流量，提高流量的质量和转化率，降低获客成本。

全球化布局与市场拓展。企业可以通过独立站建立自己的国际品牌形象，提高在国际市场中的知名度和竞争力，扩大海外市场业务增量。同时，企业可以及时了解海外市场的需求和趋势，制定更加灵活的营销策略，抓住市场机会。

提高利润空间与灵活定价。独立站可以根据市场需求、竞争情况和自身优势等因素，制定更加灵活合理的价格策略，提高产品的利润空间，提升产品的附加值和竞争力。同时，企业可以通过独立站提供更加个性化的服务和定制化产品，满足不同用户的需求，提高用户的购买意愿和满意度。

二　独立站出海的行业现状

（一）独立站成为中国卖家出海的重要渠道

随着跨境电商卖家加大对独立站的投入力度，独立站逐渐成为品牌型卖家的重要市场渠道，深入对接全球跨境电商市场。一是中国跨境电商独立站市场规模持续扩大，为中国外贸发展注入更多活力。自2016年以来，中国跨境电商独立站市场规模保持快速增长，预计2023年达到2.3万亿元，同比增长约76.2%，2024年将呈现进一步扩张态势（见图1）。[①] 市场主体同样表现出活跃状态，商务部数据显示，我国独立站已达20万家，预计2024年中国独立站卖家数量将超过50万[②]，极大激发了中国外贸市场的发展动力。二是上市大卖独立站营收占比不断提升。我国上市大卖越来越重视独立站高质量建设运营，通过分析安克创新、乐歌股份等上市大卖的财报发现，这些大卖独立站的营收占比整体呈现增长态势（见图2），已经成为卖家进入国际市场的重要渠道。

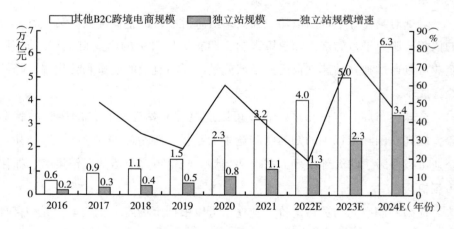

图1 2016~2024年中国跨境电商独立站市场规模及预测

资料来源：浙商证券，《新机遇：从制造出海到品牌出海——跨境电商系列深度之一》，2023年11月26日。

---

① 浙商证券：《新机遇：从制造出海到品牌出海——跨境电商系列深度之一》，2023年11月26日。

② 浙江电子商务促进会：《中国跨境电商独立站研究》，2022年3月。

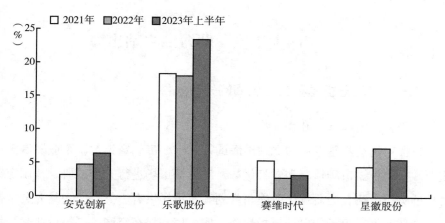

图2 2021年至2023年上半年部分上市大卖的独立站营收占比情况

资料来源：巨潮资讯网。

（二）独立站出海面临众多疑难杂症

中国独立站市场发展形势一片大好，但对于独立站卖家来说也面临运营、成本、人才等诸多挑战。一是建站容易、运营难。目前独立站建站主要包括自主开发、开源建站和SaaS建站三种方式，建立一般的独立站比较容易，要构建一个专业全面且运营良好的站点却是难上加难。卖家既运营独立站，还要运营产品和品牌，亲自参与选品、营销推广、用户购物体验等全部环节，因此成功运营独立站并在国际市场站稳脚需要付出较大的精力。二是投入成本高、存活时间短。独立站建设和运营需要持续投入人力、物力和财力，且前期利润具有不确定性、不稳定性，独立站站外引流难度较大，营销推广成本更是居高不下。三是独立站相关人才极度匮乏。独立站模式下，网站建设运营、仓储物流配送、线上营销推广等环节均需要专业人才，而此类人才比较稀缺，难以满足独立站快速发展的人才需求。

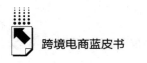

三 "四大维度"助力独立站出海

（一）市场分析是独立站出海的先决条件

1. 目标市场选择迈出第一步

目标市场选择是企业独立站出海的第一步，市场定位对于企业发展至关重要。企业根据市场情况和自身优势，对目标市场进行充分调研，并制定针对性的竞争策略，为后续企业战略规划和决策提供有力支持。一是充分掌握分析全球及目标市场的电商市场规模、增长率和潜在空间，了解行业趋势和未来发展方向，评估市场准入壁垒、竞争激烈程度、主要竞争对手的市场份额和战略。二是研究目标市场的消费者群体、购买习惯、需求特点和消费趋势，通过市场调研、用户画像和数据分析等方式，全面了解海外消费者的需求和行为特征，为独立站出海提供有力的数据支持。三是深度研究目标市场物流、法律等体系建设情况。评估供应链管理能力、物流配送体系和成本控制等，掌握目标市场的法律法规、税收政策、知识产权保护等，确保合规运营并规避潜在风险。四是评估独立站盈利能力。评估独立站出海项目的盈利能力、投资回报率和风险。同时，针对目标市场，评估团队能力、人力资源需求和组织架构的合理性，确保团队高效协作并实现业务目标，提升企业独立站出海运转效率。

2. 竞品分析深入了解市场对手

在独立站出海的过程中，对竞争对手网站的分析是非常重要的环节。通过对竞争对手网站的深入了解，可以发现其优势和劣势，从而制定针对性的竞争策略，提高自身竞争力并取得成功。一是网站设计和功能优化方面，评估竞争对手网站的页面设计、用户体验和交互性等方面，借鉴其优秀的设计元素，分析竞争对手网站的技术实现方式、功能模块和网站架构等，了解其技术实力和网站性能的可靠性。二是产品价格和营销策略方面，分析竞争对手网站的产品种类、特点、价格策略等，了解其市场定位和目标受众，比较分析与竞争对手产品间的差异化和竞争优势。研究竞争对手的营销策略、广告投放渠道、促销活动等，了解其如何吸引和留住用户，以及在市场中的品牌推广策略。分析竞争对手网站的流量来源、转化率和流量质量等数据，了解其网站运营效果和销售表现，优化流量获取策略。观察竞争对手在社交媒体上的表现、用户互动情况、口碑营销等，了解其与用户的互动策略和品牌传播方式。三是合作伙伴与供应链方面，研究竞争对手的合作伙伴关系、供应链管理等方面的信息，了解其在整个业务链条中的地位和资源整合能力。四是品牌建设和风险控制方面，了解竞争对手的品牌形象、价值观和企业文化等方面的信息，分析其如何通过品牌建设来吸引用户和建立忠诚度。检查竞争对手网站的法律合规情况、隐私政策、风险控制措施等，确保自身在运营过程中遵循相关法律法规，并规避潜在的风险。

3. 定位策略决定总体发展方向

为独立站出海产品和品牌制定一个清晰、有竞争力的定位策略，能为企业在海外市场中获得较好的发展机会，提高品牌的市场份额和用户满意度。一是对目标市场进行深入调研，了解当地消费者的需求、偏好、消费习惯以及市场上的竞争态势，找到与当地文化契合点，确保产品、服务和营销活动与当地消费者的价值观和习俗相符合。二是推进品牌建设，确定品牌的核心价值，包括产品的质量、价格、创新性、设计、品牌故事等，设计品牌名称与有辨识度的标识。借助广告、公关、内容营销、社交媒体等多种渠道向目标市场传播品牌价值，通过讲述品牌故事、营销活动等方式与目标市场建立情感连接，持续收集用户反馈和市场数据，根据实际情况调整策略，以保持与市场需求的一致性。品牌定位是一个长期的过程，通过不断优化和迭代，能够使品牌在目标市场中逐渐稳固地位。三是明确产品定位，基于目标市场和竞品分析，找准产品的特点、优势和价值，确定产品在高端、中端、低端市场中的定位。依托成本导向定价、竞争导向定价、价值导向定价等多种策略，分析产品的成本结构，选择合适的产品定价策略。同时，需要注意价格定位与品牌形象的一致性，以及根据市场变化及时调整定价策略。

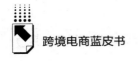

（二）网站建设是独立站出海的有形载体

1. 网站设计决定独立站门面

独立站的网站设计需要从多个方面进行考虑和实施，旨在为海外用户带来良好的访问体验，成为吸引消费者线上购物的有效载体。一是深入了解目标受众消费喜好。通过市场调研、用户访谈和数据分析，深入了解目标受众的需求、兴趣、行为和习惯，在网站设计中更好地迎合用户喜好。了解不同设计、功能和内容对用户体验的影响，提高用户体验的满意度和转化率。二是增强功能设计。建立设计规范和品牌识别系统，确保色彩、字体、布局、图标、图像等视觉元素，以及交互和导航等用户体验元素的一致性和统一性。优化图片、脚本和 CSS（叠样式表）等资源，使用缓存技术、CDN（内容分发网络）加速等手段提高网站的响应速度，确保用户能够快速访问网站和提高用户体验的友好性。遵循简洁、直观和流畅的设计原则，保持设计的清晰度和条理性，减少表单的必填项和非必要项，优化网站的交互流程，提高表单的完成率和用户体验。根据当地消费者的支付习惯设置安全可操作的支付方式，结合物流合作伙伴及当地物流服务商情况，推动网站交易与物流服务深度对接，保证物流配送及妥投信息的及时准确性。三是保障数据安全。遵守相关法律法规，使用加密技术、安全支付方式和隐私政策等手段，加强网站的数据安全和隐私保护，保护用户的个人信息和交易数据。此外，考虑到目标市场的文化和语言差异，需要尊重当地文化和习俗，调整设计元素和内容，以更好地适应目标市场的需求和习惯。

2. 网站架构决定独立站性能

优秀的独立站网站架构应具备可扩展性、高可用性、安全性、可维护性、适应性、兼容性等特点，为网站进一步优化发展打下良好基础。一是网站架构应具备良好的可扩展性，通过采用分布式架构、微服务等设计思路，以应对不断增长的用户量和业务需求，有效支撑网站的快速发展。二是网站架构应保证高可用性，通过负载均衡、容错机制等设计，快速响应用户请求，在面对突发流量时，能提供稳定可靠的服务。三是网站架构应重视安全性，采取加密技术、安全协议、防火墙等安全措施，防范各种网络威胁和攻击，保护用户数据和网站资产。四是网站架构应便于维护和升级，采用模块化设计、清晰的责任划分等设计，提高代码的可读性和可维护性，方便开发人员快速定位和解决问题。五是利用数据驱动思维来设计和优化网站架构，了解用户行为和业务瓶颈，针对性地进行架构调整和性能优化。六是网站架构需适应不同的业务场景和需求变化，采用组件化、插件化等设计方式，使其具备灵活的扩展能力和定制化能力。七是确保网站架构在多种设备和浏览器上都能正常访问和运行，采用响应式设计理念，使其具备良好的跨平台兼容性，提供一致的视觉效果和用户体验。八是合理利用缓存策略来提高网站性能和响应速度，通过缓存用户频繁访问的页面、数据和资源，减少数据库查询和网络请求，提升系统性能。九是引入持续集成与持续部署的实践，自动化构建、测试和部署流程，降低人为错误和提高部署效率，确保网站架构的稳定性和可靠性。

3. SEO 策略决定独立站流量

独立站出海 SEO 关键词研究与选择是提高网站在海外搜索引擎排名的关键步骤，网站内容优化能有效提高用户体验、搜索引擎排名和吸引潜在客户。一是深入研究目标市场的文化和消费习惯，了解当地用户的需求和搜索习惯。通过市场调研、用户访谈和竞品分析，确定与当地用户相关的关键词和内容方向，并注意避免语言和文化差异对用户造成的误解。对于非目标语言的关键词，需要进行适当的翻译和本地化处理。二是关键词挖掘布局，利用 Google Keyword Planner、SEMRush 等关键词挖掘工具，发掘潜在的、地域性的关键词，通过分析关键词的搜索量、竞争程度、相关性等信息，筛选得到适合的关键词，同时应避免选择过于宽泛或竞争过于激烈的关键词。在标题、描述、正文等位置合理布局关键词，将核心关键词放在网站首页，长尾关键词放在内容页或产品页，保持自然、不过度优化。定期跟踪和监测关键词的表现，通过分析搜索引擎的统计数据、网站分析工具等，了解关键词的流量和转化情况，并对关键词策略进行相应的调整和优化。三是创作高质量内容，提供有价值、有趣、符合目标受众需求的内容。保持内容的原创性、专业性和可读性，提高用户体验和信任度，通过添加图片、视频、图表等形式的内容，增强内容对用户的吸引力。为内容设置合适的标题和标签，方便搜索引擎爬虫抓取和分类。四是利用多渠道开展网站推广，提高网站内外部的关联度。合理使用内链和外链，通过建设优质外链，提高网站的权威性和排名。利用社交媒体平台进行内容推广，积极与社交媒体上的目标受众互动，提高品牌知名度和影响力。此外，需持续关注行业动态和搜索引擎算法的变化，及时调整和优化关键词策略。通过不断学习和实践，提高 SEO 技能水平，提升独立站在海外市场的竞争力。

（三）营销推广是独立站出海的锋利宝剑

1. 内容营销体现独立站品牌深度

内容营销能体现独立站品牌深度，引发情感共鸣和吸引消费者注意力。一是原创内容的发布。撰写与产品或行业相关且有信息价值的文章，内容可以涉及产品使用技巧、行业趋势、客户案例等，旨在吸引潜在客户的兴趣。制作宣传视频、教程视频等，视频内容可以包括产品介绍、操作演示、客户评价等，通过视频的形式展示产品或服务的特色和优势。制作高质量的图片，图片内容要清晰、美观，展示产品细节、使用场景等。创作与产品或行业相关的电子书，提供市场研究、行业趋势、竞争分析等内容，帮助潜在客户了解行业背景和产品优势。二是成功经验的分享。分享真实可信的成功案例和客户故事，展示产品在实际应用中的效果和价值，引起潜在客户的共鸣和兴趣。邀请行业专家、合作伙伴进行访谈，围绕行业趋势、技术创新、客户需求等分享见解和经验，提高网站的专业性和权威性。三是专业内容的创作。制作与产品或行业相关的专业白皮书，提供详细的市场研究、竞争分析和解决方案，满足潜在客户的决策需求。

2. 社交媒体营销更易触达目标受众

海外主流的社交媒体有 Facebook、Instagram、Twitter、LinkedIn、TikTok、Snapchat、Pinterest 等，选择合适的社交媒体平台并制定有效的营销策略是海外社交媒体营销成功的关键。通过合理的平台选择、清晰的内容策略、积极的互动管理以及持续的数据分析和优化，品牌可以更好地触达目标受众。一是确定品牌的目标受众。了解其年龄、性别、地域、兴趣等信息，选择适合的社交媒体平台。根据目标市场的文化和习惯调整内容、广告和互动方式，以更好地吸引当地受众。二是合理选择社交媒体平台。评估不同平台的全球覆盖范围和特点，包括用户基数、活跃度、内容类型等，例如，Facebook 和 Twitter 在全球范围内广泛使用，而 Snapchat 在年轻人中特别受欢迎。在已选择社交媒体平台上，积极与受众互动，利用社交媒体上的社区功能，建立品牌社区，鼓励用户之间的交流和分享。三是制定营销策略。做好内容类型、主题、风格等内容策略，确保内容与品牌形象和目标受众相符，保障高质量的内容。借助平台提供的广告服务，制定有效的广告投放策略，包括目标受众的选择、广告创意的制定、出价和预算的管理等。利用社交媒体分析工具追踪和分析数据，了解哪些内容更受欢迎、哪些时间段是最佳发布时间等，及时优化营销策略。四是积极开展外部合作和危机应对。寻找与品牌形象相符的合作伙伴或联盟，通过共享资源和推广活动扩大影响力和受众范围。制定应对社交媒体危机（如负面评论或公关危机）的策略，确保能够迅速应对并减轻负面影响。

3. 广告投放有效提升品牌海外知名度

独立站的广告渠道选择与策略制定对于品牌海外推广至关重要，广告渠道选择与策略制定需要综合考虑品牌特点、目标受众、预算等因素，通过合理的渠道选择、创意制定、数据监测与分析、持续优化与创新，实现品牌在海外市场的有效推广和增长。一是广告渠道选择。利用社交媒体平台、搜索引擎、内容营销、视频平台、联盟营销等多种营销渠道，制定整合营销策略，吸引潜在客户的关注，增加品牌的流量入口。二是广告创意制定。根据品牌特点和产品优势，制定吸引用户的广告创意，包括文案、视觉元素、信息架构等。三是数据监测与分析。利用广告投放工具进行数据监测和分析，了解广告效果、转化率等关键指标，根据数据分析结果优化广告策略。四是持续优化与创新。关注行业动态和竞争对手的广告策略，不断调整和创新广告内容和投放渠道，提高广告效果和市场占有率。

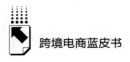
4. 联盟营销与网红营销扩大流量来源

独立站出海的联盟营销和网红营销是一种有效的推广方式，通过与合作伙伴建立合作关系，扩大品牌知名度和流量来源。一是寻求合作伙伴。寻找与品牌形象和目标受众相符的合作伙伴，如其他卖家、网红、博客主等，确保合作伙伴具有较高的信誉度和口碑，能够为品牌带来正向的曝光和转化。二是建立合作关系。在与合作伙伴建立合作关系之前，要明确合作方式和分成比例等关键细节，并签订书面协议以保障双方的权益，协议内容中应包括合作范围、责任与义务、合作期限等。建立互惠互利的合作关系，确保合作伙伴从合作关系中获得足够的利益，提高其参与度和积极性，增强合作关系的紧密性，如为合作伙伴提供特殊优惠、独家产品或定制化服务等。三是共同制定推广策略。与合作伙伴共同制定有效的推广策略，通过广告创意、关键词选择、网站优化等方面，提高曝光率和转化率。利用分析工具监测合作推广的效果，剖析流量来源、转化率等关键指标，优化推广策略，提高合作伙伴的参与度和广告效果。四是网红正成为联盟营销的主力军。通过与网红建立合作关系，利用其影响力和粉丝基础，将目标受众的关注度和信任转化为品牌曝光、产品推广和销售机会。综合考虑品牌特点、目标受众、网红需求等因素，通过选择合适的网红、创作优质内容以及持续优化与调整、风险管理等，快速提升品牌在海外市场的曝光度。

（四）客户洞察与行为分析让独立站更懂消费者

1. A/B 测试与持续优化

A/B 测试是一种科学的方法，用于评估不同页面设计、功能或策略对用户行为的影响，从而确定最佳方案并持续优化用户体验和转化率。一是明确测试目标。在进行 A/B 测试之前，要明确测试所要达到的目的，如提高注册转化率、提高购买量、增加用户留存等，确保测试的针对性和有效性。二是设计测试模型。针对测试目标，选择合适的测试变量，如页面布局、颜色方案、标题或按钮文本等。根据选定的测试变量，通过创建不同版本的页面、功能或策略，设计和实施 A/B 测试，并配置跟踪和分析工具用于收集用户行为数据。在进行 A/B 测试时，要确保符合相关伦理和法规要求，特别是涉及用户隐私和数据保护的规定。三是数据收集与分析。在测试期间，收集点击率、转化率、停留时间等用户行为数据，利用分析工具比较不同版本的性能，并评估各自对目标变量的影响。进行多变量测试或细分测试，基于数据分析结果，评估不同版本的性能，了解不同用户群体的偏好和行为，并确定表现最佳的方案。四是持续优化提升。将确定的最佳方案部署到生产环境中，通过监测用户行为数据，得到分析反馈和业务目标，持续优化和改进页面设计、功能或策略。

2. 跟踪与分析用户购物体验

跟踪与分析对于评估营销推广效果、增强用户购物体验至关重要，通过挖掘用户关于品牌、产品以及服务的反馈数据，优化提升卖家的跨境服务水平。一是关注用户需求与反馈。通过收集用户反馈和市场数据，不断优化产品，提高用户满意度。在产品上市后，需要持续跟踪销售数据和市场反馈，了解价格定位的效果。根据实际情况，及时调整价格策略，实现最佳的销售表现。二是建立有效的用户反馈渠道和互动机制，积极回应用户的反馈和问题。通过收集用户反馈和市场数据，及时调整网站和营销设计策略，持续优化和迭代用户体验设计，保持用户体验的竞争力和吸引力。主动在社媒、短视频、直播等渠道与用户建立紧密联系，围绕用户需求创作包含产品技巧、解决方案等视频内容，提升用户购物满意度。三是推动产品和品牌迭代升级。关注行业动态和用户需求的变化，将其作为企业产品的研发依据，合理升级产品外观、功能等设计，吸引用户的持续关注。针对社媒、网站等忠实用户，策划开展一系列活动，如新品体验、品牌测评师选拔等，增强用户参与品牌建设体验感，打造用户体验与产品、品牌融合发展的服务生态。

3. 再营销与邮件营销加深用户联系

再营销和邮件营销可以帮助品牌与潜在客户、现有客户保持紧密联系，对受众进行细分并提供个性化的内容，有利于提高用户忠诚度和拓展市场份额。一是细分目标受众。根据用户行为、兴趣、购买历史等数据，将受众细分为不同的群体，便于进行针对性的再营销活动。二是个性化内容推荐。根据受众细分的特点，制定个性化的广告，提高再营销效果，如向曾经浏览过但未购买的用户展示相关产品或促销信息。制作具有个性化的邮件内容，提高邮件的打开率和点击率。利用动态广告内容展示与受众相关的信息，如实时价格、库存状态等，吸引用户的注意力。三是建立常态化联络机制。通过注册表单、弹窗邀请、优惠券发放等方式收集潜在客户的邮箱地址，建立邮件列表。定期举办活动和促销，吸引用户的关注和参与，如限时优惠、满减活动等。定期向订阅者发送邮件，内容包括新品发布、促销活动、行业资讯等。四是开展反馈渠道和跨渠道协同。在邮件中提供退订链接或反馈机制，便于收件人选择不再接收邮件或提供反馈意见。将邮件营销与其他营销渠道（如社交媒体、搜索引擎等）相结合，提高跨渠道营销协同水平。

四　跨境电商独立站出海展望

在独立站出海的旅程中，我们从市场调研、品牌定位、网站建设、营销策略到用户行为分析等角度，梳理了一系列的方法和策略，以帮助企业更好地理解和应对独立站出海过程中的挑战。然而，独立站出海并不是一蹴而就的，现阶段随着建站工具和服务商逐渐成熟，建站门槛越来越低，一时间涌入大量的跨境卖家拓展独立站业务，但受运营不当、竞争激烈、投入成本大等因素影响，大量独立站沦为死站。因此重点从品类选择、营销方式、流量入口等方面提出几点建议。

一是选择独立站友好型品类。根据目标市场的文化、需求和消费习惯，合理选择独立站产品品类，一般而言，需要充分展现产品特点的品类以及产品需要组合销售的品类，更适合在独立站上经营销售，目前独立站品类集中在服饰、美妆个护两大类，其次是电子数码、珠宝及衍生物、运动户外等品类。二是组合营销方式。流量成本是独立站卖家的最大支出，为实现最大化的营销效果，建议独立站至少选择两种以上的组合营销方式，目前"社媒营销+网红营销"的组合最为常见，尤其是社媒营销已经成为独立站获取流量和关注的重要方式。三是紧跟时代潮流，抓住流量新风口。电商模式和流量结构随着时代的变化而改变，当下 TikTok 流量红利显著，网红带货、短视频直播等新模式，为消费者提供更加丰富、直观、生动的即时消费体验，企业需紧抓新媒体火热机遇，把握流量渠道变革。总而言之，应该将上述方法论视为一种不断演进的框架，随着市场环境和业务需求的变化而进行调整和完善。

参考文献

王芳、张跃超：《跨境电商独立站的引流策略分析》，《对外经贸实务》2024 年第 1 期。

赖彦霖、吴妙娴、蔡全统等：《双循环新发展格局下传统跨境电商平台模式向独立站转型的实践与研究》，《中国商论》2023 年第 23 期。

陈榕榕：《出海 DTC 品牌运营必备：独立站》，《国际品牌观察》2023 年第 17 期。

许祯强：《出口跨境电商独立站的营销模式分析——以安克为例》，吉林大学硕士学位论文，2023。

B.20
全球跨境电商税收政策发展
趋势及中国应对策略

张煜坤　韩　振　张文燕*

摘　要： 跨境电商作为数字贸易新业态，具有联系各国贸易、促进数字经济发展的重要作用。为健全国际税收体系和维护各国间贸易公平环境，科学的纳税措施至关重要。本文介绍了全球跨境电商税收政策的发展背景、全球主要国家或地区的跨境税收政策，从全球跨境电商进口税收政策调整中分析税收政策发展趋势，最后指出我国应该提高跨境电商税收政策站位，积极共建国际税收新体系，并从提高限额、加强税收征管互助、强化政策支持、推动电子发票互通等方面完善我国跨境电商财税政策和措施。

关键词： 跨境电商　国际税收政策　税收改革

一　全球跨境电商税收政策的发展背景

早在 20 世纪末，世界贸易组织（WTO）作为协调经贸往来的重要国际组织，就预见了电子商务的广阔发展前景，1998 年 WTO 通过《全球电子商务宣言》，表明对电子商务的高度认可，认为电子商务税收政策服务于电子商务，且在不增加纳税人负担的同时尽可能与现行税收原则保持一致，为日

---

* 张煜坤，河南国际数字贸易研究院政策研究部部长、副研究员，主要研究方向为跨境电商、国际金融、跨境支付结算、国际及国内税制；韩振，陆军炮兵防空兵学院副教授，主要研究方向为计算机编程与软件开发、计算机仿真、大数据分析与智能化研究；张文燕，河南中永会计师事务所有限公司审计部经理，注册会计师，中级会计师。

后各国跨境电商税收政策的出台奠定了基础。跨境电商因自身独有的特征使国际避税问题逐渐浮出水面，传统税制已不能适配这种新贸易形态。跨国公司为了避税，有时会采用"转让定价""延期纳税""避税港""滥用国际税收协定"等方法减少应纳税额。为此，经济合作与发展组织（OECD）达成了对电子商务征税的共识，2017年OECD发布《实施税收协定相关措施以防止税基侵蚀和利润转移（BEPS）的多边公约》，指出现今跨境电商国际避税问题凸显，国际税法改革势在必行，各国间需适时调整落后的单边税收政策和加强国际税收合作，新国际税收体系将用来源地作为征税管辖依据，以更加准确的方法完善制定跨境电商税收法律制度。2018年12月，欧洲议会通过与数字税相关的两份决议，包括对数字服务征税和改革数字服务税基，部分欧盟国家已开征数字服务税。

目前，各国税收征管结构和能力存在较大差异。由于各国之间的文化、政治、经济等方面各有特点，税收制度的制定也不尽相同。总体而言，跨境电商进出口纳税申报愈发简化，税制也更加科学，新的国际税收体系逐步形成。在税收类别方面，由于不同国家贸易发展程度和生产力发展水平的不同，税收侧重点不同，经济发达国家或地区更倾向于对所得税的管理，经济较不发达国家或地区则更重视商品类税收；在税种数量方面，经济发达国家或地区征税税种较多，税收体系也较为完备，而经济较不发达国家或地区则相反；在税率制定方面，经济发达国家或地区征收的平均增值税税率越高，关税税率就越低，也不征消费税；在税收原则方面，对跨境电商持谨慎态度的国家，则要求缴纳相关税费，以保护本国贸易和国家利益。所以，经济发展水平的差异与各国税制差异密切相关。

全球治理体系正在重构，我国也在积极参与新一轮数字贸易规则的制定。在BEPS公约的框架下，在法律规定和政策措施方面研究制定符合我国国情的跨境电商税收机制，推动全球范围税收合作、打造现代化国际税收体系是一项重要任务。

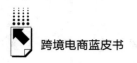

二　全球主要国家或地区跨境电商税收政策情况

（一）中国

为了促进内外贸双循环发展，我国政府部门不断调整跨境电商进出口税收政策，积极推动跨境电商行业健康稳定发展。为扩大跨境电商出口规模，2013年12月30日，财政部、国家税务总局发布《关于跨境电子商务零售出口税收政策的通知》（财税〔2013〕96号），符合条件的跨境电商出口企业可享受增值税、消费税退（免）税政策；2018年9月28日，财政部、海关总署、商务部、国家税务总局发布《关于跨境电子商务综合试验区零售出口货物税收政策的通知》（财税〔2018〕103号），对综试区电子商务出口企业符合条件的试行增值税、消费税免税政策。2019年10月26日，国家税务总局发布《关于跨境电子商务综合试验区零售出口企业所得税核定征收有关问题的公告》，区内跨境电商企业核定征收所得税，且零售出口享无票免税政策。2023年1月30日，财政部、海关总署和国家税务总局发布《关于出口退运商品税收政策的公告》（财关税〔2023〕4号），对特殊监管码项下申报出口的符合条件退运商品免征关税和进口环节增值税、消费税，出口已征收的关税予以退还，出口已征收的增值税、消费税参照内销货物的规定执行。为促进跨境电商进口发展，2018年11月29日，财政部、国家税务总局、海关总署发布《关于完善跨境电子商务零售进口税收政策的通知》（财关税〔2018〕49号），调高了跨境电商零售进口商品单次和年度交易限值（单次5000元，年度2.6万元）。2020年3月28日，海关总署发布《关于跨境电子商务零售进口商品退货有关监管事宜的公告》（海关总署〔2020〕45号），符合条件的退货相应税款不予征收。

（二）欧盟

早在2017年，欧盟委员会（European Commission）就通过了一项涉及跨境电商的跨境增值税法案（Cross-Border VAT Rules）。此法案按照计划在 2019 年和 2021 年分两部分实施。

2019 年始对欧盟境内的（电信、广播和电子）服务和（远程销售）货物采取一系列简化措施，对跨国销售至欧盟的中小企业设定增值税起征点为 1 万欧元销售额，低于此金额需要纳税人在欧盟所在国缴纳增值税，同时也修改和简化了发票要求和销售记录保存等规定。

2021 年 1 月开始对欧盟内部和非欧盟国向欧盟销售跨境货物采取一系列措施，主要包括三个方面。一是无论是在欧盟国家之间销售或非欧盟国家远程销售至欧盟，都需要执行一站式征税制度（One Stop Shop，OSS），若卖家向欧盟国家的企业销售货物或服务，在适用于欧盟客户远程销售 1 万欧元增值税门槛的前提下，买卖任何一方缴纳增值税即可，且只需在一个欧盟国家注册，填写一份涵盖所有买方所在欧盟国家销售情况的增值税（Value-added Tax，VAT）报表，无须在每个有销售的欧盟国家注册和申报 VAT，然后 OSS 将这些数据传输至对应欧盟国家的地方税务当局，这些措施可减少 90% 卖家的合规成本和费用。[①] 二是若线上卖家是通过在线市场或平台销售，则由在线市场或平台负责其销售的货物申报和代扣代缴 VAT，这大大减少了非欧盟卖家的 VAT 逃税行为。三是取消货物价值低于 22 欧元的进口增值税豁免政策，所有进口到欧盟国家的货物均需缴纳增值税，但低于 150 欧元的进口商品可免缴关税。这有助于为欧盟内外电商卖家打造一个更加公平的竞争环境。

由于欧盟标准下跨境贸易量的持续增长和不断变化的地缘政治风险，2023 年 5 月 17 日，欧盟委员会宣布全面进行关税改革，将新设欧盟关税总署。此次改革是自 1968 年以来最大的一次关税改革，有效缓解当前不断增大的海关运作压力。改革方向主要从政企新伙伴关系、数字化智能海关查验和新时代电子商务三个方面进行。同时，计划在 5 年内由欧盟关税总署打造

---

① European Commission："Cross-Border VAT"，https：//europa. eu/youreurope/business/taxation/vat/cross-border-vat/index_ en. htm#withintheeusellgoodsfinalconsumer-1.

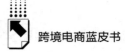
欧盟海关数据中心，取代现有欧盟各国海关电子系统设施，并致力于欧盟跨境贸易风险管理和优化海关查验方法，计划取消货值 150 欧元以下免税政策。新政实施后，预计欧盟海关数据中心每年将节约 20 亿欧元成本，并新增约 10 亿欧元收入。① 欧盟发布的《平台税收透明法》已正式生效，根据该法规的规定，跨境电商平台需要收集平台入驻卖家数据，并主动向各国税务部门上报卖家信息和收入。

（三）美国

美国 46 个州或地区对跨境电商采取零销售税，只有新罕布什尔州、特拉华州、得克萨斯州、华盛顿州以及俄勒冈州五个州采取低销售税。② 2016 年，根据经修订的《1930 年关税法案》中的"电子商务和运输第 321 条（a）（2）（c）"条，美国海关和边境保护局（CBP）规定每人每天海外进口物品的免税额从原来的 200 美元提高至 800 美元，低于此阈值的商品无须缴纳关税和税收（Duties and Taxes），且可以免除通关时的正式报关要求（Formal Filing Requirements）③，为跨境电商打开了一条绿色通道。有数据显示，2020 年进入美国境内的包裹有 6.36 亿个，到 2021 年已经增加到 8 亿个，美国政府认为 800 美元的免税额或造成美国海关税收的损失，未来有可能会修改此规定，将会对跨境电商行业产生一定不利影响。④

（四）澳大利亚

跨境电商以更有竞争力的价格和便捷体验吸引越来越多的澳大利亚消费者。澳大利亚税务局（Australian Taxation Office，ATO）成立专门的避税工

---

① 《欧盟关税改革》，http：//chinawto. mofcom. gov. cn/article/ap/p/202306/20230603417859. shtml。

② 《美国针对跨境电商的税收政策》，https：//www. keep1. net/trademark/209417. html。

③ 《盯上跨境电商的美国议员们》，https：//mp. weixin. qq. com/s/pNmxx8WUacssJ-ksKqxlXw。

④ 《美国将取消＄800 进口免税门槛？别慌》，https：//mp. weixin. qq. com/s?＿＿biz=MjM5NzM2N zIzMQ==&mid=2656061652&idx=1&sn=7c678107eb96049e92ecadf6d9fcb3e9&chksm=bd7ff4048a087 d12d36d6070e045530f1bdd4f0f73fbef298f91e94ded8ab56a2924ffee400b。

作小组针对跨境电商和数字经济行业开展合规工作①，ATO 宣布自 2018 年 7 月 1 日起，对向澳大利亚消费者销售进口不高于 1000 澳元的低价值商品征收商品及服务税（Goods and Services Tax，GST），低价商品包括服装、电子产品和化妆品，税率为 10%；价值超过 1000 澳元的进口商品税款由进口商向边境处支付。② 这项新的法律包括三个方面。一是低价值商品的范畴。商品的价格为完税价格，GST 适用于卖家首次与消费者确定的海关价值为 1000 澳元以下的商品（烟草和酒精饮料除外）。二是征税范围的调整。涉及范围已扩大到 IT 和数码经济子行业，包括网上零售、支付、在线广告、数字平台（在线市场、共享经济等），从而使从事该行业的跨国企业在澳大利亚申报利润和缴纳税款显著增加。三是纳税的起征点。在 12 个月内达到 75000 澳元注册门槛的企业需要向 ATO 登记 GST，主要包括销售低价值商品、数字产品或服务的跨境电商；在线销售数字产品或服务，以及低价值商品的电商平台；跨境物流等第三方服务商。四是纳税人的纳税义务。可由跨境电商平台代扣代缴 GST，也可通过跨境物流服务商代扣代缴 GST。

（五）俄罗斯

俄罗斯是 "一带一路" 的重要节点，也是我国重要的跨境电商市场之一。俄乌冲突为跨境电商市场带来挑战和机遇，众多中国卖家涌入俄罗斯电商市场。据摩根士丹利测算，2024 年俄罗斯电商市场规模预计达到 3.5 万亿卢布（约 540 亿美元）。③ 俄罗斯联邦海关总署对进境物品征收关税和增值税，按照货物实际价值征收 18% 的增值税；对进口商品征收的关税税率依商品种类和数量而有所不同，并按照商品数量和价值两个方面计算。2017

---

① "Taskforce Focus on E-commerce and Digital Economy Industry"，https：//www.ato.gov.au/about-ato/tax-avoidance/tax-avoidance-taskforce/taskforce-focus-on-e-commerce.

② "Goods and Services Tax（GST）When You Sell to Australia"，https：//www.ato.gov.au/other-languages/information-in-other-languages/gst/goods-and-services-tax-gst-when-you-sell-to-australia.

③ 《俄罗斯电商市场：2024 年规模将达 430 亿美元，跨境出口商品总额将达到 100 亿》，https：//mp.weixin.qq.com/s/WAln9V6fPvMVhVjs1ZGWZw.

年 11 月 24 日，俄罗斯联邦海关总署颁布第 1861 号令指出，2018 年 7 月 1 日前入境的包裹需要提供收货人的俄罗斯个人税号，以及购买下单的电商网址，否则将做退回处理。此举是为了核对购买商品的货值及重量，防止超额购买，因为俄罗斯公民每人每月跨境购物免税额为 1000 欧元，且重量不超 30 公斤；每次入境携带货物总值不超过 10 万卢布。自 2019 年 1 月 1 日起，公民每人每月自欧亚经济联盟之外国家的网购免税额从 1000 欧元降至 500 欧元。① 2023 年 4 月 1 日起，俄罗斯实施新的清关税额规定，公民个人跨境购物免税额度调整为不超过 200 欧元。跨境卖家或将重新考虑定价策略，以保持在俄罗斯市场竞争力。② 若通过跨境电商平台销售的，超过 200 欧元的商品由平台向海关代扣代缴税款。目前，俄罗斯政府准备取消在境外网站购买入境的商品免税进口门槛，并统一征收 5% 的关税。

（六）英国

英国税务及海关总署（HMRC）规定在线市场销售商品时，无论商品是从英国境内还是欧盟境内发货都需要缴纳增值税，超过年度 85000 英镑应税营业额的跨境电商的卖家需注册增值税（VAT）账号，或由在线市场运营商代为申报。③ 增值税税率与实体经营一致，取决于商家提供的商品或服务类型，优惠税率 5%，标准税率为 20%。④

（七）德国

德国联邦中央税务局根据已生效的欧盟《平台税收透明法》法案，要求跨境电商平台收集卖家数据，并及时上报卖家信息和收入。受到税务新规影

---

① 《俄罗斯将制定措施降低免关税跨境网购门槛》，中华人民共和国商务部网站，2019 年 12 月 20 日。
② 《跨境购物免税金额不超过 200 欧元？ozon 高单价产品怎么办？》，https：// baijiahao. baidu. com/s？id＝1761501771210434050&wfr＝spider&for＝pc。
③ "Businesses Selling Goods in the UK Using Online Marketplaces"，https：//www. gov. uk/ guidance/vat-overseas-businesses-using-an-online-marketplace-to-sell-goods-in-the-uk。
④ "VAT Rates"，https：//www. gov. uk/vat-rates。

响的平台入驻商家包括扣除费用、佣金和税费后，营业额在一个日历年超过2000 欧元的卖家，以及在平台销售超过 30 笔的卖家。平台需要收集自然人（包括独资经营者）纳税识别号（IdNr）、法人实体（GmbH）和合伙企业的税号。

（八）阿根廷

阿根廷政府 2015 年 1 月 22 日颁布网购新规，在公民跨境在线购物时须填写税务申报表，并在海关提取货物的同时提交此表，每个跨境在线购物的人每年只允许两次免税海外购物，且价格总计不超 25 美元，超出部分将按照50% 的税率缴纳关税。此外，自 2011 年阿根廷首次执行外汇管制后，阿根廷公民在进行跨境在线购物时交易用的信用卡将被税收征管机构征收 35% 的税款。[①] 此项措施为了抑制资本外流，稳定本国货币，防止国际收支不平衡。

（九）乌克兰

2018 年乌克兰国家税务局发布跨境购物新规，每人每月购物包裹不超 3个，每个包裹价值不超 150 欧元不收取增值税；进口额超过 450 欧元需支付关税；所有订单不可使用经济类物流服务；公民个人旅行携带商品进境不超过 500 欧元的货物不征税，但只适用一个人每 3 天跨境购物 1 次，每人每天可携带不超过 50 欧元的免税货物，以限制进口二次售卖行为。[②] 自 2008 年5 月 16 日乌克兰加入 WTO 后，平均关税水平降至 6.3%，中国被列入享受优惠关税税率的国家。[③]

（十）日本

日本跨境电商一般会涉及关税、消费税（等同于中国的增值税，有销

[①] 《阿根廷出台新规限制国外网购 以抑制资本外流》，中华人民共和国商务部网站，2015 年10 月 21 日。

[②] https：//www.rada.gov.ua/.

[③] 《乌克兰进出口管理相关政策》，中华人民共和国商务部网站，2012 年 1 月 10 日。

项和进项）、法人税三种。① 进口消费税自 2019 年 10 月 1 日起，由 8% 调增至 10%（含国家消费税税率 7.8%，地方消费税税率 2.2%）。② 日本国税厅规定在日本境内发生的交易都属于日本消费税征收范围，若交易发生时交易物品在日本境内也属于消费税征收范围。日本政府自 2020 年 4 月起对出口到日本的货物按照"逆算法"征收关税，即通过卖家销售链接上的售价减除平台各项成本支出后，再由日本海关核定进口申报金额。年销售额超过 1000 万日元的跨境电商需申报消费税，否则可免于申报，且不能对进项消费税进行抵扣。③ 根据日本海关的规定，每次申报进口货物的完税价格不超过 1 万日元的商品可免征关税。对于邮寄包裹而言，一个包裹内所有物品总价值不超过 1 万日元可免征关税，若当从一个发件人发送给一个固定收件人时，货物被拆分包裹（为了避免超重限制等目的），则同一收件人的所有包裹总价值不超过 1 万日元可免征关税（皮包、手袋、服装、皮鞋等不适用）。④

（十一）韩国

韩国政府近年来加强了对跨境电商的税收征管，如提高关税、增加进口限制、调高征税检查频率等，给跨境电商带来了更大的纳税成本和合规成本压力。韩国海关在进口环节征收关税和消费税。韩国政府对符合规定的跨境电商适用网络登记制。税收征收主体包括电商平台、跨境电商企业。对消费者购买的小额跨境电商产品，允许享受一定免税额度。通过邮件清关入境的货物价值不超 150 美元时免征关税和消费税。⑤ 在韩国境内销售跨境电商商

---

① https：//www.nta.go.jp/.
② "Information about Consumption Tax（Basic Knowledge，Guides，Notifications etc.）"，https：//www.nta.go.jp/english/taxes/consumption_tax/01.htm.
③ 《重磅新规！日本实行"发票制度"，跨境电商卖家该如何应对？》，https：//www.dongkuajing.com/newsDetails/62404。
④ "1006 Duty Exemption for Goods at a Total Customs Value of 10，000 Yen or Less（FAQ）"，https：//www.customs.go.jp/english/c-answer_e/imtsukan/1006_e.htm.
⑤ "Clearance Procedures for Postal Items"，https：//www.customs.go.kr/english/cm/cntnts/cntntsView.do？mi=8058&cntntsId=2734.

品或服务的企业年销售额超过 3 亿韩元需缴纳增值税，税率为 10%。韩国政府为了吸引更多的跨境电商企业，正在积极探索税收减免和优惠政策。

（十二）巴西

2023 年 8 月，巴西颁布新的税务合规计划，巴西税务局宣布对所有销售跨境商品的电商平台或卖家征收 17% 的商品和服务流通税（ICMS），为保护巴西本土商家利益，确保享有与跨境卖家平等的税收待遇。在新政下，50 美元以下的跨境包裹虽然继续免除关税，但需要缴纳 ICMS；超过 50 美元的包裹除了需要缴纳 60% 的关税外，还需缴纳 ICMS。[①] 同时，2023 年 8 月底巴西政府决定成立专门监管跨境电商平台税收情况的小组委员会，以围堵跨境电商销售中的逃税现象。

（十三）马来西亚

马来西亚的商品和服务税（GST）是基于增值部分的消费税，在供应链的各个环节和分销阶段征收，包括进口商品和服务。[②] 2024 年初，马来西亚税收新政正式颁布，要求进口至马来西亚价值低于 500 令吉的商品在线上销售时需要缴纳 10% 的低价商品税。Shopee 和 Lazada 等跨境电商平台已经率先按照马来西亚政府的要求实施纳税新规。根据马来西亚皇家海关总署（RMCD）规定，自 2024 年 3 月 1 日起，将对通过电子商务平台交付、分发和运输的货物、文件或包裹所产生的物流服务费征收 6% 的增值税。

（十四）新加坡

新加坡以优越的营商环境和低税率吸引大批跨境电商企业从事业务活动。根据新加坡政府的海外供应商注册制度规定，新加坡境外供应商的全球营业额超过 100 万新币，且向新加坡客户销售低价值商品超过 10 万新币时，

---

① 《巴西税务合规计划实施：跨境电商市场的新挑战与机遇》，https：//www.sh-zhongshen.com/cross-border-e-commerce/prc。

② "GST General"，https：//www.customs.gov.my/en/faq/Pages/faq_gen.aspx。

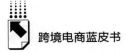

必须注册商品和服务税（GST）税号。货运代理人或电子市场运营商也需要注册 GST。根据《海关法》第 11 条，低价值商品免交关税和消费税，但需要缴纳 GST。自 2024 年始，新加坡政府要求对进口价格低于入境价值门槛 400 新币的产品征收 9% 的商品和服务税。①

（十五）泰国

泰国等东南亚电商市场游戏规则不断变化。泰国财政部表示将调整电商税收框架，对进口价格不超过 1500 泰铢的商品征收 7% 的增值税，以避免廉价商品涌入及保护本土企业公平竞争权利。初步方案是将享受增值税豁免权的产品金额下调至 1000 泰铢以内，且在网络销售的外国企业或进口商需要在泰国税收征管系统注册。2024 年 1 月 1 日起，泰国税务局要求在纳税周期内收入超过 10 亿泰铢的泰国电商平台，必须设立专门账户向税务局提交电商卖家的收入信息。

三 全球跨境电商进口税收政策发展趋势

（一）通过降低跨境电商进口征税起征点以平衡与实体零售之间的竞争

通过主要国家对跨境电商税收政策的调整来看，各国家或地区普遍采用降低跨境电商进口征税的阈值，部分国家已着手研究取消此门槛，目的是降低跨境电商对实体零售的冲击。需要关注的是，虽然多国或地区都出台了不同针对跨境电商进口税收相关政策，但其实也为中小企业留有一定税收支持空间，设置了免税额度和抵税额门槛，且保留了对部分生活必需品或自用物品的免税政策，体现了对中小电商支持和保护的政府行为。

---

① "IRAS e-Tax Guide（GST：Taxing Imported Low-value Goods by Way of the Overseas Vendor Registration Regime）"，https：//www.iras.gov.sg/media/docs/default-source/e-tax/gst-e-tax-guide_taxing-imported-low-value-goods-by-way-of-the-overseas-vendor-registration-regime_（1st-ed）.pdf? sfvrsn=b1a36692_24.

（二）借助数字技术解决跨境电商税收征管痛点

在逐步调整税收政策的同时，借助数字技术的运用，不但可以解决税收征管部门监管难的问题，也可以有效降低税收政策调整带来的管理成本。近年来，为应对跨境电商企业通过邮递物品形式躲避进口税收缴纳义务，部分国家或地区开始要求跨境电商企业注册增值税号和联动海外仓等手段，以匹配销售和进货的税收关系，同时还要求跨境电商平台接受连带监管责任，并及时代扣代缴税款。同时，为了应对新的跨境电商征税政策，部分国家或地区的税收征管部门要求电商企业通过在其官网简易注册，使需要纳税的跨境电商企业降低了跨境不便带来的税务成本。有些国家或地区通过区域经济联盟的方式，使跨境电商企业通过一站式服务，在区域内各国家或地区享受简化的纳税服务。

（三）不断优化进口税收政策以调整与非税收管理手段的关系

部分国家或地区在调整跨境电商税收政策的同时，通过质量管理等非税收措施完善跨境电商监管，比如日本出台《输入关系他法令》类似于对进口商品的商检，以协助海关管理禁止进口或者限制进口的商品。若在亚马逊日本站销售《输入关系他法令》限制的相应类目产品，在进口清关环节需补充提供相应部门出具的许可证。

（四）通过多边合作解决确认税收管辖权和纳税主体的问题

跨境电商依托网络在线完成交易，跨境企业在交易发生国未设置常设机构或经营场所，为各国确定税收管辖权增加了难度。同时，跨境电商交易跨越地理限制，借助互联网通过数字化形式将商品、服务或资产传送至境外，增加了界定销售的是商品、服务还是无形资产的难度，导致课税对象确认难、税种不明晰，大大增加了逃避税风险。各国开始研究新的跨境税收治理体系，并加大合作力度，制定强有力的税收政策以筑起新的税收壁垒，维护本国企业竞争优势，如欧盟已废除远程销售起征额和终止低于 22 欧元的进口增值税豁免。

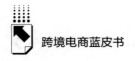

四　完善我国跨境电商税收政策的建议

（一）提高跨境电商税收政策站位

立足跨境电商长远发展，完善跨境电商税收政策体系势在必行。近年来在跨境电商对全球经济的带动作用下，跨境零售和一般贸易进口的差距逐渐缩小。以本国国境为边界的贸易竞争已发展成为全球范围内零售企业之间的竞争。各国借助制定的进口税收政策来调节多边贸易间的平衡和不同贸易模式下的竞争。而全球主要的跨境电商平台之间的竞争和博弈也从侧面反映了各国之间追逐利益分配的现状。各国通过进口税收政策形成商品价格壁垒以维护本国利益，我国实施的跨境电商税收新政及正面清单制度也是通过税收手段来调节跨境电商进口渠道，引导跨境电商走向合规之路。税收政策制定部门要根据跨境电商行业发展情况和人民生活需要等因素，逐步优化完善税收政策，稳定我国跨境电商现有竞争优势，拓展全球业务范围，助推中国跨境电商企业顺利出海。

（二）积极共建国际税收新体系

面对全球税收征管新趋势，各国积极参与创新跨境电商税收新规则、新体系。在新发展格局背景下，我国跨境电商税收征管面临新的挑战，应积极参与跨境电商新秩序的建设，提升我国在国际税收规则制定中的话语权，就跨境电商税收改革与他国开展双边或多边合作。以公平平等为原则，科学确定跨境电商税收管辖权，推动形成跨境电商税收协定，避免国家间对跨境电商重复征税。借鉴国际先进税收政策研究经验，扩大跨国税务合作领域，防止税款流失，推动建立多边税收合作机制和国际税收问题与争议协调解决机制，共同打击跨境电商逃税等违法犯罪行为，在建立守法经营、公平竞争的国际经济新秩序中充分发挥大国作用。

（三）完善我国跨境电商财税政策和措施

1. 持续提升我国跨境电商发展实力

通过进一步施策，扩大跨境电商贸易额增长。现在我国对跨境电商零售进口税收政策为单次交易限值 5000 元，年度交易限值 26000 元，将来可根据跨境电商发展情况调整限额，从而更好满足人们消费升级的需求。同时，进一步研究近年消费需求变动较大的商品，调整或扩大跨境电商零售进口商品清单，提升我国跨境电商发展实力。

2. 加强税收情报交换和征管互助

各国税收法律制度的差异和税收征管信息的不对称造成国际避税行为的出现。各国都在积极应对跨境电商避税不良影响，一些国际税收合作平台应运而生，为情报交换和征管互助起到了桥梁作用，如"一带一路"税收征管合作论坛（The Belt and Road Initiative Tax Administration Cooperation Forum）、全球增值税论坛（Global Forum on VAT）、OECD 税收征管论坛（OECD Forum on Tax Administration），为实现国际涉税信息的全面收集和分享、多边合作的高效交流、国际税收协调机制的完善做出了重要贡献。我国应依托"互联网+税务"模式，充分掌握跨境电商交易信息和业务经营活动状况，提升税务征管工作效率，及时完善税收法律制度和措施。同时，打造多边数字税收征管平台，共建全球涉税信息数据库，在国际税收互惠的框架下，实现各国税务征收部门合作共享。

3. 强化"一揽子"政策措施支持

充分研究和分析国际上先进地区的跨境电商进口税收政策，根据各国或地区的贸易特点，制定我国跨境电商出口退税等"一揽子"政策，在方便企业及时退税的同时，还能获得税收优惠政策，增强我国跨境电商企业出海竞争力。国际上跨境电商贸易之间的较量不仅是税收政策方面的博弈，也是跨境电商配套制度和新技术应用等多方面的竞争。要优化金融、外汇、通关等方面的配套制度，系统提升跨境电商的政策支持能力，确保我国跨境电商具有长足发展的能力。

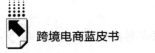

4. 推动我国与其他国家的电子发票互通

加强新技术的应用，在国内税务数电票发展的基础上，推动我国跨境电商纳税电子发票国际化和数据共享，实现更高层面的贸易互通。有效避免各国或地区的税收流失和双重征税，促进跨境电商税收公平，确保各国和地区的跨境电商健康发展，实现经济稳定与增长。

参考文献

张茉楠、周念利：《数字贸易对全球多边贸易规则体系的挑战、趋势及中国对策》，《全球化》2019 年第 6 期。

梁燕媚：《跨境数字交易增值税监管的国际经验借鉴》，《国际视野》2023 年第 19 期。

蔡磊：《跨境电商税收应对策略探讨》，《国际税收》2018 年第 2 期。

宋凯钰：《我国跨境电商发展中的管理制度、问题与对策》，《商业经济研究》2018 年第 18 期。

史园园：《"一带一路"背景下跨境电商税收征管法律问题研究》，《西部金融》2022 年第 5 期。

B.21
中国—中亚五国跨境电商发展现状及未来趋势[*]

帅青红　邓婉秋　姚正毅[**]

摘　要： “一带一路”倡议提出十年来，“丝路电商”成为经贸合作新渠道和新亮点，对中国与中亚地区的经济贸易发展具有非常重要的战略意义。本文在详细阐述中国与中亚五国跨境电商发展环境的基础上，通过翔实的数据，从市场规模、用户规模、企业规模、出海渠道、物流供应链五个方面分析了中亚五国跨境电商发展现状。中国与中亚五国跨境电商合作迎来重大发展机遇，但也面临全球不确定性风险上升、跨境物流服务能力较弱、产品创新能力不强、金融创新发展水平较低等挑战。随着“一带一路”倡议的深入发展，未来中国与中亚五国跨境电商发展潜力将被充分激发。

关键词： 一带一路　中国—中亚五国　跨境电商

习近平总书记指出：“经济全球化是社会生产力发展的客观要求和科技进步的必然结果，是不可逆转的时代潮流。”随着经济全球化趋势的发展，国与国之间的联系愈发密切，与此同时，电子商务在全球迅速渗透，

---

* 本研究涉及的数据除单独标注来源外，其他关于中国与中亚五国跨境电商双边贸易、市场规模等相关数据均由映潮科技股份有限公司整理提供，故不在文中一一标注。

** 帅青红，博士，西南财经大学教授，主要研究方向为电子商务、金融科技；邓婉秋，西南财经大学博士研究生，主要研究方向为电子商务、供应链管理；姚正毅，成都市跨境电子商务协会秘书长，主要研究方向为对外贸易、跨境电商。

近年来呈现爆发式增长趋势。截至 2023 年 6 月，中国已同 152 个国家和 32 个国际组织签署了 200 余份共建"一带一路"合作文件，涵盖贸易、投资、金融、电子商务等领域。"一带一路"国际合作高峰论坛已成为共商合作举措、推动战略对接、实现高质量发展的沟通交流平台。共建"一带一路"倡议及其核心理念已被写入联合国、二十国集团、亚太经合组织、上海合作组织以及其他区域组织和多边平台的相关文件。自"一带一路"倡议提出以来，中国与沿线国家跨境业务市场的活力被充分激发，跨境电商不仅冲破了国家间的障碍，使国际贸易走向无国界贸易，同时也引起世界经济贸易的巨大变革。跨境电商作为推动经济一体化、贸易全球化的技术基础，对中国与中亚地区的经济贸易发展具有非常重要的战略意义。

一　中国—中亚五国跨境电商发展新环境

（一）"一带一路"带动"丝路电商"发展

"一带一路"倡议背景下，2013～2022 年，我国与共建"一带一路"国家货物贸易总额从 1.04 万亿美元增加至 2.07 万亿美元，翻了一番，年均增长 8%。[①] 我国深入推进"一带一路"经贸合作，"丝路电商"成为经贸合作新渠道和新亮点，跨境电商行业也迎来更加良好的政策支持。全国各省区市充分结合自身发展特点，积极融入"一带一路"建设大局，出台专项规划和实施方案，形成政策沟通体系。"丝路电商"伙伴关系不断拓展，截至 2023 年底，我国已与 30 个国家签署电子商务合作备忘录并建立双边电子商务合作机制。

"一带一路"倡议提出十年来，我国与沿线国家贸易往来日益密切，

---

① 数据来源于 2023 年 3 月 2 日在国新办举行的"权威部门话开局"系列主题新闻发布会上商务部发布数据。

"丝路电商"成为拓展经贸合作的新动能。在新时代背景下，"一带一路"倡议的深入实施带动了跨境电商的发展，为新时代跨境电商经济体系的构建提供了良好的支持，也使我国与共建"一带一路"国家的合作交流更加广泛深入，对我国进出口贸易工作的创新发展具有极其重要的带动作用。

（二）中国与中亚五国携手共进

中亚五国，位于欧亚大陆的"心脏地带"，历来是东进西出、南上北下的必经之地，承担着贯通欧亚大陆交通枢纽的重要作用，也是历史上中国对外交流的必经之路。中亚国家作为"一带一路"的首倡地与核心区域、中国西出的首站，是中国联通亚欧、在"丝绸之路经济带"上开展经济合作的重点对象之一。经过30年来的积极探索和努力发展，中亚各国经济社会发展取得了令人瞩目的成绩，也凸显了各自不同的特征和优势，经济发展前景广阔。2012年，《哈萨克斯坦-2050》战略中提出哈萨克斯坦要在2050年前跨入全世界发达国家30强的发展愿景。2016年，《塔吉克斯坦国家发展战略2030》明确塔吉克斯坦国家长期发展目标和优先事项。2017年，乌兹别克斯坦将"丝绸之路经济带"倡议与乌兹别克斯坦"发展行动战略"对接，推进国家和经济社会的快速发展。2018年，吉尔吉斯斯坦确立了《2018~2040年国家发展战略》和"一带一路"倡议对接实施计划。2020年，土库曼斯坦制定《土库曼斯坦2020~2025年对外经济活动发展规划》。中亚各国从各自国情和目标出发制定了发展战略与规划，未来中亚各国的经济发展趋势向好，经济发展依然前景广阔。

2013年以来，中亚五国陆续与中国达成共建"一带一路"共识，并签署相关合作文件（见图1）。2022年是中国与中亚五国建交30周年，30年来中国同中亚五国贸易额增长100多倍，对中亚五国直接投资存量超过140亿美元。① 2023年5月18~19日，中国—中亚峰会在陕西省西安市举行。峰会期间，中国同中亚五国达成了包括《中国—中亚峰会西安宣言》《中

---

① 《中国与中亚五国贸易额30年增长100多倍》，《人民日报》2022年1月18日。

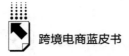

国—中亚峰会成果清单》等在内的 7 份双多边文件，签署了 100 余份各领域合作协议，对助力各国实现共同发展繁荣具有重要作用，也必将为中国—中亚五国跨境电商拓展更为广阔的空间，提供更有效的保障。

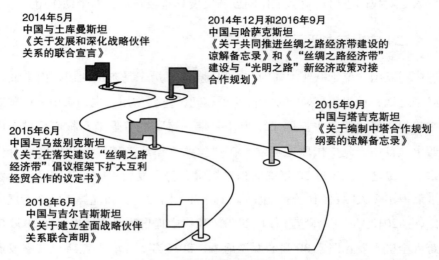

图 1　中国与中亚五国陆续签署相关合作文件

资料来源：笔者根据政府文件绘制。

（三）中国跨境电商进出口环境持续向好

党的二十大报告提出，加快建设贸易强国。作为一种新业态新模式，跨境电商已成为我国外贸发展的新动能、转型升级的新渠道和高质量发展的新抓手。近年来，我国对跨境电商重视程度日益提高，国务院印发一系列政策文件鼓励和支持我国跨境电商快速发展（见图 2）。各省区市也纷纷响应国家号召，陆续出台相关政策，支持跨境电商行业发展。近年来，从国家层面再到各省市政府陆续发布多个文件，从税收、清单管理、物流、融资、保险等配套业务上对跨境电商发展给予强力支持。这些措施成为我国外贸新业态新模式基本政策框架的重要组成部分，极大地激发了跨境电商的市场活力。

2020年5月
《关于同意在雄安新区等46个城市和地区设立跨境电子商务综合试验区的批复》：同意在雄安新区、大同市、满洲里市等46个城市和地区设立跨境电子商务综合试验区

2021年3月
十三届全国人大四次会议表决通过《中华人民共和国国民经济和社会发展第十四个五年规划和2035年远景目标纲要》：加快发展跨境电商，鼓励建设海外仓，保障外贸产业链供应链畅通运转

2021年12月
《"十四五"数字经济发展规划》：大力发展跨境电商，扎实推进跨境电商综合试验区建设，积极鼓励各业务环节探索创新，培育壮大一批跨境电商龙头企业、海外仓领军企业和优秀产业园区，打造跨境电商产业链和生态圈

2022年1月
《关于做好跨周期调节进一步稳外贸的意见》：增设一批跨境电子商务综合试验区；调整优化跨境电商零售进口商品清单等

2022年5月
《关于推动外贸保稳提质的意见》：指导企业用足用好现行出口退税政策；尽快推出便利化跨境电商出口退换货的政策等

2020年11月
《关于推进对外贸易创新发展的实施意见》：特别提到促进跨境电商新业态发展

2021年7月
《关于加快发展外贸新业态新模式的意见》：完善跨境电商发展支持政策，扎实推进跨境电子商务综合试验区建设，培育一批优秀海外仓企业，完善覆盖全球的海外仓网络

2022年1月
《关于促进内外贸一体化发展的意见》：扎实推进跨境电子商务综合试验区建设，加快布局海外仓等物流基础设施网络等

2022年2月
《关于同意在鄂尔多斯等27个城市和地区设立跨境电子商务综合试验区的批复》：同意在鄂尔多斯等27个城市和地区设立跨境电子商务综合试验区

2022年11月
《关于同意在廊坊等33个城市和地区设立跨境电子商务综合试验区的批复》：同意在廊坊等33个城市和地区设立跨境电子商务综合试验区

图2 2020~2022年国务院关于跨境电商行业的政策文件（部分）

资料来源：笔者根据政府文件汇总整理。

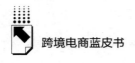
二 中亚五国跨境电商发展的现状

（一）市场规模

近年来，中亚五国跨境电商进出口总额整体呈增长趋势（见图3）。其中，哈萨克斯坦增长较为迅猛，2022年，哈萨克斯坦跨境电商进出口总额达到0.74亿美元，近三年增长幅度约为89.7%。根据哈萨克斯坦国家统计局发布的数据，2022年哈萨克斯坦对外货物贸易总额为1359.2亿美元，较上年增长22.58%。其中，出口额为847.9亿美元，增长40.24%；进口额为511.3亿美元，增长22.98%；贸易顺差336.6亿美元，大幅增长78%。

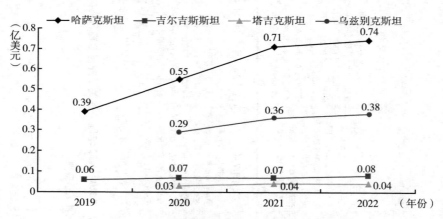

图3 2019~2022年中亚国家跨境电商进出口总额

注：土库曼斯坦相关数据未公开。

资料来源：由映潮科技股份有限公司收集整理提供。

2022年，乌兹别克斯坦跨境电商进出口总额为0.38亿美元，相较于2020年增长约31%，对外货物贸易总额为454.19亿美元，较上年增长33.2%。

2022年，吉尔吉斯斯坦货物进出口总额继续保持高速增长的趋势，突破100亿美元大关，达到111.41亿美元。据吉尔吉斯斯坦官方统计，其货物出口总额连续 6 年维持在 GDP 的 40%左右（高峰年份为 43%，最低年份为 27%）。2019~2021 年跨境电商总额稳定在 0.07 亿美元左右，2022 年上涨 14%到 0.08 亿美元，有较强的发展潜力。

2019~2022 年，塔吉克斯坦货物进出口总额总体呈现上升趋势，货物贸易总额从 2019 年的 39.22 亿美元上升至 2022 年的 66.02 亿美元，增长幅度约 68.3%。2020 年，虽受新冠疫情影响出现一定程度下降，2021 年迅速恢复并上涨到 57.41 亿美元，较上年增长约 44%。2022 年货物贸易总额与 2021 年相比增长 15%。其中，进口额超过 51 亿美元，与 2021 年相比增长 9.65 亿美元，增幅约 23%。塔吉克斯坦跨境电商发展情况与吉尔吉斯斯坦相似，近几年跨境电商进出口总额稳定在 0.04 亿美元，制约其发展的主要原因不仅有网络基础设施落后、上网费用偏高，还有电子金融滞后、电子支付不普及、人们对网上支付系统不信任、物流不够发达等。

（二）用户规模

互联网技术的普及与完善，使中亚五国的电商行业得以快速发展。测算显示，近年来，中亚五国网络购物用户规模整体呈上升趋势（见图 4），网络购物用户总规模从 2018 年的 1650.1 万人上升至 2022 年的 2191.2 万人，上升约 32.79%，其中，哈萨克斯坦的网络购物用户上升幅度最大，由 2018 年的 501.7 万人上升至 2022 年的 759.9 万人。

（三）企业规模

如图 5 所示，作为中亚第一大经济体的哈萨克斯坦，其跨境电商企业数量逐年递增，平均每年增加近 200 家。截至 2022 年底，哈萨克斯坦已有 9359 家跨境电商企业，跨境电商企业数量位于中亚五国之首。乌兹别克斯坦跨境电商企业数量由 2020 年的 3459 家上升到 2022 年的 3933 家，上升约 13.7%，跨境电商企业数量位于中亚五国第二位。吉尔吉斯斯坦跨境电商企业数量在 2019~2022 年增加近 800 家，增长幅度为中亚五国之首，最高增幅达 19.38%。塔吉克斯坦由于网络基础设施较为落后、电子支付普及较

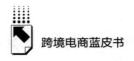
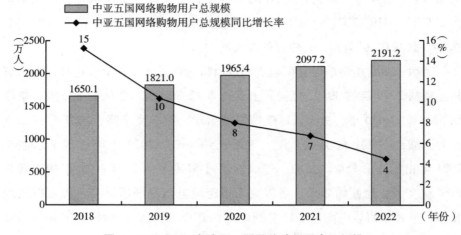

图4　2018~2022年中亚五国网络购物用户总规模

资料来源：由映潮科技股份有限公司收集整理提供。

低、物流运输行业发展缓慢等原因，电子商务发展较为落后，跨境电商企业
总数小于100家，且增速与哈萨克斯坦、乌兹别克斯坦、吉尔吉斯斯坦相比
较为缓慢。

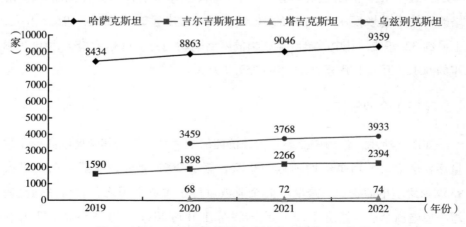

图5　2019~2022年中亚国家跨境电商相关企业数量

注：土库曼斯坦相关数据未公开。

资料来源：由映潮科技股份有限公司收集整理提供。

（四）出海渠道

1. 平台

哈萨克斯坦作为中亚地区面积最大、地区人均 GDP 最高、购买力相对较强的国家，其独立站占比虽从 2019 年开始逐年提升，但直至 2022 年也仅为 7%，其余四国对于第三方平台依赖性更强，独立站占比不足 5%。

在平台种类和规模占比方面，2019 年，哈萨克斯坦规模占比前三的平台为 Wildberries（26%）、Ozon（21%）、Kaspi.kz（10%）；2020 年，阿里巴巴旗下跨境电商平台 AliExpress（全球速卖通）进入了哈萨克斯坦市场；2022 年，AliExpress 市场规模占比从年初的 11% 上涨到年末的 25%，成为哈萨克斯坦规模占比最高的跨境平台。2019 年，吉尔吉斯斯坦的大部分跨境电商交易通过 Wildberries 进行；2020~2021 年，AliExpress、Amazon 两大电子商务巨头进入吉尔吉斯斯坦市场；2022 年，AliExpress 成为吉尔吉斯斯坦规模占比最大的跨境电商平台，占比约为 43%，排名其后的 Wildberries 占比 42%、Amazon 占比 15%。在塔吉克斯坦规模占比最大的电商平台为 AliExpress，2020 年占比最高达到 68%；2021 年以后，Amazon、eBay 进入塔吉克斯坦市场，分别占据市场规模的 21% 和 13%；2022 年，塔吉克斯坦各电商平台规模占比基本稳定，AliExpress 约为 48%，Amazon 为 24%，eBay 为 16%。乌兹别克斯坦与吉尔吉斯斯坦平台种类相似，2019 年，乌兹别克斯坦的樱桃首次通过中国电商平台打开销路，受到中国消费者欢迎；2020 年，乌兹别克斯坦规模最大的跨境电商平台为 Wildberries（37%），其次为 AliExpress（35%）；2021 年，Amazon 在乌兹别克斯坦业务规模大幅度上升，占比达到 11%；2022 年，AliExpress 在乌兹别克斯坦的规模占比为 37%，Wildberries 约为 33%，Amazon 上升到 14%。

2. 直播

跨境直播电商是将网络直播技术应用于跨境电商领域，是跨境电商领域的新业态。跨境 B2C 直播是针对境外 C 端用户介绍产品功能和特点，直播场景多样化，除搭建专业直播间，商家也开启了海外仓直播、档口直播等。

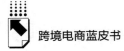
此外，由于传统外贸和跨境电商 B2B 交易占据主流，为了让海外经销商直观了解企业实力，探厂直播成为跨境 B2B 直播的特色方式。由于直播电商在中国取得巨大成功，迅速蔓延至跨境电商领域，国内外知名电商平台纷纷加入跨境直播电商行列，其中既有传统电商平台和社交平台，也有新兴的兴趣电商平台（见表 1）。

表 1　直播平台类型

类型	典型平台
电商平台+跨境直播	全球速卖通、亚马逊、Lazada、Shopee、阿里巴巴国际站
社交平台+跨境直播	Facebook、Instagram
兴趣电商+跨境直播	TikTok、Kwai

资料来源：笔者汇总整理。

2022 年中亚互联网用户约 6000 万，核心国家的互联网渗透率均在 80% 左右，如哈萨克斯坦互联网渗透率为 92.3%、乌兹别克斯坦互联网渗透率为 83.9%，排在第三位的吉尔吉斯斯坦互联网渗透率为 79.8%。塔吉克斯坦与土库曼斯坦互联网普及率较低，塔吉克斯坦仅有 36.1% 的人口能够访问互联网，土库曼斯坦的互联网普及率属于中亚最低，仅为 21.3%。[①]

中亚五国通信基础设施总体较为落后，各地区发展水平、居民对移动服务接受能力参差不齐，网络覆盖率和基站数量还有待提升，很多商用基础设施暂未开始大规模建设和推广，网络零售平台建设也才刚刚起步，跨境电商、智慧物流、移动支付等服务平台建设尚未展开。因此，中亚五国目前仅有少量 B2B、B2C 的交易通过跨境直播实现，实现大规模直播交易还需要进一步优化基础设施、完善跨境电商产业链。

（五）物流供应链

根据世界银行发布的历年物流绩效指数 LPI（Logistics Performance

---

① 数据来源于国际电信联盟数据中心，https：//datahub. itu. int/data/？ e = 1892&c = 701&i = 11624。

Index），在约 160 个国家和地区之中，中亚五国排名较低，但总体保持进步态势，特别是相对于 2007 年世界银行第一次公布的相关数据来说。五国之中又以哈萨克斯坦与乌兹别克斯坦表现最佳。在 2023 年排名之中，哈萨克斯坦排名最高，居第 79 位，吉尔吉斯斯坦排名最低，居第 123 位（见图 6）。①

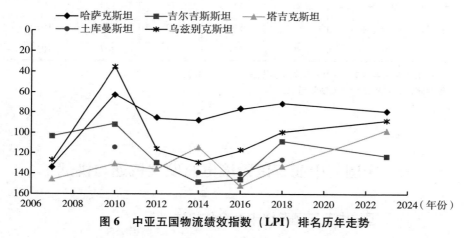

图 6 中亚五国物流绩效指数（LPI）排名历年走势

注：土库曼斯坦缺失 2007 年、2012 年、2023 年数据。
资料来源：世界银行物流绩效指数。

具体到 LPI 子项目来看，中亚五国在海关与基础建设方面表现较好，国际货运、物流竞争力和质量表现尚可，但物流运输准时性与可追踪性仍待改善（见表 2）。

表 2 中亚五国物流绩效指数（LPI）

项目	哈萨克斯坦	吉尔吉斯斯坦	塔吉克斯坦	土库曼斯坦	乌兹别克斯坦
LPI 得分	2.7	2.3	2.5	2.41	2.6
LPI 分组排名	79	123	97	126	88
海关分组排名	74	110	110	111	74

① 数据来源于世界银行物流绩效指数官网，https：//lpi.worldbank.org/international/global。

项目	哈萨克斯坦	吉尔吉斯斯坦	塔吉克斯坦	土库曼斯坦	乌兹别克斯坦
基础建设分组排名	80	89	80	117	89
国际货运分组排名	91	111	102	136	91
物流竞争力和质量分组排名	81	127	76	120	92
物流运输准时性分组排名	93	130	93	130	102
可追踪性分组排名	80	117	134	107	105

注：土库曼斯坦数据为 2018 年数据，其他为 2023 年数据。
资料来源：世界银行物流绩效指数。

三 中国与中亚五国跨境电商发展机遇与挑战

（一）中国与中亚五国跨境电商合作机遇

1. 市场规模逐年增长

中国商务部数据显示，中国与中亚五国跨境电商市场规模逐年增长，2022 年中国与中亚跨境电商贸易额同比增长 95%，近 300 家中亚企业入驻中国电商平台。中亚五国作为中国"一带一路"倡议的重要合作伙伴，拥有丰富的特色商品资源，而中国则拥有庞大的消费市场和强大的制造能力，这为跨境电商合作提供了巨大的发展空间。中亚优质特色产品在中国市场销售大幅增加，同时优质的中国商品也逐渐深入中亚市场。此外，中国西部省份与中亚国家同处内陆地区，在产业地理布局、经济发展模式、文化心理特质等方面有更多的结合点，相比沿海跨境电商企业追求创新、效率、利润的经营理念来说，西部跨境电商企业稳健合规、长期增长的经营思路更适合在中亚地区扎根发展。

2. 潜在消费者数量众多

中国与中亚五国的跨境电商市场潜在消费者数量众多。中国是全球最大的电商市场，拥有庞大的在线购物人口。中亚五国在近年来也经历了电商市场的快速增长，目前中亚五国总人口约 8000 万人（其中乌兹别克斯坦 3602 万人、哈萨克斯坦 1989.9 万人、塔吉克斯坦 1001 万人、土库曼斯坦 705 万人、吉尔吉斯斯坦 700 万人）①，已经具备一定的消费能力和互联网接入条件（见图 7 和图 8）。同时，中亚五国的数字化转型也推动了跨境电商消费者数量的增加，越来越多的企业和个人开始通过跨境电商平台进行进出口贸易。基于中亚五国互联网普及率提高和数字化转型程度加深，中亚五国与中国跨境电商的消费者数量将持续增长，将为双方的跨境电商合作提供更多的机会和潜力。

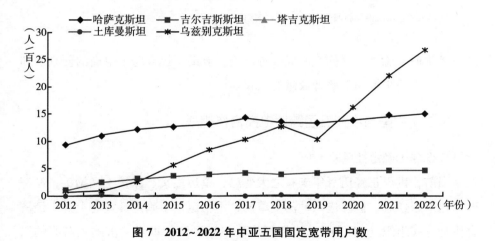

图 7　2012~2022 年中亚五国固定宽带用户数

资料来源：由映潮科技有限公司收集整理提供。

3. 跨境电商支持政策不断完善

中国与中亚五国之间的贸易合作日益深化，跨境电商政策的改革与完善也在不断推进（见图 9）。随着中国政府推动"一带一路"倡议，以及中亚地区与中国之间贸易合作增加，跨境电商在这些国家之间的发展也将得到促

---

① 数据来源于一带一路数据库，https：//www.ydylcn.com/skwx_ydyl/sublibrary？ID = 8728&SiteID = 1&showDetail = true&RootFlag = Y。

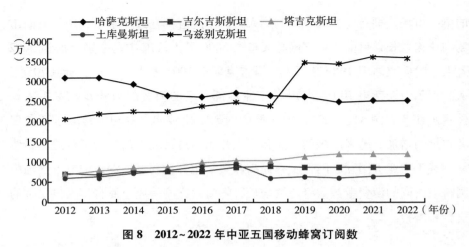

图8　2012～2022年中亚五国移动蜂窝订阅数

资料来源：由映潮科技股份有限公司收集整理提供。

进。优化通关流程、降低物流成本等措施，有助于提高跨境电商的便利性和吸引力，进一步推动消费者数量的增长。

（二）中国与中亚五国跨境电商合作挑战

1. 全球不确定性风险上升

当前，世界正经历百年未有之大变局，单边主义、保护主义抬头，经济全球化遭遇逆流，世界进入动荡变革期，不稳定性不确定性显著上升。经济合作与发展组织（OECD）《中期经济展望》预测，世界经济陷入滞胀的风险仍然存在，当前主要经济体核心通胀仍处于高位，多数经济体通胀率仍将高于目标水平。此外，各国央行仍在不断加息，2022年在国际清算银行监测的38家银行中，近90%的央行加息;[①] 2023年3月22日，美联储将基准利率调至2007年9月以来的最高水平，全世界主要经济体的货币政策短期内仍在收紧。衰退或将始于发达经济体，但是发展中经济体将会面临更大挑战。欧美经济衰退风险、美元加息进程未定的冲击、俄乌风云跌宕起伏加剧地缘冲突风险等，为全球经济和平与繁荣的稳定前景制造障碍，为全球和平

①　世界经济论坛：《2023年全球风险报告》，2023年1月。

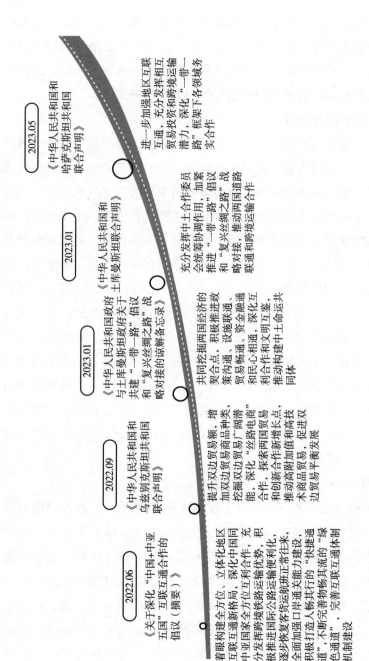

图9 中国一中亚五国关于跨境电商的相关政策

资料来源：笔者根据政府文件汇总整理。

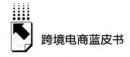

发展带来不确定性。同时，目前中亚五国人口规模、基础设施建设以及人均收入水平都处于较低位置，市场容量有限，对我国沿海外贸强省的制造业产能和贸易体量来说，仍然不足以平衡传统欧美跨境电商市场的波动，这也为中国与中亚五国在跨境电商领域的持续合作带来了不确定性。

2. 跨境物流服务能力较弱

中国同中亚各国之间的进出口额大体上呈现逐年递增的趋势，在中国和中亚五国的关系进入新时代后，面对未来更为广阔的贸易需求，跨境物流服务能力的限制仍是阻碍中国同中亚五国跨境电商发展的重要因素之一。当前中亚各国多以公路运输为主，运输成本偏高；铁路建设方面，中亚国家自独立至今，铁路运输业尚处于恢复期，且铁路网分布不均，塔吉克斯坦和吉尔吉斯斯坦相对较为薄弱。以吉尔吉斯斯坦为例，该国位于中亚核心地带，是中国通往中亚的门户和丝绸之路经济带的重要节点，具有战略通道的作用，但是该国的主要运输方式仍为陆运，占全国总货运量的88%左右；土库曼斯坦的物流运输方式几乎全部依靠陆运，占比95%。目前，中国同中亚五国的贸易往来主要依靠中亚班列、国际公路、国际空运，比较适合中国西部省份开展双向跨境贸易，与中国东南沿海外贸强省以海运为主的优势外贸商品结构存在差异。从目前物流服务综合能力来看，传统的物流线路已然不能满足中国和中亚五国的贸易需求，中亚的过境运输潜力尚需充分挖掘（见图10）。

3. 产品创新能力不强

选择跨境网购的消费者群体区别于普通电商消费群体，这类消费者更注重产品品质、用户体验感，对于价格的敏度较低，价格并不是此类消费者衡量商品价值的唯一标准，且随着时代的发展，消费者的需求也在朝着多元化方向发展，更加注重商品的品牌文化，但是双方较为单一的出口商品，限制了双方消费者的购买选择（见表3）。从资源禀赋上来说，中亚五国具有丰富的自然资源，如矿产、天然气和石油，因此中亚五国出口中国的商品多为矿产资源和初级产品；中国是制造大国，对中亚五国出口以机电产品和纺织服装商品为主。

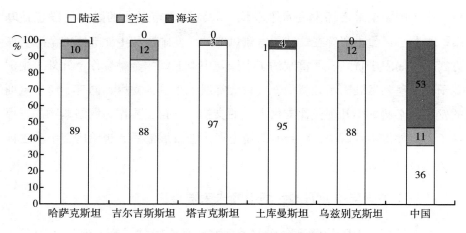

图10　2022年中国和中亚五国物流运输方式占比

资料来源：商务部，《对外投资合作国别（地区）指南》。

表3　2018~2022年中国与中亚五国最终消费支出

单位：亿美元

国别	2018年	2019年	2020年	2021年	2022年
哈萨克斯坦	1083.56	1115.64	1124.80	1219.67	1258.70
乌兹别克斯坦	396.07	452.26	447.89	524.99	609.50
吉尔吉斯斯坦	398.44	456.31	451.90	531.57	633.02
塔吉克斯坦	82.43	82.28	73.49	89.44	93.00
土库曼斯坦	68.05	72.55	72.53	81.56	113.55
中国	76502.15	79994.35	81267.94	96090.95	106321.01

资料来源：由映潮科技股份有限公司收集整理提供。

4. 金融创新发展水平较低

在数字经济时代，各国之间的贸易活动日益频繁，跨境电商行业作为连通全球的桥梁，也在全球范围内迅速崛起。在此背景下，跨境电商贸易的顺利开展，要求双方的交易必须是高效且安全的。但双方的金融创新水平不一致，成为限制跨境电商长足发展的重要因素之一。从整个金融体系看，中亚五国的金融机构及市场均展示出相对的规模有限性，市场的构成特征较为简

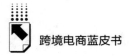
单。中亚国家金融市场发展水平较低，导致基于市场化的融资手段包括基金、并购、风险投资等在这些国家难以奏效，使中国和中亚五国的金融合作方式仍然局限于贷款，严重制约了中国与中亚五国的金融合作。此外，中国电子商务蓬勃发展离不开微信、支付宝等线上工具的支撑，同理，跨境电商的发展也必然离不开现代化支付方式的支持。支付工具作为网络购物的支撑性工具，如得不到解决，将导致跨境电商产业发展滞后，也给跨境电商主体带来经营风险。

（三）中国与中亚五国跨境电商未来发展

中亚五国与中国的贸易合作前景良好，是中国"一带一路"倡议的重要节点和首站窗口。2022 年，中国与中亚五国贸易额创下历史新高，未来中国与中亚五国跨境电商潜力将不断发掘，合作关系将持续加强，合作机制将日益完善。2023 年 4 月 18 日，"中国—中亚五国"经贸部长首次会议举行，中国商务部部长表示，中方愿同各方推动贸易投资新业态发展，分享庞大市场和开放发展红利，落地一批合作项目；实现创新驱动持续赋能，开展数字贸易领域合作，加快绿色低碳和循环经济发展。未来中国与中亚五国会不断加强在贸易投资、数字经济、绿色发展、过境运输等领域的合作，根据各方发展需要，加强供应链的整合、协同、智能化和数字化能力，推动产业合作和各领域项目落地，共同推进区域经济合作走深走实。随着中国与中亚五国合作关系紧密加强，合作内容不断深入，跨境电商作为经贸合作的重要领域和亮点，发展前景可观，将促进边境地方间经贸务实合作新增长。

参考文献

李小平、张胄：《深入推进共建"一带一路"》，《前线》2023 年第 5 期。

蒿琨：《"一带一路"与中亚沿线枢纽国家发展战略对接思考》，《国际关系研究》2021 年第 2 期。

刘华芹：《中国与中亚国家经贸合作现状与前景展望》，载兰州大学中亚研究所主办

《中亚研究（总第 7 期）》，社会科学文献出版社，2021。

高帅、段炼：《跨境直播电商促进外贸高质量发展的对策研究》，《对外经贸实务》2023 年第 3 期。

王海燕：《中国与中亚国家共建数字丝绸之路：基础、挑战与路径》，《国际问题研究》2020 年第 2 期。

B.22
我国与 RCEP 成员国间数字贸易现状、路径及策略

李豪强　张小霞*

摘　要：　数字贸易成为驱动全球经济增长的新引擎，逐渐受到各个国家和地区的重视。2022 年正式生效的 RCEP 协定在推动区域数字贸易快速发展方面发挥重要作用。中国和 RCEP 成员国在数字产品贸易和数字服务贸易领域保持密切合作，并在合作机制、支持政策、数字技术等的加持下，进一步激发区域数字贸易潜力。但区域外不利因素、基础设施差异大、数字鸿沟、数字贸易发展理念分歧及信息安全等问题，成为区域数字贸易发展的绊脚石。中国与 RCEP 成员国应加强探索数字贸易规则，强化数字基础设施、跨境数据流动、数字平台、知识产权保护、数字贸易服务生态等方面的国际合作，提升跨境贸易便利化水平，促进中国与 RCEP 成员国数字贸易的长期发展。

关键词：　RCEP　数字贸易　数字技术　国际规则

进入 21 世纪以来，数字技术呈现爆发式增长，大数据、人工智能、物联网、区块链等数字技术应用场景不断丰富，引起全球产业链供应链的深刻变革和消费形式的巨大改变，数字贸易成为驱动全球经济增长的新引擎。中国在数字经济领域取得了令人瞩目的成绩，2023 年中国数字经济规模预计

---

*　李豪强，河南国际数字贸易研究院助理研究员，主要研究方向为跨境物流、数字贸易；张小霞，郑州财经学院商学院教师，主要研究方向为电子商务、知识产权运营。

达到 56.1 亿元①，中国青年报社的"青年与数字经济"调查显示，80.2%的受访青年表示对数字经济体验好，数字经济和数字贸易对中国稳增长促转型发挥了重要作用。2022 年 1 月，RCEP 协定正式开始生效，标志着中国开始扩大对外开放、融入全球经济发展的新起点。RCEP 协定中涉及数字贸易相关内容的章节包括电子商务、服务贸易、投资、知识产权等，在促进贸易无纸化、推广电子认证和电子签名、保护个人信息安全和消费者权益、保障数据传输和网络安全等方面达成一致意见并加强合作，为中国数字贸易的进一步发展提供了新的机遇，同时为区域乃至全球数字贸易发展注入强大动力。

一 中国和 RCEP 成员国数字贸易发展现状

RCEP 各成员国的产业基础、经济规模存在较大差异，因此各成员国的数字贸易发展水平也参差不齐。随着数字技术在社会经济中的渗透率越来越高，数字技术和产品的应用场景越来越广泛，数字贸易与传统产业的融合度也在不断加深，数字贸易正在成为 RCEP 成员国间新的贸易增长动力。但国际上对数字贸易的界定标准仍不统一，也缺乏对数字贸易测度的规范性文件，数字贸易的统计工作发展缓慢。因此本文借鉴国内学者的方法，从数字产品贸易规模和数字平台提供的跨国数字技术服务两个维度分析中国与 RCEP 成员国的数字贸易现状。

（一）中国和 RCEP 成员国数字产品贸易规模

随着数字技术的快速发展，数字产品的种类也更加多样化，极大丰富了人类社会的精神生活，逐渐成为国际贸易中不可缺失的产品之一。2019 年，联合国贸易和发展会议（UNCTAD）总结提出了 49 种数字产品（以 HS6 位

---

① 李晓红：《数字经济赋能效应持续释放 提升中国经济活力》，《中国经济时报》2023 年 12 月 28 日。

编码分类），主要包括胶片、印刷品、视频音乐、游戏等具有数字内容的有形货物。本文基于此定义，通过联合国贸易数据库整理 RCEP 成员国之间的数字产品贸易数据，计算分析 2013～2023 年中国与 RCEP 其他成员国数字产品贸易额（见表1）。

表1　2013～2023 年中国与 RCEP 成员国数字产品贸易额

单位：万美元

国家	2013 年	2015 年	2017 年	2019 年	2020 年	2021 年	2022 年	2023 年
日本	257602.7	165615.9	257956.4	211801.0	234500.2	274142.0	407318.9	460747.8
越南	9469.4	15769.7	15212.3	23706.1	31405.1	42774.8	379378.1	412718.2
韩国	55047.7	71254.1	39358.6	51642.9	54148.2	78174.8	331076.0	253771.0
马来西亚	21388.0	26914.3	19663.7	43946.0	61794.5	77266.5	130668.7	113808.0
澳大利亚	38412.8	42755.5	53710.7	51325.1	65005.5	70774.9	98096.8	89610.9
新加坡	106237.9	89274.4	67993.2	93051.4	83620.9	73590.2	96875.5	104135.6
印度尼西亚	15134.8	12667.1	13378.6	12870.4	11008.0	13258.3	93649.8	102430.3
泰国	13892.6	14229.2	9519.2	12407.5	15047.5	17377.5	65695.5	84508.7
菲律宾	12427.3	20891.9	21296.3	14985.0	10928.2	12398.1	28068.2	27090.1
柬埔寨	1404.5	2172.2	3534.4	4895.6	7023.5	10075.5	10512.9	9263.1
缅甸	1712.9	2679.5	3066.4	5855.3	5594.3	5514.4	6842.7	6716.6
新西兰	1569.9	2540.0	3481.7	2836.6	2677.6	4857.6	4727.1	3379.5
老挝	715.5	651.0	569.9	575.6	469.6	539.6	964.3	874.0
文莱	816.2	313.7	98.3	85.3	67.1	91.2	76.8	205.9
总计	535832.3	467728.4	508839.6	529983.7	583290.7	680835.5	1653951.3	1669259.7

资料来源：联合国贸易数据库。

由表1可知，2013～2023 年我国与 RCEP 成员国间的数字产品贸易规模的绝对值总体呈现增长态势，2013 年我国与 RCEP 成员国双边数字产品贸易总额为 53.58 亿美元，2023 年增长至 166.93 亿美元，增长了 211.55%。分国别构成来看，我国与多数 RCEP 成员国的数字产品贸易额保持良好增长态势，与越南、柬埔寨、印度尼西亚等 7 个国家数字产品贸易额的年均增速超过 10%，双方数字产品贸易往来更加密切。其中，我国与越南的数字产品贸易规模增长速度最快,2013~2023 年 11 年间增长了约 43 倍,近几年来我国高度重视中越友好合作关系,与越南深化经贸互利合作,数字产品贸易规模迅速扩大;增速较快的分别为柬埔寨、印度尼西亚、泰国、马来西亚、韩国,11 年间分别增长了 6 倍、6 倍、5 倍、4 倍、4 倍。此外,从数字产品贸易规模的绝对值来看,2013 年与我国贸易额前三的分别为日本、新加坡、韩国,2023 年则变为日本、越南、韩国,日本、韩国作为我国的邻国,是我国长期重要的经贸合作伙伴,同时日韩两国数字产品领域发展比较成熟,有利于满足我国数字产品发展需求,未来应持续深化与日韩在数字产品领域的合作交流。我国与文莱的数字产品贸易额下降明显,与新加坡间的数字产品贸易额略微下降。

如图 1 所示,在数字产品国际贸易领域,RCEP 成员国一直是我国重要的贸易伙伴,2013 年我国与 RCEP 成员国的数字产品贸易额占我国数字产品贸易总额的 22.19%,虽然在 2016 年降低至 16.63%,但 2017 年以来,我国加强与多数 RCEP 成员国在数字产品领域的密切往来,在我国数字产品国际贸易规模大幅增长的情况下,我国与 RCEP 国家双边数字产品贸易额占数字产品进出口总额的比例仍不断提升,2023 年提升至 24.17%。

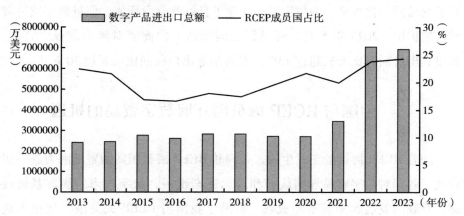

图 1　2013~2023 年中国数字产品贸易进出口总额及 RCEP 成员国占比

资料来源:联合国贸易数据库。

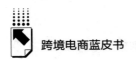
（二）中国持续在 RCEP 成员国开展数字服务贸易

我国与 RCEP 成员国间不仅在数字产品贸易领域持续扩大规模，在数字服务贸易领域同样保持密切合作。一是基础设施合作提升跨境互联互通能力，夯实双方数字贸易基础。随着中老铁路、雅万高铁等物流资源的投入使用，中老国际班列、中泰国际班列、中越国际班列等成为中国与东南亚经贸交流的重要桥梁纽带，有效提升我国至东南亚的互联互通水平。二是加快数字基础设施建设，提升数字服务能力。依托我国技术领先、规模庞大的数字设施建设经验，中国企业逐步加大对东南亚地区数字经济领域的投资规模，推动 5G、物联网、人工智能、北斗等数字技术在东南亚地区广泛应用。同时中国企业利用跨境电商平台拓展东南亚市场，阿里巴巴收购东南亚电商平台 Lazada、腾讯投资东南亚电商平台 Shopee、京东投资越南电商平台 Tiki、TikTok 收购印度尼西亚电商公司 Tokopedia75% 股份等，持续深化我国与东南亚国家的跨境电商合作，数字平台服务能力显著增强。三是不断提升贸易便利化水平，推动数字贸易规模持续增长。RCEP 协议下，减免关税、无纸化贸易、电子签名等重要规则，降低了企业成本，削弱了跨境贸易壁垒，提升了贸易便利化水平，为数字贸易构建了良好的营商环境，促进数字贸易规模迅速扩增，2023 年 5 月，阿里巴巴国际站上的商家对澳大利亚、日本、菲律宾出口额同比增长超过 15%，对新加坡出口额同比增长近 30%。[①]

二　中国与 RCEP 成员国开展数字贸易的机遇

随着 RCEP 协议的正式生效，我国和 RCEP 成员国间的贸易潜力进一步释放，各国对数字贸易规则认知和理念逐渐统一，数字技术、物流基础设施、互联网发展水平等不断成熟，有助于我国与 RCEP 成员国开展更大规模、更广领域、更深影响的数字贸易合作交流。

---

① 《上半年中国外贸创新高 换挡提质释放潜力》，新华社，2023 年 7 月 13 日。

（一）中国与 RCEP 成员国的合作交流走深走实

近年来，我国对外交流合作日益频繁，跨境贸易规模屡创新高，东盟、韩国、日本是我国进出口总额排名前五的贸易伙伴，澳大利亚和新西兰与我国的进出口总额也在逐年扩大。2013～2023 年我国与 RCEP 各成员国进出口总额呈现稳步增长态势（见图 2），其中，2023 年我国与 RCEP 成员国的进出口总额达到了 1.79 万亿美元[①]，约占我国进出口总额的 30.17%，年均增速 4.27%，未来我国与 RCEP 成员国间的贸易规模必将进一步扩大，共同为区域及世界经济复苏发展提供新动能。我国与 RCEP 成员国频繁签订合作协议，深化经贸合作方向、拓宽合作领域，在数字贸易领域达成更多共识。2020 年，我国和东盟共同发布《中国—东盟关于建立数字经济合作伙伴关系的倡议》，双方积极推动产业数字化转型，推动区域内数字贸易更加公平。2022 年 11 月，中越双方发布《关于进一步加强和深化中越全面战略合作伙伴关系的联合声明》，在积极探索数字经济等领域交流合作达成共识。2023 年 6 月，中国和新西兰共同发布《中华人民共和国和新西兰关于全面战略伙伴关系的联合声明》，新西兰明确欢迎中方申请加入《全面与进步跨太平洋伙伴关系协定》和《数字经济伙伴关系协定》。随着我国与 RCEP 成员国加深在数字贸易领域的交流合作，数字贸易将成为拉动 RCEP 成员国经济增长的重要引擎，我国也将在 RCEP 成员国数字贸易体系方面发挥更多作用，深化推进 RCEP 成员国间的经贸合作。

（二）中国积极出台支持数字贸易发展相关政策法规

数字化时代背景下，加强我国数字经济发展是构建现代化经济体系、推动高质量发展的重要支撑，抢抓数字贸易发展机遇是我国当前重要的发展目标。近年来，我国积极出台数字贸易相关政策，鼓励数字贸易创新发展，完善数字贸易制度和政策，营造数字贸易快速发展的良好氛围。一是大力发展

---

① 数据来源于国家统计局。

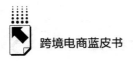
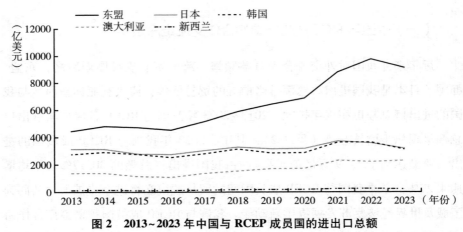

图2　2013～2023年中国与RCEP成员国的进出口总额

资料来源：国家统计局。

数字贸易，鼓励各地稳步提升数字贸易比重，进一步促进社交媒体、搜索引擎、远程教育、远程维修等数字贸易业态发展，发挥跨境电商助力传统产业数字化转型升级的积极作用，打造建设贸易强国的"新引擎"。二是建设数字贸易制度和规则，探索数字贸易主体监管、个人信息保护、跨境数据流动等方面的规则建设，先后颁布相关法律法规推动数字贸易监管体系和监管能力现代化，如2016年出台《中华人民共和国网络安全法》、2021年出台《中华人民共和国数据安全法》和《中华人民共和国个人信息保护法》、2022年颁布《数据出境安全评估办法》，都是我国对数字贸易领域相关规制的积极尝试。三是各地政府积极开展RCEP系列专题培训和商务出访，鼓励中国企业扩大与RCEP成员国贸易往来，如天津自贸试验区出台的"RCEP行动方案"，提出提升数字贸易发展水平，加强与RCEP成员国在智慧城市、工业互联网、区块链等领域合作。

（三）中国数字技术创新发展持续活跃

我国数字技术发展不断取得突破，部分数字技术已经全球领先，对赋能实体产业转型升级和扩大数字贸易规模发挥积极作用。一是积极建设数字基础设施，信息通信网络建设规模达到全球领先地位，截至2023年底，全国

5G 移动电话用户达到 8.05 亿户，5G 基站达到 337.7 万个，占全球比例均超过 60%，三家基础电信企业发展蜂窝物联网用户 23.32 亿户[①]，信息通信服务能力大幅提升，进一步敦实数字基础建设。二是政府数字化服务能力大幅提升，我国电子政务发展指数国际排名从 2012 年的第 78 位上升至 2022 年的第 43 位，超 10 亿用户注册使用全国一体化政务服务平台[②]，智慧法院、智慧海关、中国国际贸易"单一窗口"等数字化平台推动政府服务能级全面提升，进一步提升市场主体跨境贸易便利化水平。三是数字技术发展创新水平和应用场景迅速提升，部分关键数字技术研发应用取得突破进展，在 5G 领域实现技术、应用等方面的全球领先，5G 应用已融入 52 个国民经济大类，智能制造应用规模和水平得到快速提升，制造业机器人密度跃居全球前列，数字人民币应用场景持续拓展，人工智能、量子信息等更多数字技术研发创新持续活跃，为促进中国数字贸易增长提供了更多保障。

（四）RCEP 成员国数字贸易市场前景广阔

伴随着数字技术与国际贸易的持续深度融合，数字贸易正成为未来国际贸易的重要发展方向，RCEP 各成员国十分重视数字贸易发展，数字贸易进入快速发展时期。一是各国政府把数字贸易视为重点发展方向。新加坡企业局（Enterprise Singapore）于 2020 年推出电子商务计划，东盟于 2021 年发布《东盟数字总体规划 2025》，2022 年澳大利亚标准局（Standards Australia）推出数字贸易战略等，为数字贸易发展拓展更多新空间，有利于推动更多市场主体迈入数字贸易领域，为数字贸易发展注入更多活力。二是数字贸易市场需求不断增加。各国数字贸易市场规模增长迅速，联合国贸易和发展会议（UNCTAD）数据库显示，大部分 RCEP 成员国在 2013～2022 年的数字交付服务进出口总额呈现稳步增长态势（见表 2），其中，新加坡、中国、日本等 5 个国家的数字交付服务进出口总额增长迅速，2013～2022 年

---

① 工业和信息化部：《2023 年通信业统计公报》，2024 年 1 月 24 日。

② 国家互联网信息办公室：《数字中国发展报告（2022 年）》，2023 年 5 月 23 日。

年均增速都超过了7%，数字交付服务贸易占据国际贸易更多份额；文莱、老挝等国的数字交付服务进出口总额波动幅度较大，文莱、老挝等国数字基础较差，成为阻碍数字贸易发展的绊脚石，未来与中国在数字基础建设方面有较大的合作前景。总体而言，RCEP成员国聚焦数字贸易发展和相关领域双边或多边合作，数字贸易市场发展潜力巨大，成为支持区域经济增长的重要引擎。

表2　2013~2022年RCEP成员国数字交付服务进出口总额

单位：亿美元

国家	2013年	2015年	2017年	2018年	2019年	2020年	2021年	2022年
中国	1790.2	1749.24	2034.5	2510.38	2663.75	2885.42	3531.58	3642.19
新加坡	1385.24	1568.46	1874.62	2128.17	2262.17	2524.99	2961.2	3028.85
日本	1415.46	1795.2	2066.2	2209.48	2511.7	2537.29	2687.99	2577.7
韩国	677.78	740.47	855.83	886.51	943.11	952.93	1161	1207.81
澳大利亚	361.75	328.5	350.88	372.16	385.72	391.96	452.57	455.95
泰国	261.38	262.68	281.25	340.66	362.19	337.68	393.27	427.09
菲律宾	192.91	270.51	281.66	294.97	315.58	303.34	335.56	379
马来西亚	269.89	229.4	238.75	261.01	275.86	270.35	295.19	325.64
印度尼西亚	198.17	181.19	197.45	226.85	230.8	215.9	251.66	316.15
新西兰	83.37	80.17	93.84	102.59	112.17	112.01	137.09	138.44
越南	37.66	41.66	37.94	40.77	41.38	66.07	61.72	—
缅甸	6.92	13.64	14.43	17.75	22.78	21.88	—	—
柬埔寨	4.3	5.05	4.62	6.04	6.18	5.87	6.37	8.02
文莱	—	7.25	3.45	5.38	6.05	6.58	4.67	—
老挝	1.56	0.84	1.02	1.04	1.33	1.1	1.18	—

资料来源：联合国贸发会议（UNCTAD）数据库，部分数据缺失。

三　中国与RCEP成员国开展数字贸易面临的挑战

中国与RCEP成员国在数字贸易领域有着广阔的合作空间，但现阶段也存在阻碍数字贸易进一步发展的不利因素，如RCEP成员国数字发展水平参差不齐、宏观政治环境变化和相关制度体系建设不完善等问题，导致中国与 RCEP 成员国开展数字贸易面临严峻挑战。

（一）外部不利因素阻碍区域经济发展

当今世界经济迈入高通胀、低增长阶段，全球宏观经济环境陷入低迷，贸易保护主义抬头，对 RCEP 成员国间经贸合作发展造成阻碍。一是世界经济持续疲软，全球市场需求出现萎缩。全球经济贸易衰退明显，主要经济体增长乏力，2023 年全球制造业 PMI（采购经理指数）为48.5%[1]，连续 12 个月低于 50%，2023 年美国出口进一步减少，全球市场需求减少，IMF（国际货币基金组织）预计 2023 年全球经济增长 3.1%[2]，全球经济形势严峻，各国经济复苏仍面临诸多挑战。二是美国拉拢盟友另起炉灶，企图破坏 RCEP 成员国经贸合作关系。伴随着 RCEP 的正式生效，美国政府企图采取多种措施制衡中国，分化 RCEP 各成员国间合作关系，在 RCEP 快速发展的道路上扔下更多绊脚石。2022 年 5 月，美国联合日本、印度等 12 个国家启动印太经济框架（IPEF），"包围中国"的动机明显，其中日本与美国在网络安全方面合作密切，多次表示积极配合美国"印太战略"，借此制衡中国在亚太地区的经济影响力。澳大利亚同样是 RCEP 成员国经贸合作的"不确定因素"，作为美国的坚实盟友，澳大利亚在关键问题上响应美国对华政策，与中国经贸合作关系愈发不稳定。

（二）RCEP 成员国间基础设施建设差别较大

RCEP 的生效为区域数字贸易合作打开新篇章，但各国各地区经济基础相差较大，相关基础设施建设处于不同阶段，导致数字经济发展不均衡，"数字鸿沟"对区域数字贸易的高质量发展产生长期影响。一是物流

---

[1]　中国物流与采购联合会发布数据，2024 年 1 月 6 日。
[2]　国际货币基金组织：《世界经济展望》，2024 年 1 月。

基础设施建设相差较大，影响区域数字贸易供应链整体效率。图3数据显示，2022年8个国家的物流绩效指数在3.5以上，中国、日本、新加坡等经济基础较好的国家，对物流基础设施建设的投入力度较大，物流水平在RCEP成员国中位于前列，缅甸、柬埔寨、老挝等经济发展落后的国家缺少物流基础设施投入，物流绩效指数较低。物流基础设施是数字贸易发展的重要支撑，物流水平影响数字贸易供应链的整体服务能力，并影响贸易的效率、成本、质量。

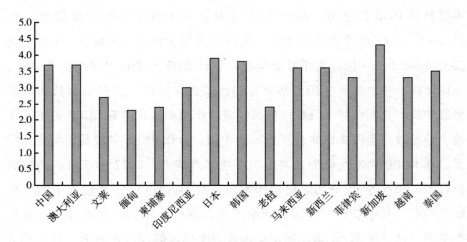

图3　2022年RCEP成员国国际物流绩效指数

注：部分国家2022年缺失的数据用最近年份的数据替代。

资料来源：世界银行数据库。

二是数字基础设施仍需完善，数据利用和信息安全面临更多挑战。数字贸易的发展依托于关键性技术的研发和应用，数字基础设施建设、数字化应用场景和核心技术领域的发展不均衡，导致区域数字鸿沟现象持续存在，中国、日本、韩国等国家在5G、区块链、VR/AR、AI等前沿数字技术领域深入探索，并在数字平台、物流、支付等方面不断拓展应用场景。新兴数字技术在驱动生产生活方式变革的同时，也导致隐私泄露、技术滥用等问题显现。同时，东盟内部各经济体的数字化发展程度差异较大，网络基础设施建设水平与技术水平不均，世界互联网统计中心（IWS）数据显示，2022年文莱、新加坡、菲律宾的互联网渗透率均超过 90%，而老挝、缅甸不足 60%，① 区域间数字能力的不平衡将限制数字贸易的发展空间。

（三）成员内部的数字贸易发展理念出现分歧

在地缘政治、经济基础、科学技术等多因素影响下，RCEP 各成员国的数字贸易发展理念有所不同，导致在数字贸易重点发展方向、规则体系建设、数据跨境流动等方面发生分歧，为区域数字贸易发展带来隐忧。一是不同国家参与不同的国际贸易组织，难以对数字贸易领域的相关规则达成共识。日本、韩国、澳大利亚、新西兰和东盟 7 国加入美国主导的印太经济框架（IPEF），日本、澳大利亚、新西兰和东盟 4 国参与"全面与进步跨太平洋伙伴关系协定（CPTPP）"。不同的贸易协定对数字贸易规则的标尺和要求有较大区别，CPTPP 对数字服务开放、数据跨境流动、个人信息保护等方面具备高标准、高要求，对协定成员有较高的约束效力；RCEP 则在数字贸易规则上相对宽松且不充分，数字贸易监管及争端解决机制力度有限；IPEF 希望在贸易、数字和基础设施等领域制定新的经济参与规则，但无法顾及多方需求，恶意损害部分国家利益。不同的国际组织和多双边协议导致数字贸易规则碎片化，为 RCEP 内部数字贸易相关规则达成共识造成阻碍。

二是各国数字贸易处于不同的发展阶段，对数字贸易存在不同的发展理念。中国、日本、新加坡等数字贸易发展较快的国家，积极开展数字化转型升级，寻求构建双边或多边数字贸易框架体系。日本一直重视国际数据治理方面的建设，2019 年提出"可信赖的数据自由流动倡议"（DFFT），并积极参与 CPTPP、RCEP 等国际组织，推动多项多边数字倡议；新加坡致力于提升数字技术在各领域的普及和应用，打造高效的数字生态模式，2020~2021年先后与智利、新西兰、韩国、英国等国家签订有关数字经济的协定，积极扩大多双边的数字经贸圈。与之相比，后发国家更加重视数字基础设施建设，老挝在《2016~2025 年信息通信技术战略发展计划及 2030 年发展愿

---

① 数据来源于世界互联网统计中心（IWS）数据库。

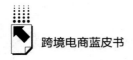

景》中提出奠定数字通信基础，柬埔寨在《数字经济和数字社会政策框架》中将网络基础设施建设视为工作重点。处于不同数字贸易发展阶段的国家表现出不同的需求特征，阻碍了 RCEP 区域技术合作与共同规范构建的进程，不利于区域数字贸易便利化的快速提升。

（四）信息安全问题成为区域数字化合作发展的困境

RCEP 各成员国的经济发展水平、信息化水平和网络安全能力存在较大差异，网络安全形势日趋严峻，为区域数字化合作带来困扰。一是各国网络安全基础不一，网络犯罪和网络攻击日趋严重。国际电信联盟发布的《2020 年度全球网络安全指数》显示，韩国、新加坡、马来西亚、日本网络安全排在全球前 10 位，而缅甸、老挝、柬埔寨分别排在第 99 位、第 131 位、第 132 位①，各国网络安全发展不平衡。随着数字技术的不断更新和升级，网络攻击方式更加多样化，网络犯罪成本不断降低，如东南亚网络诈骗的犯罪事件被不断曝出，中小企业在数字化转型中成为网络攻击的重灾区，勒索软件、网络钓鱼、加密劫持等网络犯罪威胁持续上升，成为企业开展跨境贸易的潜在危险因素。二是数字贸易推动跨境数据流动频繁，信息数据泄露风险不断增加。随着 RCEP 成员国之间经贸交往的持续深入，涉及敏感行业、个人信息等方面的数据将频繁跨境流动，同时不同国家对跨境数据流动采取不同的保护措施，不仅阻碍区域数字贸易一体化发展，也可能导致个人权益侵害、企业跨境发展受损和国家之间陷入博弈等问题，探索数据跨境流动规制体系并达成共识成为各国面临的严峻挑战。

四 推动中国和 RCEP 成员国开展数字贸易的建议和前景展望

为解决现阶段中国与 RCEP 成员国开展数字贸易面临的困境，紧抓

---

① 国际电信联盟：《2020 年度全球网络安全指数》，2021 年 6 月 29 日。

RCEP 政策机遇和贸易潜力，在 RCEP 协议框架下，中国与 RCEP 成员国应加强探索数字贸易规则，强化数字基础设施、跨境数据流动、数字平台、知识产权保护、数字贸易服务生态等方面的国际合作，提升跨境贸易便利化水平，释放各国数字贸易发展新活力。

（一）积极开展成员国对话，推动国内国际制度衔接

开展积极、建设性的对话是深化国际合作的重要途径，强化数字贸易规则的双边或多边合作，实现国际国内法规制度的无缝对接。一是求同存异，推动成员国在不同数字贸易框架协议下找到结合点和达成共识。在联合国、WTO、G20、上合组织、东盟峰会等对话框架内，充分了解各方诉求，推动开展双边或多边标准规则对接，强化区域经贸规则协同，促使数字贸易规则符合多数国家利益。二是完善国内数字贸易规则体系和立法框架，支持国内构建数字贸易协同发展机制。依据原产地累积等 RCEP 规则，结合各省市特色优势产业，通过过渡性条款的率先试点，争取早日实现可复制、可推广的样板经验，打造具有公平性、合理性、前瞻性的数字贸易规则或标准，并借助 RCEP 向外输出成功的"中国方案"。同时推动《网络安全法》《数据安全法》《数据出境安全评估办法》等国内法规和制度与 RCEP 协定的有效衔接，完善对数字贸易、跨境数据的监管，确保国内的数字贸易监管规则能够符合 RCEP 协定，实现国内和国际规则的兼容发展。三是探索数字跨境流动新机制，促进数据合法有序流动。在 RCEP 框架内探索解决数据确权与认证问题的中国路径，积极开展与其他国家和地区数据保护情况的对接交流，增强区域内数字战略合作互信，鼓励企业开展跨境数据存储、传输、分析、挖掘、运维等业务，支持推动更多金融机构参加跨境数据流动创新试点，完善国际商事法律服务体系，协调跨境数据流动中安全和发展之间的关系，构建数字空间命运共同体。

（二）扩大数字技术合作，夯实数字经济"底盘"

数字技术的创新应用是数字贸易快速发展的重要手段，扩大数字技术合

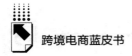

作的深度和广度解决 RCEP 成员国间数字基础设施建设不平衡问题,可以有效提升区域数字化发展水平。一是依据各国数字贸易发展诉求,分类型扩大数字技术国际合作范围。对于数字化发展程度较高的经济体,如新加坡、日本等,中国应加强信息技术创新发展、数字技术标准制定等方面的国际合作交流,探索人工智能、区块链、5G、云计算等新兴数字技术的应用场景,依托双方优势深挖贸易潜力,构建良好的数字营商环境。对于数字基础较差的国家,如老挝、柬埔寨等,信息基础设施建设则是双方贸易重点,中国应发挥自身数字技术发展的优势,通过投资、共建、委托等多种形式完善数字基础设施建设,持续提升数字化水平和网络安全水平。二是大力推进数字人民币国际化进程,改善跨境支付环境。积极在 RCEP 成员国数字贸易等场景中开展数字人民币应用试点,为数字人民币跨境支付探索有效路径,建立健全法定数字货币的应用规范和交易流程,与国际货币基金组织、世界银行以及各国金融部门就央行数字人民币跨境使用的法律法规体系进行协商,确保在全球层面上满足其他国家的需求,同时尝试在跨境电商中运用数字人民币进行支付结算和金融投资,成为支撑数字贸易发展的重要金融"新基建",发挥金融科技和数字人民币在改善跨境支付、便利国际贸易结算等领域的积极作用。

(三)深化与数字平台合作,推动国内品牌加速出海

数字平台是数字贸易快速发展的重要载体,是整合传统价值链和数字价值链的基本经济组织,通过深化与数字平台的合作,助力中国企业和中国品牌充分发挥供应链优势,进一步扩大中国商品在 RCEP 市场中的份额。一是与数字平台拓展更多合作空间,深挖 RCEP 市场潜力。联合亚马逊、乐天、Lazada 和 Shopee 等数字平台开展"出海"培训活动,引导地方特色产品或产业带走出国门,打造面向 RCEP 市场的特色"跨境电商+产业集群"试点,支持企业利用第三方跨境电商平台、建设品牌独立站等多渠道开展跨境电商业务,积极推广直播带货、内容营销、全托管服务等多元化新业态新模式,激发企业国际市场拓展新活力。二是加强企业合规化引导,推动国内品

牌拓展 RCEP 市场。引导企业增强法律意识、规则意识，加大对企业商标、专利、软件著作权、品牌注册、商品质量认证等政策支持力度，强化在品牌和商品包装、全球媒体渠道对接、广告投放、营销云 SaaS 等品牌出海营销方面的全链路合作，积极开展境外商标注册和国际认证，推动品牌本土化和提升用户认同感。

（四）提升企业跨境服务能力，完善数字贸易服务生态

数字贸易规模的不断增加，对国际物流、跨境支付、海外营销、数据分析等各类服务需求持续增长，优化构建体系完备、高效分工、全面协作的数字贸易生态系统，是促进中国与 RCEP 国家数字贸易长期发展的重要保障。一是推动国际物流基础设施互联互通，提升国际物流服务能力。强化与各国物流基础设施建设合作，推动海运、航空与铁路、公路等多种运输方式协同联动，促进跨境物流单证规则、检验检疫、认证认可、通关报关等标准衔接和国际互认合作，扩大海外仓覆盖范围，提升和完善海外仓服务功能，强化国际端物流资源掌握能力，保障国际物流供应链的稳定和高效，加快形成国际分拨、分拣包装和终端配送等一体化的国际物流服务体系。二是打造跨境服务矩阵，助力企业数字化转型升级。创新数字贸易监管体制机制，强化跨境支付、数字营销、品牌注册、法规咨询等服务体系建设，鼓励营销、支付、物流、品控等跨境服务平台深耕目的国市场，同时推动新兴数字技术与跨境服务创新融合，引导产业服务向着生态化方向发展，满足企业出海的多样化、个性化、一体化服务需求。三是加强国内国际人才引培，赋能数字贸易高质量发展。加强产教学研结合，构建政府、高校、社会、企业多方联动的数字贸易人才培养体系，有计划、分层次培养数字贸易技能型人才和复合型人才，同时打造更适合国际人才生产生活的环境，便利跨境人才流动，推动企业在海外市场实现人才本土化、团队本土化，形成"引进来+走出去"的国际人才储备体系。

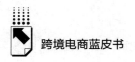
参考文献

岳云嵩、张春飞：《数字贸易统计测度分析》，《国际贸易》2021年第8期。

李轩、李珮萍：《"一带一路"主要国家数字贸易水平的测度及其对中国外贸成本的影响》，《工业技术经济》2021年第3期。

马述忠、刘健琦、贺歌：《数字贸易强国：概念理解、指标构建与潜力研判》，《国际商务研究》2022年第1期。

孙玉琴、卫慧妮：《"一带一路"背景下中国与中东欧国家开展数字贸易的思考》，《国际贸易》2022年第1期。

附录一
2023年中国跨境电商行业大事记

1月30日 财政部、海关总署、国家税务总局联合印发《关于跨境电子商务出口退运商品税收政策的公告》（财政部 海关总署 税务总局公告2023年第4号）。公告指出，对自本公告印发之日起1年内在跨境电子商务海关监管代码（1210、9610、9710、9810）项下申报出口，因滞销、退货原因，自出口之日起6个月内原状退运进境的商品（不含食品），免征进口关税和进口环节增值税、消费税；出口时已征收的出口关税准予退还，出口时已征收的增值税、消费税参照内销货物发生退货有关税收规定执行等。

2月6日 中共中央、国务院印发《质量强国建设纲要》。纲要提出，加快发展海外仓等外贸新业态；鼓励优质消费品进口，提高出口商品品质和单位价值，实现优进优出；加强质量标准、检验检疫、认证认可等国内国际衔接，促进内外贸一体化发展；健全覆盖质量、标准、品牌、专利等要素的融资增信体系，强化对质量改进、技术改造、设备更新的金融服务供给，加大对中小微企业质量创新的金融扶持力度等。

2月10日 海关总署向全国推广跨境电商零售进口商品条码应用。中国国际贸易"单一窗口"跨境电商进口清单增加清单商品条码规则校验，校验不通过给予企业提示，不影响后续业务。

4月25日 国务院办公厅印发《关于推动外贸稳规模优结构的意见》（国办发〔2023〕10号），意见指出，加大对跨境电商等新业态新模式的支持力度；支持外贸企业通过跨境电商等新业态新模式拓展销售渠道、培育自主品牌；鼓励各地方结合产业和禀赋优势，创新建设跨境电商综合试验区，积极发展"跨境电商+产业带"模式,带动跨境电商企业对企业出口;加快出台跨境电商知识产权保护指南,引导跨境电商企业防范知识产权风险;建设跨境电商综合试验区线上综合服务平台并发挥好其作用,指导企业用好跨境电商零售出口相关税收政策措施;持续完善跨境电商综合试验区考核评估机制,做好评估结果应用,充分发挥优秀试点示范引领作用。

4月27日 海关总署会同国家发改委、财政部、交通运输部、商务部、国家市场监管总局等部门,组织开展2023年促进跨境贸易便利化专项行动,部署动员在北京、天津、上海、重庆等12个省份17个城市集中开展为期5个月的促进跨境贸易便利化专项行动,以持续优化口岸营商环境、促进跨境贸易便利化等各项工作。

5月31日 商务部发布2022年跨境电子商务综合试验区考核评估结果。参评对象为前五批跨境电商综试区,共计105个。考核评估指标体系包括跨境电商进出口、主体培育、品牌培育、线上平台、线下园区、行业交流、海外仓建设等近50个指标。评估结果分为"成效明显""成效较好""成效初显""尚在起步阶段"四档。上海、杭州、义乌、深圳、苏州、宁波、青岛、广州、长沙、成都位列第一档("成效明显")。

6月12日 海关总署推出了"优化营商环境16条"。围绕促进进出口物流畅通、促进跨境贸易便利化、促进企业减负增效和促进外贸创新发展四方面,提出有序开展跨境电商海关监管综合改革,研究完善跨境电商网购保税监管制度措施;试点开展跨境电商网购保税零售进口跨关区退货模式,研究扩大跨境电商一般出口商品跨关区退货试点;加强对跨境电商企业知识产权政策宣讲和风险提示,鼓励企业加快自主品牌培育,提升企业守法经营意识,防范化解侵权风险,拓展国际市场等措施。

6月21日 致欧家居科技股份有限公司在A股创业板上市。股票代码301376,首次公开发行股票4015万股,发行价24.66元/股,募集资金总额9.9亿元,主要用于公司主营业务发展所需,包括在深圳和东莞建设产品研发中心,在美国、德国、英国等地扩建海外仓,建设和升级郑州总部运营管理中心等。

7月12日　赛维时代科技股份有限公司正式在深交所创业板上市。股票代码301381，首次公开发行股票4010万股，发行价20.45元/股，募集资金总额8.2亿元，主要用于时尚产业供应链及运营中心系统建设项目、物流仓储升级建设项目、品牌建设与渠道推广项目和补充流动资金。

7月18日　在国新办举行的2023年上半年知识产权工作新闻发布会上，国家知识产权局表示，持续加强海外知识产权纠纷应对指导机制建设，加大对跨境电商知识产权保护指南、国别指南等的宣传解读，持续加强各类信息供给。

7月19日　在国新办举办的2023年上半年商务工作及运行情况发布会上，商务部表示将指导跨境电商品牌培育和标准建设，下半年将全力推动外贸促稳提质。

8月30日　财政部、海关总署、国家税务总局联合发布《关于延续实施跨境电子商务出口退运商品税收政策的公告》（财政部 海关总署 税务总局公告2023年第34号）。公告规定，对2023年1月30日至2025年12月31日在跨境电子商务海关监管代码（1210、9610、9710、9810）项下申报出口，且自出口之日起6个月内因滞销、退货原因原状退运进境的商品（不含食品），免征进口关税和进口环节增值税、消费税；出口时已征收的出口关税准予退还；出口时已征收的增值税、消费税，参照内销货物发生退货有关税收规定执行等。

9月8日　中国和印度尼西亚签署《中华人民共和国商务部和印度尼西亚共和国经济统筹部关于电子商务合作的谅解备忘录》。双方将建立电子商务合作机制，支持两国企业开展电子商务全产业链合作，不断提升贸易投资便利化水平，拓展数字经济合作领域，共同为双边经贸关系注入新动能。截至目前，我国已与包括印尼在内的30个国家建立了双边电子商务合作机制。

9月25日　乐舱物流股份有限公司成功在香港联合交易所主板挂牌上市。股票代码"2490.HK"，首次发行股票2839万股，每股定价4.71元，募集资金总额1.34亿元。主要用于设立物流设施、扩大业务覆盖范围及全球网络、采用数字技术及升级互联网服务系统、建立无车承运平台等。

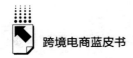

9月28日　深圳市三态电子商务股份有限公司成功登陆深圳证券交易所。股票代码301558，首次公开发行股票11846万股，发行价格为7.33元/股，募集资金总额8.68亿元，主要用于跨境电商系统智能化升级建设项目、仓储智能化升级及服务体系建设项目和补充流动资金。

10月15日　商务部首次发布《国别贸易指南》。每个国别单独成篇，介绍该国宏观经济概况，主要进出口商品以及双边贸易情况，该国支柱产业以及优先发展产业相关政策，跨境电商平台以及贸易促进机构等。

10月18日　中国支持高质量共建"一带一路"八项行动。中方将创建"丝路电商"合作先行区，同更多国家商签自由贸易协定、投资保护协定。主动对照国际高标准经贸规则，深入推进跨境服务贸易和投资高水平开放，扩大数字产品等市场准入，深化数字经济、知识产权、政府采购等领域改革。中方将每年举办"全球数字贸易博览会"。

10月23日　国务院批复《关于在上海市创建"丝路电商"合作先行区的方案》。方案从扩大电子商务领域开放、营造先行先试环境、大力推进国际和区域交流合作三个方面提出19条行动，强调推动电子单证国际标准应用、推动"丝路电商"跨境人民币结算、建立跨境电商全球集散分拨中心、构建"丝路电商"国际服务体系等。

11月23日　国务院批复《支持北京深化国家服务业扩大开放综合示范区建设工作方案》。方案指出，对允许列入跨境电商零售进口商品清单的中国国际服务贸易交易会进境展览品（药品除外），在展览结束后进入海关特殊监管区域或保税物流中心（B型）的，符合条件的可按照跨境电商网购保税零售进口商品模式销售。

11月27日　中国人民银行、国家金融监管总局、中国证监会、国家外汇局、国家发展改革委、工业和信息化部、财政部、全国工商联印发《关于强化金融支持举措 助力民营经济发展壮大的通知》（银发〔2023〕233号）。通知提出，支持银行业金融机构统筹运用好本外币结算政策，为跨境电商等贸易新业态提供优质的贸易便利化服务。

11月27日　国家市场监督管理总局、国家标准化管理委员会发布《跨境电子商务海外仓运营管理要求》（GB/T 43291-2023）。这是跨境电商海外仓领域第一个国家标准，规定了跨境电商海外仓服务提供者的基本要求，以及运营管理和管理保障要求，可有效规范海外仓的基本服务和配套服务。

11月28日　海关总署推出12条重点措施支持深入推进京津冀协同发展。提出建设区域跨境电商发展联合体，推进京津冀区域跨境电商综合改革试点工作落地等。

12月11日　国务院办公厅印发《关于加快内外贸一体化发展的若干措施》（国办发〔2023〕42号）。措施提出，支持内贸企业采用跨境电商等方式开拓国际市场；培育内外贸融合发展产业集群，促进"跨境电商+产业带"模式发展，带动更多传统产业组团出海；支持更多符合条件的支付机构和银行为跨境电商等新业态提供外汇结算服务。

12月11日　TikTok官方宣布与印尼GoTo集团达成电商战略合作，重返印尼市场。合并后的实体由TikTok占股75%并拥有控制权。TikTok还承诺将在未来几年投入15亿美元，为业务发展提供资金支持。TikTok电商也在"双十二"印尼全国网购日重新上线。

附录二
2023年全国跨境电商综试区重点政策

1月15日 乌鲁木齐海关出台《乌鲁木齐海关促进新疆内外贸一体化发展四十条工作措施》，鼓励新疆企业对接头部电商平台，设置外贸产品专区，发展壮大新疆本土电商企业；支持新疆跨境电商综合试验区、跨境电商优势企业与市场采购贸易试点地区的协调联动。

1月18日 杭州市人民政府办公厅发布《关于加快推进跨境电子商务高质量发展的实施意见》（杭政办函〔2023〕9号），聚焦跨境电商主体培育、品牌培育、物流建设、人才培育、服务生态建设五个方面制定9条专项扶持条款。

2月5日 山东省人民政府印发《关于促进经济加快恢复发展的若干政策措施暨2023年"稳中向好、进中提质"政策清单（第二批）》（鲁政发〔2023〕1号），研究制定跨境电商、市场采购贸易等新业态支持政策措施，制定跨境电商跃升发展三年行动计划（2023~2025年），开展"产业集群+跨境电商"培育行动，在全球重点海外仓布局"山东品牌商品展示中心"，"前展后仓"拓展国际市场。

2月10日 成都市人民政府办公厅印发《成都市推动跨境电商高质量发展三年行动计划（2023~2025年）》（成办发〔2023〕4号）。围绕跨境电商主体培育、产业集群建设、口岸功能提升、监管模式创新、产业生态优化五个方面来夯实成都全球跨境电商服务资源中心产业支撑功能，推进跨境电商高质量发展，为建设国际消费中心和贸易中心城市注入新动能。

2月13日 成都市商务局印发《成都市推动跨境电商高质量发展政策

措施》。对跨境电商企业、产业园区、海外仓、保税进口、进口创新等取得显著成效的主体给予资金和金融融资支持，支持跨境电商企业做大做强，支持企业运用跨境电商转型发展，支持跨境电商产业园区建设。

2月20日 哈尔滨市人民政府印发《哈尔滨市支持对外贸易发展的若干政策》（哈政规〔2023〕6号），从跨境电商企业主体培育、海外仓建设、监管场所建设、线下体验店建设等方面给予企业资金支持。

3月3日 湖南省人民政府办公厅印发《关于促进跨境电商高质量发展的若干措施》（湘政办发〔2023〕9号），从加强产业发展、促进集聚发展、完善要素保障、便利跨境贸易四个方面提出13条具体支持和奖励措施。

3月16日 北京海关印发《北京海关支持首都高水平开放高质量发展工作方案》（京关综发〔2023〕24号），推动跨境电商线上线下融合发展创新模式在北京落地，大力支持王府井赛特奥莱线下店项目先行先试；对列入跨境电商零售进口商品清单的进境展览品，允许展览结束后按照跨境电商网购保税零售进口商品模式销售。

3月17日 深圳市商务局印发《深圳市商务局鼓励企业参与跨境电商零售出口阳光化申报试点实施细则》（深商务规〔2023〕2号），深化跨境电商综试区建设，引导支持跨境电商企业阳光化发展，营造规范健康的发展环境，进一步提升深圳跨境电商高质量发展水平。

3月29日 河南省对外开放工作领导小组办公室印发《2023年河南省对外开放工作要点》（豫开放办〔2023〕4号），指出完善提升航空电子货运信息服务平台，强化"跨境电商+空港+陆港+邮政"协同联动；加快推进跨境电商零售进口药品试点，与跨境电商零售进口药企合作，尽快上线所有试点药品，扩大药品跨境试点规模。

4月3日 上海市人民政府办公厅印发《上海市促进外贸稳规模提质量的若干政策措施》（沪府办规〔2023〕9号），利用政策性金融资源加大对跨境电商等外贸新业态的支持力度。支持上海自贸试验区内企业开展跨境电商零售进口部分非处方药品及家庭常用医疗器械业务。建设海外仓综合服务平台，加快推进跨境电商海外仓数据归集，为跨境电商出口海外仓收结汇和

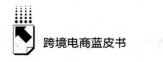

办理退税提供便利等。

5月15日 广西壮族自治区人民政府办公厅印发《关于促进电子商务高质量发展的若干政策措施》（桂政办发〔2023〕24号），围绕主体培育、规模扩大、基地建设、发展环境优化等方面提出16条针对性的具体支持措施，明确广西电子商务发展的支持方向。

5月16日 上海浦东新区印发《浦东新区推动外贸稳规模促创新拓市场优环境的实施方案》（浦商委规〔2023〕2号），围绕出政策、聚创新、强平台、优环境四方面出台十六条措施，提出积极打造"丝路电商"合作先行区，建立全球跨境电商分拨中心；推动跨境电商高质量发展，加快出台专项支持政策，探索开展跨境电商零售进口部分非处方药品及家庭常用医疗器械业务等。

7月13日 上海市商务委员会等五部门联合印发《上海市推进跨境电商高质量发展行动方案（2023~2025年）》（沪商贸发〔2023〕183号），从主体培育、模式创新、海外仓建设、监管优化、交流合作五个方面，提出18条重点措施，推动上海跨境电子商务高质量发展。

7月24日 山东省人民政府办公厅印发《山东省跨境电商跃升发展行动计划（2023~2025年）》（鲁政办字〔2023〕84号），从"跨境电商+产业带"融合发展、品牌建设、金融创新、人才培养等方面，提出11项具体工作任务，助力山东制造业"品牌出海"。

7月28日 安徽省人民政府办公厅印发《关于推动外贸稳规模优结构的若干措施》（皖政办〔2023〕26号）。通知指出，培育跨境电商自主品牌，加强省内特色产业集群出口能力培育，支持符合条件的特色产业集群申报省级跨境电商产业园。

8月5日 深圳市人民政府办公厅印发《深圳市优化国际化营商环境工作方案（2023~2025年）》，建设全球跨境电商快邮集散中心，支持综合保税区等区域建设跨境电商退运中心仓；深入推进跨境电商出口阳光化申报试点；支持跨境直播电商多语种、多品类直播出海，打造全球直播电商产业集聚区等。

8月7日 成都市人民政府办公厅印发《成都市推动跨境电商高质量发展政策措施实施细则》（成商务发〔2023〕13号），从主体引培、产业园区建设、公共海外仓建设、金融创新等九个方面，对跨境电商主体给予资金支持与补贴、政策指导。

8月21日 郑州市人民政府印发《郑州市加快城市国际化全面提升竞争力总体规划》（郑政〔2023〕18号），提出鼓励围绕跨境电商等产业，发起设立供应链金融服务公司、跨境电商金融服务公司等新型金融公司；建设国际快（邮）件分拨中心、跨境电商分拨中心、国际冷链物流中心和全球供应链管理中心，培育国际航空物流中心；推进跨境电商进口药品和医疗器械试点落地运营，支持特色出口产业"上线触网"等。

8月22日 四川省商务厅联合中国进出口银行四川省分行共同印发《关于政策性金融支持外贸稳规模优结构八条措施》，加大对跨境电商、外贸综合服务平台、海外仓等外贸新业态新模式企业支持力度；探索"外综服+供应链金融"，为小微跨境电商企业提供融资服务。

9月1日 海南省三亚市人民政府印发《三亚市跨境电子商务专项资金暂行管理办法》（三府规〔2023〕15号），从主体引培、基地建设、物流仓储优化、品牌建设、人才培育等七个方面制定激励措施。

9月19日 贵州省商务厅印发《贵州省跨境电商人才基地建设方案》，重点从师资队伍、课程体系、软硬件设施、校企融合、人才输送、创业孵化及国际交流等方面开展基地建设工作，确保基地建设满足跨境电商人才培养要求。

10月20日 江苏省商务厅、交通运输厅等部门联合印发《江苏省推进跨境电商高质量发展行动计划（2023~2025年）》（苏政办发〔2023〕39号），从主体培育、载体建设、"产业带+跨境电商"融合发展、品牌出海、海外仓建设、金融创新等方面，提出16条重点工作任务，为推动江苏高水平对外开放提供有力支撑。

11月1日 株洲市人民政府办公室印发《关于加快推进跨境电商高质量发展的实施意见（试行）》（株政办发〔2023〕21号），从产业集聚、主

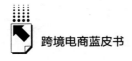
体培育、平台完善、仓储建设、物流通道畅通、金融支撑、人才培引、监管优化、发展氛围营造等九个方面，提出 20 条行动任务和激励措施。

11 月 14 日 广州市白云区人民政府办公室印发《广州湾区中央法务区白云中心区促进法律服务业高质量发展若干措施》（云府办〔2023〕160号），提出对区内跨境电商企业、行业协会聘请白云区辖内的法律服务企业、机构或组织解决国际贸易中的法律纠纷及问题予以资金扶持，以高质量法治建设推动经济社会高质量发展。

11 月 15 日 南京市人民政府办公厅印发《南京市推进跨境电商高质量发展计划（2023~2025 年）》（宁政办发〔2023〕34号），从主体培育、产业发展融合、服务保障优化、生态建设协同等四项重点工作任务方面，提出18 条具体工作举措，为加快实现南京更高水平对外开放提供有力支撑。

12 月 4 日 重庆市人民政府办公厅印发《重庆市推进跨境电商高质量发展若干措施》（渝府办发〔2023〕92号），从市场主体引育、产业园区建设、推动创新发展、提升监管服务水平、完善物流服务网络、优化发展环境等方面提出了 15 条政策举措，加快推进重庆市跨境电商高质量发展。

12 月 22 日 郑州市人民政府印发《郑州市加快推进跨境电商发展的若干措施》《郑州市跨境电子商务专项提升行动实施方案》《郑州市加快直播电商发展的实施方案》，鼓励企业深度融入全球产业链、供应链，培育外贸发展新业态、新动能，建设"面向全球、服务全国、带动全省"的网上丝绸之路战略门户，加快推进郑州市跨境电子商务发展。

Abstract

The pace of world economic recovery continues to slow down in 2023, and the international economic and political environment is more complex and volatile. Declining in external demand has led to multiple external pressures on China's foreign trade. Cross-border e-commerce responds to the uncertainty of the external market with the certainty of high growth, showing the strong market vitality and the growth resilience, and becoming a powerful "booster" for China to expand the international market and develop an export-oriented economy. The Central Economic Work Conference held at the end of 2023 proposed to accelerate the cultivation of new momentum in foreign trade, consolidate the basic foundation of foreign trade and foreign investment, and expand intermediate goods trade, service trade, digital trade, and cross-border e-commerce exports. China's cross-border e-commerce exports from products to brands, from enterprises to Internet platforms, are accelerating the reconstruction of the global supply chain system, seeking breakthroughs in global supply chain management, overseas network infrastructure construction, overseas localization operations and other aspects, to ensure that China's cross-border e-commerce enterprises gain competitive advantages in the context of the global economic downturn and declining demand in overseas markets. The theme of this book is "The Global Supply Chain Reconstruction and Reshaping of Cross-Border E-Commerce", which comprehensively summarizes the new environment, new characteristics, and new challenges of China's cross-border e-commerce in 2023. It deeply analyzes the development trend of China's cross-border e-commerce in 2023, and explores the development path of China's cross-border e-commerce industry from the perspectives of globalization and localization. It is expected to promote the deep integration of Chinese specialty

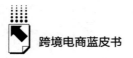
industries into the global supply chain and value chain through cross-border e-commerce.

In 2023, the most popular concept and phenomenon is "full entrusted management" in the cross-border e-commerce industry. In order to continuously obtain the business growth and the maximized interests of platforms, the e-commerce platform began to extend its business reach upstream and downstream, seized the value space that belonged to sellers and service providers in the past, turned the "platforms to sellers" relationship into the "sellers to source of goods" relationship, and reconstructed a new value distribution pattern on the cross-border e-commerce value chain. From the perspective of market, the most distinctive feature of the "full entrusted management" model is direct access to industrial belts and factories, providing the new channel of going overseas for industrial belt factories with supply chain advantages and non-operational experiences. The essence of full entrusted management is the competition for high-quality supply chains, which is a supply chain competition of cross-border e-commerce platform. Therefore, the first half of cross-border going overseas is about competing in operations and traffic, and the second half is about competing in supply chains and brands. From the perspective of the government, our country actively develops the "cross-border e-commerce + industrial belt" model, and strongly supports traditional foreign trade enterprises to expand sales channels, cultivate independent brands, and expand trade scale through cross-border e-commerce. "cross-border e-commerce + industrial belt" is a combination of new formats and high-quality supply chains, which helps China build a modern industrial system with international competitiveness and innovative forms, and effectively enhances the competitiveness of "made in China" in the global market.

Under the pressure of global downward economic and the reconstruction of industrial and supply chains, China's cross-border e-commerce has entered a transition of high-quality development, and presented the five new characteristics. The first point is localization. The meaning of "localization" has been further expanded, from product localization and brand localization to enterprise organization localization, forming a full-link localization that runs through front-end operation, back-end supply chain, enterprise management, etc. The key point of localization has also turned to localization operation and localization ecological construction, and effectively fulfilling the responsibility of "empowering and regurgitation feeding the local industry ecology" of global enterprises. The second point is digitization. With the development of new generation information technology, such as the internet, the internet of things, big data, digital twin, edge computing, and especially the explosion of artificial intelligence technology, it has data and algorithm-driven operation automation, management digitization and intelligent decision-making capabilities, as well as industry insight and solution capabilities based on consumer demand, becoming the real competitiveness of cross-border e-commerce enterprises. The third point is greening. In the context of the worsening global climate, the resource shortage and the environmental pollution and other problems, the cross-border e-commerce industry actively practices the sustainable development concepts such as "green" and "low-carbon", launches more products with higher "green content" such as new energy and green environmental protection, and gradually constructs a green supply chain covering the entire chain of procurement, production, manufacturing, trade, logistics, and after-sales. The fourth point is the globalized service. Cross-border e-commerce is not only the product and brand "going out", but also a country's platform, logistics, payment, technology and other services "going out". Especially, with the strong rise of China's cross-border e-commerce platforms in overseas markets, China's e-commerce has developed from the product output to the digital technology, business model and management experience output, and its global marketing and service capabilities have significantly improved. The fifth point is the integration of domestic and foreign trade. Cross-border e-commerce is an important way for the micro, small, and medium sized enterprises to accelerate the integration of domestic and foreign trade. Foreign trade enterprises actively explore the domestic market, more domestic trade enterprises with cross-border e-commerce to find the growth of overseas trade. As a result, many enterprises in China's cross-border e-commerce field have emerged with "walk on both legs" enterprises in domestic and foreign trade.

In 2023, "going overseas" has become the theme of many Chinese enterprises. Faced with industry competition and grouth difficulties, the broader

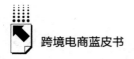

global market presents a new possibility. So "going overseas" has become a required option for some enterprises. As an important way for enterprises to enter the global market, cross-border e-commerce has attracted more and more participants, from the trading enterprises to the factories of industrial belt, from the foreign trade enterprises to the domestic trade enterprises, from the ordinary sellers to the well-known brands, a large number of Chinese enterprises depend on cross-border e-commerce to embark on the path of globalization and localization development. From the product, the brand and the enterprise organization to the platform, the services and the technology "going overseas", Chinese e-commerce has deeply participated in important links such as global supply chain, data, and technology, gradually becoming an important force in shaping the global e-commerce market, technology, and rules.

Keywords: Cross-Border E-Commerce; Global Supply Chain; Platform Going Overseas; Globalization; Localization

Contents

I　General Report

　　Abstract：In 2023, the weak recovery of the world economy, the geopolitical implications and the increased protectionist restrictions have led to multiple external pressures on China's foreign trade. Cross-border e-commerce responds to the uncertainty of the external market with the certainty of high growth, showing the strong market vitality and the growth resilience, and becoming an important support for China to expand the international market and develop an export-oriented economy. In the context of the accelerated reconstruction of the global supply chain, cross-border e-commerce as an important channel for Chinese enterprises to enter the global market helps more enterprises, platforms and service providers to accelerate the pace of going overseas, and plays an important role in deeply participating in the global industrial chain and supply chain. Based on the new domestically and internationally economic environment, the report systematically analyzes the new environment, the new pattern and the

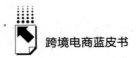
new challenges faced by the development of China's cross-border e-commerce from 2023 to 2024, and summarizes the development trends of the localization, the digitization, the greening, the globalization, and the integration of domestic and foreign trade in cross-border e-commerce. Entering a new stage of development, the competition in cross-border e-commerce has turned to the global supply chain competition. In order to build a safe and efficient cross-border e-commerce supply chain system and create a global brand, China should explore the implementation path of cross-border e-commerce global supply chain reconstruction and reshaping from five aspects on the upgraded digital supply chain, the localized supply chain layout, the international logistics system construction, the green supply chain ecosystem, and the global supply chain service capacity. It will accelerate the pace of China's cross-border e-commerce going overseas and steadily enhance the global influence of Chinese brands.

Keywords: Cross-Border E-Commerce; Cross-Border Supply Chain; Platform Going Overseas; Cross-Border Service; Digital Technology

Ⅱ Thematic Reports

B.2 The Strategies of Cross-Border E-Commerce Enterprises Globalization Development and Supply Chain Layout

Pan Yong / 042

Abstract: Cross-border e-commerce, as the new form, the new model and the new driving force of China's foreign trade, has become the key to promote the long-term economic growth and enhance the international competitiveness. In the context of globalization, the supply chain layout of cross-border e-commerce enterprises is crucial to improve the efficiency and global competitiveness of cross-border e-commerce. The report starts with the difficulties and challenges of cross-border e-commerce supply chain, summarizes the factors affecting the development of cross-border e-commerce supply chain in the context of globalization, proposes the objectives and basic ideas of cross-border e-commerce supply chain layout from the perspective of global cross-border industrial chain changes, and puts forward the path selection and layout strategy of cross-border e-commerce supply chain globalization. This paper proposed to fully integrate the "three flows" (logistics, business flow and information flow) with the "three ends" (front, middle and end of cross-border e-commerce supply chain), and use the "three modernizations" (localization, digitization, and flexibility of cross-border e-commerce supply chain) as the means to realize the global layout of cross-border e-commerce supply chain under the background of globalization.

Keywords: Globalization; Cross-Border E-Commerce; Supply Chain; Layout Strategy

B.3 Research on Overseas Localization Operation of Cross-Border E-Commerce Under the Background of Global Supply Chain Reconstruction

Wang Li, Pang Zhanyu, Lu Yaqi and Hou Ruoxu / 061

Abstract: Under the background of the accelerated reconstruction of the global supply chain, the global cross-border e-commerce market is becoming more and more mature, and consumer demand is constantly upgrading, and the localization operation of cross-border e-commerce has become a key strategy for enterprises to expand overseas markets. However, enterprises are facing a more complex international business environment and problems such as insufficient localization operation capability, logistics delivery efficiency, and compliance construction. It have brought certain challenges to enterprises to explore overseas markets. It is urgent for enterprises to find overseas incremental space through localization operation. The report studies the motives, significance and the current situation of overseas localization operation of cross-border e-commerce, analyzes the difficulties in cross-border e-commerce localization operation such as strict

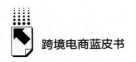
compliance supervision, trade protectionism and localization operation, and proposes the path and strategy of cross-border e-commerce localization operation from three perspectives such as the marketing management, the supply chain management and the operation management.

Keywords: Cross-Border E-Commerce; Localization Operation; Global Supply Chain

B.4 Research on "Full Chain Collaboration" of Digital Supply Chain in Cross-Border E-commerce

—*Taking SHEIN as an Example*

Zhang Bing, *Wang Xiaoyan* / 074

Abstract: In the era of digital economy, consumers have put forward higher requirements for personalized products and instant services which makes the cross-border e-commerce supply chain network obtaining consumer data in real time and feeding back the research and development urgently. Therefore, establishing a digital supply chain and promoting "full chain collaboration" has become a trend of industry development. The report firstly analyzes the concept, characteristics, and collaborative mechanism of "full chain collaboration" in the digital supply chain of cross-border e-commerce. Taking fast fashion cross-border e-commerce enterprise SHEIN as an example, it analyzes its digital practices in consumer insight, design innovation, massive testing, intelligent release, flexible production, efficient logistics, and digital marketing. It supposed that the digital supply chain of "full chain collaboration" is an important foundation for its success. At present, China's cross-border e-commerce has entered the stage of brand and platform going overseas from product going overseas. The value of digital capabilities and digital supply chains are constantly being released in the e-commerce field. The construction of a "full chain collaboration" digital supply chain will become the development moat of cross-border e-commerce enterprises.

Keywords: Cross-Border E-Commerce; Digital Supply Chain; Full Chain Collaboration; SHEIN

B.5   The Impact of Full Entrusted Management Mode on

Cross-Border E-Commerce Logistics Supply Chain

Tian Yong / 088

Abstract: In 2023, the rise of the "full entrusted management" model will not completely change the basic pattern of decentralized competition in the cross-border e-commerce logistics industry, but it will push up the industry concentration. In this process, the "resource-based" cross-border e-commerce logistics service providers will meet the significant business growth, and become the foundation for the logistics delivery of the service management platform gradually in the trend of the full entrusted management platform. The "full entrusted management" model will become an important part of the innovation process of China's cross-border e-commerce export business model finally.

Keywords: Full Entrusted Management; Cross-Border E-Commerce Export; Supply Chain

B.6   The Construction and Implementation Strategies of Green

Supply Chain in Cross-Border E-Commerce Industry

Wang Yuedan, Hou Ruoxu / 102

Abstract: With the continuous development of the economy and the society, the attention to low-carbon economy and sustainable development is increasing constantly which has promoted the change of global trade and also had a significant impact on the cross-border e-commerce industry. The report briefly introduces the connotation, implementation background and construction status of

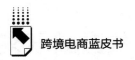
green supply chain in cross-border e-commerce industry. It suggests that the main problems of green supply chain construction in cross-border e-commerce industry are the complexity green trade barriers, poor green and low-carbon awareness and incomplete core elements of the green supply chain. Then, it puts forward targeted strategic suggestions from the five aspects of cross-border e-commerce industry green procurement, green manufacturing, green cross-border marketing, green cross-border logistics and green recycling, as well as improving the green low-carbon awareness and the construction of green supply chain infrastructure.

Keywords: Green Supply Chain; Cross-Border E-Commerce; Green Transformation

B.7 Analysis of Cross-Border E-Commerce Supply Chain and Logistics System Construction in the Context of "The Belt and Road"

Zhang Zhouping / 117

Abstract: "The belt and road initiative" is 10th anniversary in 2023. In the past ten years, the international cooperation of cross-border e-commerce between China and countries of "the belt and road" has been deepening. Cross-border e-commerce has become a new channel of international economic and trade cooperation gradually. Based on an in-depth analysis of the development status and problems of cross-border e-commerce supply chain and logistics system in the context of the "the belt and road" initiative, thes report puts forward the strategies from six aspects such as strengthening information exchange, improving infrastructure, strengthening logistics coordination, accelerating talent training, promoting logistics system construction, and accelerating overseas warehouse construction. It also proposes that the cross-border e-commerce industry will tend to concentrate in the future, traditional logistics enterprises will accelerate the transformation of supply chain service providers, and overseas warehouses will become an important fulcrum for the development of cross-border e-commerce.

Ⅲ Case Reports

Abstract: In recent years, cross-border e-commerce has become a new form of foreign trade with great potential and strong driving effect. As an important platform to promote the development of cross-border e-commerce, the pilot free trade zone and the comprehensive test area have played an important strategic role. However, with the deepening of high-quality development of the industry, comprehensive test areas and free trade zones have encountered many bottlenecks in promoting the development of cross-border e-commerce. Taking Henan Province's pilot free trade zone and comprehensive test area as an example, the report systematically sorted out the important role played by the pilot free trade zone and the comprehensive test area in the development process of cross-border e-commerce industry, analyzed the difficulties and challenges faced by the integrated development between them, and systematically put forward relevant suggestions and measures.

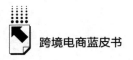
Abstract: Shaanxi Province is located in the northwest of China in the starting point of the Silk Road Economic Belt. With the strong resources support of CHINA RAILWAY Express, cross-border e-commerce has made certain achievements after several years. In 2022, the growth rate of cross-border e-commerce transactions is higher than the national level. However, compared with the developed provinces of cross-border e-commerce in the eastern, Shaanxi Province's cross-border e-commerce started late which is small scale and slow development. It still faces problems such as the lack of agglomeration of cross-border e-commerce industrial zone, incomplete hardware support for regulatory services, needing to be strengthened the ecological system construction and the weak professional talent. So, it is necessary to accelerate the construction of cross-border e-commerce comprehensive test areas, the important industrial parks, and the service hub for China-Europe freight trains, promote the deep integration of cross-border e-commerce and industry, and accelerate to promote the development of cross-border e-commerce in Shaanxi Province.

Keywords: Cross-Border E-Commerce; Overseas Warehouse; Comprehensive Test Area; Shaanxi Province

Abstract: In order to accelerate the integration of the manufacturing industry in Chengdu-Chongqing region with the international market, and realize the complementary advantages and coordinated development of the "manufacturing + cross-border e-commerce" in Chengdu-Chongqing region, the report summarizes the development status of "manufacturing + cross-border e-commerce" in Chengdu-Chongqing region based on the industrial ecosystem of "manufacturing + cross-border e-commerce". It put forward suggestions to promote the collaborative development of "manufacturing + cross-border e-commerce" in Chengdu-Chongqing region from five aspects, including export products, cross-border logistics, supply chain finance, talent training, and business environment, and identify the problems and opportunities in the collaborative development of "manufacturing+cross-border e-commerce" in order to improve the modernization level of the manufacturing industry chain and supply chain in Chengdu-Chongqing region.

Keywords: Chengdu-Chongqing Economic Circle; Manufacturing; Cross-Border E-Commerce; Collaborative Development

Abstract: In recent years, Chengdu comprehensive test area has continued to carry out the cultivation work of industrial going overseas, promoting the development model of "cross-border e-commerce +industrial zone", focusing on helping traditional foreign trade enterprises and industrial enterprises solve the difficulties of going overseas, and has achieved positive results in promoting the transformation of traditional industries and empowering enterprises to sell globally. However, as cross-border e-commerce enters a period of high-quality development, there are also some problems in the Chengdu comprehensive test area such as the weak consumer industry zone, the dominant processing trade, and a small number of cross-border e-commerce market entities and brands. On the basis of learning from the mature experience of other well-developed comprehensive test areas, Chengdu comprehensive test area will adhere to dual-

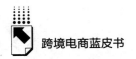

wheel drive the policy and service, equal emphasis on leading all enterprises, and consolidate the foundation of industry going overseas from four aspects such as strengthening policy guidance, cultivating the three entities, improving public service capabilities, and strengthening international cooperation, and help build a strong trading city in Chengdu.

Keywords: Industry Going Overseas; Cross-Border E-Commerce; Industrial Zone; Chengdu

B.12 Technology Enables Nanyang Edible Fungi Industry Chain to Promote the High-Quality Development of Cross-Border Trade of Green Agricultural Products

Guo Yongqi, Ji Huiying, Bao Yang and Zhang Hongxu / 186

Abstract: The edible fungi industry is a traditional characteristic and advantageous industry in Nanyang. Nanyang has established a national edible fungi foreign trade base for transformation and upgrading, and has ranked first in terms of annual cultivation, output, value, and export of edible fungi in Henan Province for many years. By reviewing the general situation of the edible fungi industry and the development status of cross-border e-commerce of edible fungi products in Nanyang, the report analyzes the problems and shortcomings in the development of cross-border e-commerce of edible fungi products in Nanyang, and puts forward corresponding countermeasures and suggestions from the aspects of actively exploring the international market, strengthening the construction of international brands of edible fungi and accelerating the construction of cross-border e-commerce export ecosystem of edible fungi.

Keywords: Edible Fungi; Cross-Border E-Commerce; Nanyang

Abstract: In 2023, the international economic situation is complex and severe, China's cross-border e-commerce is still growing against the trend, and new forms of foreign trade such as cross-border e-commerce continue to become an important force in foreign trade. More and more export-oriented enterprises, especially small and medium-sized enterprises accelerate into the cross-border e-commerce track, standing at the forefront of the times, the pattern of cross-border e-commerce is further reshaped. The report summarizes the new explorations and practices of the China Council for the Promotion of International Trade in the field of cross-border e-commerce in the past three years, providing solutions for how trade promotion agencies can carry out industrial promotion work in the post epidemic era, and how to combine cross-border e-commerce with industrial zone and supply chain. It also provides the guidance for the government to formulate policies and enterprises going overseas.

Keywords: Cross-Border E-Commerce; Promote Trade and Investment; New Model of Foreign Trade; Industrial Zone; Supply Chain

Ⅳ   Exploratory Reports

Abstract: As the universal language of the world, standards are the passport

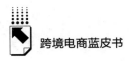
of international trade. With the continuous release of the new growth points and the new driving forces for the foreign trade, China has paid more attention to the standardization of cross-border e-commerce and continued to promote the construction of cross-border e-commerce standard system. The report analyzes the current status of China's cross-border e-commerce standardization from the perspectives of national standards, industry standards, locality standards, group standards, and enterprise standards. Summarize the problems faced by the standardization of cross-border e-commerce in China from four dimensions such as the time, the region, the standard content, and the standard implementation. The suggestions are proposed from four aspects which are establishing a systematic coordination standard system, strengthening the standardization construction, promoting the standardization construction of the entire trade process, and enhancing the compatibility of standards between domestic and foreign trade.

Keywords: Cross-Border E-Commerce; Standardization Construction; National Standards; Locality Standards; Group Standards

B.15 The Integration Development Model and Strategies of Cross-Border E-Commerce and Service Trade in China

Wang Xiaoyan, Li Jiawei and Zhang Nanan / 226

Abstract: Cross-border e-commerce and service trade are interdependent and mutually promotional. Cross-border e-commerce can expand the scale of service trade, optimize the structure of service trade, and improve the efficiency of service trade. Service trade also supports the operation of cross-border e-commerce, expands the trade types of cross-border e-commerce, and improves the value of products. At present, the integration of cross-border e-commerce and service trade is accelerating, presenting five typical models such as embedding model, service-oriented transformation, assistance model, multinational model, and platform integration model. In general, the integration of cross-border e-commerce and service trade is still at the fundamental level in China, facing challenges such as insufficient application scale, numerous rule constraints, and trade protectionism suppression. Therefore, it should explore the integrated development path from its own perspective. Enterprises should enhance the value of their products and services, creating a global independent brand. The offshore platform should build a localized ecosystem and export Chinese technology models. The industry should formulate the plans of the trade integration to enhance the competitiveness of digital trade. The government should participate in the rule making of global digital trade and promote the construction of "Silk Road E-Commerce" actively.

Keywords: Goods Trade; Services Trade; Digital Trade; Cross-Border E-Commerce

B.16　The Impact, Problems and Countermeasures of AIGC

on Cross-Border E-Commerce　　*Li Yi*, *Hong Yong* / 239

Abstract: The report analyzes the current status of AIGC technology, and believes that the iterative update of artificial intelligence algorithm will upgrade AIGC technology to the interactive and cooperative stage. Fully autonomous learning and scene deepening applications will become the future development trend of AIGC. The architectural potential of the AIGC model is highlighted. The language model enhances the understanding ability of AIGC technology for abstract content, the visual model improves the perception ability of AIGC technology, and the multi-modal large model becomes the " kaleidoscope " of AIGC technology. The application scenarios of AIGC are continuously enriched. The combination of AIGC with media, e-commerce, movies, entertainment is promoting the integration and upgrading of these industries, bringing users a more immersive experience. AIGC has a positive impact on cross-border e-commerce, speeding up intelligent product selection, improving decision-making efficiency, optimizing advertising, increasing marketing efficiency, improving goods and services, enhancing shopping experience, upgrading support services, and

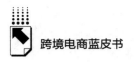

improving operational efficiency. However, there are also some problems with AIGC in the field of cross-border e-commerce such as the incomplete regulations and guidelines of AIGC, the increased risk of data leakage and misdirection of AIGC, the new international intellectual property disputes caused by AIGC, and the formation of new technical barriers to trade. Therefore, it is necessary to improve AIGC related regulations and guidelines, ensuring the data security and user rights, balancing the technological innovation and intellectual property protection, promoting the global cooperation in technology and trade liberalization, so as to make AIGC better applied in the field of cross-border e-commerce.

Keywords: AIGC Technology; Cross-Border E-Commerce; Trade Barriers; Intellectual Property Rights

B.17　The Routing of Cross-Border E-Commerce Sellers
　　　　Going Overseas Under the Full Entrusted Management Mode

Hou Dongwei, He Beibei and Si Xiaodong / 255

Abstract: The emergence of the full entrusted management model in cross-border e-commerce has reshaped the relationship between platforms, merchants, and consumers. The full entrusted management model is leading a new changes in the whole cross-border e-commerce market which has become a hot topic for sellers. The report analyzes the full entrusted management model, analyzes the logic of cross-border e-commerce platforms going overseas, sorts out the relationship and positioning between platforms and sellers, summarizes the advantages and challenges of the full entrusted management mode, and then considers how cross-border e-commerce sellers choose the path of going overseas under the "full trusted management mode".

Keywords: Cross-Border E-Commerce; Full Entrusted Management Mode; Sellers Going Overseas

Contents ↖↘

　　Abstract：In the context of continued trade tensions, weak demand, and indefinite geopolitical risk between the world's major economies, cross-border e-commerce has been a major highlight in China's foreign trade in recent years. More and more enterprises want to join the team of "e-commerce going overseas". However, Cross-border e-commerce enterprises meet the significant compliance challenges in operations when face the differences in regulations, policies, and culture between different countries and regions. The report provides a practical and feasible compliance management methodology for cross-border e-commerce enterprises. By analyzing relevant data and real cases, it explains the eight compliance risks of "commodity going overseas" and the six compliance risks of "capital going overseas", and then gives suggestions on compliance risk prevention and compliance system construction. Under the premise of "knowing, understanding and following the rules", cross-border e-commerce enterprises can better adapt to and successfully carry out overseas operations through effective compliance management, and achieve long-term competitive advantages in the fiercely competitive international market.

　　Keywords：Cross-Border E-Commerce; Going Overseas; Compliant with Regulations; Cross-Border Investment

　　Abstract：In recent years, China's cross-border e-commerce has developed

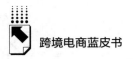
rapidly and becoming an important way for domestic enterprises to expand the international market. As a subdivision track of cross-border e-commerce industry, stand-alone websites has become a key increment in promoting the development of the cross-border e-commerce market. Stand-alone websites can bring significant competitive advantages to Chinese enterprises going overseas. But, the threshold for its construction and operation is high, and how to independently operate websites and accurately connect with users has become a challenge for cross-border sellers. The report provides a reliable methodology for cross-border e-commerce enterprises to build and operate stand-alone websites from four dimensions which are the market analysis and positioning, the website construction and optimization, the marketing strategy and promotion, the customer insight and behavior analysis.

Keywords: Stand-Alone Website; Cross-Border E-Commerce; Operation Strategies

B.20 The Development Trends of Global Cross-Border E-Commerce Tax Policies and China's Countermeasures

Zhang Yukun, Han Zhen and Zhang Wenyan / 296

Abstract: As a new form of digital trade, cross-border e-commerce plays an important role in connecting with the global trade and promoting the development of digital economy. In order to improve the international tax system and maintain a fair environment for trade between countries, scientific tax measures are essential. The report introduces the development background of global cross-border e-commerce tax policies, as well as the cross-border tax policies of major countries or regions around the world. It analyzes the development trend of tax policies from these adjustments of cross-border e-commerce import tax policies. Finally, it points out that China should improve the tax policy position of cross-border e-commerce, actively build a new international tax system. It will improve cross-border e-commerce financial and tax policies and measures from increasing quotas, strengthening mutual assistance in tax collection and management, and promoting electronic invoice exchange.

Keywords: Cross-Border E-Commerce; International Tax Policy; Tax Reform

B.21 The Current Status and Future Trends of Cross-Border
E-Commerce between China and the Five Central
Asian Countries

Shuai Qinghong, Deng Wanqiu and Yao Zhengyi / 311

Abstract: Ten years after "The Belt and Road" initiative was proposed, the "Silk Road E-commerce" has become a new channel and new highlight of economic and trade cooperation which has a very strategic significance for the economic and trade of China and Central Asia. On the basis of elaborating on the development environment of cross-border e-commerce between China and the five Central Asian countries, the report analyzes the current status of cross-border e-commerce in the five Central Asian countries from five aspects which are market size, user size, enterprise size, overseas channels and logistics supply chain. Cross border e-commerce cooperation between China and the five Central Asian countries has met the significant development opportunities. But, it also faces challenges such as the rising global uncertainty risks, the weak cross-border logistics service capabilities, the mild product innovation capabilities, and the low development level of financial innovation. With the in-depth development of "The Belt and Road" initiative, the development potential of cross-border e-commerce between China and the five Central Asian countries will be fully stimulated in the future.

Keywords: "The Belt and Road"; China and the Five Central Asian Countries; Cross-Border E-Commerce

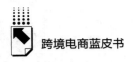
B.22　The Current Situation, Path, and Strategies of Digital Trade Between China and RCEP Members

Li Haoqiang, Zhang Xiaoxia / 330

Abstract: Digital trade has become a new engine for global economic growth. It is attracting the attention of countries and regions gradually. The RCEP plays an important role in promoting the development of the regional digital trade form 2022. China and RCEP members have maintained the close cooperation in trade of the digital products and digital services. It further stimulate the potential of regional digital trade by cooperation mechanisms, supporting policies and digital technologies. But, there are some problems have become stumbling blocks of the regional digital trade which are the non-regional unfavorable factors, differences in infrastructure, digital divide, divergence in digital trade ideas and information security. China and RCEP members should strengthen the exploration of digital trade rules and international cooperation in digital infrastructure, cross-border data flow, digital platforms, intellectual property protection and digital trade service ecology. It also need improve the facilitation level of cross-border trade and the long-term development of digital trade between China and RCEP members.

Keywords: RCEP; Digital Trade; Digital Technology; International Rules

Appendices Ⅰ

Appendices Ⅱ

社会科学文献出版社

皮 书

智库成果出版与传播平台

❖ 皮书定义 ❖

皮书是对中国与世界发展状况和热点问题进行年度监测，以专业的角度、专家的视野和实证研究方法，针对某一领域或区域现状与发展态势展开分析和预测，具备前沿性、原创性、实证性、连续性、时效性等特点的公开出版物，由一系列权威研究报告组成。

❖ 皮书作者 ❖

皮书系列报告作者以国内外一流研究机构、知名高校等重点智库的研究人员为主，多为相关领域一流专家学者，他们的观点代表了当下学界对中国与世界的现实和未来最高水平的解读与分析。

❖ 皮书荣誉 ❖

皮书作为中国社会科学院基础理论研究与应用对策研究融合发展的代表性成果，不仅是哲学社会科学工作者服务中国特色社会主义现代化建设的重要成果，更是助力中国特色新型智库建设、构建中国特色哲学社会科学"三大体系"的重要平台。皮书系列先后被列入"十二五""十三五""十四五"时期国家重点出版物出版专项规划项目；自2013年起，重点皮书被列入中国社会科学院国家哲学社会科学创新工程项目。

权威报告·连续出版·独家资源

皮书数据库
ANNUAL REPORT(YEARBOOK)
DATABASE

分析解读当下中国发展变迁的高端智库平台

所获荣誉

● 2022年，入选技术赋能"新闻+"推荐案例
● 2020年，入选全国新闻出版深度融合发展创新案例
● 2019年，入选国家新闻出版署数字出版精品遴选推荐计划
● 2016年，入选"十三五"国家重点电子出版物出版规划骨干工程
● 2013年，荣获"中国出版政府奖·网络出版物奖"提名奖

皮书数据库

"社科数托邦"
微信公众号

成为用户

　　登录网址www.pishu.com.cn访问皮书数据库网站或下载皮书数据库APP，通过手机号码验证或邮箱验证即可成为皮书数据库用户。

用户福利

● 已注册用户购书后可免费获赠100元皮书数据库充值卡。刮开充值卡涂层获取充值密码，登录并进入"会员中心"—"在线充值"—"充值卡充值"，充值成功即可购买和查看数据库内容。
● 用户福利最终解释权归社会科学文献出版社所有。

数据库服务热线：010-59367265
数据库服务QQ：2475522410
数据库服务邮箱：database@ssap.cn
图书销售热线：010-59367070/7028
图书服务QQ：1265056568
图书服务邮箱：duzhe@ssap.cn

S 基本子库
SUB DATABASE

中国社会发展数据库（下设 12 个专题子库）

紧扣人口、政治、外交、法律、教育、医疗卫生、资源环境等 12 个社会发展领域的前沿和热点，全面整合专业著作、智库报告、学术资讯、调研数据等类型资源，帮助用户追踪中国社会发展动态、研究社会发展战略与政策、了解社会热点问题、分析社会发展趋势。

中国经济发展数据库（下设 12 专题子库）

内容涵盖宏观经济、产业经济、工业经济、农业经济、财政金融、房地产经济、城市经济、商业贸易等 12 个重点经济领域，为把握经济运行态势、洞察经济发展规律、研判经济发展趋势、进行经济调控决策提供参考和依据。

中国行业发展数据库（下设 17 个专题子库）

以中国国民经济行业分类为依据，覆盖金融业、旅游业、交通运输业、能源矿产业、制造业等 100 多个行业，跟踪分析国民经济相关行业市场运行状况和政策导向，汇集行业发展前沿资讯，为投资、从业及各种经济决策提供理论支撑和实践指导。

中国区域发展数据库（下设 4 个专题子库）

对中国特定区域内的经济、社会、文化等领域现状与发展情况进行深度分析和预测，涉及省级行政区、城市群、城市、农村等不同维度，研究层级至县及县以下行政区，为学者研究地方经济社会宏观态势、经验模式、发展案例提供支撑，为地方政府决策提供参考。

中国文化传媒数据库（下设 18 个专题子库）

内容覆盖文化产业、新闻传播、电影娱乐、文学艺术、群众文化、图书情报等 18 个重点研究领域，聚焦文化传媒领域发展前沿、热点话题、行业实践，服务用户的教学科研、文化投资、企业规划等需要。

世界经济与国际关系数据库（下设 6 个专题子库）

整合世界经济、国际政治、世界文化与科技、全球性问题、国际组织与国际法、区域研究 6 大领域研究成果，对世界经济形势、国际形势进行连续性深度分析，对年度热点问题进行专题解读，为研判全球发展趋势提供事实和数据支持。

法律声明

"皮书系列"（含蓝皮书、绿皮书、黄皮书）之品牌由社会科学文献出版社最早使用并持续至今，现已被中国图书行业所熟知。"皮书系列"的相关商标已在国家商标管理部门商标局注册，包括但不限于LOGO（▨）、皮书、Pishu、经济蓝皮书、社会蓝皮书等。"皮书系列"图书的注册商标专用权及封面设计、版式设计的著作权均为社会科学文献出版社所有。未经社会科学文献出版社书面授权许可，任何使用与"皮书系列"图书注册商标、封面设计、版式设计相同或者近似的文字、图形或其组合的行为均系侵权行为。

经作者授权，本书的专有出版权及信息网络传播权等为社会科学文献出版社享有。未经社会科学文献出版社书面授权许可，任何就本书内容的复制、发行或以数字形式进行网络传播的行为均系侵权行为。

社会科学文献出版社将通过法律途径追究上述侵权行为的法律责任，维护自身合法权益。

欢迎社会各界人士对侵犯社会科学文献出版社上述权利的侵权行为进行举报。电话：010-59367121，电子邮箱：fawubu@ssap.cn。

社会科学文献出版社